AF569848

Basiswissen Grundschule

Band 49

# Kreatives Schreiben in einer heterogenen Lerngruppe

Eine explorative Studie

Von

Sascha Zielinski

Schneider Verlag Hohengehren GmbH

**Basiswissen Grundschule**

**Herausgegeben von:**

Band 1 bis 18: Jürgen Bennack

Band 19 bis 48: Astrid Kaiser

Ab Band 49: Astrid Kaiser und Stine Albers

Die Reihe „Basiswissen Grundschule" ist einem schüler- und handlungsorientierten, offenen Unterricht verpflichtet, der auf die Stärkung einer selbstständigen, sozial verantwortlichen Schülerpersönlichkeit zielt.

**Titelgestaltung**: designritter (www.designritter.de)

**Lektorat**: Hannelore Heuer

Dissertation zur Erlangung des Doktorgrades der Philosophischen Fakultät III der Martin-Luther-Universität Halle-Wittenberg

Gedruckt auf umweltfreundlichem Papier (chlor- und säurefrei hergestellt).

**Bibliografische Information der Deutschen Nationalbibliothek**

Die Deutsche Nationalbibliothek verzeichnet diese Publikation in der Deutschen Nationalbibliografie; detaillierte bibliografische Daten sind im Internet über ›http://dnb.dnb.de‹ abrufbar.

ISBN 978-3-8340-2186-1

Schneider Verlag Hohengehren, Wilhelmstr. 13, 73666 Baltmannsweiler

Homepage: www.paedagogik.de

Danksagung

Viele Menschen haben bei der Entstehung der vorliegenden Arbeit mitgewirkt. Ihnen allen gilt mein Dank!

Insbesondere möchte ich mich bei Herrn Prof. Dr. Michael Ritter bedanken, der die Arbeit von Beginn an begleitet hat, mich durch seinen fachlichen Rat stets unterstützt und in vielen Gesprächen neue Perspektiven eröffnet hat. Großer Dank gilt ebenfalls Frau Prof. Dr. Eva Maria Kohl, die mich ermutigt hat, dieses Vorhaben anzugehen und deren Anregungen mir an wichtigen Stellen der Arbeit geholfen haben. Außerdem danke ich ihr für die Übernahme des Zweitgutachtens.

An dieser Stelle danke ich auch meiner Partnerin Franziska Marquardt für ihre liebevolle Unterstützung und das Einbringen ihrer Perspektive während der gesamten Zeit.

Meinen Eltern danke ich für ihre Bestärkung und verlässliche Unterstützung.

Nicht zuletzt danke ich den in dieser Studie erwähnten Lehrer*innen und Schüler*innen. Sie haben mich willkommen heißend aufgenommen und mir eine große Offenheit entgegengebracht. Damit haben sie diese Studie erst ermöglicht.

Dem Schneider-Verlag danke ich für die Unterstützung bei der Publikation der Arbeit und den Herausgeberinnen von „Basiswissen Grundschule“ Frau Prof. Dr. Astrid Kaiser und Frau JunProf. Dr. Stine Albers für wertvolle Hinweise und die Aufnahme in die Reihe.

**Inhaltsverzeichnis**

## Vorwort einer Reihenherausgeberin

### Über vielgestaltige Verhältnisse von Mündlichkeit und Schriftlichkeit beim Kreativen Schreiben im inklusiven Deutschunterricht der Grundschule

Inklusion ist eine gesellschaftlich gewichtige Forderung, die entsprechend auch an Schule gestellt wird. Sie ist dort seit Jahren ein präsentes Thema und zeichnet sich durch einen vielfältigen, nur schwer zu überblickenden Diskurs aus. Sascha Zielinski stellt sich diesem Diskurs um Inklusion. Er nimmt dabei orientierende Einordnungen vor und fokussiert seinen Blick anschließend auf den inklusiven Deutschunterricht, der laut Zielinski in der Fachdidaktik kontrovers in Hinblick auf seine bisherige Ausgestaltung eingeschätzt und diskutiert wird.

Sascha Zielinskis Inklusionsansatz bezieht sich nicht eng auf das gemeinsame Lernen von Menschen mit und ohne Behinderung, sondern er führt ganz bewusst keine Diagnostik bei den an seiner Studie beteiligten Schüler*innen einer jahrgangsgemischten Schuleingangsstufe durch. Vielmehr geht er grundsätzlich von einer heterogenen Lerngruppe aus – jenseits einer Dichotomie von Behinderung und Nicht-Behinderung. In seiner ethnografisch qualitativ ausgelegten Studie arbeitet Sascha Zielinski detailliert Praktiken des Textschreibens der Schüler*innen sowie deren individualisierende Ausgestaltungen heraus. Seine feinen Beobachtungen und präzisen Analysen unterfüttert und veranschaulicht er mit verschiedenen Artefakten (Texte, Zeichnungen) aus dem beobachteten Unterricht sowie mit Unterrichtssequenzen (Transkriptionen, Protokollnotizen). Damit gelingt es Sascha Zielinski, Theorie nachvollziehbar auf Unterrichtspraxis zu beziehen und seine theoretisch hergeleiteten Gedankengänge für die Unterrichtspraxis zugänglich zu machen. Sein Ansatz, „Schriftlichkeit“ und „Mündlichkeit“ in ihrer vielfältigen Verschränkung für das Kreative Schreiben im inklusiven (Fach-)Unterricht aufzuzeigen und als Potenzial zu sehen, scheint im fachdidaktischen Diskurs bisher wenig präsent, innovativ und vielversprechend.

Ludwigsburg, Juni 2021

Stine Albers

# I EINLEITUNG

Im Rahmen der vorliegenden Arbeit werden Schreibphasen in einer heterogenen Lerngruppe beschrieben, um daraus Folgerungen für einen inklusiven Unterricht abzuleiten. Damit begibt sich die Untersuchung in ein Feld, das von starken programmatischen Forderungen und unauflösbaren Dilemmata geprägt ist. Aus der Unterrichtsbeobachtung und ihrer anschließenden Analyse werden induktiv Folgerungen für eine inklusive Didaktik im Rahmen der Textproduktion abgeleitet. Dabei ist der Begriff inklusiv schillernd und hochgradig normativ aufgeladen. Gilt er einerseits als heterogenitätsbejahend und damit fortschrittlich im Sinne zukunftsweisender Pädagogik und Didaktik, so bleibt andererseits unbestimmt und im Ungefähren, wann von ‚Inklusivität' gesprochen werden kann (vgl. Knopp & Becker-Mrotzek 2018, S. 88f.). Auch im Rahmen dieser Arbeit kann zu diesen offenen Leerstellen keine eindeutige Bestimmung vorgenommen werden. Stattdessen dienen die aus dem theoretischen Diskurs herausgearbeiteten Ansprüche einer inklusiven (Schreib-)Didaktik als Struktur, vor deren Hintergrund die empirischen Daten ausgewertet werden. In diesem Kontext erweist sich auch die Beschreibung einer inklusiven Lerngruppe als problematisch. Wie viele Heterogenitätsdimensionen müssen vorhanden sein, um von ‚Inklusivität' zu sprechen? Führt diese Beschreibung nicht erneut zur Kategorisierung? Kann eine Lerngruppe überhaupt inklusiv sein, wenn in ihr segregierende Praktiken angewendet werden, bspw. durch die Erteilung von Noten?

Den Antworten auf einige dieser Fragen nähert sich der theoretisch-konzeptionelle Teil der Arbeit, auch wenn hier keine eindeutige Abgrenzung eines inklusiven Unterrichts von einem wie auch immer anders gearteten Unterricht oder Unterrichtssituationen geleistet werden kann. Im empirischen Teil der Arbeit wird daher auch nicht eine Gruppe von Schüler*innen beschrieben, die nach inklusiven Kriterien ausgewählt wurde, vielmehr steht eine Lerngruppe im Zentrum der Darstellung, die aus systemischen Gründen heterogen ist – zum einen aufgrund einer (noch) nicht stattgefundenen Diagnostik und einer unter Umständen damit verbundenen Zuweisung einer sonderpädagogischen Betreuung; zum anderen aufgrund der Jahrgangsmischung, die sie von einer jahrgangshomogenen Gruppe abgrenzt. Damit sind jedoch nicht alle Voraussetzungen für die Betrachtung eines inklusiven Unterrichts erfüllt. An dieser Stelle soll auch nicht die Frage im Mittelpunkt stehen ‚Wie kann Inklusion gelingen?' oder ‚Wie kann Inklusion durch kreatives Schreiben gelingen?' Stattdessen wird im Rahmen der Arbeit der Umgang verschiedener Schüler*innen mit kreativen Schreibanregungen beschrieben. Dem liegt die Prämisse zugrunde, dass der

Umgang mit den Impulsen unterschiedlich ist und sich Verschiedenheit auf Basis dieser unterschiedlichen Umgangsweisen beschreiben lässt.

Dabei wird davon ausgegangen, dass die Anerkennung von Verschiedenheit eine notwendige Voraussetzung für den Diskurs um einen inklusiven Unterricht darstellt. Daher ist es erforderlich, sich zunächst auf das Phänomen der Heterogenität zu beziehen: Nicht als schüler*innenseitig gegebene Voraussetzung, aus der sich Schlussfolgerungen für die Wahl und Gestaltung eines passenden Lerngegenstands ableiten ließen, sondern als ein konstituierendes Merkmal eines Unterrichtsgeschehens als soziale Praxis.

Aber auch hier gilt: Inklusion kann nicht als einer unter vielen möglichen Wegen im Umgang mit Heterogenität verstanden werden. Der menschenrechtsbasierte Ansatz, der sich nicht nur auf die UN-Behindertenrechtskonvention stützt, macht Inklusion zu einem Recht eines bzw. einer jeden (vgl. Gummich & Hinz 2017, S. 16) mit dem Ziel, jede Form der Diskriminierung zu überwinden (vgl. Lipkowski & Schüller 2019, S. 13).[1] Damit ist allerdings ebenso ersichtlich, dass Inklusion sich nicht nur auf die unterrichtliche Ebene bezieht, sondern auch auf die Ebene der Schule als System und auf kommunale Fragestellungen (vgl. z.B. Hinz et al. 2013, S. 15). Da dieser Bereich, der u.a. die Schulentwicklung umfasst, in dieser Arbeit nicht thematisiert wird, können auch die für ein inklusives Verständnis notwendigen Fragen bspw. nach der Beziehung der Schulen zu Gemeinden, der Anspruch auf eine wohnortnahe Schule u.a.m. (vgl. ebd., S. 17) nicht in den Blick genommen werden.

Ebenso kann die prozessorientierte Perspektive nur unzureichend betrachtet werden (vgl. Boban & Hinz 2017, S. 34f.). Zwar können Bezüge zwischen den verschiedenen Erhebungen hergestellt werden, diese thematisieren allerdings stärker das Individuum in Verbindung mit dem Gegenstand als die Entwicklung eines Systems Schule oder auch der Klasse.

Würde das den Schluss nahelegen, Inklusion sei damit kein Thema für den fachdidaktischen Diskurs, wäre das wiederum verkürzt und würde kritischen Ansätzen, die eine Weiterentwicklung (fach-)didaktischen Denkens hin zu einem inklusiven Unterricht aufzuzeigen versuchen, ebenfalls nicht gerecht (vgl. Boban, Kruschel & Tiedeken 2014). Im Sinne der „Prozessorientierung" als ein Aspekt des von Ines Boban und Andreas Hinz vertretenen „Inklusionsverständnisses" (Boban & Hinz 2017) soll statt-

---

1 Eva Lipkowski und Liane Schüller unterscheiden zwischen einem weiten und engen Begriff von Inklusion. Das hier genannte Ziel bezieht sich auf den weiten Inklusionsbegriff. Ein enger gefasster Begriff habe vor allem Schüler*innen mit Förderbedarfen im Blick (vgl. ebd.).

dessen von dem ausgegangen werden, was bereits vorhanden ist, um daraus Konsequenzen abzuleiten; für eine inklusive Textproduktion, als ein kleiner Bereich auf dem Weg zum „Nordstern" (ebd., S. 34) Inklusion.

Bevor sich daher der Frage von Inklusion überhaupt genähert wird, soll zunächst der Begriff der Heterogenität der Akteursgruppe im Zentrum stehen. Damit wird in dieser Arbeit ein anderer Ansatz gewählt als – wie häufig im inklusionspädagogischen Diskurs – das Konzept der Inklusion in Abgrenzung zur Integration (vgl. Hinz 2004) zu erläutern. Anschließend wird der Fachgegenstand der Studie – der Text – aus fachwissenschaftlicher, sonderpädagogischer und fachdidaktischer Perspektive beschrieben. Nach diesen theoretisch-konzeptionellen Grundlegungen wird im zweiten Teil der Arbeit das forschungsmethodische Vorgehen beschrieben und begründet. Den zentralen Bereich der Studie bildet die dann folgende empirische Untersuchung. Ein ausblickgebendes Resümee stellt den Abschluss der Arbeit dar.

# II THEORETISCHE GRUNDLAGEN

## 1 Heterogenität in der Schule – zwischen Wirklichkeit und Konstruktion

In der Schule, aber nicht nur dort, zeichnen sich Personengruppen durch Gemeinsames und Unterscheidendes aus. Kinder sind z.B. hinsichtlich ihrer Grundbedürfnisse und ihrer Rechte gleich, unterscheiden sich jedoch bspw. in ihren psychischen und physischen Voraussetzungen, ihren sozialen, ökonomischen, kulturellen Herkünften und ihrem Leistungsvermögen (vgl. Heinzel 2008, S. 133ff.). Diese Heterogenität nimmt im Selbstverständnis der Institution Grundschule schon lange eine zentrale Position ein, wurde sie doch bereits in der Weimarer Republik als Schule ‚für alle' gegründet (vgl. Bartnitzky et al. 2009, S. 259).[2] Auch im neuen Jahrtausend haben innovative Konzepte wie die Einführung der Jahrgangsmischung (vgl. Christiani 2005) und neue Formen der Beurteilung (vgl. Grafinger 2013)[3] vor allem im Primarbereich ihren Platz. Dennoch trifft eine heterogene Gruppe gleich zu Beginn ihrer Schulkarriere auf ein System, in dem eine „Sehnsucht nach der homogenen Lerngruppe" (Tillmann 2008; zit. n. Trautmann & Wischer 2011, S. 19) existiert, die durch leistungsspezifische Schulformen und Jahrgangsklassen erzeugt werden soll. Allerdings zeigen

[2] Damit scheint vor allem ‚für alle Stände' gemeint zu sein. Denn Alfred Sander konstatiert, dass mit der praktischen Durchsetzung der Schulpflicht in der Mitte des 19. Jahrhunderts vermehrt Sonderschulen zum Zwecke der ‚Entlastung' der allgemeinen Schule entstanden sind. Auch im Reichsschulgesetz vom 28. April 1920 findet sich im § 1 neben dem berühmten Zitat „Die Volksschule ist in den vier untersten Jahrgängen als die für alle gemeinsame Grundschule, auf der sich auch das mittlere und höhere Schulwesen aufbaut, einzurichten" in Abs. 2 der Hinweis „Auf Hilfsschulklassen finde[t] diese Bestimmung keine Anwendung." (http://www.documentarchiv.de/wr/1920/grundschulgesetz.html [02.11.2018]; Einfügung S.Z.). Schon hier wurde der Universalitätsanspruch nur eingeschränkt gedacht. Schulen für Menschen mit sog. geistiger Behinderung existieren in der BRD seit den 1960er Jahren (vgl. Sander 1999, S. 264).

[3] Zu Kompetenzportfolio und Lernentwicklungsgesprächen in Sachsen-Anhalt siehe auch: http://www.bildung.sachsen-anhalt.de/schulen/weitere-schulinfos/schulformen/allgemein-bildende-schulen/grundschulen/paedagogische-diagnostik-als-grundbaustein-der-arbeit-in-der-grundschule/formulare/ [20.03.2015]

nicht nur die Ergebnisse der PISA-Studie,[4] dass es sich dabei tatsächlich um eine Illusion handelt (vgl. Eckhart 2009, S. 37f.).[5]

In den folgenden Ausführungen soll sich zunächst dem komplexen Phänomen Heterogenität genähert werden, um anschließend Merkmale einer heterogenitätssensiblen Didaktik aufzuzeigen und vor dem Hintergrund der Ansprüche eines inklusiven Unterrichts zu reflektieren.

Die sprachliche Konstruktion „Heterogenität" aus dem Griechischen ‚héteros' „anders, fremd, ungleich, verschieden" (Duden 2007, S. 400) und ‚gen' „hervorgebracht, ausgehend von" (ebd., S. 357) meint folglich das Ausgehen oder Hervorbringen von Unterschiedlichkeit. Erkennbar wird sie allerdings erst in der Differenz zur Gleichheit, ohne die keine Verschiedenheit zu erkennen ist. So ist die Gleichheit eines Merkmals eine Bedingung, um über den Vergleich Unterschiedlichkeit feststellen zu können (vgl. Prengel 2006, S. 31). Bei der Feststellung von Verschiedenheit werden unterschiedliche Merkmalsausprägungen ermittelt, sodass gilt: Je größer die Unterschiedlichkeit des Merkmals ausgeprägt ist, desto größer gestaltet sich der Grad der Heterogenität. Dabei sind diese Ausprägungen keinesfalls universell gültig: Je nach angelegtem Maßstab erscheinen sie deutlicher oder weniger stark. Das hebt den konstruktivistischen Charakter des Begriffs Heterogenität hervor (vgl. Eckhart 2009, S. 25). Folglich bezeichnet Tanja Sturm Homogenität und Heterogenität als „Konstruktionen, die perspektivisch gebunden hergestellt und wahrgenommen werden" (Sturm 2013, S.18). Heterogenität meint somit nicht die Abweichung von einer Normalität, sondern bezieht sich darauf, wie unterschiedliche Ausprägungen von Merkmalen wahrgenommen werden.

---

4 Matthias Trautmann und Beate Wischer interpretieren das Ergebnis der PISA-Studie (2001) hinsichtlich des Zusammenhangs von Lesekompetenz und Schulformen: „Zwar liegen die Lesekompetenz-Mittelwerte der verschiedenen Schulformen deutlich auseinander, die Leistungen von 15-Jährigen in einer Schulform streuen aber wiederum erheblich und reichen jeweils in den Kernbereich anderer Schulformen hinein." [...] Es „erreichen die besten Hauptschüler das mittlere gymnasiale Niveau; und die schwächeren Gymnasiasten wären auch in der Hauptschule nur Mittelmaß" (Trautmann & Wischer 2011, S. 57).

5 Wolfgang Einsiedler, Sabine Martschinke und Gisela Kammermeyer (2008, S. 330) fassen zusammen: „Zudem zeigen die jüngsten Schulleistungsstudien durchgängig, dass trotz der genannten Homogenisierungsmaßnahmen schon in der Grundschule eine überraschend große Leistungsheterogenität besteht, die der in Ländern mit einer stärker integrativen Grundschulphilosophie in nichts nachsteht."
Friederike Heinzel und Annedore Prengel (2012, o. S.) stellen fest: „Alle genannten Forschungsergebnisse verweisen darauf, dass leistungsheterogene Lerngruppen (nicht nur in Deutschland) eine empirische Tatsache darstellen".

Die Perspektivgebundenheit zeigt sich auch in den theoretischen Ausführungen zu der Art und Anzahl der Heterogenitätsdimensionen zur Beschreibung einer heterogenen Lerngruppe.[6] Trautmann und Wischer geben hier einen Vorschlag zur Systematisierung, indem sie zwischen lehr-lernpsychologischen und sozial- und erkenntniskritischen Zugängen unterscheiden. Den ersten Zugängen ordnen sie schwerpunktmäßig individuelle Merkmale von Lernenden wie Vorwissen, Intelligenz, Motivation, Affektivität zu. Zu den sozial- und erkenntniskritischen Zugängen zählen sie bspw. die Dimension Geschlecht oder ethnische Zugehörigkeit. Von dem Erkenntnisinteresse hänge daher die Wahl des gewählten Zugangs ab (vgl. Trautmann & Wischer 2011, S. 42ff.).

Mit dem Anführen unterschiedlicher Kategorien zur Beschreibung von Heterogenität besteht die Gefahr, dass damit der Anschein eindeutig abgrenzbarer Merkmale erweckt wird, was potenziell zur Einteilung von Subgruppen führt (Mädchen und Jungen, Kinder mit und ohne Migrationshintergrund), die in sich homogen zu sein scheinen (vgl. Boban et al. 2014, S. 20). Somit würde hier die gleiche Argumentation anzutreffen sein wie bei dem Versuch, leistungs- oder jahrgangshomogene Gruppen zu schaffen. Dieser Gefahr begegnen auch Trautmann und Wischer, indem sie darauf hinweisen, dass jedes Merkmal wie ‚Migrationshintergrund' oder ‚Junge' oder ‚8 Jahre' in jedem konkreten Fall etwas Unterschiedliches bedeutet (vgl. Trautmann & Wischer 2011, S. 63). Deutlich wird hier das Dilemma, in dem sich der Diskurs um Heterogenität befindet. Zum einen werden Zuschreibungen benötigt, um Heterogenität als Phänomen darzustellen, andererseits handelt es sich dabei um ein derart komplexes Phänomen, dass die verwendeten Kategorien wiederum so individuell verschieden sind, dass eine Vergleichbarkeit schwerlich möglich ist. Somit scheint das Dilemma einerseits in der Notwendigkeit der Beschreibung der Heterogenität und andererseits in der Unbestimmbarkeit sozialer Kategorien zu bestehen. Besonders deutlich wird das an der Dimension ‚Geschlecht', an der exemplarisch das Spannungsfeld, in dem sich die Wahrnehmung von Verschiedenheit und Dekategorisierung befindet, verdeutlicht werden kann. Einerseits scheint es sich bei dieser Dimension um eine relativ eindeutige, physisch determinierte Kategorie zu handeln (sex),

[6] Hans-Ulrich Grunder führt zwölf „Möglichkeiten von Unterschiedlichkeiten" an: Leistung, Alter, Behinderung, Religion, soziale Herkunft, kulturelle Herkunft, Sprachen, sexuelle Orientierung, Begabung, finanzielle Situation, Geschlecht, familiäre Situation (Grunder 2009, S. 17).
Bartnitzky et al. führen acht an: Geschlecht, Alter, Lerndisposition, sozioökonomischer Hintergrund, ethnischer und kultureller Hintergrund, Sprache, Religion und Weltanschauung, spezielle Bedürfnisse (Bartnitzky et al. 2009, S. 258ff.).
Heinzel unterscheidet: „Soziökonomischer Status, Ethnizität/Kultur, Gender, Leistungsvermögen, Generation" (Heinzel 2008, S. 133f.).

andererseits stellt sie eine soziale Konstruktion (gender) dar (vgl. ebd., S. 50f.). Die Bedeutung einer Kategorie ‚Geschlecht' bleibt damit unklar. Würde man nun allerdings den Schluss daraus ziehen, auf die Verwendung von Kategorien ganz zu verzichten, würde bspw. die quantitative Forschung, die mit eindeutigen Kategorien arbeitet, vor erhebliche Schwierigkeiten gestellt. Deren Nutzen bestehe nach Hans Brügelmann in diesem Kontext vor allem darin, dass „sie wie durch ein Brennglas, die Bedeutung von Unterschieden grundsätzlich deutlich macht" (Brügelmann 2010, S. 100; zit. n. Trautmann & Wischer 2011, S. 59). So zeigten Ergebnisse der IGLU-Untersuchung, dass Mädchen bessere Leistungen im Lesen und Rechtschreiben erbringen als Jungen (vgl. Bartnitzky et al. 2009, S. 265).[7]

Hannelore Faulstich-Wieland stellt indes anhand mehrerer Studien dar, welchen Beitrag Lehrer*innen an der sozialen Konstruktion von Geschlecht in der Schule leisten. Dabei wirkten die in der Berufsbiographie gemachten Erfahrungen mit Jungen und Mädchen und Geschlechterstereotypien ineinander und beeinflussten das Verhalten der Schüler*innen (vgl. Faulstich-Wieland 2012, S. 23f.). Sie plädiert für einen „gendersensiblen Blick" (ebd., S. 25), bei dem es einerseits darum gehe, auf stereotype Verhaltensweisen zu achten und einen Fokus auf benachteiligende Strukturen zu richten, und andererseits, Gegenbeispiele zu suchen.[8]

Die genannten und auch weitere Heterogenitätsdimensionen bieten in diesem Sinne die Möglichkeit, einen heterogenitätssensiblen Blick zu entwickeln bzw. zu schärfen, dürfen aber nicht in der Funktion von handlungsleitenden Hypothesen gebraucht werden, da sie sonst in Gefahr geraten, zu kategorisieren und zu stigmatisieren (vgl. Naugk et al. 2016, S. 21). Vielmehr braucht es, wie Wiltrud Thies und Charlotte Röhner fordern, die genaue Wahrnehmung der Kinder durch die Lehrer*innen, denn sie „sprengt ein Unterrichten aus Routine und führt im besten Fall zu einem Nachdenken über die Kinder, mit denen man arbeitet" (Thies & Röhner 2000, S. 166; zit. n. Faulstich-Wieland 2012, S. 24).

Heterogenität stellt damit einen Bestandteil eines jeden pädagogischen Settings dar, ist gleichzeitig aber auch eine Konstruktion, die innerhalb der konkreten Situation erzeugt wird und sich je nach Bedeutsamkeit unterschiedlicher Heterogenitätsdimensionen verschiedentlich ausdifferenzieren lässt. In einem didaktischen Setting

7 ‚Dekategorisierung' stellt in dem Diskurs um Inklusion einen grundlegenden Begriff dar. Kategorien reduzieren potenziell die mithilfe von ihnen beschriebenen Personen auf jenes Merkmal, das sie, die Kategorien, bezeichnen. Allerdings scheinen Kategorien bisweilen notwendig, um Unterschiedliches und Gleiches deutlich zu markieren; verzichtete man auf sie, bliebe der methodische Zugriff auf das Phänomen womöglich verwehrt.

8 Analog könnte mit den Dimensionen ‚Alter', ‚Migrationshintergrund', ‚sozio-ökonomischer Status' argumentiert werden.

führen die Heterogenitätsdimensionen unter Umständen zu der Annahme einer (Nicht-)Passung von Lernvoraussetzungen und entsprechenden Lehrmethoden, Aufgaben und Inhalten. Bezogen auf die folgenden Darstellungen könnte die Methode des kreativen Schreibens z.B. dahingehend evaluiert werden, inwiefern durch sie eine derartige Passung hergestellt wird. Zum einen liegt jedoch die Intention der vorliegenden Studie nicht darin, das kreative Schreiben hinsichtlich seiner ‚Inklusionstauglichkeit' zu evaluieren. Zum anderen wäre es in einer explorativen Studie auch nicht möglich, a priori festzulegen, welche Kategorien sich als bedeutsam für den Umgang mit kreativen Schreibanregungen erweisen. In der vorliegenden Studie wird daher ausdrücklich darauf verzichtet, die hier thematisierte Lerngruppe hinsichtlich verschiedener Heterogenitätsdimensionen darzustellen. Vielmehr wird die Heterogenität anhand des beobachteten Umgangs der Schüler*innen mit Schreibanregungen rekonstruierbar und somit beschreibbar.

## 1.1 Inklusion – vom Umgang mit Heterogenität

Mit dieser offenen Anlage der Untersuchung, die Heterogenität wahrnimmt, aber nicht deduktiv beschreibt, sondern induktiv aus den Interaktionen und Umgangsweisen innerhalb eines didaktischen Settings zu erfassen versucht, scheint die Anlage dieser Studie anschlussfähig an den Diskurs um Inklusion zu sein. Als soziologischer Begriff[9] wird Inklusion zunächst in Kontrastierung zum Begriff der Exklusion gebraucht (Stichweh & Windolf 2009). Vermutlich Parsons verwendete ihn erstmals 1964 in dieser Bedeutung im soziologischen Diskurs (vgl. Stichweh 2009, S. 29). Aus soziologischer Perspektive ist dabei die Zugehörigkeit zu sozialen Systemen zentral (vgl. ebd., S. 32). Im Folgenden wird sich dabei auf Inklusion in das System Schule bezogen. Aus entwicklungsbezogener Perspektive lassen sich hier Exklusion und Inklusion als Pole eines mehrstufigen Einschluss- bzw. Ausschlussverfahrens beschreiben (vgl. Hinz 2004, S. 47ff.). Dabei ist der Wunsch nach Homogenität bzw. Passung des Einzelnen zum System ein Indikator für Einschluss bzw. in negativer Richtung für den Ausschluss (vgl. Stichweh 2009, S. 29).

Die Konsequenz dieses Ausschlusses gestaltet sich in den verschiedenen Phasen unterschiedlich: Führt sie in der Exklusion zur Schulunfähigkeit und damit zum Ausschluss aus dem Bildungssystem, in der Segregation zum Ausschluss aus der Schule

[9] Auf die Unterscheidung von Integration und Inklusion wird hier nicht näher eingegangen. Bei Wocken ist indes nachzulesen, dass Jakob Muth bereits 1986 von der Unteilbarkeit der Integration geschrieben hat (vgl. Wocken 2014, S. 53). Dass die Praxis der Integration hingegen nicht zwingend dem theoretischen Diskurs entsprach, beschreibt Hinz (vgl. Hinz 2004, S. 45f.).

und Überweisung in eine Sonder- bzw. Förderschule, erzeugt sie in der Integration nicht mehr einen räumlichen Ausschluss, sondern führt zu einer Kategorisierung, in diesem Falle zur Diagnose eines Förderbedarfs. Die menschenrechtsbasierte Argumentation des Inklusionsansatzes (Prengel 2013, S. 18) geht von einer einzigen Gruppe aus und nicht von mehreren, bei denen eine andere in eine schon bestehende aufgenommen bzw. ‚(re-)integriert' wird. Eine noch stärkere Wirkmächtigkeit erhielt der Ansatz infolge der Ratifizierung der UN-Behindertenrechtskonvention durch die Bundesrepublik im Jahre 2009.[10] Dabei scheint allerdings der Widerspruch in der UN-Behindertenrechtskonvention offensichtlich, indem sie die diskriminierende Bezeichnung schon im Namen trägt (vgl. Katzenbach 2015a, S. 24). Das führt zu der Frage, welche Form eine derart kategorisierte Mitgliedschaft darstellt und wie mit diesen Konstruktionen umgegangen werden kann.[11]

Dieter Katzenbach stellt hier ein Dilemma der Inklusion fest, indem sie einerseits betont, die Verschiedenheit willkommen zu heißen (vgl. Wocken 2013, S. 200) und damit notwendigerweise ihr auch gerecht zu werden versucht, und andererseits der Forderung nachkommen soll, nicht zu kategorisieren (vgl. Katzenbach 2015a, S. 25). Boban et al. problematisieren ebenfalls dieses Dilemma und plädieren für eine stärkere Beachtung von Kontexten, die zu kategorialen Einteilungen führten, und für eine stärkere dialogische Auseinandersetzung über die Kategorien, warnen aber vor einer unverständlichen Sprache infolge des Versuchs, nicht zu diskriminieren (vgl. Boban et al. 2014, S. 22f.). Einen möglichen Ausweg könnte laut Katzenbach die reflexive Verwendung des bio-psycho-sozialen Modells bilden. Der Begriff ‚Behinderung' sei weiterhin verwendbar, wenn er derart reflexiv gebraucht werde, wie es das bio-psycho-soziale Modell der Weltgesundheitsorganisation (WHO) nahelege, in dem Behinderung im Sinne eines Passungsproblems zwischen individuellen Voraussetzungen und Anforderungen der Umwelt definiert wird (vgl. Katzenbach 2015b, S. 50).[12] Dabei wird eine Schädigung zu einer Behinderung, wenn es negativ wirkende Faktoren gibt, durch die Teilhabechancen verwehrt bleiben (Cloerkes 2007, S. 6f.).

[10] https://www.bundesregierung.de/Content/DE/Artikel/2014/03/2014-03-25-5-jahre-ratifizierung-un-konvention-inklusion.html [20.09.2017]

[11] Mit ihrer Ratifizierung, die in Artikel 24, § 2 das Recht von Kindern mit Behinderung auf eine „inclusive, quality and free primary education" (United Nations 2006) festschreibt, hat Deutschland den Weg für einen Umbau der öffentlichen Schule im Sinne eines inklusiven Bildungssystems frei gemacht. Dennoch, und das sei hier ebenso erwähnt, scheint Deutschland neun Jahre nach der Ratifizierung laut dem Zwischenbericht der Monitoring-Stelle zur UN-Behindertenrechtskonvention noch „weit hinter seinen Möglichkeiten zurückgeblieben". Ferner sei die Umsetzung „noch nicht hinreichend in der Lebenswirklichkeit der Menschen mit Behinderungen angekommen" (Monitoring-Stelle 2015, S. 4).

[12] Auf das Modell wird im weiteren Verlauf noch genauer eingegangen. An dieser Stelle sei auf die verschiedenen Theorien von Behinderung verwiesen, die Cloerkes in Anlehnung an Bleidick aufführt (vgl. Cloerkes 2007, S. 10ff.).

Die Zugehörigkeit stellt somit ein Menschenrecht dar, das durch die Behindertenrechtskonvention zwar betont wird, aber nicht exklusiv für eine besondere Gruppe von Menschen gilt. Verschiedenheit wird als ein anthropologisches Merkmal wahrgenommen und zeigt sich in konkreten Interaktionen, bedingt durch die von der Umwelt gestellten Anforderungen. Merkmale von Heterogenität können daher kaum a priori festgelegt werden, sondern stehen immer im Zusammenhang mit den konkreten situativen Erfordernissen.

Abschließend soll ein kurzes Gedankenexperiment dieses Passungsproblem zwischen personalen Voraussetzungen und Anforderungen der Umwelt im Kontext des für diese Studie relevanten Bereichs des Textschreibens illustrieren:

*Anna lernt in einer Klasse, in der die meisten Schüler*innen bereits einen Weg zur Schriftsprache gefunden haben. Gemessen an der universalen Norm der richtigen Schreibung ist Anna auf ihrem Entwicklungsweg noch nicht so weit fortgeschritten wie die Mehrzahl ihrer Mitschüler*innen. Die Klasse, in der Anna lernt, erstellt als fächerübergreifendes Projekt eine gemeinsame Klassenzeitung. Alle Kinder sollen einen eigenen Beitrag für die Klassenzeitung verfassen. Es kommt bei Anna zu dem beschriebenen Passungsproblem zwischen individuellen Voraussetzungen und den Anforderungen der Umwelt. Da Anna keinen eigenen Artikel schreiben kann, erhält sie für diese Zeit ein eigenes Arbeitsblatt mit einer alternativen Aufgabenstellung. Aus dem Passungsproblem ist für Anna nun ein Prozess der institutionellen und sozialen Exklusion zuungunsten ihrer Möglichkeiten an Teilhabe geworden. Somit liegt hier eine potenziell behindernde Situation vor.*

Anscheinend erhält Anna ein Lernangebot, das besser ihren schriftsprachlichen Kompetenzen entspricht. Deutlich wird allerdings auch, dass diese Situation das Potenzial hat, Behinderung durch die gestellte Anforderung, einen Text zu verfassen, zu erzeugen. Dieses alltägliche Beispiel führt zum einen die „Relativität von Behinderung" (Cloerkes 2007, S. 9)[13] vor Augen, zum anderen lässt es erahnen, auf welch unterschiedliche Weise Förderbedarfe entstehen können.

Für die vorliegende Studie ist dieser Gedanke neben der theoretischen Auseinandersetzung um das Inklusionsverständnis auch von operativer Bedeutung. Wenn die

[13] Cloerkes führt vier Bereiche ein, in denen die Relativität deutlich wird: zeitliche Dimension (z.B. im Falle einer sog. Lernbehinderung, subjektive Verarbeitung, Lebensbereiche und Kulturspezifik (vgl. Cloerkes 2007, S. 9f.).

Entstehung von Behinderung bzw. eines Förderbedarfs sich in einem Passungsproblem zwischen Person und Umwelt zeigt, tritt die Behinderung bzw. ein Förderbedarf nur situativ bzw. zeitlich begrenzt auf. Überdeutlich wird dies bei dem Phänomen der sog. Lernbehinderung, die nach dem Ende der Schulzeit in der Regel nicht mehr vorkommt (vgl. ebd.). Folglich zeigt sich Behinderung oder das Auftreten eines Förderbedarfs erst in der Konfrontation mit einer Anforderung, z.B. beim Textschreiben. Wenn sich aus der Konfrontation zwischen Individuum und gestellter Anforderung Einschränkungen von Teilhabe bilden, tritt Behinderung auf. Diese Perspektive findet sich auch in folgender Beschreibung Ulrich Bleidicks bezugnehmend auf die Relativität von Behinderung wieder: „Behinderung ist demnach keine feststehende Eigenschaft eines Individuums, sondern eine Kategorie sozialer Geltung für einzelne Situationen des Lebens und auf Zeit" (Bleidick 1999, S. 19). In diesem Zusammenhang sei noch einmal das „Modell der Funktionsfähigkeit und Behinderung" der WHO erwähnt (vgl. DIMDI 2005, S. 23), mit dessen Hilfe die Entstehung von Behinderung als ein Zusammenwirken der Faktoren „Körperfunktionen und -strukturen", „Aktivitäten", „Partizipation" „Umweltfaktoren" und „personenbezogene Faktoren" beschrieben werden kann (ebd.).

Da ein grundlegendes Merkmal der Inklusion darin besteht, alle Akteur*innen positiv anzunehmen, kann der Umweltfaktor Schulunterricht, sofern er Teilhabe oder Aktivitäten erschwert, unmöglich inklusiv sein. Dieses Postulat besteht unabhängig von möglichen Einschränkungen der Körperstrukturen und -funktionen, da auch ein Schulsystem, das Teilhabe bspw. durch Notenselektion verwehrt, sich ebenfalls schwerlich inklusiv nennen kann.

Daher wurde in der vorliegenden Studie auch bewusst darauf verzichtet, Diagnostiken zum Zwecke der Erhebung eventuell vorhandener Förderbedarfe durchzuführen, um die Inklusivität des Settings zu verifizieren. Stattdessen schließe ich mich an dieser Stelle dem Inklusionsverständnis Katzenbachs an: „Inklusion meint das selbstverständliche, gleichberechtigte und wertschätzende Miteinander unterschiedlicher Menschen, wobei die Selbstverständlichkeit dieses Miteinanders darin besteht, dass ihre Unterschiedlichkeit nicht eigens thematisiert werden muss" (Katzenbach 2015b, S. 47).

Im Rahmen der vorliegenden Studie werden daher weniger Menschen als vielmehr spezifische Situationen fokussiert, in denen Ausschluss und Einschluss relevante Beschreibungsvariablen darstellen. Mit Blick auf den schriftsprachlichen Gegenstand soll rekonstruiert werden, wie unterrichtliche Lernsituationen eben diese Variablen beeinflussen und Behinderung in einem interaktionistischen Verständnis hervorgebracht bzw. überwunden wird.

## 1.2 Inklusiver Unterricht

Für Hans Wocken ist *inklusiver Unterricht* in erster Linie *Unterricht*, da in ihm auch die Gesetzmäßigkeiten eines allgemeinen Unterrichts Geltung hätten (vgl. Wocken 2013, S. 199; Hervorhebung S.Z.). Folglich orientiert er sich bei der Definition eines inklusiven Unterrichts auch an der allgemeinen Didaktik, insbesondere an Wolfgang Klafki, die Definition wird an dieser Stelle nur in ihrer Kurzform wiedergegeben.[14]

„Inklusiver Unterricht bedeutet, dass

- alle Kinder (‚Vielfalt der Kinder')
- sich allgemeine Bildung (‚Vielfalt des Unterrichts')
- mit aktiver pädagogischer Unterstützung (‚Vielfalt der Pädagogen')
- aneignen können" (Wocken 2014, S. 116).

Hier wird bereits deutlich, dass sich inklusiver Unterricht von allgemeinem hinsichtlich der Betonung der Vielfalt unterscheidet. Die „grundsätzlich unbegrenzte Heterogenität" (Wocken 2013, S. 200) einer inklusiven Lerngruppe, deren Vielfalt willkommen geheißen werde, sei damit auch der einzige Unterschied. Für die Unterrichtstheorie stelle sich daher die Frage des Umgangs mit der Heterogenität nicht im Sinne einer bloßen Bewältigung, vielmehr müsse es um das „Versprechen einer hochwertigen, mindestens jedoch gleichwertigen Förderung" (ebd., S. 201) gehen. Die gängige Antwort sei hier die Forderung nach Differenzierung. Wocken unterscheidet hier in Anlehnung an Klafki und Stöcker (1976) zwischen curricularer (die Lernziele und Lerninhalte betreffend) und methodischer Differenzierung (das ‚Wie' des Lernens betreffend) (vgl. ebd., S. 202).[15] Wocken selbst stellt einen dialektisch strukturierten Entwurf einer inklusiven Unterrichtstheorie vor, deren Kern die Dimensionen der Kooperation und Steuerung bildeten. In der Dimension der Kooperation befänden sich „Kommunalisierung und Individualisierung" (ebd., S. 212) und in der Dimension der Steuerung „Führung und Selbstständigkeit" (ebd., S. 214) in ei-

[14] Wocken gibt am Ende seines Beitrags noch eine ausführlichere Definition, in der er die Operatoren für die genannten Dimensionen anführt (vgl. Wocken 2014, S. 134).

[15] Diese Formen allgemeindidaktischer Differenzierungen werden auf der Ebene der Fachdidaktik später erneut aufgegriffen.

nem dialektischen Verhältnis. Die Leistungen eines inklusiven Unterrichts stellten daher: „Vielfalt in Gemeinsamkeit und Selbstständigkeit in Begleitung“ (ebd., S. 217) dar.

Die Forderung nach Differenzierung wird ebenfalls von Simone Seitz aufgegriffen. Für sie ist inklusiver Unterricht auch nicht vollkommen neu, sondern „eine Herausforderung zur Weiterentwicklung eines guten differenzierten Unterrichts“ (Seitz 2012, S. 47). Die Heterogenität der Kinder und die Verschiedenheit der Lernwege fänden in Formen innerer Differenzierung ihren Ausdruck. Dafür seien Formen der ‚natürlichen Differenzierung‘ in geöffneten Strukturen des Unterrichts nötig (vgl. ebd., S. 45). Dabei bestehe die zentrale Aufgabe der Lehrer*innen darin, „allen Schüler(innen) Raum zu geben für die individuelle Arbeit an ihrer jeweiligen aktuellen Leistungsgrenze und für das gemeinsame Hervorbringen der ‚Sache‘ des Unterrichts im gleichberechtigten Austausch“ (ebd., S. 44). Gemeinsam mit Katja Scheidt betont Seitz folgerichtig auch die Interaktion zwischen den Schüler*innen: Damit sich das Potenzial inklusiven Unterrichts entfalten könne, „gilt es zum einen, die Verschiedenheit der Lernausgangslagen und Lernweisen der Kinder konstruktiv aufzunehmen – mittels Individualisierung. Zum anderen sollten Kinder in inklusiven Lerngruppen miteinander und nicht nebeneinanderher arbeiten, und zwar sowohl um kokonstruktiv zu lernen, als auch um sich sozial eingebunden zu fühlen“ (Seitz & Scheidt 2012, S. 14). Alle Kinder sollten ihren eigenen Interessen folgend lernen können und Möglichkeiten zur intensiveren Auseinandersetzung erhalten (vgl. Seitz 2014, S. 29).

Zusammenfassend wird anhand dieser skizzenhaften Beschreibung der Eigenschaften eines inklusiven Unterricht deutlich, dass es sich hierbei nicht um einen anderen Unterricht, sondern um einen allgemeinen Unterricht handelt, der der Vielfalt seiner Akteur*innen wertschätzend gegenübersteht, sie produktiv nutzt und in Momenten der Vielfalt und Gemeinsamkeit operationalisiert.

## 1.3 Inklusive Didaktik – die Frage nach dem Wie

Damit schließt sich die Frage nach eben jener Operationalisierung an und damit, wie es ermöglicht werden kann, der Heterogenität der Kinder gerecht zu werden. Wie bereits dargelegt wurde, handelt es sich dabei im grundschuldidaktischen Diskurs keineswegs um eine neue Fragestellung. Daher speisen sich die folgenden Überlegungen zur Didaktik in heterogenen Gruppen sowohl aus Überlegungen, die bereits in der Grundschuldidaktik unter den Begriffen „Individualisierung“ (v. Saldern 2011), „Binnendifferenzierung“ (Bönsch 2013) und „konstruktivistischer Didaktik“ (Reich

2014)[16] diskutiert wurden als auch aus originär integrations-/inklusionsdidaktischen Modellen (Feuser 1989, Wocken 1998, Seitz 2006a).[17]

Der Fokus einer inklusiven Didaktik ist über inhaltliche Aspekte hinaus auf die Gemeinschaft der Lernenden, ihre Beziehungen, Kooperation und Kommunikation gerichtet (vgl. Amrhein & Reich 2014, S. 31). Die didaktische Aufgabe liegt darin, die Unterschiedlichkeit der Lernenden wertzuschätzen und daraus Folgerungen für das didaktische Handeln abzuleiten (vgl. Kullmann et al. 2014, S. 90), das durch das Ausbalancieren verschiedener Spannungsfelder gekennzeichnet ist (vgl. Hennies & Ritter 2014b, S. 11ff.). Dabei werden im Folgenden die von Johannes Hennies und Michael Ritter dargestellten Spannungsfelder Individualität und Gemeinsamkeit und Individualität und Standardisierung beschrieben (vgl. ebd.).

### 1.3.1 Individualität und Gemeinsamkeit

Dieses Spannungsfeld ist von dem Anspruch geprägt, Lehr-Lernprozesse gemeinschaftlich zu organisieren und der Individualität des Einzelnen gerecht zu werden (vgl. Ziemen 2014, S. 46). In der inklusionsdidaktischen Literatur sind diesbezüglich nur wenig konzeptionelle Überlegungen vorhanden. An dieser Stelle soll auf die nach Natascha Korffs Einschätzung „beiden einzigen didaktischen Gesamtkonzeptionen zum inklusiven Unterricht" (Korff 2012, S. 147)[18] eingegangen werden – den „gemeinsamen Gegenstand" von Georg Feuser (1989) und den „Kern der Sache" von Simone Seitz (2006a). Darüber hinaus wird das „Modell gemeinsamer Lernsituationen" von Hans Wocken (1998) angeführt.

Georg Feuser hat mit dem vielfach rezipierten „gemeinsamen Gegenstand"[19] (Feuser 1989) ein grundlegendes didaktisches Modell einer integrativen Pädagogik geschaffen. Dabei sei die Frage der Didaktik, wie in der tätigen Auseinandersetzung mit Ele-

---

[16] Reich argumentiert, dass die inklusive Didaktik auf konstruktivistischen Annahmen aufbaut (vgl. Reich 2014, S. 50).

[17] Korff betrachtet differenzierende, offene Formen von Unterricht als einen Ausgangspunkt für inklusiven Unterricht (vgl. Korff 2012, S. 138).

[18] Auch 2016 stellt Becker-Mrotzek noch das nahezu vollständige Fehlen von „umfassenden theoretischen Konzepten, wie der gemeinsame Unterricht von Schülerinnen und Schülern mit unterschiedlichen Fähigkeiten bzw. heterogenen Lernvoraussetzungen gestaltet werden kann" (Becker-Mrotzek 2016, S. 49) fest.

[19] Der Ansatz ist Bestandteil einer entwicklungslogischen Didaktik, die hier nicht in Gänze wiedergegeben werden kann. In Anlehnung an die Rezeption von Annette Textor und Simone Seitz sei hier ebenfalls auf die Gegenüberstellung von Sachstrukturanalyse (nach dem Bildungsinhalt von Klafki) und Tätigkeitsstrukturanalyse hingewiesen (vgl. Textor 2012, o. S.) sowie auf Feusers Kritik an der Fokussierung auf die Sache (vgl. Seitz 2004, S. 173).

menten eines Projekts eine höhere Ebene in der Wahrnehmungs-, Denk- und Handlungskompetenz erreicht werden könne (vgl. ebd.). Die Inhalte, Gegenstände, Themen u. Ä. hätten im Sinne des Erwerbs von Wissen keinen Zweck in sich, sondern dienten der Entwicklung von Erkenntnis und Persönlichkeit (vgl. Feuser 2015, S. 307). Dieser individuelle Lernprozess finde in der Auseinandersetzung mit einem gemeinsamen Gegenstand statt. Damit sei nicht der konkrete Inhalt gemeint, vielmehr sei er „der zentrale Prozeß, der hinter den Dingen und beobachtbaren Erscheinungen steht und sie hervorbringt" (Feuser 1989, o. S.). Unterricht müsse von den basalen Zugängen ausgehend geplant werden und sich auf höheren Ebenen weiter ausdifferenzieren (vgl. ebd.). Für die vorliegende Studie liegt das Potenzial des gemeinsamen Gegenstands vor allem in der Frage, inwiefern er auf das Textschreiben in heterogenen Gruppen übertragen werden kann. Weiterhin ist (auch fachdidaktisch) zu begründen, um welchen zentralen Prozess es sich hierbei handelt. Dabei wird Feusers fachdidaktikbezogene Kritik der „rezeptologischen Verengung", die „allenfalls methodischen Handlungscharakter" aufwiesen, produktiv aufgenommen (Feuser 2015, S. 308). Vielmehr als nur die Methodik zu fokussieren, kommen den allgemeinen und fachdidaktischen, aber auch den fachwissenschaftlichen Begründungen im heterogenitätssensiblen Unterricht eine prominente Rolle zu, da nur so die unterrichtliche Auseinandersetzung mit einem Thema dargestellt werden kann.

Für Wocken stellt die Herstellung von Gemeinsamkeit über den Gegenstand nur einen Aspekt des Unterrichts in heterogenen Gruppen dar. Darüber hinaus könne sie auch über unterschiedliche Sozialformen erreicht werden. Daher erweitert Wocken die Kooperation am gemeinsamen Gegenstand um sechs gemeinsame Lernsituationen, in denen zum Teil gegenstandsbezogene Austauschprozesse unterschiedlichen Ausmaßes stattfinden (vgl. Wocken 1998). Dabei zeigen ethnographische Schulforschungen, dass bspw. im Kontext von Freiarbeit die Grenzen zwischen den Situationen im Feld fließend sind (vgl. Breidenstein 2006, S. 194ff.).[20] Im Rahmen dieser Studie wird das Erzeugen dieser Übergänge thematisiert, wie sie auch in der Konfrontation mit der Aufgabe ‚Textschreiben' ausgehandelt werden.

Als ein drittes Modell sei der „Kern der Sache" von Seitz[21] angeführt, das die individuellen Konstruktionen der Schüler*innen zum Ausgangpunkt des Lernens macht. Dabei werde die Gemeinsamkeit über Ähnlichkeiten in den individuellen Zugängen

[20] Breidenstein zeigt drei kontrastierende Beispiele im Kontext des gegenseitigen ‚Helfens' im Rahmen von Freiarbeit auf. Hierbei zeigt sich deutlich der Wechsel (der von den Schüler*innen scheinbar selbst initiiert ist) zwischen koexistierender und subsidiärer Lernsituation (vgl. Breidenstein 2006 S. 194ff.).

[21] Laut Korff nehmen bisher nur die Modelle von Feuser und Seitz einen inhaltlichen Austausch in den Blick. Sie blieben dabei allerdings auf einer konzeptionellen Ebene (vgl. Korff 2012, S. 152).

hergestellt, da sich identische „Grundmuster in den Lernausgangslagen" (Seitz 2006a) annehmen ließen, die sich jedoch in höchst unterschiedlichen Ausformungen zeigten. Diese gemeinsamen Konstruktionen von Wirklichkeit bildeten den „Kern der Sache" (vgl. Seitz 2006a).[22]

Mithilfe dieser drei Modelle[23] lässt sich in unterschiedlicher Weise Gemeinsamkeit herstellen: in unterschiedlichen Ausprägungen über (gemeinsame) Lernsituationen (Wocken), über ein gemeinsames Projekt, dessen Verbundenheit sich über ein tiefergehendes Phänomen (Feuser) oder identische Grundmuster (Seitz) zeigt (vgl. Naugk et al. 2016 S. 26ff.). In ihnen stehen Individualität und Gemeinsamkeit in einem dialektischen Verhältnis, da sich die Individualität in je unterschiedlichen Formen der Gemeinsamkeit zeigt.

### 1.3.2 Individualität und Standardisierung

Diesen didaktischen Ansätzen scheinen internationale Vergleichsstudien wie PISA und IGLU, die Schüler*innentätigkeiten und deren Ergebnisse in messbare und damit quantifizierbare und vergleichbare Daten zu überführen, diametral gegenüberzustehen. Das komparative Grundverständnis dieser Studien ist nach Hennies und Ritter nicht mit der Vorstellung individuellen Lernens vereinbar (vgl. Hennies & Ritter 2014b, S. 12f.). Stattdessen sei die entwicklungslogische Orientierung an der Zone der nächsten Entwicklung (vgl. Wygotski 1993) zu beachten, die von einem ‚Normentwicklungsverlauf' zu unterscheiden ist (vgl. Naugk et al. 2016, S. 26ff.). Entwicklung ist damit ein individueller Prozess, der auf Lernenberuhend zu einer höheren Organisation der Psyche führt (Feuser 1989, o.S.). So fordert auch Seitz, dass bei der Betrachtung der Entwicklung die „Bereichsspezifität, Mehrdimensionalität und Kontextualisierung von Entwicklungsverläufen" beachtet werden müsse. Unbewegliche Stufen stellten eine beträchtliche Reduktion dar (vgl. Seitz 2006c, S. 117). Sie kritisiert die fachliche Outputorientierung der Bildungsstandards, die nicht prozessorientiert die Entwicklung berücksichtigten. Die verschiedenen Konstruktionen der Kinder ließen sich nicht dekontextualisiert in der vertikalen Stufenordnung abbilden (vgl. ebd., S. 117f.). Seitz sieht stattdessen gar die Gefahr eines stärker werdenden Segregationsdrucks infolge der Standards (vgl. Seitz 2006b, S. 196).

---

[22] Neben der Originalquelle sei auch auf Naugk et al. (2016, S. 28f.) verwiesen.

[23] Als weitere Vertreter*innen inklusiver Didaktik sind u.a. zu nennen: Kersten Reich (2014), dessen Ansatz auf der konstruktivistischen Didaktik aufbaut, sowie Harry Kullmann, Birgit Lütje-Klose und Annette Textor (2014), die die fünf Leitprinzipien eines Bielefelder Ansatzes zur inklusiven Didaktik entwickelten.

So möchte auch Prengel das von ihr dargestellte gestufte Kompetenzraster im Rahmen des obligatorischen Curriculums einer inklusiven Didaktik nicht als einfache Abbildung von Lernverläufen verstanden wissen, sondern als ein Modell, das einen passenden Einstieg in ein Fachgebiet ermögliche (vgl. Prengel 2013, S. 46). Für die vorliegende Studie ist daher von Interesse, wie sich die Umgangsweisen der Kinder mit der Anforderung des Textschreibens fachlich begründet entwicklungs- und kompetenzorientiert beschreiben lassen, ohne Kinder in vertikalen Stufen einzuordnen.

## 1.4 Studien zur ‚Wirksamkeit' inklusiven Unterrichts

Insbesondere quantitative Studien stehen jedoch in dem Dilemma, Heterogenität (die oftmals mit Inklusivität gleichgesetzt wird) für die eigene Studie zu operationalisieren und eröffnen damit oftmals wiederum eine Zwei-Gruppen-Einteilung: Kinder mit und ohne Förderbedarf, was dem Grundverständnis der inklusiven Pädagogik diametral gegenübersteht. Dennoch sollen im Folgenden wesentliche Befunde internationaler Studien rezipiert werden, die sich mit den Effekten inklusiven Unterrichts befassen.

Aktuelle Studien zur Umsetzung von Inklusion können nach Cornelia Gresch und Anne Piezunka unterschieden werden nach Begleitstudien bspw. im Rahmen von Pilotprojekten und Studien zu einzelnen Aspekten eines inklusiven Unterrichts (Gresch & Piezunka 2015, S. 201). Quantitative Studien beziehen sich den Ausführungen von Katrin Liebers und Christin Seifert zufolge oft auf die Leistungsentwicklung von Schüler*innen mit Förderbedarf (vgl. Liebers & Seifert 2014, S. 34). Ein Befund, der sich auch in den hier dargestellten Studien widerspiegelt. Ein Desiderat machen die Autorinnen hingegen bzgl. akademischer und sozialer Effekte der inklusiven Beschulung für Schüler*innen ohne Förderbedarf aus (vgl. ebd.).

Einen Überblick über qualitative Studien geben Thorsten Merl und Julia Winter. Sie fassen folgende Themen, die untersucht werden, zusammen: Studien, die die Gelingensbedingungen von Inklusion in der Schule untersuchen, „Studien zur Kooperation" und „Studien zu Differenzkonstruktionen" (Merl & Winter 2014, S. 48ff.).

In dem folgenden Überblick wird sich vorrangig auf internationale und nationale quantitative Studien bzgl. der Leistungsentwicklung und des Wohlbefindens in inklusiven und exklusiven Settings bezogen. Zunächst jedoch sei auf das Dilemma hingewiesen, dass Inklusion zum einen mit der Metapher des „Nordstern" (Hinz 2014) beschrieben wird. Georg Feuser beschreibt sogar: „So viel man auch über Inklusion redet, ich kenne keine der Bedeutung des Begriffes angemessene Praxis" (Feuser 2015, S. 300). Zum anderen stellt Inklusion nicht nur einen Gegenstand theoretisch-konzeptioneller, sondern auch empirischer Forschung dar. Damit stellt sich die Frage, welchen Gegenstand die im Folgenden dargestellten Studien haben. Eine Schwierigkeit ergibt sich aus dem Anspruch eines inklusiven Unterrichts, Kinder nicht zu kategorisieren und mehr zu sein als das gemeinsame Lernen von Kindern mit und ohne Behinderung (vgl. Grosche 2015, S. 29),[24] wie es streckenweise in der öffentlichen Debatte dargestellt wird (z.B. Sadigh & Otto 2015). Das lässt die Bestimmung des Forschungsgegenstandes zu einer methodischen Herausforderung für die empirische Bildungswissenschaft werden.

Für Michael Grosche liegt ein Grund der schwierigen Bestimmung schon in der Definition des Begriffs Inklusion, dessen Abgrenzung zur Integration kaum trennscharf möglich sei (Grosche 2015, S. 26), in den Zielen von Inklusion, die teilweise in einem Spannungsverhältnis zueinander stehen (Förderung vs. Anerkennung) (ebd., S. 26ff.) und der unklaren Kategorie des sonderpädagogischen Förderbedarfs (ebd., S. 28f.).

Bezogen auf den letztgenannten Grund, den sonderpädagogischen Förderbedarf, machen z.B. Karl Dieter Schuck und Wulf Rauer in ihrem Abschlussbericht zu Analysen des Anstiegs von Schüler*innen mit Förderbedarfen in den Bereichen Lernen, Sprache und emotionaler und sozialer Entwicklung in Hamburg darauf aufmerksam, dass in Klasse eins die drei Förderbedarfe anteilig relativ gleich verteilt seien und es im weiteren Verlauf der Schuljahre zu einem überproportionalen Anstieg des Förderbedarfs Lernen komme. Einen Grund dafür stellt den Autoren zufolge unter anderem das Konstrukt des Förderbedarfs selbst dar, da sich Probleme im Lernen erst im Laufe des Schulalltags zeigten, aber auch administrative Entscheidungen auf die Diagnostik Einfluss nähmen. So sei die Bereitschaft von Lehrkräften größer, einen Förderbedarf zu diagnostizieren, wenn damit kein Schulwechsel verbunden sei (vgl. Schuck & Rauer 2014, S. IXf.). Die Häufigkeit der festgestellten Förderbedarfe sagt daher zunächst einmal etwas über die Häufigkeit der Diagnosen aus und erst in zweiter Linie etwas über die tatsächlichen Bedarfe.[25]

Aufgrund dieser Unbestimmtheiten bzgl. der Inklusion, die unterschiedliche Operationalisierungen zur Folge haben, könnten empirische Befunde kaum in einem grö-

[24] Grosche fügt hinzu: „[...] ohne dass dieses ‚Mehr' einwandfrei geklärt wäre" (Grosche 2015, S. 29).

[25] Ebenso ist die Terminologie für die Beschreibung von Kindern mit Förderbedarfen inkonsistent, was bspw. länderübergreifende Analysen erschwert (vgl. Ruijs & Peetsma 2009, S. 69).

ßeren Kontext eingeordnet werden (vgl. Grosche 2015, S. 30). Dennoch gehen umfangreiche Studien wie die von Klaus Klemm über den „Status quo von Inklusion" für die Grundschule von einem „Inklusionsanteil" von 39,2 % aus (Klemm 2013, S. 6). Damit seien „die Anteile der Kinder und Jugendlichen mit einem diagnostizierten sonderpädagogischen Förderbedarf, die gemeinsam mit Gleichaltrigen ohne diesen Förderbedarf betreut bzw. unterrichtet werden" (ebd.) gemeint.[26]

Bezüglich der Leistung halten Sabine Martschinke, Bärbel Kopp und Christoph Ratz nach einer Analyse mehrerer internationaler und nationaler Studien fest: „International und national ist zusammenfassend der Tenor, dass zumindest Kinder mit Lernbehinderung leistungsmäßig am besten in der Grundschule gefördert werden könnten – und dies sogar ohne die Grundschulkinder in ihrer Leistungsentwicklung zu ‚bremsen'" (Martschinke, Kopp & Ratz 2012, S. 186).[27]

Insbesondere ist hier Wockens Zusammenschau mehrerer Studien zur Chancengleichheit und Effektivität der Förderung in der Förderschule hervorzuheben. Bezogen auf die Chancengleichheit resümiert Wocken, dass es hier gerade in der Förderschule erhebliche Benachteiligungen gebe. Vielmehr konzentrierten sich gerade in dieser Institution mehrere Formen von Benachteiligungen (z.B. aufgrund von Armut, Migration, Arbeitslosigkeit). Die Ursache liege aber nicht in der Förderschule selbst, sondern spiegele die bestehenden Verhältnisse des Schulsystems wider (vgl. Wocken 2007, S. 49). Bzgl. der Effektivität der Förderung an Förderschulen stehen Wockens Ergebnisse im Einklang mit anderen. Schüler*innen in Förderschulen würden sich hinsichtlich ihrer kognitiven Fähigkeiten und ihrer Leistung nicht so gut wie ihre Mitschüler*innen in den allgemeinen Schulen entwickeln (vgl. ebd., S. 55).

Gleiches gilt für die Studie von Elke Wild et al. (2015), die mit einer Stichprobe arbeiteten, bestehend aus 423 Drittklässler*innen mit dem Förderschwerpunkt Lernen,

[26] Klemm bezieht auch Kindertagesstätten in seine Analyse mit ein.

[27] Ebenso zitieren Jessica M. Löser und Rolf Werning eine Vielzahl von Studien und fassen zusammen, dass viele empirische Belege für die Vorteile der heterogenenen Lerngruppen in der Grundschule existierten (vgl. Löser & Werning 2013, S. 30). Vor allem Kinder aus „Minderheitengruppen" hätten in heterogenen Gruppen Vorteile für ihre Lern- und Leistungsentwicklung.
Ebenso kommen Kocaj et al. in einer Studie basierend auf Daten des IQB-Ländervergleichs über die Kompetenzen von Schüler*innen am Ende der vierten Klasse zu dem Ergebnis, dass Schüler*innen mit einem Förderbedarf an einer Grundschule bessere Leistungen erzielten als an einer Förderschule. Besonders gelte das für Kinder mit dem Förderschwerpunkt im Bereich Lernen, weniger jedoch für Kinder mit dem Schwerpunkt im Bereich Sprache (vgl. Kocaj et al. 2014, S. 181).
Gérard Bless und Kathrin Mohr führen ebenfalls verschiedene Studien an, die für die Leistungsentwicklung von Schüler*innen mit sog. Lernbehinderungen Vorteile in einem integrierten statt in einem separierenden Lernsetting sehen (vgl. Bless & Mohr 2007, S. 378f.).

die in einer Förderschule mit diesem Schwerpunkt, in einer Grundschule, die mit einem Kompetenzzentrum für sonderpädagogische Förderung kooperierte oder im Gemeinsamen Unterricht bzw. in Integrationsklassen beschult wurden (vgl. Wild et al. 2015, S. 13). Die Autor*innen der Studie untersuchten u.a. die Leistungen und das Wohlbefinden der Schüler*innen. Auch hier erzielen inklusiv beschulte Schüler*innen bessere Leistungen im Lesen und Rechtschreiben als Schüler*innen an der Förderschule. Allerdings erreichten Kinder, die in Schulen mit Unterstützung eines Kompetenzzentrums lernten, hier noch bessere Werte als die Kinder im gemeinsamen Unterricht (vgl. ebd., S. 16).

Für englische Schulen kommt Alan Dyson zu dem Ergebnis, dass sich Inklusion vermutlich nicht auf die Leistungen der Schüler*innenschaft insgesamt auswirke, und führt auf Datenbasis einer Erhebung an 16 Schulen als mögliche Begründung an, dass in diesen Schulen Strategien zur Leistungsverbesserung für alle Schüler*innen angewandt würden (vgl. Dyson 2010, S. 120f.).

Zu einem ähnlichen Ergebnis kommen auch Spencer J. Salend und Laurel M. Garrick Duhaney für amerikanische Schulen, indem sie feststellen, dass sich für Schüler*innen ohne Behinderungen in den analysierten Studien kein Einfluss auf die schulischen Leistungen fände (vgl. Salend & Duhaney 1999, S. 120). Umgekehrt gelte jedoch, dass der Einfluss von inklusiver Bildung auf Schüler*innen mit Förderbedarfen nicht eindeutig sei.[28] Die von ihnen angeführten Studien zeigten teilweise bessere Leseleistungen[29] in inklusiven Settings als in segregierten Settings. Andererseits führen Salend und Duhaney die elf Studien umfassende Metastudie von Manset und Semmel (1997) an, die zu dem Ergebnis kommt, dass eine pauschale Überlegenheit für Schüler*innen mit ‚leichten Behinderungen' von inklusiven Settings gegenüber sonderpädagogischen Angeboten nicht existiere (vgl. ebd. S. 115).

Demgegenüber kommen Nienke M. Ruijs und Thea T. D. Peetsma in der Zusammenschau internationaler Studien aus der Dekade Anfang der 2000er Jahre zu dem Ergebnis, dass Schüler*innen in inklusiven Settings bessere Leistungen erbringen als in segregierenden. Allerdings gäbe es auch hier die bereits angesprochenen Probleme in der Vergleichbarkeit infolge der Erhebungsmethodik[30] und der unterschiedlichen Operationalisierung der Inklusion[31] (vgl. Ruijs & Peetsma 2009, S. 71).

[28] Die Autoren sprechen allerdings von „students with disabilities".

[29] Hier werden Ergebnisse für „students with learning disabilities" (Salend & Duhaney 1999, S. 115) angeführt.

[30] Bspw. fehlt oftmals eine Kontrollgruppe (vgl. Ruijs & Peetsma 2009, S. 71).

[31] Zu unterscheiden ist u.a., ob es sich um eine konstante oder zeitlich begrenzte Inklusion handelt (vgl. Ruijs & Peetsma 2009, S. 71).

Zumindest ähnlich im Vergleich zur „Normstichprobe des jeweiligen Tests" (Spörer et al. 2015, S. 263), seien die Entwicklungen in einzelnen Kompetenzbereichen von Schüler*innen in inklusiven Settings (vgl. ebd.). In dem „Pilotprojekt Inklusive Grundschule" in Brandenburg wurde unter anderem untersucht, wie sich die fachlichen, sozialen, personalen und sozialen Merkmale von ausgewählten Schüler*innen aus 84 Grundschulen entwickeln (vgl. Spörer et al. 2015a, S. 33f.). Es zeige sich, dass die Lernzuwächse der Schüler*innen in den Bereichen Lesen und Rechtschreiben ähnlich zu den Entwicklungsverläufen der Normstichprobe seien (vgl. Spörer et al. 2015b, S. 263).

In ihrem Evaluationsbericht zum Rügener-Inklusions-Modell, in dem Schüler*innen, die in Inklusionsklassen auf Rügen lernen, mit denen in Diagnose-Förder-Klassen in Stralsund verglichen werden, kommen Stefan Voß et al. hinsichtlich der Leseleistung zum Ende der vierten Klasse zu dem Ergebnis, dass sie sich über die gesamte Leistungsbreite nicht signifikant unterscheidet. Gleiches gelte für Kinder mit und „ohne Risiken im schriftsprachlichen Vorwissen hinsichtlich ihrer Leseleistung" (Voß et al. 2015, S. 46). Im Bereich der Rechtschreibung sei es allerdings so, dass die Leistungen der Rügener Kinder etwas unter denen der Stralsunder-Kinder lägen (vgl. ebd., S. 47f.).

Somit kann festgestellt werden, dass die Mehrheit der hier angeführten Studien zu dem Ergebnis kommt, dass Schüler*innen mit einem Förderbedarf im Bereich Lernen in inklusiven Settings gleich gute oder bessere Leistungen erbringen als in segregierenden. Aleksander Kocaj et al. machen in ihrer Mehrebenenanalyse, die sie auf Grundlage der Daten des IQB-Ländervergleichs 2011 angefertigt haben, darauf aufmerksam, dass für diesen häufigen Befund die unterschiedliche Zusammensetzung der Klassen hinsichtlich sozialer und leistungsbezogener Faktoren in Grund- und Förderschulen eine Rolle spielen könnte (Kocaj et al. 2014, S. 183).

Bezüglich des sozialen Selbstkonzepts kommen Martschinke, Kopp und Ratz bei der Untersuchung von zweier „‚intensiv-kooperierenden' Klassen" (Martschinke, Kopp & Ratz 2012, S. 185)[32] zu dem Ergebnis, dass die Kinder mit dem Förderschwerpunkt geistige Entwicklung zu Beginn des Schuljahres ein etwas höheres soziales Selbstkonzept als die Grundschüler*innen hätten und diese Werte im Laufe des Schuljahre stabil blieben (vgl. Martschinke, Kopp & Ratz 2012, S. 193ff.). Im Bereich des sozialen

[32] Diese Klassen stehen unter der gemeinsamen Leitung einer Grundschullehrerin und einer Sonderpädagogin. In ihnen lernen Grundschulkinder und Kinder mit Förderbedarf gemeinsam in einer Förderschule (vgl. Martschinke, Kopp & Ratz 2012, S. 185).

Status verfügten die Kinder mit Förderbedarfen zwar nicht über die ersten Plätze, seien aber auch nicht unbeliebt (vgl. ebd., S. 196).[33]

Bezogen auf Kinder mit dem Förderschwerpunkt Lernen im Vergleich zu Grundschüler*innen ohne diagnostizierten Förderbedarf kommen Gérard Bless und Kathrin Mohr in der Zusammenschau verschiedener englischer Studien zum gegenteiligen Ergebnis: „Lernbehinderte Kinder in Regelklassen weisen insgesamt im Vergleich zu ihren nichtbehinderten Mitschülern eine niedrigere soziometrische Stellung auf" (Bless & Mohr 2007, S. 377).[34] Darüber hinaus zeigen Bless und Mohr auf, dass die zugrunde liegenden Untersuchungen in der Tendenz zeigten, dass das Selbstkonzept von integriert beschulten Kindern mit dem Förderschwerpunkt Lernen gleich oder niedriger sei als das der Kinder ohne Förderbedarf und erstaunlicherweise auch niedriger als das separiert beschulter Kinder mit diesem Förderschwerpunkt (vgl. ebd., S. 380).

Ebenso kommen Elke Wild et al. anhand von Selbstauskünften von Schüler*innen mit dem Förderschwerpunkt Lernen zu dem Ergebnis, dass sie in den drei unterschiedlichen Settings (separiert, inklusiv und mit Anschluss an ein Kompetenzzentrum) ein hohes Maß an Wohlbefinden und empfundener Integration angeben (vgl. Wild et al. 2015, S. 19).

Allerdings kommt Brigitte Schumann in ihrer Studie über die „Schonraumfalle" der Förderschule mit dem Schwerpunkt Lernen zu dem Ergebnis, dass der Schonraum der Förderschule eine widersprüchliche Situation für die Schüler*innen erzeuge, da sich zum einen ‚Wohlfühleffekte' infolge der Überwindung schlechter Erfahrungen aus der früheren Schule zeigten und sich auf die Bereiche des leistungsbezogenen Selbstkonzepts auswirkten, zum anderen zeigten sich Schameffekte bezogen auf Personen außerhalb des Schonraumes (vgl. Schumann 2007, S. 159).

Diese widersprüchlichen Befunde finden sich bezogen auf Schüler*innen mit ‚leichten Behinderungen' ebenfalls in dem Forschungsüberblick von Spencer J Salend und Laurel M. Garrick Duhaney wieder. Schüler*innen mit ‚schweren Behinderungen'

[33] Die Autor*innen raten allerdings selbst zur Vorsicht bei der Interpretation ihrer Ergebnisse, da für die Gruppe der Kinder mit Förderbedarf eine Kontrollgruppe fehle, was allerdings bei dem Förderschwerpunt ‚geistige Entwicklung' aufgrund der Heterogenität der Gruppe schwer zu realisieren sei (vgl. Martschinke, Kopp & Ratz 2012, S. 197).

[34] Ebenso Liebers und Seifert: „Relativ eindeutig schält sich als ein zentraler Befund aus allen Reviews heraus, dass Schülerinnen und Schüler mit sonderpädagogischem Förderbedarf einen niedrigeren Sozialstatus aufweisen als ihre Klassenkameradinnen und -kameraden und dies in den unterschiedlichsten Schulsystemen sowie Realisierungsformen von Inklusion weltweit (vgl. Avramidis 2009, Bless & Mohr 2007)" (Liebers & Seifert 2014, S. 40).

hätten in inklusiven Settings ein größeres Maß sozialer Unterstützung und entwickelten tiefere Freundschaften; gleichzeitig zeigten die Studien aber auch, dass die Interaktionen der Schüler*innen vor allem assistierenden Charakter hätten und im Laufe eines Schuljahres abnähmen (vgl. Salend & Duhaney 1999, S. 118). Für Schüler*innen ‚ohne Behinderungen' stellen die Studien positive Effekte fest. So zeigten diese Schüler*innen z.B. ein „größeres Bewusstsein für die Bedürfnisse anderer" (ebd., S. 120; Übersetzung S.Z.).

Zu einem ähnlichen Ergebnis kommen Ruijs und Peetsma bezüglich Kindern mit ‚schwereren Behinderungen' (vgl. Ruijs & Peetsma 2009, S. 77). Ebenso kommen sie zu dem Ergebnis, dass es schwer sei, aus den unterschiedlichen Ergebnissen Schlüsse für soziale Effekte inklusiver Settings auf Schüler*innen mit Förderbedarf zu ziehen. So zeigten sich in den Befunden einiger Studien bzgl. des sozialen Status der Schüler*innen mit Förderbedarfen gegenüber den Schüler*innen ohne Förderbedarf signifikante Unterschiede (z.B. Bakker & Bosmann (2003), in anderen Studien hingegen träten diese nicht auf (Jepma 2003); (vgl. dazu Ruijs & Peetsma 2009, S. 74). Ruijs und Peetsma fassen daher zusammen: „These results indicate, therefore, that children without special educational needs in inclusive classes are more positive about children with special educational needs, but that they are still less positive about them than about their peers without special educational needs" (ebd., S. 77).

Zusammenfassend kann festgehalten werden, dass die Thematisierung von Inklusion in der empirischen Bildungsforschung eine Tendenz zu einem integrativen Grundverständnis besitzt und damit eine Zwei-Gruppen-Theorie bestärkt. Das geschieht infolge der Notwendigkeit der Bestimmung der Untersuchungsgruppen (Kinder mit und ohne Förderbedarf). Dabei wirken auf das Zustandekommen der Diagnosen unterschiedliche Faktoren ein, sodass deren Vergleichbarkeit nicht immer sichergestellt werden kann (vgl. Ruijs & Peetsma 2009; Schuck & Rauer 2012; Gresch & Pezunka 2015). Darüber hinaus zeigen sich unterschiedliche Verwendungsformen der Begriffe der Förderschwerpunkte, worin deutlich wird, dass die Untersuchungskonstrukte in sich schon heterogen sind, sodass ein eindeutiger Vergleich schlecht realisierbar scheint. Bspw. schließt der englische Ausdruck „learning disabilities" auch Kinder mit einer sog. geistigen Behinderung ein (vgl. Theunissen 2005, S. 12f.) bzw. es wird in der englischen Literatur auch von „mild" und „severe disabilities" (Salend & Duhaney 1999; Ruijs & Peetsma 2009) gesprochen. Schließlich wird der inklusive Unterricht, wie jeder Unterricht, unterschiedlich operationalisiert, sodass die Beeinflussung von Kontextvariablen eine Korrelation von Beschulungsart und Leistung oder sozialem Wohlbefinden sich nicht immer als evident darstellbar erweist (vgl. Rujs

& Peetsma 2009). Trotz dieser Einschränkungen zeigen jedoch die verschiedenen Studien, dass Schüler*innen mit und ohne Förderbedarfen in der Tendenz gleich gute (z.B. Dyson 2010) bzw. auch bessere Leistungen in inklusiven Settings erbringen als in separierenden Systemen (Ruijs & Peetsma 2009), vor allem konnte das für Kinder mit dem Förderschwerpunkt Lernen nachgewiesen werden (Bless & Mohr 2007; Wocken 2007; Kocaj 2014; Wild et al. 2015). Bezüglich des sozialen Status von Kindern mit diagnostiziertem Förderbedarf in einem gemeinsamen Setting gibt es jedoch widersprüchliche Befunde (Salend & Duhaney 1999; Bless & Mohr 2007; Schumann 2007; Ruijs & Peetsma 2009, Wild et al. 2015).

## 1.5 Inklusion aus deutschdidaktischer Perspektive

Die Bedeutung quantitativer Studien in der Darstellung von Unterschieden wurde mit Verweis auf Brügelmann bereits betont. Dennoch scheint für die didaktische Fragestellung der vorliegenden Arbeit eine entwicklungslogische Perspektive angemessen zu sein. Sie kann dabei besonders gut in der Grundschule eingenommen werden, denn unstrittig ist, dass die Anforderungen eines inklusiven Unterrichts am ehesten in der Grundschule auf fruchtbaren Boden stoßen (vgl. Seitz 2014, S. 29; Amrhein & Reich 2014, S. 33), allerdings gibt es in dem fachdidaktischen Diskurs konträre Positionen. Konstatieren Anne Berkemeier und Mareike Drinhaus, dass bzgl. eines inklusiven Deutschunterrichts „insgesamt sehr wenig" (Berkemeier & Drinhaus 2014, S. 110) vorhanden sei, sieht Horst Bartnitzky in der Grundschule eine Fachdidaktik „in Begründung und Ausarbeitung" (Bartnitzky 2014a, S. 44) vorliegen.[35] Johannes Hennies und Michael Ritter halten fest, dass eine inklusive Deutschdidaktik einerseits keine „Neuerfindung" didaktischer Argumentation sei, andererseits aber nicht die bisherige Didaktik nur um einige „Sonderfälle" ergänzt werden könne (Hennies & Ritter 2014b, S. 11; vgl. zusammenfassend auch Naugk et al. 2016, S. 35; Zielinski 2018a, S. 123f.). Diese uneindeutige Positionierung der Fachdidaktik bzgl. der Anforderungen eines inklusiven Unterrichts scheint in Wechselwirkung zu verschiedenen Interpretationen des Begriffs Inklusion zu stehen.

Verdeutlichen Norbert Kruse und Michael Ritter, dass herkömmliche Kategorien wie sonderpädagogische Förderbedarfe oder Behinderungsarten in einer inklusiven Lerngruppe überwunden werden müssten,[36] ohne auf die Fachexpertise zu verzichten (vgl.

[35] Bartnitzky an anderer Stelle: „Muss nun eine Inklusive Didaktik neu entwickelt werden? Nein, sie ist zumindest für die Grundschule längst vorhanden – allgemein wie fachbezogen" (Bartnitzky 2020, S. 11).

[36] Tilman von Brand weist in diesem Zusammenhang darauf hin, dass das auf Persönlichkeitsmerkmalen gründende Arrangement von Lernangeboten Gefahr laufe, andere relevante Eigenschaften der Person zu überdecken (vgl. v. Brand 2019, S. 76).

Kruse & Ritter 2015, S. 6),[37] benutzen andere Autor*innen diese Kategorien personenbezogen[38] „Lernende mit Bedarf in den Bereichen Erziehung und Verhalten" (Berkemeier & Drinhaus 2014, S. 113) oder „Kinder mit dem Förderschwerpunkt Lernen" (Grünecker 2012, S. 84), um auf den Bedarf spezifischer Förderung hinzuweisen. Folglich sind auch die Betrachtungen der Gegenstände, Prozesse und Ergebnisse eines Deutschunterrichts, der das Attribut ‚inklusiv' trägt, höchst unterschiedlich. Nadine Naugk et al. geben einen Überblick über bisher erschienene Unterrichtsanregungen für einen inklusiven Unterricht und ordnen sie nach Formen der expliziten und impliziten Differenzierung, der Elementarisierung und nach Ansätzen, bei denen Sprache sowohl als Lerngegenstand als auch als Medium in den Blick gerät (vgl. Naugk et al. 2016, S. 44ff.). Gleichzeitig konstatieren sie, dass es sich dabei um sehr spezifische Ansätze und weniger um konzeptionelle Überlegungen für eine inklusive Deutschdidaktik handele (vgl. ebd., S. 48).

Daher müssen die konzeptionellen Überlegungen zum Teil aus dem bisherigen fachdidaktischen Diskurs entnommen und für ein Lernen in inklusiven Settings weiterentwickelt werden. Im Rahmen der vorliegenden Arbeit werden dabei schreibdidaktische Ansätze fokussiert. Kruse und Ritter unterscheiden bisherige Ansätze zwischen Kompensation und Diversifizierung. Erstgenannte betrachteten das Erreichen bestimmter Basiskompetenzen als Voraussetzung für Teilhabe an schriftkultureller Praxis und stellten hierfür notwendige Ressourcen zur Verfügung. Diversifizierende Ansätze gingen davon aus, dass heterogene Lernvoraussetzungen der Kinder auch zu heterogenen Lernwegen und -ergebnissen führten. Beide Ansätze seien wichtige „Bausteine für die gemeinsame individuelle Förderung aller Kinder" (Kruse & Ritter 2015, S. 7).[39]

Darüber hinaus können auch sonderpädagogische Beiträge einen Gewinn zur Weiterführung des Diskurses beitragen, indem sie in den Austausch mit der regelpädagogischen Expertise treten, beispielgebend ist die Verbindung des aus der Pädagogik bei sog. geistiger Behinderung stammenden erweiterten Lesebegriffs und dem Begriff der Literalität, der die erfolgreiche Partizipation in schriftkultureller Praxis meine (vgl. Platte 2007).

Einen weiteren Anknüpfungspunkt bieten fachwissenschaftliche und erwerbsorientierte Perspektiven im Kontext medialer und konzeptioneller Mündlichkeit und Schriftlichkeit (vgl. Koch & Oesterreicher 1985). So zeigen Ritter und Naugk im Kontext der Diskussion

---

[37] Hinz betont in diesem Zusammenhang, dass der sonderpädagogische Blick kritisch reflektiert und u.a. die schulpädagogische Perspektive mit einbezogen sein müsse (vgl. Hinz 2013, o. S.).

[38] Und nicht im Sinne behindernder Bedingungen, die systemisch gelöst werden müssen.

[39] Kruse und Ritter weisen allerdings auch auf die Gefahr der Bildung neuer Leistungskategorien durch Kompensation und den Verlust von Gemeinsamkeit durch eine zu starke Fokussierung der Individualität hin (vgl. Kruse & Ritter 2015, S. 7).

um Bildungssprache auf, wie didaktische Settings strukturiert sein können, dass sie „in hohem Maße adaptiv, explorativ und flexibel elaborierbar sind" (Ritter & Rönicke 2014, S. 52), um den heterogenen Lernvoraussetzungen gerecht werden zu können.

Daniela Merklinger und Claudia Osburg stellen unter dieser fachwissenschaftlichen Perspektive im Rahmen der Methode „Diktierendes Schreiben" dar, wie Schüler*innen Texte produzieren. Dabei thematisieren sie u.a. Anforderungen an die Bedingungen des Schreibsettings (z.B. „Schreibvorgabe und Schreibaufgabe" (Merklinger & Osburg 2014, S. 93) und Merkmale der Interaktion zwischen Skriptor*in und Diktierenden (vgl. ebd., S. 94ff.).

In einem weiteren Aufsatz stellt Merklinger gemeinsam mit Ulrike Preußler eine Verbindung zwischen dem diktierenden Schreiben und dem hier bereits thematisierten Konzept des „‚Schreibens zu Vorgaben' (Dehn 1999; Dehn, Merklinger & Schüler 2011 [...]) [her]. Beide Ansätze sind in der Anlage auf Diversität und innere Differenzierung ausgelegt und fokussieren das ‚Schreiben als Textverstehen', das Festhalten der Gedanken, die Schülerinnen und Schüler zu einer Vorgabe haben" (Merklinger & Preußler 2016, S. 329; Auslassung und Einfügung S.Z.).

Einen Medienwechsel in die Mündlichkeit nutzen auch Timm Christensen und Mechthild Dehn im Zusammenhang mit dem Schreiben zu Kunstwerken. Sie zeigen auf, wie Kunstwerke als Schreibanlässe wirken, um eigene Wahrnehmungen, Gedanken und schließlich ganze Geschichten zu formulieren (vgl. Christensen & Dehn 2012b). Ebenso stellt Benjamin Uhl dar, wie Kinder mündliche Texte mithilfe eines Geschichtenplans produzieren können und dabei „sprachliche Mittel des Vertextens kennen [lernen], ohne dass sie dazu schon verschriften müssen" (Uhl 2016, S. 299; Einfügung S.Z.). Ein Geschichtenplan wirke dabei als ein Scaffolding, das die Kinder beim Verfassen ihrer Narrationen unterstützte und mithilfe dessen sich „textuelles, grammatisches und ästhetisches Lernen verbinden lässt" (ebd., S. 303).

Neben dem Format des Diktierens sieht Jasmin Merz-Grötsch in dem „kooperativen Schreiben" eine Möglichkeit, das Schreiben für möglichst viele Kinder zugänglich zu gestalten: Im Gegensatz zum individuellen Schreiben böte sich hier nicht nur am Ende, sondern von Beginn an, die Möglichkeit des Austausches auf verschiedenen Ebenen der Textproduktion. „Kinder, die überfordert sind, alleine einen Text zu schreiben, erhalten Unterstützung durch die Gruppe" (Merz-Grötsch 2015, S. 82).

Christoph Dönges verweist in diesem Zusammenhang auf die „Erweiterung des Schreibbegriffs" (Dönges 2015, S. 95), auf die im nächsten Kapitel noch vertiefend eingegangen wird. In Bezug auf die angeführten Ansätze ist an dieser Stelle bedeutsam, dass hier von einem erwerbsorientierten Ansatz gesprochen werden kann, der sich laut Dönges von anderen Schreibentwicklungsmodellen darin unterscheide, dass „mit dem Schemazeichnen eine Möglichkeit der ikonischen Fixierung von Inhalten/Informationen eingeschlossen ist, was als besonders relevant für einen inklusiven Schreibunterricht anzusehen ist" (Dönges 2015, S. 96).

Eine Anwendung des erweiterten Schreibbegriffs stellt Franziska Warnecke im Rahmen eines kreativen Schreibsettings dar. Sie zeigt auf, inwiefern bedeutsame Kriterien für einen inklusiven Schreibunterricht (Teilhabe, Wertschätzung, gemeinsame und individuelle Lernsituationen, Einbezug von Interessen, Literarität) im Rahmen eines kreativen Schreibszenarios gefördert werden können (vgl. Warnecke 2014, S. 131ff.).

Hennies und Ritter nutzen das Modell konzeptioneller und medialer Schriftlichkeit und Mündlichkeit im Verein mit der sonderpädagogischen Expertise eines erweiterten Verständnisses von Schriftsprache, um „ein differenziertes, fachwissenschaftlich abgesichertes Modell zur ressourcenorientierten Würdigung" (Hennies & Ritter 2014c, S. 183) zu entwickeln.

Als Bezugspunkte bisheriger Überlegungen für eine heterogenitätssensible Deutschdidaktik können damit die fachwissenschaftliche Begründung eines Gegenstands (bzgl. der Textualität, des sprachlichen Registers), fachdidaktische und erwerbsbezogener Orientierungen (z.B. der Aufgaben, der Zugänglichkeit von Schriftsprache) und sonderpädagogischer Konzeptionen festgehalten werden. Dabei scheinen sich die Diskurslinien bereits teilweise zu verschränken, wie am Beispiel der Schrift deutlich wurde, jedoch teilweise auch parallel zu verlaufen. Die genannten Ansätze erkennen im Wesen der Schrift eine Hürde, die es zu überwinden gilt. Sehen deutschdidaktische Ansätze in dem Diktieren ein distanzsprachliches Verfahren, das einige ähnliche Kompetenzen benötigt (z.B. „Verlangsamung während des Schreibens", vgl. Merklinger 2011, S. 60), beruft sich der erweiterte Schreibbegriff eher auf eine kommunikationspragmatische Intention (vgl. Günthner 2013, S. 139). Daher sollen im Folgenden die drei Bezugsquellen, bestehend aus Fachwissenschaft, Fachdidaktik und Sonderpädagogik, aufgegriffen und im Sinne einer Triangulation zur Begründung eines erweiterten Verständnisses von Texten weiter entwickelt werden.[40]

[40] So fordern auch Diana Gebele und Alexandra L. Zepter: „Ein gegenseitig befruchtender Austausch zwischen Literatur- und Sprachdidaktik, zwischen den Fächern (inklusive Literatur- und Sprachwissenschaft) und relevanten Nachbardisziplinen, insbesondere den sonderpädagogischen, bündelt Erkenntnisse und Erfahrungen [...]" (Gebele & Zepter 2016, S. 135; Auslaussung S.Z.).

# 2 Der fachliche Gegenstand der Studie: Der Text

## 2.1 Textlinguistik und Semiotik[41]

Da der inklusive Unterricht in dem Dilemma steht, Vielfalt anzuerkennen, aber Unterschiedlichkeit nicht zu Kategorisierungsprozessen führen zu lassen, kommt der Beschreibung des Gegenstands und des Herausstellens unterschiedlicher Zugänge zu ihm eine herausragende Bedeutung zu. Dabei meint der Gegenstand Text nicht den Lerngegenstand im Feuser'schen Sinne, sondern stellt den der Studie zugrunde liegenden fachlichen Gegenstand dar.

Dieser Gegenstand wird in den folgenden Ausführungen beschrieben, um die Grundlage für verschiedene gegenstandsbezogene Zugangsweisen zu bilden.

Der aus dem Lateinischen stammende Begriff bedeutet „Gewebe" oder „Geflecht" (Duden 2007, S. 1034). „Als Grundbegriff der Textlinguistik bezeichnet T. eine monologische, im *prototypischen Fall* schriftlich fixierte Einheit, die insgesamt als sinnvolle kommunikative Handlung intendiert und rezipiert wird" (Bußmann 2008, S. 719; Hervorhebung S.Z.). Der Begriff des Prototypischen spiegelt die in der Textlinguistik noch nicht vorhandene Einigung auf einen Textbegriff wider (Klemm 2002a, S. 17f.). Daher sprechen verschiedene Autor*innen von einem prototypischen Textbegriff (Nussbaumer 1991, S. 35; Vater 2001, S. 21f.; Janich 2002, S.78; Adamzik 2004, S. 47f.; Brinker, Cölfen & Pappert 2014, S. 17f.).[42] Aber auch hier scheint Uneinigkeit zu herrschen, bspw. bzgl. der oben genannten kommunikativen Handlung oder Funktion. Sie wird von Nina Janich (2002, S. 78) sowie Klaus Brinker, Hermann Cölfen und Steffen Pappert (2014, S. 17) als Merkmal eines prototypischen Textes erachtet, bei Markus Nussbaumer (1991, S. 35)[43] kommt sie nicht vor. Ebenso verhält es sich mit dem Merkmal Schriftlichkeit, das in einigen Textdefinitionen nicht thematisiert wird (vgl. Brinker, Cölfen & Pappert 2014, S. 17f.). Die Autor*innen Schwarz-Friesel und

[41] Die Beschreibung des fachwissenschaftlichen Diskurses findet sich in verkürzter Form bereits in Naugk et al. 2016, S. 127f.; Zielinski 2018a, S. 124f.; Zielinski 2019, S. 387ff.).

[42] Zum einen hilft die Prototypisierung, eine Standortbestimmung der Textlinguistik und ihrer verschiedenen Ansätze sicherzustellen (Klemm 2002a, S. 18ff.; Schwarz-Friesel & Consten 2014, S. 18). Zum anderen hilft sie, eine Abgrenzung, was ein Text nicht ist, zu vermeiden. So kritisiert Markus Nussbaumer an der Kohäsionslinguistik, dass jeder Versuch, eine Satzfolge als Nicht-Text darzustellen, unzulässig sei (vgl. Nussbaumer 1991, S. 132).

[43] Nussbaumer fordert stattdessen: „Zentrales Bestimmungsstück von Text war also so oder so – und sollte es auch bleiben – das Moment der Textualität oder Verwobenheit, des Zusammenhangs, der cohaesio oder Kohärenz [...] in einer sprachlichen Äusserung". Telefonbücher u. ä. seien zwar Sprachstücke „mit kommunikativem Wert", sollten aber im Rahmen eines prototypischen Textbegriffs unberücksichtigt bleiben (Nussbaumer 1991, S. 34f.; Auslassung S.Z.).

Consten (2014, S. 18) betrachten es hingegen als Bestandteil einer engen Textdefinition und Heinz Vater als Bestandteil einer prototypischen Textdefinition (vgl. Vater 2001, S. 22).[44] Gleiches gilt für die Frage, ob Einsatz- oder Einwort-Äußerungen (prototypische) Texte (Vater 2001, S. 13) oder Bestandteil einer „weiten Textdefinition" (Schwarz-Friesel & Consten 2014, S. 18) sind. Bleibt der Text als ‚sprachliche Einheit' als Konsens, und auch hier nur im Bereich einer prototypischen Textdefinition. Jedoch unterschied Hausenblas bereits 1977 drei Arten von Texten „linguale Texte", „außerlinguale Texte" und „gemischte Texte" (Hausenblas 1977, S. 148; zit. n. Vater 2001, S. 15).

Eine allgemeingültige Textdefinition scheint (bisher) nicht zu existieren und kann an dieser Stelle auch nicht entworfen werden. Kirsten Adamzik erachtet das Suchen danach als „aussichtslos" und „müßig" (Adamzik 2004, S. 31), da eine Textdefinition nur Teilaspekte erfassen könne und die vielfältigen Textdefinitionen eine unterschiedliche Fokussierung jener Teilaspekte zeige (vgl. ebd., S. 39). Vielversprechender erweise sich das Aufzeigen unterschiedlicher „Perspektiven auf das Phänomen Text" (vgl. Klemm 2002b, S. 153). Das können die von de Beaugrande und Dressler (1981) aufgestellten Textualitätskriterien (Kohäsion, Kohärenz, Intentionalität, Akzeptabilität, Situationalität, Informativität, Intertextualität) (vgl. Schwarz-Friesel & Consten 2014 S. 18f.) als „typische Merkmale von Texten" sein (ebd., S. 21)[45] oder die von Michael Klemm aufgeführten unterschiedlichen sprachwissenschaftlichen Teildisziplinen, die zu unterschiedlichen Begriffsbestimmungen führen (Klemm 2002a, S. 18ff.).[46] Dabei sieht sich die Textlinguistik vor die Aufgabe gestellt, neue Perspektiven auf den Text einzunehmen und ggf. den Textbegriff aus dem Blickwinkel der jeweiligen Disziplin heraus zu begründen. Für die vorliegende Studie ist dabei die Frage virulent, inwiefern diese Kategorien im Anfangsunterricht beim Verfassen eigener Texte von Bedeutung sind.

Eine innerhalb der Textlinguistik bereits diskutierte Herausforderung ist die Veränderung von Texten im Zuge der Digitalisierung und Internetkommunikation. Dabei ist die Frage relevant, welchen Einfluss das Wesen der digitalen Kommunikation auf den Charakter des Textes hat: Dabei lassen sich Parallelen zu der vorliegenden Studie aufzeigen, bspw. um das Verhältnis von konzeptioneller/medialer Mündlichkeit und

[44] Janich nimmt hier eine doppelte Einschränkung vor, indem sie die „allgemeine prototypische Vorstellung" eines Textes als „in der Regel in schriftlicher Form verdinglichte Ganzheit" (Janich 2002, S. 78) beschreibt.

[45] Aber auch das weitgehende Fehlen dieser Merkmale z.B. bei Chatkommunikation führt nicht zwangsläufig zu einem Nicht-Text (vgl. Klemm 2002b, S.148).

[46] „[...] der Text als materiales, verbales, semiotisches, syntaktisches, semantisches, pragmatisches, kommunikatives, situatives, soziales, kognitives ... Phänomen" (Klemm 2002a, S. 18; Auslassung S.Z.)

Schriftlichkeit und deren Realisierung in der Chatkommunikation (vgl. Eckkrammer 2002, S. 34). Des Weiteren stellen sich Fragen nach der Abgeschlossenheit und Linearität von Texten sowie intertextueller Bezüge im Kontext von Hypertexten (vgl. ebd., S. 34f.). Schließlich sind Internettexte durch vielfältige multimediale Bezüge, vor allem durch die Verbindung von Bild und Text gekennzeichnet, evtl. auch von Audio oder Videoelementen. Dabei stellt das Bild nicht nur eine Ergänzung des Textes dar. Vielmehr könne der Text erst „durch eine integrative Betrachtung beider Ebenen in seiner Gesamtheit als kommunikativer Akt erfasst werden" (Eckkrammer 2002, S. 43).[47] Infolge dieser immer stärkeren Verknüpfung der schriftsprachlichen und bildlichen Informationen müsse sich die Textlinguistik weiter zu einer „semiotischen Disziplin" (ebd., S. 42) entwickeln.

Die Semiotik, als „Lehre von den Zeichen" (Eco 2002, S. 29), untersucht „alle kulturellen Vorgänge (d.h., wenn handelnde Menschen ins Spiel kommen, die aufgrund gesellschaftlicher Konventionen zueinander in Kontakt treten) als Kommunikationsprozesse" (ebd., S. 32). Sie hat somit das Zeichen als ein kulturell tradiertes Element der Kommunikation zum Gegenstand. Charles S. Peirce definiert das Zeichen wie folgt:

„Ein Zeichen oder *Repräsentamen* ist etwas, das für jemanden in gewisser Hinsicht oder Fähigkeit für etwas steht. Es wendet sich an jemanden, d.h. erzeugt im Geist dieser Person ein äquivalentes Zeichen oder vielleicht ein mehr entwickeltes Zeichen. Das Zeichen, welches es erzeugt, nenne ich den *Interpretanten* des ersten Zeichens. Das Zeichen steht für etwas, sein *Objekt*. Es steht für dieses Objekt nicht in jeder Hinsicht, sondern im Hinblick auf eine Art Idee" (Peirce CP 2.228; zit. n. Nöth 2000, S. 62; Hervorhebung im Original). Das Zeichen tritt dabei in eine „triadische Relation der Vermittlung" (ebd.), die sich aus dem Zeichen (Repräsentamen), dem Objekt, auf das es sich bezieht, und seiner Bedeutung (dem Interpretanten) bilde (vgl. ebd.).

Mit dieser Definition werden Bedingungen für die Charakterisierung eines Zeichens bestimmt. Das Zeichen steht für etwas anderes, besitzt somit eine „Stellvertreterfunktion" (Gansel & Jürgens 2007, S. 19) und wird somit als ein Zeichen interpretiert (vgl. ebd. S. 20). Schließlich erzeugt ein Zeichen wieder ein neues Zeichen, da auch

[47] Von der Textlinguistik scheinbar weitgehend unbeachtet, ist diese Frage im Rahmen der Bilderbuchforschung von immenser Bedeutung (vgl. A. Ritter 2014, S. 105ff.). In dem von Ulla Fix und Hans Wellmann herausgegebenen Tagungsband „Bild im Text – Text und Bild" findet sich hingegen unter 26 Beiträgen kein einziger, der sich diesem Thema widmet (vgl. Fix & Wellmann 2000).

das Denken laut Peirce einen Zeichenprozess darstelle. Daher handelt es sich bei dem semiotischen Prozess um etwas Unendliches (vgl. Nöth 2000, S. 64).

Damit das Zeichen als solches verstanden werden kann, ist Wissen über das Objekt, worauf sich das Zeichen bezieht, notwendig. Dabei können Objekte sowohl materiellen als auch ausschließlich imaginären Charakter haben (vgl. ebd., S. 63). Die Beziehung zwischen Zeichen und Objekt stellt Peirce als eine Dreiteilung dar. Zeichen könnten ikonisch, indexikalisch oder symbolisch sein. Die Eigenschaft eines Ikons ist die Ähnlichkeit zu dem Objekt selbst. Ein Index verweist direkt auf das Objekt selbst, ohne, dass eine Ähnlichkeit zwischen ihnen vorhanden ist. Schließlich besteht zwischen einem Symbol und dem Objekt keinerlei Ähnlichkeit, die Bedeutungsverknüpfung ist arbiträr und beruht auf Konventionalität (vgl. ebd., S. 66).

Bezieht man diese Überlegungen auf Wörter als sprachliche Zeichen, so stellt man zunächst fest, dass Wörter aufgrund ihrer Arbitrarität aus sprachsystematischer Perspektive als Symbole fungieren. In einem Text kommen unterschiedliche Zeichen vor und treten in Beziehungen zueinander (vgl. Gansel & Jürgens 2007, S. 21f.). Deutlich wird das bspw. bei der Betrachtung von Proformen, die innerhalb eines Textes auf etwas anderes verweisen. Durch diese Verweisfunktion besitzen sie gleichzeitig einen indexikalischen Charakter. Metaphern fungieren aufgrund ihres „Parallelismus mit etwas anderem“ (Gansel & Jürgens 2007, S. 21) als Ikonen (vgl. Nöth 2000, S. 346f.). Der gesamte Text sei daher ein komplexes sprachliches Zeichen, „das freilich aus einfachen Zeichen zusammengesetzt ist, wobei die Bedeutung des komplexen Zeichens mehr umfasst „als die Summe der Bedeutungen der Einzelzeichen“ (Gansel & Jürgens 2007, S. 19). Damit sind die syntaktischen und semantischen Charakteristika eines Textes angesprochen. Die unterschiedlichen Zeichen werden zu einem Gesamtzeichen integriert, für das Nöth den Begriff des „Superzeichens“ (Nöth 2000, S. 392) wählt.

Für Texte, die ausschließlich aus Wörtern bestehen, scheint diese Genese nachvollziehbar, wie verhält es sich jedoch mit Texten, die darüber hinaus außersprachliche Elemente beinhalten? Durch welche Zeichen wird somit ein Text konstituiert? Ulla Fix verweist auf die Textdefinition Roland Posners. Neben der Kodierung, die ein Signal erst zu einem Zeichen werden lässt, führt er zwei weitere Kriterien für Texte an. Es müsse sich um „Artefakte“ (Posner 1991, S. 44), also um vom Menschen erstellte Produkte handeln, und sie müssten für eine bestimmte Intention genutzt werden (als „Instrument“ oder „Werkzeug“ (ebd., S. 45)), die als gesellschaftliche Konvention gilt (vgl. ebd.). Interpretierte man folglich Rauch als einen Index für Feuer, würde es sich, auch wenn es sich um vom Menschen erzeugtes Feuer handelte, um keinen Text handeln, da der Rauch nicht im instrumentellen Sinne genutzt wird. Dieser instrumentelle Charakter existiert hingegen bspw. bei der Wahl eines neuen Papstes um eine (nicht) erfolgte Wahl zu kommunizieren. Der Rauch wird ebenfalls von Menschen erzeugt (Artefakt), erfüllt einen bestimmten Zweck (ein Signal, das für viele Menschen gleichzeitig und weithin wahrnehmbar ist und als solches betrachtet wird) und ihm wird eine Bedeutung zugeordnet (weißer Rauch: erfolgte Wahl, schwarzer Rauch: noch kein Ergebnis). Analysiert man die Zeichenhaftigkeit, so stellt man fest, dass es sich im ersten Falle, dem Rauch als Zeichen von Feuer, um einen Index, und im zweiten Fall, dem Rauch als Zeichen für den Ausgang einer Papstwahl, ein Symbol handelt. Das vorliegende Beispiel lässt erahnen, dass die menschlichen Möglichkeiten Signale zu erschaffen, die als Zeichen interpretiert werden können, nahezu unbegrenzt sind, und man gelangt zu dem, was Fix als „entgrenzten Textbegriff" (Fix 2009, S. 105) bezeichnet. Gleichzeitig eröffnet diese Entgrenzung Perspektiven, die im Folgenden systematisiert und für den Diskurs um den Textbegriff einbezogen werden.

Die Kriterien ‚Artefakt', ‚Instrumentalisierung' und ‚Interpretation' emanzipieren den Text von der Schrift- und Sprachgebundenheit. Vielmehr fragt die Instrumentalisierung nach der „Funktion" (Posner 1991, S. 46), die ein Text erfüllen muss und die als solche ‚gelesen' werden kann („Interpretation" (ebd., S. 47)). Die Textsemiotik thematisiere so auch „die Architektur und soziale Bedeutung aller möglichen verschiedenen Arten von Zeichen" (Stöckl 2006, S. 12). Dabei betone sie die „multimodale Natur von Textprodukten" (ebd.). Texte sind somit aus zeichentheoretischer Perspektive in zweifacher Weise komplex. Zum einen spielen die Verknüpfungsregeln von Zeichen eines Kodes (z.B. Grapheme zu Wörtern) eine Rolle, zum anderen ginge es um die Verknüpfung verschiedener Kodes (z.B. Wörter und Bilder) und die Regeln, nach denen diese Verbindungen ablaufen (vgl. ebd., S. 14). Dabei stehen, wie bereits erwähnt, vor allem Medientexte im Vordergrund der textlinguistischen Analyse. Eva Martha Eckkrammer und Gudrun Held stellen fest, dass „Sprache [...] durch die verschiedensten Arten von Bildern und Illustrationen, von Graphischem, von Musik, Geräuschen, ja selbst von taktilen und haptischen Elementen ergänzt, geprägt, überformt, materialisiert [wird]" (Eckkrammer & Held 2006, S. 2; Einfügung S.Z.). Die Vielfältigkeit der Erweiterung durch die Einbeziehung verschiedener Kodes führt über das Phänomen multimedialer Texte hinaus. Haptische, taktile und akustische Ergänzungen erzeugen weitere Zugangsweisen zu Texten und erweitern dabei u.a.

das Verständnis vom Lesen.[48] Die Integration von Bildern und Geräuschen stellt neben der oben erwähnten Frage nach den Regeln der Verbindung unterschiedlicher Kodes auch die nach der Rezeption und möglichen „Lesarten" (Stöckl 2006, S. 15). Dabei sei die Hauptaufgabe der Analyse solcher „multimodalen" (ebd., S. 25) Texte „zu zeigen, welche ‚Bausteine' das ‚grammatische' Funktionieren einzelner Zeichenmodalitäten gewährleisten" (ebd.). Ludwig Duncker stellt diese Fragen bezogen auf das Bild als ein komplexes Zeichen: „So müßte beispielweise eine Grammatik des Bildes durchspielen, welche Zeigeabsichten und ästhetische Codierungen in bildhaften Darstellungen festgehalten und zum Ausdruck gebracht werden können" (Duncker 1997, S. 167). Das Bild wird folglich als Text betrachtet, dessen Bedeutung erweitert werde und sich „in umfassendem Sinne auf eine ästhetisch verfaßte Wirklichkeit, die ‚lesbar' gemacht werden muß" (ebd., S. 168) bezieht. So spielen auch hier die genannten Kriterien der Artifizialität und der Interpretativität hinein. Für die vorliegende Studie ist vor allem relevant, inwiefern verschiedene Kodierungen zueinander in Beziehung treten und von den Akteur*innen interpretiert werden. Potenziell bedeutsam scheinen dabei, neben der prototypisch schriftlichen Kodierung, piktorale Elemente, bspw. Zeichnungen der Kinder und medial mündliche Elemente, schreibbegleitende Äußerungen bzw. mündlich vorgetragene Texte, zu sein.

Die Anordnung der Zeichen, ob uni- oder multikodal, ist somit nicht willkürlich, sondern folgt verschiedenen Regeln, deren Untersuchung sich die Semiotik zur Aufgabe gemacht hat.

Da sich die vorliegende Studie mit den Texten von Schreibanfänger*innen befasst, erscheint in diesem Zusammenhang die Frage von Bedeutung, in welche Beziehung Text und Bild hier zueinander treten. Birgit Mesch analysiert hierzu im Anfangsunterricht entstandene verbale und piktorale Texte. Dabei untersucht sie, ob die Strukturen der Vorgaben, zu denen die Texte entstanden sind, wieder aufgenommen wurden, und inwiefern sich hierin die verschiedenen semiotischen Systeme unterscheiden (vgl. Mesch 2003, S. 123). Bereits Erstklässler*innen zeigen vor allem auf piktoraler Ebene, dass sie die narrative Struktur der Vorgabe aufgreifen. Darüber hinaus lasse sich häufig feststellen, dass „textuelle Erfindungen der Schüler in Klasse 1 auf piktoraler Ebene dem Stand der Schüler in Klasse 2 auf verbaler Ebene entsprechen" (ebd., S. 175). Sowohl die Schüler*innen der Klasse 1 als auch der Klasse 2 zeigten „alle notwendigen Voraussetzungen für eine Narration" (ebd.).[49] Somit scheinen die

[48] Die taktile Informationsaufnahme z.B. mithilfe der Brailleschrift ist selbstverständlich auch als Lesen zu bezeichnen und stellt m.E. keine Erweiterung des Leseverständnisses dar.

[49] Mesch führt hier u.a. Aktanten der Erzählung, Kohärenz, narrative Struktur an. Damit widerspricht sie anderen Autor*innen, wie z.B. Wilfried Kochheim, die postulierten, „dass sich das so genannte ‚ikonische Erzählen' vom

oben angeführten ähnlichen Strukturen bildlicher und verbaler Texte auch in Texten von Schreibanfänger*innen auffindbar zu sein.

Amelie Sjölin analysiert diesen Zusammenhang von Bildlichkeit und verbalorientierter Schrift in Kindertexten in ihrer Studie „Schrift als Geste". Dabei untersucht sie Arbeiten von Grund- und Vorschulkindern, die etwas Schriftartiges verfasst haben (Sjölin 1996, S. 37). In den Texten seien Schrift und Bilder, aber auch Sprache und Gedanken „vielfältig aufeinander bezogen, ineinander verwoben und beeinflussen sich gegenseitig" (ebd., S. 55). Schrift bilde ein „Gewebe aus sprachlichen und bildlichen Symbolen" (ebd., S. 89) Diese Symbole gehen dabei ein komplementäres Verhältnis ein. Das eine trage zum besseren Verstehen des anderen bei. Dabei gehe es nicht primär – im Gegensatz zu der Mehrzahl der bisher angeführten Analysen – um die Funktion der Schrift, sondern die Zeichen sind „in ihrer Form und Materialität[50] selbst Gegenstand der Aufmerksamkeit" (ebd., S. 90).[51]

Aus semiotischer Perspektive lässt sich zusammenfassen, dass ein Text ein multikodales Zeichengefüge darstellt, in dem Zeichen in ein komplexes Beziehungssystem zueinander treten. Fragen nach Wirkweisen dieser verschiedenen Kodes sind aus textlinguistischer Perspektive vor allem für multimediale Texte virulent. Dabei treten verschiedene Kodierungen in ein Verhältnis zueinander und bilden ein komplexes Zeichen. Im Kontext dieser Arbeit scheint das Verhältnis von Bild und verbalem Text sowie von mündlichem und schriftlichem Text bedeutsam, da dieser Zusammenhang auch in der angeführten didaktischen Literatur thematisiert wird, in der Texte von Schreibanfänger*innen ebenfalls als ein multikodales Zeichengefüge beschrieben werden. Damit scheint eine Begrenzung der Textherstellung auf eine einzige, nämlich die schriftliche, Kodierung unzureichend. Michael Becker-Mrotzek unterscheidet in diesem Kontext zwischen dem Schreiben im engeren und im weiteren Sinne: „In der engeren Verwendungsweise sind solche Tätigkeiten gemeint, die dem Festhalten von sprachlichen Zeichen mittels Schriftzeichen dienen" (Becker-Mrotzek 1997, S. 35). Diese Tätigkeit bezeichnet er als „Niederschreiben" (ebd.). Schreiben im weiteren Sinne, d.h. die „Textproduktion" (ebd.), sei nicht mehr zwingend an die mediale Schriftlichkeit gebunden. Die Intention dieser Tätigkeit sei das Erzeugen von

‚verbalen Erzählen' grundsätzlich unterscheidet, dass es keinen Sinn macht, Schüler verbale in piktorale Texte und umgekehrt ‚übersetzen' zu lassen" (ebd., S. 176).

[50] Franziska Große zeigt in ihrer Studie Verbindungen zwischen bildlichem und sprachlichem Kode auf und weist ebenfalls auf das Kriterium der Materialität bei der Betrachtung von Schrift-Bild-Texten hin, allerdings vor allem in Bezug auf die intendierte Funktion, bspw. der „Fälschungssicherheit" (Große 2011, S. 136) infolge der Verwendung bestimmter Farben und Größen, wie sie bei Geldscheinen oder Eintrittskarten bedeutsam ist (vgl. ebd).

[51] Zu den Schriftbildern als Bilder aus Schrift siehe auch Kohl (1996)

„dauerhaften sprachlichen Handlungen (= Texten)" (ebd.). Auch wenn die Textproduktion von der medialen Schriftlichkeit entbunden wird, bleibt jedoch im Unterschied zu der bild-linguistischen Betrachtungsweise seine Sprachgebundenheit bestehen. An diesen Überlegungen anknüpfend wird im Folgenden das Textschreiben aus sonderpädagogischer und didaktischer Perspektive beschrieben.

## 2.2 Der Textbegriff aus sonderpädagogischer Perspektive

Ähnlich wie sich die Textlinguistik im Zuge der Auseinandersetzung mit der Texthaftigkeit in digitalen Medien auf die Semiotik als Bezugsdisziplin bezieht, existiert vor allem im Feld der Pädagogik bei sog. geistiger Behinderung eine derartige Orientierung, allerdings mit der Intention, die Abstraktion zu senken, um Schrift und Schreiben als Gegenstand für alle Schüler*innen zugänglich zu machen. Im Folgenden werden diese Diskussionslinien im Kontext der Kulturtechniken Lesen, Schreiben sowie ihres Gegenstands Text nachgezeichnet, wobei mit dem Lesen begonnen wird, da es sich bei der Erweiterung des Lesebegriffs um die ersten Darstellungen handelte, die grundlegend für die weiteren Überlegungen in diesem Forschungsfeld waren.

### 2.2.1 Der erweiterte Lesebegriff

Bereits 1978 wiesen Christoph Hublow und Ernst Wohlgehagen auf das Desiderat hin, dass das Lesen als partizipatorische Schlüsselqualifikation im schulischen Verständnis nicht zugänglich für alle Kinder sei, obwohl z.B. die Semiotik es ermögliche, das Lesenlernen umfassender zu betrachten, als es die Schulpädagogik bis zu diesem Zeitpunkt tat (vgl. Hublow & Wohlgehagen 1978, S. 24).[52] Der von ihnen vorgestellte „Leselernaufbau" besteht aus sechs „Lesarten" (ebd.), die aufeinander aufbauend je einen Schwerpunkt beinhalten (vgl. ebd.). Das Ziel, die Lesefähigkeit, definieren sie als Befähigung zum „Wahrnehmen und Deuten von nichtsprachlichen und sprachlichen Zeichen" (ebd.). Dabei werden die Zeichen als Träger kodierter Bedeutungen erkannt und erhalten Bedeutsamkeit für das eigene Wahrnehmen und Handeln (vgl. ebd., S. 26). Die Autoren unterscheiden zwischen

- „Situationslesen

[52] In ähnlicher Form wird die Erweiterung des Lesebegriffs in der Publikation „Erstschreiben" des Staatsinstituts für Schulpädagogik und Bildungsforschung München beschrieben, die Werner Günthner zitiert: „Lesen in der Schule für Geistigbehinderte ist deshalb im weiteren Sinne zu verstehen, nämlich als Wahrnehmen, Deuten und Verstehen von konkreten, bildhaften, symbolhaften und abstrakten Zeichen und Signalen" (Staatsinstitut 1982, S. 201; zit. n. Günthner 2013, S. 45).

- Bilderlesen
- Bildzeichen- und Symbollesen
- Signalwortlesen
- Ganzwortlesen
- Schriftlesen“ (ebd., S. 24f.)

Mit dieser Systematisierung visueller Zeichen soll das Lesen als „Orientierungs- und Strukturierungsprozeß auch vom Identifizieren, Zuordnen, Strukturieren und verstehenden Anwenden visuell vorhandener Erkenntnisbildung“ (ebd., S. 25) betrachtet werden. Damit wird das Lesen nicht nur von dem Dekodieren sprachlicher Zeichen gelöst, sondern als umfassender, auf verschiedenen Ebenen stattfindender Erkenntnisprozess betrachtet.

Ingeborg Thümmel würdigt 30 Jahre später, dass Hublow und Wohlgehagen zum ersten Mal nicht mehr die Frage nach der Möglichkeit des Lesenlernens für Menschen mit sog. geistiger Behinderung fokussierten, sondern das Lesenlernen als einen subjektiv bedeutsamen Erwerbsprozess betrachteten (vgl. Thümmel 2008, S. 539).

Gleichwohl wird verschiedentlich Kritik an dem Modell geübt, bspw. aufgrund der Trennung rezeptiver und produktiver Prozesse, wodurch in diesem Modell die enge Verknüpfung von Lesen und Schreiben keine Beachtung finde (vgl. ebd.).

Christoph Dönges forciert den Begriff der Lesart in Abgrenzung zur Lesestufe, da der Terminus „Stufe“ (Dönges 2007, S. 339) die Idee eines Normverlaufs der Entwicklung zum Ausdruck bringe (vgl. ebd.). Hublow und Wohlgehagen nutzen zwar auch den Begriff der Lesart, scheinen aber mit dem Verweis auf den sukzessiven Aufbau (vgl. Hublow & Wohlgehagen 1978, S. 24), dem Begriff der Stufe näher als Dönges zu sein, der fordert, „konsequent von gleichberechtigt nebeneinander bestehenden Lesarten“ (Dönges 2007, S. 340) zu sprechen.

Einen zentralen Bestandteil des erweiterten Lesebegriffs bildet die Betonung der Interpretation der Zeichen, die auch in Situationen und Bildern von großer Bedeutung ist. Hublow und Wohlgehagen definieren das Situationslesen daher wie folgt: „Personen und Gegenstände werden in bestimmten Situationen wahrgenommen, mit Erlebtem in Beziehung gebracht und wiedererkannt. So entstehen Sinnerwartungen, die auf neue Situationen übertragen werden und zu Handlungsimpulsen führen“ (Hublow & Wohlgehagen 1978, S. 24).

Jürgen Thamm übt hieran besonders Kritik, u.a. da gedankliche Leistungen, die das sich Zurechtfinden in sich wiederholenden Situationen beschreiben, die Voraussetzung für das Lesen bildeten, nicht aber das Lesen selbst meinten (vgl. Thamm 1995, S. 156).

In eine ähnliche Richtung bewegt sich die Argumentation von Nils Euker und Arno Koch, die die Gefahr einer Verwässerung des Lesebegriffs sehen und in diesem Zusammenhang den Begriff ‚Lesen' ablehnen und stattdessen von „Verstehen von situativen Gegebenheiten" (Euker & Koch 2010, S. 263) sprechen. Sie begründen diese Abgrenzung damit, dass es sich beim Lesen immer um eine Abwendung von der aktuellen Situation handele (vgl. ebd.). Hier lässt sich eine Parallele zur bereits angeführten semiotischen Textdefinition Posners ziehen, der als eine Bedingung von Texthaftigkeit anführt, dass es sich um „Artefakte" (Posner 1991, S. 44) handeln müsse. Das Vorhandensein des Textes, des vom Menschen geschaffenen Produkts, dessen Gelesenwerden eine Abkehr von der aktuellen Situation bedeutet, gilt daher als eine Bedingung für das Lesen in Abgrenzung zum Verstehen. So kann bspw. das Weinen einer Person als Indikator für deren Traurigkeit gedeutet werden, gleichwohl handelt es sich hierbei nicht um ein Artefakt.

Euker und Koch entwickeln in Anlehnung an Günther (1986) ein alternatives, ebenfalls semiotisch begründetes Lesestufenmodell. Dabei teilen sie die „präliteral-symbolische Vorstufe" (Günther 1986, S. 35; zit. n. Euker & Koch 2010, S. 265) des Günther'schen Modells ein in die Stufen des „Bilderlesen[s]" und des „Lesen[s] von ikonischen Zeichen" auf der einen und auf der anderen Seite in die Stufe des „Lesen[s] von Symbolen", das gemeinsam mit dem „logographemischen Lesen" eine gemeinsame Stufe bilde (Euker & Koch 2010, S. 265; Einfügung S.Z.).

Für Thamm und Dönges stellt das „Ganzwortlesen" einen weiteren Kritikpunkt dar, den beide an den historischen „Methodenstreit" (Dönges 2007, S. 341)[53] rückbinden und daran aufzeigen, dass dieser Begriff überholt ist (vgl. Thamm 2004, S. 65; Dönges 2007, S. 341). Die Autoren ziehen daraus allerdings unterschiedliche Konsequenzen. Thamm forciert stattdessen den Begriff des „Wortgestaltlesens" (Thamm 2004, S. 65), da Schüler*innen „sich Wortgestalten einprägen können, diese Wörter mit Bedeutungen verknüpfen können und aus diesen Wörtern Handlungen ableiten können" (Thamm 2004, S. 65). Dönges kritisiert indes auch diesen Begriff als irreführend. Mit Bezug auf die Ergebnisse der Leseforschung von Scherer-Neumann (1995) weist er darauf hin, dass „einzelne Buchstaben und Buchstabengruppen und nicht die

[53] In diesem mittlerweile überholten Streit ging es um die Nutzung ganzheitlicher/analytischer oder synthetischer Methoden im Anfangsunterricht (vgl. Dönges 2007, S. 341; Thamm 2004, S. 65).

durch Länge und Umriss geprägte Wortgestalt das Worterkennen ermöglichen" (Dönges 2007, S. 341). Werner Günthner vertritt hingegen eine Definition des Ganzwortlesens, die beide Zugriffe ermöglicht: „Anhaltspunkte sind die Wortgestalt oder einzelne prägnante Buchstaben in dem geschriebenen Wort" (Günthner 2013, S. 44).

Günthner übernimmt weitgehend das Modell von Hublow und Wohlgehagen, begründet dies allerdings onto- und phylogenetisch. Er ordnet den Entwicklungsschritten von Kindern ab dem ersten Lebensjahr die Stufen des erweiterten Lesebegriffs zu.[54] Dieser Perspektive wohnt die Gefahr inne, die Fähigkeit von Menschen mit sog. geistiger Behinderung, als ‚kindliche' Leistungen einzuordnen und diese Personengruppe damit zu infantilisieren. Diese Gefahr wird von Günthner nicht unmittelbar thematisiert, er begegnet ihr allerdings indirekt, indem er ausführt, dass „jede Lesart im Kindes-, Jugend- und Erwachsenenalter als eine eigenständige Lese- und Informationsmöglichkeit anzusehen [ist] und [...] demnach einer kontinuierlichen Förderung und Erweiterung [bedarf]. Neben das obige Stufenmodell möchte ich [Werner Günthner] deshalb das Gleichzeitigkeitsmodell stellen" (Günthner 2013, S. 48; Einfügungen und Auslassungen S.Z.). Mit der Positionierung der Parallelität von Stufe und Lesart ist allerdings der Kritik von Dönges nicht Genüge getan, da es sich bei dieser Perspektivierung eher um eine Gleichzeitigkeit verschiedener Stufen handelt (vgl. Dönges 2007, S. 339f.).[55]

Die Erweiterung des Lesebegriffs eint in den verschiedenen Ausprägungen die Intention, einen Zugang zum Text bzw. Textualität für alle Schüler*innen zu ermöglichen. Mit dem Bezug zum Bilderlesen wird, anders als in der Unterscheidung von Niederschreiben und Textproduktion, das Lesen von seiner Sprachgebundenheit gelöst. Uneinigkeit besteht allerdings hinsichtlich der Dekontextualisierung, die den Text und das Lesen von der aktuellen Situation trennt. Erachten Thamm (1995), Euker und Koch (2010) die Abkehr von der aktuellen Situation als konstitutiv für den Lesevorgang, beziehen Hublow, Wohlgehagen (1978) und Günthner (2013) auch das „Situationslesen" als Teil eines erweiterten Lesebegriffs mit ein. Gleiches gilt für den Begriff der Lesart, der, wenn er synonym zum Stufenbegriff gebraucht wird, das Potenzial,

[54] Dabei zeigt sich eine Parallele zu Nora Grünecker, die feststellt: „Die Entwicklungsmodelle des Schriftspracherwerbs sind, wie bereits gesagt, grundsätzlich übergreifend für alle Kinder gültig" (vgl. Grünecker 2013, S. 77). Dieser Auffassung wird jedoch an anderer Stelle widersprochen (vgl. Dönges 2007, S. 339; Naugk et al. 2016, S. 41).

[55] Dönges selbst nimmt Bezug auf Günthner (2000). Er kritisiert, dass Günthner den Eindruck biologischer Stufen erwecke, „[e]twa dann, wenn auf Analogien zur phylogenetischen Schriftentwicklung von der Höhlenmalerei zur Lautschrift [...] hingewiesen wird oder wenn davon die Rede ist, dass Schüler zur nächsten Stufe fortschreiten [...]." (Dönges 2007, S. 339; Einfügung und Auslassung S.Z.).

einen gleichberechtigten Zugang auf verschiedenen Wegen zum Lesen zu ermöglichen, verliert.

### 2.2.2 Der erweiterte Schreibbegriff

Wie bereits angedeutet, liegt von Hublow und Wohlgehagen kein äquivalentes Modell eines erweiterten Schreibbegriffs vor, dadurch existiert für die folgende Argumentation keine derart gelagerte Grundlage wie für den Lesevorgang.

Allerdings stellt sich auch hier die Frage, wodurch sich das Schreiben im engeren Sinne auszeichnet und worin davon ausgehend eine Erweiterung vorgenommen wird. Für Thamm sind Lesen und Schreiben „durch einen kognitiven dominierten Kodierungsprozeß bestimmt" (Thamm 1995, S. 166). Der Fokus des Schreibens wird auf die Struktur und Art der Tätigkeit gelegt und nicht auf dessen Funktion. Das Schreiben selbst ist daher „an zweidimensionale, visuell dominierte Medien gebunden und realisiert sich als graphomotorischer Enkodierungsprozeß phonographischer (die Lautsprache repräsentierender) Schrift" (ebd.). Mit der Fokussierung des Enkodierungsvorgangs und der Schriftbezogenheit schärft Thamm den Begriff des Schreibens, löst ihn dadurch aber auch von funktionalen Aspekten und führt scheinbar eine Hürde ein für Menschen, die den Zugang zur lautorientierten Schrift nicht erlangen.

Für Thamm stellt das Schreiben jedoch nur eine mögliche Variante der Textproduktion dar (Thamm 1995, S. 167), neben dem „Drucken, Zeichnen, Malen, Ausschneiden, Aufkleben, Diktieren, Fotografieren, Filmen sowie deren Kombination. Als Produkt der Handlungen entstehen fixierte, den Augenblick überdauernde Texte, die vornehmlich visuell, aber auch akustisch vermittelt werden können" (Thamm 1995, S. 166). Damit führt Thamm keinen erweiterten Schreibbegriff ein, sondern stellt das Schreiben als eine von gleichberechtigt nebeneinanderstehenden Unterkategorien der Textproduktion dar (vgl. ebd., S. 167). Textproduktion bezieht sich hier explizit auf ein Tableau semiotischer Systeme, in dem das Schreiben von Schrift nur eine Variante darstellt. Besteht zwischen beiden Begriffsbestimmungen der Textproduktion von Thamm (1995) und Becker-Mrotzek (1997) Einigkeit in der nicht notwendigerweise vorhandenen Schriftgebundenheit, unterscheiden sich beide Ansätze in dem bereits thematisierten Aspekt der Sprachgebundenheit, die für Becker-Mrotzek für den Vorgang der Textproduktion konstitutiv ist (Text als Ergebnis der Herstellung von „dauerhaften sprachlichen Handlungen" (Becker-Mrotzek 1997, S. 35)).[56] Für Thamm gilt das ebenfalls bezogen auf „Schriftsprache" (Thamm 1995, S. 166) und

[56] Vgl. zur Unterscheidung der Ansätze Thamms und Becker-Mrotzeks auch Zielinski 2018a, S. 124f.

sich hieraus konstituierenden Texten, allerdings nicht für Texte als Ergebnis einer „graphischen[n] Textproduktion“ (ebd.; Einfügung S.Z.). Hier könnte der Text bspw. „durch mündliche Erläuterungen des Textproduzenten einer konkreten Textaussage zugeführt werden“ (ebd., S. 197).[57]

Die Trennung von Schreiben und anderen textproduktiven Handlungen wird allerdings nicht von allen Autor*innen geteilt. Werner Günthner nimmt nicht direkt Bezug auf Thamm, definiert allerdings die Schrift in einem ganz ähnlichen Sinne wie die textproduktiven Handlungen: „Schrift gilt als ein System grafischer Zeichen, die zum Zwecke der Kommunikation erzeugt und verwendet werden. Durch Malen, Zeichnen, Ritzen, Gravieren, Einkerben oder Tippen entstehen auf unterschiedlichen Beschreibstoffen [...] Zeichen, mit denen Informationen fixiert oder an andere weitergegeben werden können“ (Günthner 2013, S. 137). Damit löst er die Schrift von ihrer Lautsprachbezogenheit und fokussiert den „pragmatischen Kommunikationsaspekt“ (ebd., S. 139). Der erweiterte Schreibbegriff umfasst nach diesem Verständnis Kritzeleien, Bilder, buchstabenähnliche Zeichen und Schriftzeichen (vgl. ebd.). Dönges hebt hervor, dass sich das Günthner'sche Modell durch den Einbezug des Bilder- bzw. Schemazeichnens von anderen Schreibentwicklungsmodellen unterscheide, da hier ikonische Ausdrucksmöglichkeiten mit in die Betrachtung eingeschlossen würden (vgl. Dönges 2015, S. 96). Dennoch sei an dieser Stelle darauf hingewiesen, dass Günthner mit dem Kritzeln und dem Einbezug buchstabenähnlicher Zeichen Voraussetzungen und Tätigkeiten im Rahmen des Schriftspracherwerbs anführt,[58] auf die mit der bereits oben erwähnten Frage reagiert werden könnte, ob Voraussetzungen für das Schreiben das Schreiben selbst darstellen.

Unter semiotischen und kommunikativen Aspekten ist allerdings zentral, dass mit dem von Günthner thematisierten „pragmatischen Kommunikationsaspekt“ (Günthner 2013, S. 139) die Intention des Kritzelns oder Zeichnens mitberücksichtigt wird. Erst in einer kommunikativen Situation, in der dem Gekritzelten eine Bedeutung zugewiesen wird, ergibt sich das Potenzial der Zeichenhaftigkeit.[59] Das Erkennen der Stellvertreterfunktion als Eigenschaft eines Zeichens ist die Voraussetzung, um von dem jeweiligen Rezipienten verstanden zu werden. Das Kritzeln isoliert betrachtet

[57] Thamm schlägt dieses Vorgehen im Kontext der textproduktiven Handlung „Malen/Zeichnen“ (Thamm 1995, S. 197) vor.

[58] Werner Schumacher führt in dem Kontext des Schriftspracherwerbs bei Menschen mit sog. geistiger Behinderung Tabellen zur Schreibentwicklung an, die das Kritzeln als graphomotorische Leistung als Voraussetzung für das Schreiben fassen. Weitere Elemente sind das Buchstabengestalten sowie das Nachschreiben von Buchstaben und Wörtern. Parallel dazu beschreibt er Schreibentwicklungsstufen (vgl. Schumacher 2004, S. 116ff.).

[59] Auch diese muss m.E. mit Vorbehalt betrachtet werden, da die sich hier ergebene Konventionalität eine situationsgebundene ist.

stellt daher keine zeichenproduktive Handlung dar. Deutlich wird dies an dem Zitat von Dönges „Ein Kind, das einen Kritzeltext zu einem Thema schreibt, hat verstanden, dass Schrift ein Bedeutungsträger ist, und wenn es diesen Text vorliest, dabei dem Vorbild der Texte der kompetenteren Schreiber in der Klasse folgend in eine schriftsprachliche Diktion wechselt, hat es eine wesentliche Unterscheidung von mündlicher und schriftlicher Kommunikation und Textgestaltung gelernt" (Dönges 2015, S. 98).[60] In diesem Zitat wird das Kritzeln als eine intentionale Handlung des Fixierens eigener Gedanken auf dem Papier betrachtet. Diese Intention kann nur in einer kommunikativen Situation als solche gedeutet werden, in der die Bedeutung des Gekritzelten ausgehandelt wird und damit als Zeichen und somit als Text gelesen werden kann.[61] Damit erweist sich eine Erweiterung des Schreibbegriffs, die sich nur auf schriftlich bzw. graphisch fixierte Zeichen fokussiert, als unzureichend.

Für den erweiterten Schreibbegriff lässt sich somit zusammenfassen, dass sich hier der „pragmatische Kommunikationsaspekt" und die Semiotik gegenseitig ergänzen, da sie den funktionalen Aspekt der Kommunikation thematisieren und den medialen Aspekt, der die Zeichenhaftigkeit betrifft, in den Fokus rücken. Die von Thamm und Becker-Mrotzek vorgenommene Trennung von Textproduktion und Schreiben wird im Folgenden im Rahmen des erweiterten Textbegriffes wieder aufgenommen.

[60] Allerdings zeigen die Befunde von Daniela Merklinger bezüglich des Diktierens, „dass die Langsamkeit des Schreibens, die unmittelbar an den medialen Aspekt gebunden ist, eine wesentliche Voraussetzung für eine Haltung des Schreibens auf Seiten des Kindes ist" (Merklinger 2011, S. 195). Dieses Merkmal ist beim Kritzeln nicht gegeben.

[61] Dönges hebt hervor, dass auch durch das Kritzeln als Nachahmen von Schreiben Einsichten in die Funktion der Schrift ermöglicht werden (vgl. Dönges 2015, S. 98). Auf die hier angerissene konzeptionelle Schriftlichkeit wird im weiteren Verlauf der Arbeit noch eingegangen.

### 2.2.3 Der erweiterte Textbegriff

Thamm stellt in seiner Dissertation einen erweiterten semiotisch begründeten Textbegriff vor. Hierfür analysiert er die Schrift als ein komplexes Zeichensystem (vgl. Thamm 1995, S. 161ff.) und stellt darauf aufbauend die unterschiedlichen Abstraktionsgrade der Zeichen dar, um hieraus die Erweiterung des Textbegriffes zu begründen (vgl. ebd., S. 163ff.). Dabei bezieht Thamm den Text zum einen auf die Schrifthaftigkeit, die sich vor allem durch die Sprachbezogenheit auszeichnet (vgl. ebd., S. 161) und zum anderen auf den Grad der Ähnlichkeit zwischen dem, worauf sich das Zeichen bezieht und dem Zeichen selbst („Ikonizität" (ebd., S. 163)).

Folglich gelte für einen Text: „Texte können sowohl visuell als auch klanglich vermittelt werden. Visuell vermittelte Texte werden auf der Grundlage semiographischer (bildhafte und symbolische) und/oder phonographischer (die Lautsprache repräsentierende) Schriften enkodiert und dekodiert" (ebd., S. 166). Thamm unterscheidet, wie bereits thematisiert, zwischen der lautorientierten Schriftsprache und der „graphische[n] Textproduktion" als „Ebene aller ikonisch und symbolisch realisierten Texte und Textelemente" (ebd.; Einfügung S.Z.). Im Folgenden wird sich vor allem auf von der Schriftsprache losgelöste Bereiche bezogen, zunächst auf die graphische Textproduktion im Rahmen der visuellen Textproduktion, z.B. Fotografien oder Videoaufnahmen. Hier zeigen sich Verknüpfungspunkte mit den Ausführungen Dönges', der vorschlägt, mithilfe von Video- oder Bildaufnahmen einen ikonischen Text zu verfassen (vgl. Dönges 2015, S. 97). Eine Anwendung könnte das bspw. im Kontext der Arbeit mit Menschen mit sog. schwerer Behinderung finden, die unter Umständen keinen ausreichenden Zugang zu Schrift- und Lautsprache hätten und über „körpereigene Ausdrucksmöglichkeiten" (ebd.) kommunizierten. Diese stellten laut Dönges jedoch eine didaktische Herausforderung dar und seien durch die Vergänglichkeit gekennzeichnet. Auf Letzteres könne mit dem Herstellen von Video- und Bildaufnahmen reagiert werden (vgl. ebd.).

Mithilfe der graphischen Textproduktion setzen sich auch diejenigen mit Texten und ihren Merkmalen auseinander, für die die Schriftsprache eine (noch) zu große Hürde darstellt. Mehr noch könne laut Dönges eine Verfasser*in ikonischer Texte sämtliche Funktionen der Schrift nutzen (vgl. Dönges 2015, S. 98). Hier zeigen sich Parallelen zu den bereits erwähnten Ansätzen Dunckers einer rezeptionsästhetisch begründeten „Grammatik des Bildes" (Duncker 1997, S. 167) und den Merkmalen „visuelle[r]

Textualität" (Stöckl 2004, S. 97; Einfügung S.Z.). Aus produktionsorientierter Perspektive werden diese Kenntnisse bzgl. der Morphologie einzelner Figuren, aber auch ihrer Anordnung im Bild und Beziehungen zueinander (Syntax) benötigt.

Die von Thamm (1995, S. 166) und Becker-Mrotzek (1997, S. 35) im Format des Diktierens angeführte mündliche Textproduktion lässt die Betrachtung von Mündlichkeit und Schriftlichkeit und mit ihr das prominent gewordene Modell konzeptioneller bzw. medialer Mündlichkeit und Schriftlichkeit nach Peter Koch und Wulf Oesterreicher in den Fokus der Analyse rücken. Im Zentrum des Modells steht die mediale Dichotomie ‚mündlich' und ‚schriftlich' auf der einen und deren konzeptionelles Kontinuum auf der anderen Seite (vgl. Koch & Oesterreicher 1985). Die Autoren verweisen allerdings darauf, dass jede Äußerungsform auch in das jeweils andere Medium übertragen werden könne (vgl. ebd., S. 18). Dabei gehen Koch und Oesterreicher von einer Eins-zu-eins-Entsprechung aus. Als idealtypische Beispiele könnten hier das Skript einer Vorlesung oder das Vorlesen der Nachrichten im Rundfunk gelten. Im Kontext digitaler Texte wurde bereits die gemeinsame Wirkung unterschiedlicher Kodierungen, vor allem von Bild und Schriftlichkeit in einem Text thematisiert. Mithilfe des Modells von Mündlichkeit und Schriftlichkeit ist es im Kontext eines erweiterten Textbegriffes auch möglich, das Verhältnis von Mündlichkeit in einer gemeinsamen Textproduktion und deren konzeptionelle Realisierung zu analysieren. Dafür sei noch einmal auf das Zitat von Dönges' verwiesen: „Ein Kind, das einen Kritzeltext zu einem Thema schreibt, hat verstanden, dass Schrift ein Bedeutungsträger ist, und wenn es diesen Text vorliest, dabei dem Vorbild der Texte der kompetenteren Schreiber in der Klasse folgend in eine schriftsprachliche Diktion wechselt, hat es eine wesentliche Unterscheidung von mündlicher und schriftlicher Kommunikation und Textgestaltung gelernt" (Dönges 2015, S. 98). Die „schriftsprachliche Diktion" entspricht dem Duktus der geschriebenen Konzeption (vgl. Koch & Oesterreicher 1985, S. 17f.). Der Kritzeltext wird damit zu einem Bedeutungsträger, unabhängig ob dieser von Dritten zu entschlüsseln ist.

Die semiotisch begründete Erweiterung des Textbegriffs zeigt sich in seiner Realisierung in den Medien des Mündlichen, Schriftlichen und Bildhaften. Dabei werden bisher die unterschiedlichen Kodierungen oftmals getrennt betrachtet, sodass deren Zusammenwirken einen Ansatz für die vorliegende Argumentation bildet. Ausgehend von der grundsätzlichen Bedeutsamkeit kommunikativer Handlungen für alle Menschen und dem Anspruch auf Partizipation an Schreiben und Lesen zeigen die genannten Ansätze Möglichkeiten auf, einen Zugang zum Lesen und Schreiben von Texten für möglichst viele Menschen zu schaffen. Hierbei existieren Unterschiede in den Begründungen der Ansätze, in Begriffsdefinitionen, in Abgrenzungen zwischen Vorläuferfähigkeiten und der eigentlichen Fähigkeit sowie in den Wegen zu deren Erreichung. Im folgenden Abschnitt werden daher die bisher angeführten didaktischen Ansätze weiter vertieft und erweitert.

## 2.3 Der Textbegriff aus didaktischer Perspektive

### 2.3.1 Dekontextualisierung als Merkmal der Textproduktion

Ungeachtet der beschriebenen Multiperspektivität der Betrachtung des Phänomens ‚Text' und dessen unklarer Begriffsbestimmung wird das Textschreiben im fachdidaktischen Diskurs gerade für Schreibanfänger*innen als „Herausforderung" (Krelle 2013, S. 53) betrachtet. Diese liegt nach Weinhold in den „sprachlich-konzeptionellen Anforderungen der Textproduktion" (Weinhold 2014, S. 145) begründet, die sich infolge der unterschiedlichen Bedingungen der schriftlichen und mündlichen Kommunikation und den einhergehenden Einflüssen auf die mediale und konzeptionelle Produktion ergäben (vgl. ebd.). Ritter und Naugk beschreiben diese Bedingungen und Einflüsse gar als ein „grundlegend verändertes sprachliches Handlungssystem" (Ritter & Rönicke 2014, S. 53)", in das man hineinwachsen müsse und das „eines eigenen Denkstils" (Merz-Grötsch 2014, S. 20) bedarf. Deutlich wird dies an der von Wygotski stammenden Gegenüberstellung geschriebener und innerer Sprache, zwischen beiden stehe die mündliche Sprache: „Die innere Sprache ist eine maximal zusammengedrängte, verkürzte ‚stenographische' Sprache. Die geschriebene Sprache ist eine maximal entfaltete, formal vollendeter als selbst die gesprochene" (Wygotski 1993, S. 227). Konrad Ehlich unterscheidet dabei unterschiedliche Merkmale der Schriftsprache, die zum einen den sprachlichen Varietätenraum erweiterten und zum anderen restriktiv wirkten, bspw. in Form von Filterungen der mündlichen Fähigkeiten und Disziplinierungen bzgl. der sprachlichen vielfältigen Realisationsmöglichkeiten (vgl. Ehlich 2014, S. 23). Kruse et al. begründen die Einschränkungen schriftsprachlicher Kommunikation mit den Anforderungen der „Dekontextualisierung, Distanzierung und Deautomatisierung literaler Textualität" (Kruse et al. 2014, S. 8), wobei im Folgenden die Dekontextualisierung fokussiert wird.[62]

[62] Wie für das Schreiben als Prozess, bildet für das Textschreiben der Schreibvorgang selbst eine große Herausforderung, da er im Gegensatz zum mündlichen Sprechen für Schreibanfänger*innen vollkommen bewusst abläuft. Anders als Sprechende müssen Schreibende sich die Buchstaben, aus denen die Wörter bestehen, die Wortgrenzen, das Ende eines Satzes verdeutlichen (vgl. Wygotski 1993, S. 226).

In Bezug auf die Dekontextualisierung stellt die Schriftlichkeit infolge der Losgelöstheit von dem Kontext, wie bspw. der Perspektivenübernahme und Antizipation von Leser*innenerwartungen als Folge der Abwesenheit der Kommunikationspartner*innen (vgl. Merz-Grötsch 2014, S. 20), andere Anforderungen als die Mündlichkeit. Mit der Schriftlichkeit wird aus der mündlichen Vermittlung als „eine multimodale, körpergebundene Inszenierung" (Becker-Mrotzek 2006, S. 76) ein situationsentbundenes monomodales Geschehen, dessen Hürde Merklinger mit der notwendigen Fokussierung des abstrakten Formaspekts der Schrift und Sprache begründet, dessen Existenz von dem außersprachlichen Kontext der Textentstehung losgelöst sei. Daher müssten nun alle für das Verstehen relevanten Informationen explizit benannt werden (vgl. Merklinger 2011, S. 33). Merklinger nimmt an dieser Stelle Bezug auf Helga Andresen, die sich zwar auf die Dekontextualisierung im kindlichen Rollenspiel bezieht, aber deren Feststellung sich ebenso auf das Verhältnis von Mündlichkeit und Schriftlichkeit übertragen lässt: „Dekontextualisierung bedeutet dabei nicht die Befreiung der Handlungen von jeglichem Kontext, sondern die Versetzung in einen anderen Kontext [...]. Da Sprache zentrales Mittel dieser Umdeutungen ist, wird auch Sprache dekontextualisiert, weil die sprachlichen Zeichen nicht nur vom nichtsprachlichen Kontext determiniert werden, sondern umgekehrt: Sprache die Macht hat, neue Kontexte zu schaffen" (Andresen 2002, S. 43).[63] Für den Kontext des Textschreibens ist die Sprache, wie mit Bezug auf Ehlich im Sinne der Restriktion dargestellt wurde, ein Mittel, um diesen anderen Kontext hervorzubringen.

### 2.3.2 Textproduktion und Schriftkultur

Die bisherigen Überlegungen um die Teilhabe am Textverfassen fokussieren formale Aspekte. Mit der Betonung des pragmatischen Kommunikationsaspektes wurde zwar bereits eine Funktion des Schreibens thematisiert, jedoch gehen die bereits vorhandenen Konzeptionen insbesondere in der grundschulbezogenen Deutschdidaktik weit darüber hinaus. Dehn stellt für den Anfangsunterricht das Konzept einer „Elementaren Schriftkultur" vor, das „im umfassenden Sinn den Gebrauch von Schrift" (Dehn 1996, S. 11) meint. Damit sei die Aufmerksamkeit auf Schriftlichkeit und Zeichenhaftigkeit der Schriftproduktion und -rezeption gemeint (vgl. ebd.). Sie kontextualisiert die Erweiterung der Schrift in Form einer Kultur allerdings noch weit

[63] Ehlich bezeichnet diesen anderen Kontext, in den der Text hineingetragen wird, als „eine zweite Sprechsituation" (Ehlich 1998, S. 32), die erste Sprechsituation ist die der Textentstehung, da beide Situationen durch den Text verbunden sind, kommt es zu „einer zerdehnten Sprechsituation" (ebd.).

über den formalen Aspekt hinaus. Zu ihr gehöre auch „die Erfahrung einer Beziehung zwischen erlebter und dargestellter Welt“ (ebd., S. 12). Didaktisch bedeutsam ist insbesondere, wie diese Beziehung gestaltet werden kann. Hierfür gehen Mechthild Dehn, Daniela Merklinger und Lis Schüler davon aus, dass Texte nie losgelöst von anderen Texten stehen. „Wer schreibt, erfasst Vorgegebenes, Gewusstes, Erfahrenes für sich und gibt es anderen wiederum zum Lesen. Der Text, der dabei entsteht, ist immer ein Text zwischen Texten. Er adaptiert andere Texte und korrespondiert mit ihnen, mit Formen und Mustern, in denen Inhalte, Themen, Bedeutungsstrukturen gestaltet, Erfahrung und Erkenntnis formuliert und generiert werden“ (Dehn, Merklinger & Schüler 2011, S. 42). Kinder beginnen also nicht als tabula rasa mit dem Schreiben eigener Texte, sondern in ihren Texten existieren Spuren anderer Texte, von Gelesenem oder Gehörtem. Dabei handelt es sich nicht um Imitationen, sondern um „Korrespondenz und Transformation“ (ebd., S. 55).

Analytisch unterscheiden die Autorinnen daher zwischen der „Literarität“, die sich, verkürzt dargestellt, auf die hier angesprochene Intertextualität bezieht und der „Literalität“ (ebd., S. 40), die den eigentlichen Buchstabengebrauch und die damit verbundene Abstraktionsleistung meint (vgl. ebd., S. 40ff.). Mit der Einführung des Literaritätsbegriffs lösen die Autorinnen die Eingebundenheit von Texten von dem Wesen der Buchstabenschrift und des medial Schriftlichen (Literalität) und beziehen das Hineinwachsen in eine von Schrift geprägte Kultur, die Texte als Kontexte bereitstellt, mit in die Betrachtung ein. Dabei wird das Verständnis von Schreiben und Texten durch das Konzept einer schriftkulturellen Praxis erweitert. Schrift bezieht sich damit nicht mehr nur auf den fertigen Text, sondern umfasst die Erfahrungen mit Schrift, die bereits vor Schuleintritt liegen. Hier kann an der Betrachtungsweise von „Literalität als soziale[r] Praxis“ (Zeuner & Pabst 2011, S. 51; Einfügung S.Z.) angeknüpft werden, die in Großbritannien ihren Anfang genommen hat (vgl. ebd.). Literacy erhält hier ein größeres Bedeutungsspektrum als im deutschen Sprachgebrauch. Es wird unterschieden zwischen:

- literacy as an autonomous set of skills;
- literacy as applied, practised and situated;
- literacy as a learning process;
- literacy as text (vgl. United Nations Educational 2006, S. 148).

David Barton und Mary Hamilton unterscheiden zwischen literalen Praktiken, literalen Ereignissen und Texten als Bestandteile der Literalität als soziale Praxis (vgl. Barton & Hamilton 2000, S. 9).

Barton (2007) führt aus, dass mit dem Begriff ein weiteres Verständnis von Lesen und Schreiben verbunden sei und es sich dabei zunächst um einen anderen Ausdruck für eine Kompetenz in einem bestimmten Bereich handele (z.B. „computer literacy, economic literacy and political literacy" (Barton 2007, S. 19)). Bezogen auf den Umgang mit Texten beschreiben Barton und Hamilton Literalität als ein „set of social pracitices; these are observable in events which are mediated by written texts" (Barton & Hamilton 2000, S. 9). Mit dem Begriff der „sozialen Praktiken" stellen Barton und Hamilton die Literalität in einen sozialen Zusammenhang, in dem literale Praktiken verstanden werden als „general cultural ways of utilising written language which people draw upon in their lives" (ebd., S. 7). „Literale Praktiken zielen auf und sind eingebettet in weitere soziale Ziele und kulturelle Praktiken" (ebd., S. 8; Übersetzung S.Z.). Fokussiert auf das Lesen und Schreiben beschreibt Barton: „There are common patterns in using reading and writing in particular situations" (Barton 2007, S. 36). Handlungen in diesen Situationen, in denen Literalität von Bedeutung ist, bezeichnen Barton und Hamilton als „literacy events" (Barton & Hamiton 2000, S. 8). Anschaulich beschreibt Barton den Unterschied anhand zweier Freunde, die einen Leserbrief an eine Lokalzeitung schreiben wollen. Die Unterhaltung über den Inhalt der Zeitung und der daraus resultierenden Absicht, einen Brief zu schreiben, stellten das literarische Ereignis dar. Die Planung, was zu tun ist, und die Gespräche über Inhalte und Formulierungen sowie des Schreibens selbst bildeten die literalen Praktiken (Barton 2007, S. 37).

Die Beschreibung dieser literalen Tätigkeiten geht weit über das schriftliche Artefakt hinaus und bedient sich daher sozialwissenschaftlicher Methoden, um bspw. prozessorientierte Faktoren mit in die Analyse einzubeziehen. Christine Zeuner und Antje Pabst beschreiben als Ausgangspunkte der Betrachtung der „Literalität als soziale Praxis" (Zeuner & Pabst 2011, S. 259) die Kritik an der individuumszentrierten Perspektive auf Analphabetismus, die exogene Faktoren zu wenig betrachte, sowie die Verengung auf die Schriftgebundenheit und Vernachlässigung oraler und anderer Möglichkeiten der Überlieferung (vgl. ebd.).

Konsequenterweise kann sich eine Betrachtung dieser sozialen Praxis nicht nur auf Schule und Unterricht beziehen, sondern muss auch die Freizeit und das häusliche Umfeld der Kinder mit in die Analyse einbeziehen. So stellt Christine Beckert für den Textkompetenzerwerb von Jugendlichen fest: „Die literale Praxis, wie sie sich in der aktiven Auseinandersetzung mit dem soziokulturellen Umfeld entwickelt, beeinflusst massgeblich die Entwicklung von Textkompetenz" (Beckert 2011, S. 271). Beckert analysiert dabei persönliche Gewohnheiten und Einstellungen der Familie und

Peers. So schreibt auch Dehn: „Unterricht kann ‚Schrift nicht gegen die Alltagswelt der Kinder durchsetzen. [...] Ihren Zugang finden diese Kinder, wenn es gelingt, daß sie Schrift als eine Erweiterung ihrer Ausdrucksmöglichkeiten erfahren, die ihre kulturelle Identität nicht in Frage stellt, sondern weiterentwickeln hilft' [...]" (Dehn 1996, S. 12; Auslassungen S.Z.). Somit müssten „mögliche Zusammenhänge zwischen Leseerfahrung, Intertextualität und der Entwicklung von Schreibkompetenzen jedenfalls stärker untersucht werden" (Feilke 2003, S. 183; zit. n. Dehn 2005, S. 25). Bezogen auf die Entwicklung von Textsortenkompetenz könne es daher nicht um das Erschreiben einer Textsorte gehen, sondern um das „Sich-Einschreiben in Textualität" (Dehn, Merklinger & Schüler 2011, S. 80), nur so könne das Schreiben als eine „kulturelle Tätigkeit" betrachtet werden.

Dass sich Textualität nicht nur auf Texte im engeren Sinne bezieht, wurde anhand eines erweiterten Textbegriffs dargestellt. Der Umgang mit ihm stellt einen Teil literaler Praxis dar: „[...] in many literacy events there is a mixture of written and spoken language. Many studies of literacy practices have print literacy and written texts as their starting point but it is clear that in literacy events people use written language in an integrated way as part of a range of semiotic systems; these semiotic systems include mathematical systems, musical notation, maps and other non-text based images" (Barton & Hamilton 2000, S. 9). Hier bietet zwar der geschriebene Text den Ausgangspunkt, aber in der Ausführung in der literalen Praxis zeigen sich im Sinne einer schriftkulturellen Praxis viele Operationsmöglichkeiten. Fruchtbar gemacht wird dieser erweiterte Blick auf Literalität z.B. bei der Erschaffung von Zugängen für Kinder in den Bereich der Schrift.

Dehn, Merklinger und Schüler zeigen verschiedene Wege auf, welche Zugänge Kinder in die Schriftkultur wählen können und welche Wege sie weiter gehen können. Dabei sprechen sie Gemälden und Kunstwerken eine große Bedeutung zu. In Anlehnung an Wolfgang Iser, der für den Lesevorgang zeigt, dass der Text als eine mentale Konstruktion im Kopf der Leser*innen entsteht, führen auch sie aus, dass Bilder Räume für Imagination bieten (vgl. Dehn, Merklinger & Schüler 2011, S. 48ff.; auch Christensen & Dehn 2012b, S. 26) und somit auch als Text gelesen werden könnten. Doch um sich darüber austauschen zu können, was ein Bild in den Betrachter*innen auslöst, braucht es „Transformationsprozesse" (Dehn, Merklinger & Schüler 2011, S. 52) der handelnden Auseinandersetzung mit dem Wahrgenommenen, sei es im Medium des Mündlichen, Schriftlichen oder Bildhaften (vgl. ebd.). Damit allerdings dieser Kommunikationsanlass wirkmächtig wird, benötigt es auch die Freiheit, zu unterschiedlichen Ergebnissen zu kommen: „Die Maxime, Texte und Bilder als Kontexte: Schreiben zu Vorgaben‘ unterscheidet sich von verbreiteten Formen des ‚freien‘ Schreibens, weil es ein bestimmtes Spektrum für Auswahl und Akzentuierung gibt, auch Vorbilder und Widerstände, und weil alle Kinder zur selben Zeit zu einer Aufgabe schreiben – die in sich allerdings eine starke Differenzierung enthält. Es unterscheidet sich von dem schulischen Alltagsverständnis des Schreibens nach Vorgaben, weil nicht erwartet wird, dass die Schüler sich nach der Vorgabe richten, indem sie – wie bei der Nacherzählung – den Inhalt reproduzieren" (ebd., S. 116). Im Rahmen eines literarischen Ereignisses, z.B. der Auseinandersetzung mit einem Kunstwerk, stellt die Transformation als textproduktive Handlung eine literale Praktik dar. Sie kann als Ergebnis sowohl einen medial mündlichen als auch einen medial schriftlichen Text haben. Einen weiteren Zugang zum Schreiben als kultureller Tätigkeit stellen andere Texte dar. Sie können als „literarische Muster“ (Dehn, Merklinger & Schüler 2011, S. 65) oder „literarische Baumuster“ (Kohl 2007a, Ritter 2014, S. 22) dienen, mit deren Hilfe die „ästhetische Sprachfunktion“ (Dehn, Merklinger & Schüler 2011, S. 65) auch schon für Schreibanfänger*innen zugänglich gemacht wird. Deutlich ist, dass es nicht um eine eindeutige Entsprechung einer Vorlage gehe, vielmehr bestehe die Form der ästhetischen Funktion in „der Variation des Bekannten und Vertrauten – der Verschiebung und Verdichtung des Vorgefundenen“ (ebd., S. 65).

Naugk zeigt darüber hinaus, wie sich infolge der Auseinandersetzung mit sprachlichen Vorbildern bildungssprachliche Elemente in den Geschichten der Kinder wiederfinden (vgl. Rönicke 2014, S. 70).[64]

Ritter sieht hier eine Verbindung zu den sprachlichen Formaten von Bruner, mit denen vertraute und routinisierte Situationen bezeichnet werden, die für die „Anpassung“ frühsprachlicher Interaktionen bedeutsam sind (Bruner 1993, S. 33).[65] Vor allem im Bereich der spielerischen Formate zeigten sich vielfältige „Sprachlern- und

[64] Diskutiert werden könnte, inwiefern sich an dieser Stelle eine Verbindung zu dem Scaffolding-Konzept von Thomas Quel und Ulrike Trapp herstellen lässt. Es stammt ursprünglich aus der Psychologie zum Problemlösen von Jerome Bruner (vgl. Quel & Trapp 2013, S. 32). Dabei sei es um die Frage gegangen, wie fortgeschrittene Lernende anderen Lernenden ein Gerüst zu Verfügung stellten, dass den Lösungsweg einer Aufgabe zeige (vgl. ebd.). Quel wendet das auf das Phänomen der Bildungs- und Fachsprache an, und stellt ein erprobtes dreiphasiges Modell vor, in dem die Kinder in der ersten Phase ein Experiment durchführen und alltagssprachlich darüber erzählen und in einer zweiten Phasen angeleitet fachsprachlich über das Experiment berichten und in einer dritten Phase eine „Forscherkonferenz“ (ebd., S. 44) durchführen. Die Lehrerin fungiert in der zweiten Phase als Unterstützer für Formulierungen und Fachbegriffe, in der die Kinder in ihrer Zone der ‚nächsten Entwicklung‘ agieren (vgl. ebd., S. 47).

[65] An anderer Stelle beschreibt Bruner: „Ein Format ist ein standardisiertes Interaktionsmuster zwischen einem Erwachsenen und einem Kleinkind […]“ (vgl. Bruner 1993, S. 103).

Sprachverwendungsgelegenheiten" (ebd., S. 35).[66] Die Entwicklung von Formaten gestalte sich flexibel in der Integration neuartiger „Mittel oder Strategien der Zielerreichung" (ebd., S. 115). Damit zeigen sich die Formate als veränderlich gegenüber den interaktiven und den sprachlichen Voraussetzungen und Lernbedürfnissen der Kinder. Formate bilden somit Stützstrukturen für den Spracherwerb, die sich im Laufe der sprachlichen Sozialisation weiterentwickeln (vgl. Ritter 2016, S. 17f.).

In den von Ritter (2016) aufgeführten aktuellen deutschdidaktischen Ansätzen finden die Bruner'schen Formate, wenn auch in veränderter Form ihren Widerhall: Zu nennen sind das bereits thematisierte Konzept der „Texte und Kontexte" von Dehn, Merklinger und Schüler, das das Schreiben als ein „Wechselspiel von Adaption und Transformation bekannter Muster" (Ritter 2016, S. 19) erachtet. Diese Muster bilden ein Gerüst, das während der Textproduktion Orientierung bietet, gleichzeitig aber nicht einengend, sondern vielmehr anregend wirkt, eigene Wege zu beschreiten. Kohl zeigt mit dem Hervorheben der „Geschichtengrammatik" (Kohl 2007a) auf, dass Kinder Wissen über den universellen Aufbau von Geschichten für das Schreiben eigener Texte nutzen (vgl. Ritter 2016, S. 22). Weiterhin zu nennen sind Naugks Studie über bildungssprachliche Lernprozesse, in der die Autorin darlegt, wie Kinder Elemente einer gehörten Märchenerzählung für eigene mündliche Märchen nutzen und dabei bildungssprachliche Kompetenzen zeigen (vgl. Rönicke 2014, Naugk 2018, Ritter 2016, S. 23) und Wardetzkys Projekt „ErzählZeit" (Gutzmann et al. 2013, Titel), das ebenfalls die Bedeutsamkeit des Zuhörens für das eigene Märchenverfassen akzentuiert (vgl. ebd., S. 9ff.). Ergänzend sei hier noch der Ansatz der „Didaktik des sprachlichen Handelns" (Bartnitzky 2014b, S. 28ff.) genannt, der die Bedeutung authentischer Sprachhandlungssituationen hervorhebt. Hier finden die Prinzipien des Situationsbezugs im Sinne authentischer Sprachverwendungsformate, wie sie im Spiel gegeben sind, des Sozialbezugs im Sinne der Interaktion Bruners und das Prinzip der Bedeutsamkeit der Inhalte (vgl. auch Dehn 1996, S. 12; Kohl 2005, S. 24) ihre Anwendung.

In dem hier interessierenden Kontext lassen sich Parallelen zwischen den Bruner'schen Formaten und Schreibaufgaben aufzeigen, die ähnlich wie die interaktiven Formate vielfältige Anschlussstellen für Spracherwerbsszenarien bereithalten. Hennies und Ritter fassen diese Gelegenheiten für die Entdeckung neuer sprachlicher Strukturen unter das Prinzip der „Exploration" als Prinzip einer Schreibaufgabe im inklusiven Deutschunterricht zusammen (Hennies & Ritter 2014a, S. 229).

[66] Bruner stellt in seiner Schrift insbesondere die Bedeutung der Interaktionen zwischen den Akteur*innen heraus.

Wie die vorangegangenen Ausführungen verdeutlicht haben, stellt die Bedeutsamkeit des Schreibens für die Lernenden einen zentralen Aspekt dar, um sich auf den Weg in die Schriftsprache zu begeben. Dieser Weg beginnt aber nicht erst mit dem Schreiben erster Buchstaben, sondern ist eingebettet in eine literarische Sozialisation, in der literarische Praktiken und sprachliche sowie interaktive Formate ein Scaffold (Gerüst) darstellen, um die sprachlichen Kompetenzen auch im Hinblick auf den Erwerb von Bildungssprache zu stärken. Diese Erkenntnisse werden gestützt durch einen erweiterten Textbegriff, der aufzeigt, wie auch im Medium des Mündlichen oder in Form einer graphischen Textproduktion mit Merkmalen von Textualität umgegangen werden kann. Deutschdidaktische Ansätze, insbesondere der Grundschule, knüpfen hier an und ermöglichen es durch Vorgaben, die Offenheit und Struktur miteinander zu verbinden (z.B. Dehn, Merklinger & Schüler 2011; Kohl 2005), Strukturen zu transformieren und selbst zu explorieren.

*Exkurs: Das Verhältnis von Medium und Konzeption in der Schriftlichkeit*

Konnte in den vorangegangenen Ausführungen dargestellt werden, dass der Umgang mit Literacy sich nicht nur auf das Medium des Schriftlichen bezieht, so zeigt sich auch auf konzeptioneller Ebene in den medial schriftlichen Texten für die gesamte Grundschulzeit ein „Nebeneinander von konzeptionell mündlichen und schriftlichen Merkmalen“ (Wildemann 2015, S. 72).

Im Zuge der Betrachtung der Kontinuität schriftlicher und mündlicher Konzeption weist Feilke darauf hin, dass es sich bei den Kategorien schriftlicher Kommunikation um prototypische Idealmerkmale schriftlicher Texte handele, die in Polarität zur Mündlichkeit stehen. Dabei sei der konzeptionell schriftlichste Text unter pragmatischen Gesichtspunkten nicht immer der optimale schriftliche Text (vgl. Feilke 2006, S. 179).

Wrobel bezweifelt das Kontinuum konzeptioneller Mündlichkeit und Schriftlichkeit, stattdessen fragt er: „[...] gibt es nicht auch hier eine radikale Differenz, ganz einfach deshalb, weil Konzeption und Medium unentrinnbar aneinander gebunden sind, sich Medium und Konzeption im Sinne eines Inskriptionsverhältnisses einander einschreiben“ (Wrobel 2010, S. 41). Das greifen Thorsten Pohl und Torsten Steinhoff in ihrem Konzept der „Textformen“ (Pohl & Steinhoff 2010, S. 5) auf, wobei sich ‚Text‘ auf den konzeptionellen Aspekt und ‚Form‘ auf den medialen Aspekt beziehe (vgl. ebd., S. 9). Aus dem genannten „Inskriptionsverhältnis“ (ebd.) schließen die Autoren auf für

Lernprozesse relevante Faktoren, die für die hier dargestellten Bedingungen medialer schriftlicher Kommunikation von Bedeutung sind: die „Langsamkeit“ und „Vorläufigkeit des Schreibens“ sowie die „Objektivation von Sprache beim Schreiben“ (ebd., S. 9f.). Für den Bereich der konzeptionell begründeten Faktoren orientieren sich die Autoren an dem Bühler'schen Organon-Modell, wobei sich folgende Parallelen ziehen ließen: Die Ausdrucksfunktion betone den Zwang zur Versprachlichung, da andere Zeichenträger nicht zur Verfügung stünden (vgl. ebd., S. 10). Hier lässt sich auf die genannte Reduktion im Medium der Schriftsprache verweisen. Im Rahmen der Darstellungsfunktion werde der bzw. die Schreibende gezwungen, Informationen einzubringen, die in einer gemeinsamen Sprechsituation den Kommunikationspartner*innen bekannt wären (vgl. ebd.). Im vorigen Abschnitt wurde dieser Sachverhalt mit Dekontextualisierung bezeichnet. Die Antizipation der Leser*innen lässt sich in der Appellfunktion wiederfinden. Hier müssten die Schreibenden mögliche Bedürfnisse und Reaktionen der Leser*innenschaft mit in den Blick nehmen (vgl. ebd.).

### 2.3.3 Schreibkompetenz

Wurde bis hierhin argumentiert, inwiefern Textualität und der Umgang mit ihr auch jenseits der Schriftlichkeit fachlich beschreibbar ist, soll an dieser Stelle ein Schritt weitergegangen und die Frage nach dem Erwerb von Schreibkompetenz gestellt werden,

Für die Linguistik bezeichnet der Begriff ‚Kompetenz' „die der beobachtbaren Performanz zugrunde liegenden Sprachfähigkeit" (Becker-Mrotzek & Schindler 2007, S. 7). Becker-Mrotzek und Kirsten Schindler grenzen diesen Kompetenzbegriff mit Bezug auf Franz Weinert von dem in der Psychologie vorhandenen ab, in dem die individuellen Fähigkeiten, Bereitschaften und spezifischen Anforderungen fokussiert werden (vgl. ebd., S. 8). In Anlehnung an das Kompetenzmodell für die Fachdidaktik Deutsch nach Jakob Ossner stellen die Autoren vier Wissensbereiche (deklaratives Wissen, Problemlösewissen, prozedurales Wissen, metakognitives Wissen) in Beziehung zu den „domänenspezifischen Anforderungsbereichen des Schreibens" (ebd., S. 24). Hierzu zählen sie Medium, Orthographie, Lexik, Syntax, Textmuster und Leser*innenorientierung (vgl. ebd.).[67]

Martin Fix nähert sich in diesem Sinne einer Definition von Schreibkompetenz an, indem er die genannten Wissensbereiche für die Bestimmung von Kompetenz darlegt (vgl. Fix 2008, S. 22f.). In der „Annäherung an eine Definition von ‚Schreibkompetenz'" (ebd., S. 24) konkretisiert er sie als Anwendung sprachlichen/textuellen und inhaltlichen Wissens, d.h. „pragmatisches Wissen, inhaltliches (Welt- und bereichsspezifisches) Wissen, Textstrukturwissen und Sprachwissen" (ebd., S. 33) im Rahmen eines Schreibprozesses, sodass das Ergebnis einer Anforderungssituation, hier: „den Anforderungen einer (selbst- oder fremdbestimmten) Schreibfunktion (z.B. Anleiten, Erklären, Unterhalten, ...)" (ebd.) entspricht. Dabei komme es nach Fix zu einer Integration der „Zielsetzungskompetenz", der „inhaltliche[n] Kompetenz", der „Strukturierungskompetenz", „Formulierungskompetenz" und „Revisionskompetenz" (ebd., Einfügung S.Z.).

Jürgen Baurmann und Thorsten Pohl weisen darauf hin, dass Fix mit den Teilkompetenzen vor allem prozessorientiert argumentiere, und integrieren in dem von ihnen vorgestellten Modell die Prozess- und Produktorientierung. Dabei klammern sie

[67] Eine andere Einteilung der Wissensbereiche gibt Becker-Mrotzek in Anlehnung an das Schreibprozessmodell von Hayes (2012). Hier wird von Becker-Mortzek „Schreibkompetenz in Form von individuellen Ressourcen beschrieben, die bei der Textproduktion zum Einsatz kommen. Zur Schreibkompetenz gehören sprachliche und kognitive Ressourcen sowie Wissen über Sachverhalte von Welt und Kommunikation" (Becker-Mrotzek 2014b, S. 54).

nichtschreibspezifische Wissensbestandteile aus, wie sie u.a. bei Fix erläutert werden (vgl. Fix 2008, S. 22; Baurmann & Pohl 2009, S. 95). Die Planungs-, Formulierungs- und Überarbeitungskompetenz fassen Baurmann und Pohl unter der Prozessperspektive und die Ausdrucks-, Kontextualisierungs-, Antizipations- und Textgestaltungskompetenz unter der Produktperspektive zusammen (vgl. Baurmann & Pohl 2009, S. 98). Über Zusammenhänge zwischen den einzelnen Komponenten der Produkt- und Prozessperspektive könne jedoch keine Auskunft gegeben werden (vgl. ebd., S. 97).

Darüber hinaus analysiert Pohl vergleichend sechs „Modellierungen von Schreibkompetenz" (Pohl 2014, S. 104) und fasst zusammen, dass übergreifend in diesen Modellierungen eine Fokussierung auf die genannten drei Teilprozesse des Schreibens, Planens, Formulierens und Überarbeitens und eine Konzentration auf die grundlegenden Bestandteile der Kommunikationssituation (Sender, Empfänger, Medium, Inhalt) erkennen lasse. Darüber hinaus stellten die beschriebenen Teilkompetenzen keine zusammenhängende oder hierarchisierende Anordnung dar und die Modellierungen hätten keine erklärende Struktur (vgl. Pohl 2014, S. 104f.). Das Potenzial der Schreibkompetenzmodelle besteht somit insbesondere in dem Aufzeigen notwendiger Teilfähigkeiten und Wissensbestände für das Textschreiben (vgl. Ritter 2015, S. 9). Ritter kritisiert an der kognitiv dominierten Ausrichtung der Schreibkompetenzmodelle, dass „volitionale, emotionale und habituelle Perspektiven dabei eine eher untergeordnete Rolle spielen" (ebd.). Sie legten ein lehrgangsorientiertes Verfahren nahe, das den vielfältigen emotionalen und sozialen Erfahrungen mit der Schrift wenig Raum biete. Schreiben sei aber nicht nur ein kognitiver, sondern ebenfalls ein identitätsorientierter und habitueller Prozess; der sich so auch in einem Schreibkompetenzmodell abbilden müsse (vgl. ebd., S. 11). Durch die Fokussierung des kognitiven Aspekts besteht insbesondere für den Anspruch eines inklusiven Unterrichts die Gefahr, Hürden aufzubauen und Teilhabe zu verhindern.

So wurde auch im Rahmen der vorliegenden Arbeit mit Bezug auf das Literacy-Konzept die Bedeutsamkeit langfristig wirkender Faktoren wie der Umgang mit sprachlichen Formaten, Ritualen, Peers und Eltern u.a.m. für die literarische Sozialisation betont und die Bedeutung der Lerngruppe, der Peers, insbesondere mit Verweis auf Seitz und den „Kern der Sache" (Seitz 2006a) herausgestellt. Allerdings scheint Schreibkompetenz in den Modellen, die die kognitiven Aspekte fokussieren, ausschließlich als eine individuelle Fähigkeit betrachtet zu werden und die Peers nur eine nachgeordnete Rolle zu spielen.

Maik Philipp (2015) und Michael Ritter (2015) erweitern die Perspektive auf die Schreibkompetenz und thematisieren dabei auch den Diskurs um die Lesekompetenz. Philipp bezieht neben der „Fähigkeit zur Konstruktion schriftlich fixierter Bedeutungsinhalte" und „graphomotorische[r] und (meta-)kognitive[r] Prozesse bei der Textherstellung" (Philipp 2015, S. 9; Einfügung S.Z.) auch motivationale und soziale Faktoren mit in die Betrachtung von Schreibkompetenz ein. Ritter thematisiert überdies noch habituelle Faktoren (Ritter 2015, S. 11). Allerdings unterscheiden sich beide Autoren in Bezug auf die Konsequenzen dieser erweiterten Betrachtung. Philipp trennt zwischen der Schreibkompetenz im engen Sinne, die zwar motivationale Faktoren beinhaltet, der soziale Kontext ist allerdings Bestandteil einer weiten Definition (vgl. Philipp 2015, S. 8ff.). Ritter hingegen entwickelt ein neues Schreibkompetenzmodell, das sich am Grundprinzip des Mehrebenenmodells der Lesekompetenz von Rosebrock und Nix (2008) orientiert, in dem Lesekompetenz über die interdependenten und ineinander verflochtenen Ebenen des Subjekts, der Gemeinschaft und der Prozesse beschrieben wird (vgl. Ritter 2015, S. 10). Er führt damit zu den kognitiven Modellen eine Ergänzung an, die Feilke in Bezug auf die literale Kompetenz in ähnlicher Weise thematisiert, wenn er feststellt: „Die Grundlagen der Entwicklung von Schreibfähigkeit bilden sich durch die sozialisatorisch eingelebte Vertrautheit mit den Erwartungen einer Schriftkultur, durch das Hören und Lesen der (schriftorientierten) Standardsprache und vor allem durch eigene Lese- und Schreibpraxis" (Feilke 2014a, S. 35).

Feilke stellt weiterhin drei Ebenen literaler Kompetenz vor: „Steuerungsebene", „Prozessebene" und „Ressourcenebene" (ebd, S. 50). Ihnen ordnet er verschiedene Kompetenzen zu. Die Steuerungsebene beinhaltet „kulturelle Kompetenzen" (z.B. „Wertorientierungen"), die Prozessebene die „Schreibhandlungskompetenzen" (z.B. „Schreibstrategien") und „Texthandlungskompetenzen" (z.B. „Paraphrasier-Verfahren") und die Ressourcenebene „literal-sprachliche Kompetenzen" (z.B. „Textsortenwissen") und „konstitutionelle Ressourcen" (z.B. „Arbeitsgedächtnis") (Feilke 2014a, S. 50).

Die vielfältigen Vorstellungen bezogen auf das Schreiben, die sich in den unterschiedlichen Modellen von Schreibkompetenz widerspiegeln, hätten allerdings auch den Vorteil, dass voreilige Einschränkungen und Dogmata vermieden würden. Schreiben sei viel eher „vielfältig, plastisch und dynamisch" (Wrobel 2014, S. 97) und lasse sich daher nicht in einfachen und einheitlichen Modellen darstellen. (vgl. ebd.).

Einen anderen Akzent setzen Ulf Abraham et al. in ihren Überlegungen zum kompetenzorientierten Unterricht: Sie betonen, dass die Lernbereiche des Deutschunterrichts und die sich auf sie beziehenden Kompetenzbereiche zu allgemein seien (vgl. Abraham et al. 2007, S. 7). Folgerichtig scheint daher, dass Augst et al. in ihrer Studie die Entwicklung der Textkompetenz im Grundschulalter nicht hinsichtlich allgemeiner Entwicklungstendenzen betrachten, sondern differenziert nach unterschiedlichen Textsorten untersuchen (Augst et al. 2007, S. 15).[68] Sie fokussieren dabei insbesondere die Fragen, ob zwischen den einzelnen Textsorten Interdependenzen bestehen und – wenn das der Fall sein sollte – ob eine Textsorte eine herausgehobene Position einnimmt (vgl. ebd., S. 30). Die Autoren zeigen, dass sich zum einen eine „universelle strukturelle Genese" von Textualität zeige, zum anderen aber auch, dass sie „domänenabhängig durchschritten wird" (ebd., S. 347). Mit anderen Worten, Textkompetenz weist einen allgemeinen und einen textsortenspezifischen Bereich auf. Die Autoren weisen vier Entwicklungsniveaus aus, deren äußere Pole Assoziationen und persönliche Zugänge auf dem Entwicklungsniveau „Text als subjektiv konstituierte mentale Einheit" (ebd.) zu Beginn und „Text als textsortenfunktional synthetisierte Perspektiven" (ebd., S. 350) am Ende bildeten. Die Stufen bauten entwicklungslogisch aufeinander auf und könnten nicht übersprungen werden (ebd., S. 351). Für den textsortenspezifischen Kompetenzbereich ist ersichtlich, dass in der vierten Klasse für das Entwicklungsniveau 1 des Erzählens und Instruierens kein Beispiel vorhanden sei, für das Beschreiben, Argumentieren und Berichten existierten alle vier Entwicklungsniveaus. Die Autoren weisen darauf hin, dass die Erzählung am weitesten entwickelt sei, in der dritten Klasse allerdings die Instruktion aufhole, was verwunderlich sei, da diese erst später geübt werde (vgl. ebd., S. 355).

Dehn, Merklinger und Schüler setzen sich kritisch mit der Studie auseinander und stellen bezüglich der Schreibaufgaben in Frage, ob die Kinder hier „eine innere Vorstellung entwickeln, einen Fokus imaginieren" (Dehn, Merklinger & Schüler 2011, S. 81). Hier böten die Schreibaufgaben keinen Anhaltspunkt. Darüber hinaus sei der Alltagsbezug, wie er bei der Beschreibung gegeben ist, hinsichtlich der schriftkonzeptuellen Merkmale eher kontraproduktiv. Mit Verweis auf die Erkenntnisse von Andresen stellen Dehn, Merklinger und Schüler fest: „Fantasieerzählung und Nacherzählung sind stärker an konzeptioneller Schriftlichkeit orientiert, also auf syntaktische Komplexität gerichtet, als die Erlebniserzählung" (ebd.). Ritter verweist in diesem Zusammenhang auf die Bedeutung der Komplexität des Inhalts, mit dem sich

[68] Für die Textsorten: Erzählung, Bericht, Instruktion, Beschreibung, Argumentation (ebd.)

die Schreibenden auseinandersetzen: „Texte sind also immer nur so komplex wie ihr Inhalt, mit dem sich die Kinder auseinandersetzen" (Ritter 2012, S. 30).

In diesem Zusammenhang ist auch die Studie von Kerstin Schulte über die Kohärenz von in der ersten Klasse entstandenen Kindertexten zu erwähnen. Schulte kommt zu dem Ergebnis: „Die Kohärenz der von den Kindern verfaßten Texte hängt [...] wesentlich von den den Schreibanlässen zugrunde gelegten Inhalten ab. Es macht anscheinend einen Unterschied, ob die Kinder zu einer Abenteuergeschichte oder einem Märchen, zu Blumenfotografien oder ‚der gelben Kuh' (Franz Marc) schreiben" (Schulte 2000, S. 95; Auslassung S.Z). Ergänzend stellt Ritter fest, dass „die Komplexität von Kindertexten nicht zwingend Schlüsse auf die Entwicklung der Schreibkompetenzentwicklung von Kindern zulässt. Komplexität wird durch viele Faktoren beeinflusst: die Schreibanregung/Schreibaufgabe und ihre Bedeutung für den Schreibenden, die Textsorte, den Stoff des Textes und natürlich auch durch die Fähigkeit zur Inszenierung einer sprachlichen Botschaft" (Ritter 2012, S. 31).[69]

Dehn, Merklinger und Schüler sowie Ritter kritisieren darüber hinaus den Stufenbegriff der Studie von Augst et al., dessen Konsequenzen für den Unterricht unklar seien, da sich zwar Stufen des Lernens nachweisen ließen, fraglich sei aber, ob sich das Lernen der Kinder entlang dieser Stufen tatsächlich organisieren ließe (vgl. Dehn, Merklinger & Schüler 2011, S. 82). Ritter konnte darüber im Rahmen einer Analyse von Aufgaben in Vergleichsarbeiten (VERA) nachweisen, dass sich schon bei Erstklässler*innen Spuren nahezu aller Schreibentwicklungsstufen[70] finden lassen (vgl. Ritter 2012, S. 28) und befindet sich damit im Einklang mit Weinhold, die ebenfalls Fähigkeiten aufzeigt, die weit über das Wissen-Wiedergeben[71] hinausgehen (Weinhold 2000, S. 170). So kritisiert auch Weinhold an den VERA-Aufgaben, dass sie die Planungsprozesse unberücksichtigt ließen. Das habe zur Folge, dass „Prozess- und Kompetenzorientierung des Unterrichts auf der einen Seite und Produkt- und Outputorientierung der Qualitätsentwicklung auf der anderen Seite in Widerspruch [geraten]" (Weinhold 2014, S. 151; Einfügung S.Z.). Da in derartigen Erhebungen keine

[69] Pohl und Steinhoff weisen darauf hin, dass sich die Textformen nur unter Berücksichtigung des Schreibarrangements betrachten lassen. Mit dem Schreibarrangement seien das sozial-materielle Setting, Lehr-/Lernziele und der konkrete Schreibauftrag gemeint (vgl. Pohl & Steinhoff 2010, S. 18). Für den Diskurs um Schreibkompetenz folgern sie daher großes Potenzial in dem Textformenbegriff, da für die Analyse von Kompetenzen gelte: „Ohne die Einbeziehung didaktischer Situierung, schreibprozessorientierter Spezifizierung und erwerbsbezogener Diagnose greifen Kompetenzurteile zu kurz" (ebd., S. 21).

[70] Ritter argumentiert, dass es sich dabei nicht um Stufen, sondern um unterschiedliche „Schreibhaltungen" (ebd.) handelt.

[71] Auf das Wissen-Wiedergeben-Modell nach Bereiter und Scardamalia (1985) wird im weiteren Verlauf noch eingegangen.

Kompetenzen, sondern Performanzen erhoben werden, sei es besser, von „Textqualitätsniveaus statt von Kompetenzniveaus" zu sprechen (Fix 2007, S. 84; zit. n. Weinhold 2014, S. 151).

Die Bedeutung der Orientierung an Schreibaufgaben lässt sich womöglich auch auf die von Michael Becker-Mrotzek und Ingrid Böttcher dargestellten Entwicklungsphasen des Textschreibens übertragen (vgl. Becker-Mrotzek & Böttcher 2012, S. 54ff.). Die Autor*innen zeigen vier Phasen der Schreibentwicklung auf, und stellen dar, dass vor allem zu Beginn der Schreibbiographie, in der „Startphase", die Anforderungen der Schriftlichkeit einen erheblichen Einfluss auf die Textproduktion ausüben (vgl. ebd., S. 54f.). In der darauffolgenden „Ausbauphase 1" orientierten sich die Schreiber*innen beim Verfassen von Erzählungen an Skripten, Schemata und Mustern aus mündlichen Erzählungen. „Dabei entstehen kohärente Texte, ohne dass die Schreiber die sprachliche Form reflektieren oder gar einen Leser ins Auge fassen müssten" (ebd., S. 57). Dabei ist zu fragen, ob nicht gerade die Verwendung intertextueller Bezüge einen Indikator kompetenten Schreibens darstellt und es die Aufgabe des Unterrichts ist, diese zu explizieren, um sie der Reflexion zugänglich zu machen und die Voraussetzung für eine bewusste Anwendung zu schaffen.

Vergleichbar mit den von Becker-Mrotzek und Böttcher aufgestellten Niveaus sind die von Wolfgang Eichler für den Bereich Schreiben und Textverfassen vorgestellten fünf Fähigkeitsniveaus (vgl. Eichler 2011, S. 8f.). Im Sinne einer kompetenzorientierten Ausrichtung des Unterrichts bieten diese Niveaus das Potenzial der Diagnostik von Fähigkeiten und der als Nächstes zu erwerbenden Schritte. Dabei kann der Erwerb der Kompetenz jedoch nicht losgelöst von den motivationalen, volitionalen Faktoren, von den Aufgaben u.a.m. betrachtet werden. Bspw. beobachtet Eichler für Schreibnoviz*innen während der Phase der „Anfänge der Schreibfertigkeit": „Sie können sich dadurch [gemeint sind die Anforderungen der Schreibmotorik, der Buchstaben-Laut-Zuordnung], kaum auf die inhaltliche Seite der Schreibaufgaben konzentrieren und verweigern oft die Bearbeitung von Schreibaufgaben bzw. werden nicht fertig" (Eichler 2011, S. 8; Einfügung S.Z.). Daraus kann nun nicht gefolgert werden, dass die Auseinandersetzung mit Schreibaufgaben erst stattfinden kann, wenn die Anforderungen der Schriftlichkeit nicht mehr so viele Ressourcen beanspruchen. Stattdessen sieht Sjölin hier eine Gelegenheit für produktive Lernprozesse: „Möglicherweise fordert das anfängliche Schreiben nicht *trotz* der fehlenden Routine, sondern gerade *wegen* der Schwierigkeiten und *wegen* der ständigen Anforderung, gestalterische Probleme zu meistern, zu ästhetischem Verhalten heraus" (Sjölin 1996, S. 162; Hervorhebungen im Original). Daher greift ein Schreibkompetenzmodell, das sich ausschließlich lehrgangsorientiert auf die Beschreibung der Stufen/Phasen/Niveaus der Kompetenz konzentriert, zu kurz. Wenn auch für die erste Phase der Schreibkompetenz die viel zitierte Könnensperspektive Geltung besitzen soll und der Schreibende mit seiner Erfahrung und Motivation betrachtet wird, können solche Beobachtungen wie die folgende von Sjölin gelingen: „Schreiben bedeutet nicht nur das Fixieren von Gedanken auf dem Papier, sondern auch das Verfertigen der Gedanken. [...] Aus einem diffusen Grund von vagen Empfindungen, Erinnerungen und Gefühlen und Ideen kristallisieren sie etwas heraus, passen übernommene Formen und Floskeln an und entwerfen neue Figuren und Formulierungen" (ebd., S. 163; Auslassung S.Z.). Allerdings, so stellt Weinhold fest, seien derlei auf den Lernenden eingehende Beschreibungen der Textproduktion in der Schreibforschung selten anzutreffen (vgl. Weinhold 2000, S. 73). Diese Kompetenzorientierung von Beginn an ist vor allem aber nicht nur für Kinder, denen der Weg in die Schriftsprache schwerfällt, von Bedeutung. An dieser Stelle sei noch einmal das Zitat von Dehn angeführt: „Ihren Zugang zur Schrift finden diese Kinder, wenn es gelingt, daß sie Schrift als eine Erweiterung ihrer Ausdrucksmöglichkeiten erfahren [...]" (Dehn 1996, S. 12).

Für das hier thematisierte Schreiben in heterogenen Lerngruppen sind daher weitere Perspektiven auf die Schreibkompetenz notwendig, wie sie von Ritter und Philipp mit Bezug zu dem Diskurs um Lesekompetenz dargestellt wurden. Kohl stellt den Zusammenhang von sozialisatorischen, motivationalen und kognitiven Aspekten her: „Schreibkompetenz ist mehr als die Einsicht in die Verbindlichkeit der Norm unserer Schriftsprache. Wer gern schreibt, hat erfahren, dass Schreiben für ihn persönlich bedeutsam ist. Schreibmündigkeit beginnt dort, wo die Konfrontation mit der Norm der Schriftsprache nicht mehr zu Schreibblockaden führt. Schreibkompetent zu sein heißt, das eigene Schreiben selbst zu bestimmen und selbst verantworten zu wollen und zu können" (Kohl 2005, S. 24). Damit eröffnet Kohl sowohl die individuell-biographische Perspektive auf das Schreiben als auch die Fähigkeit zur eigenen Autor*innenschaft als Eigenschaften kompetenter Schreiber*innen. Schreibkompetenz enthält damit weitaus mehr Bestandteile, als sich in den Kindertexten zeigen ließe. Dabei sind die Parallelen zu dem thematisieren Ansatz der ‚Literalität als sozialer Praxis' offenkundig. Kohl, Ritter, aber auch Dehn, Merklinger und Schüler bekräftigen, sei es modellhaft, durch den Kulturbegriff oder durch die thematisierte Erfahrung, dass Schreibkompetenz nicht nur auf kognitive Fähigkeiten ausgerichtet ist, sondern sich multiperspektivisch auf die Sozialisation, Motivation, Peers u.a.m. bezieht. Schreiben erhält damit ein interaktives Moment, das sich in Gestalt der hier thematisierten literarischen Praktiken, sei es Vorlesen, Sprechen, Schreiben u.a.m. zeigt und sich damit die Analyse von Schreibkompetenz aus inklusionsorientierter Perspektive nicht auf die Analyse des schriftlichen Artefakts beschränken kann.

### 2.3.4 Bildungsstandards

Die bereits dargestellte umfassende empirische Forschungstätigkeit bzgl. des inklusiven Unterrichts und dessen (Aus-)Wirkungen spiegelt das Bedürfnis nach vergleichbaren und messbaren Daten wider, unabhängig von den dargestellten methodischen und methodologischen Erschwernissen. Vergleichsuntersuchungen wie z.B. die bundesweiten Vergleichsarbeiten (VERA), die im Anschluss an die Schulleistungsuntersuchungen (PISA, IGLU usw.) vorgenommen wurden, scheinen daher dem Wunsch nach genormten Messverfahren Ausdruck zu verleihen und damit auch der Suche nach standardisiertem, leicht überschaubarem Datenmaterial. Dieser Wunsch nach Messbarkeit findet sich ebenfalls in den Funktionen der Standards wieder, die Becker-Mrotzek als „Überprüfung" und „Orientierung" (Becker-Mrotzek 2014a, S. 481) bezeichnet. Standards stützten sich dabei auf allgemeine Bildungsziele und konkretisierten Anforderungen für bestimmte Bereiche, wobei sie sich auf Kompetenzmodelle bezögen (vgl. ebd., S. 482). Für Hennies und Ritter stellen Bildungsstandards jedoch „überprüfbare Grundvoraussetzungen für die Teilhabe an soziokulturellen und sozioökonomischen Ressourcen der Gesellschaft" (Hennies & Ritter 2014b, S. 12) dar, die mit Ansätzen individuellen Lernens unvereinbar seien (vgl. ebd., S. 12f.).

Um diesen Konflikt weiter zu analysieren, wird im Folgenden das Kompetenzstufenmodell des „Instituts für Qualitätsentwicklung im Bildungswesen" (IQB) für den Bereich „Sprache und Sprachgebrauch untersuchen" in der Primarstufe erläutert. Dabei werden „Mindeststandards", „Regelstandards", „Regelstandards plus" und „Optimalstandards" unterschieden, denen jeweils bestimmte „Kompetenzerwartungen" zugeordnet werden (IQB 2015, S. 4). In der Operationalisierung werden die gezeigten Leistungen auf die Kompetenzen und Standards bezogen. Die Kompetenzen auf der Stufe I lägen unter den Mindeststandards, die Stufe II könne als Erfüllung des Mindeststandards betrachtet werden, Stufe III erfülle die Erwartungen, Stufe IV erreiche Regelstandards plus und Stufe V würde als Erreichen von Optimalstandards gedeutet (vgl. ebd., S. 11ff.). Die Autor*innen werteten Daten von über 10.000 Schüler*innen aus (vgl. ebd., S. 8) und erhielten folgende Verteilung: „Insgesamt verfehlen 11 Prozent den […] Mindeststandard (Kompetenzstufe I), 23 Prozent befinden sich auf der

Stufe II und verfehlen damit die in den Dokumenten der KMK formulierten Erwartungen (Regelstandard). Zwei Drittel schließlich liegen auf den Stufen III bis V und erfüllen damit die standardbasierten Vorgaben“ (ebd., S. 14; Auslassung S.Z.). Dabei bestehe der große Gewinn des Modells in dem Aufzeigen der unterschiedlich erreichten Kompetenzen auf den unterschiedlichen Stufen.

Dennoch müssen auch für Schüler*innen, die die beschriebenen Mindeststandards nicht erreichen, zu erlangende Kompetenzen definiert und begründet werden. Dabei gilt es, im Sinne des Spannungsfeldes von „Kompensation“ und „Diversifizierung“ (Kruse & Ritter 2015, S. 6) nach Maßnahmen zu unterscheiden, die dazu führen, dass die Mindeststandards erreicht werden können (Kompensation), aber auch die Kompetenzen so zu erweitern, dass auch unterhalb des Mindeststandards für alle erreichbare Kompetenzen existieren (Diversifizierung) (vgl. ebd., S. 6f.).

Die Bildungsstandards selbst teilen das ‚Texte verfassen‘ am Ende der vierten Klasse in „Texte planen“, „Texte schreiben“ und „Texte überarbeiten“ (KMK 2005, S. 11) und unterscheiden damit nach Baurmann und Pohl diesen Bereich in die Grundkomponenten des Schreibprozesses, d.h. Planen, Formulieren und Bearbeiten (vgl. Baurmann & Pohl 2009, S. 75). Hiermit würden die Prozessaspekte angesprochen. Für den Bereich des Textschreibens selbst („verständlich, strukturiert, adressaten- und funktionsgerecht schreiben“) (KMK 2005, S. 11) stellen die Autoren allerdings eine Produktfokussierung fest (vgl. Baurmann & Pohl 2009, S. 75). Becker-Mrotzek und Weinhold kritisieren dabei die Vermischung von Produkt- als auch Prozessperspektive in der Darstellung der Standards (vgl. Becker-Mrotzek 2014a, S. 489; Weinhold 2014, S. 150). Bezogen auf den Aspekt der Verständlichkeit führen Baurmann und Pohl an, dass dieses Kriterium nur unter Berücksichtigung der jeweiligen Leser*in betrachtet werden könne (vgl. Baurmann & Pohl 2009, S. 76). Gleiches gelte für den Aspekt der Strukturierung, die im Zusammenhang mit der jeweiligen Textsorte analysiert werden müsse, die aber in den Bildungsstandards nicht aufgeführt sind (vgl. ebd., S. 76).[72] Daher kritisieren sie und andere die Nichterwähnung der Textsorten in den Bildungsstandards (vgl. ebd., S. 77; Becker-Mrotzek 2014a, S. 489) bzw. fordern textsortenspezifische Standards (vgl. Baurmann & Pohl 2009, S. 77). Übereinstimmend mit anderen Autor*innen schätzt Becker-Mrotzek die Standards für die Grundschule als zu hoch ein (vgl. ebd.; Baurmann & Pohl 2009, S. 75; Weinhold 2014, S. 150). Auf den Aspekt der Leser*innenantizipation und die damit vermutete Hürde für

[72] Stattdessen werden in den Bildungsstandards Schreibanlässe angeführt: „Erlebtes und Erfundenes; Gedanken und Gefühle; Bitten, Wünsche, Aufforderungen und Vereinbarungen; Erfahrungen und Sachverhalte“ (KMK 2005, S. 11).

Grundschulkinder wurde bereits eingegangen. Baurmann und Pohl plädieren stattdessen dafür, dass die Kinder lernen, „dass Texte *überhaupt* Leser haben“ (Baurmann & Pohl 2009, S. 76; Hervorhebung im Original) und diese, auch anders als von den Schreibenden intendiert, verstanden werden könnten. Somit zeigen die Bildungsstandards nicht nur standardinhärente Differenzen zum individualisierten und damit auch zum inklusiven Lernen auf, sondern sind, wie für den Bereich des Textverfassens dargestellt wurde, auch fachliche Herausforderungen gerade für Schreibanfänger*innen.

Baurmann und Pohl heben darüber hinaus die in den Standards gesondert dargestellten Schreibanlässe „Lernergebnisse geordnet festhalten“ und „nach Anregungen (Texte, Bilder, Musik) eigene Texte schreiben“ (KMK 2005, S. 11) hervor. Der Einschätzung des Ersteren in seiner Bedeutsamkeit über die Fächergrenzen hinaus ist uneingeschränkt zuzustimmen. Dahingegen ist die Einschätzung zu dem Bereich Texte schreiben „nach Anregungen“ (KMK 2005, S. 11), welches die Autoren als Erleichterung für die Produktion von Erzähltexten erachten, bei der „nur in Einzelfällen“ andere Textfunktionen Verwendung fänden (Baurmann & Pohl 2009, S. 78) mit Blick auf den Anspruch der Standards, das Schreiben zur „gedanklichen Auseinandersetzung sowie zum kreativen und gestalterischen Umgang mit Sprache“ (KMK 2005, S. 8) zu nutzen und mit Verweis auf die Arbeiten insbesondere von Mechthild Dehn et al. (2011) und Eva Maria Kohl (2005) dahingehend zu prüfen, ob es sich tatsächlich nur um ‚Einzelfälle‘ handelt.

Einen abschließenden Aspekt, der hier bezogen auf die Standards thematisiert werden soll, bilden die Teilprozesse des Schreibens. In den Standards wird dargestellt, dass beim Schreiben „die Teilprozesse des Schreibens ineinander [greifen]: Texte planen, aufschreiben und überarbeiten“ (KMK 2005, S. 8; Einfügung S.Z.]. Baurmann und Pohl kritisieren hier, dass der „Dreischritt ‚planen, schreiben, überarbeiten“ den „aufeinanderfolgende[n] Phasen des Unterrichts entspricht“ (Baurmann & Pohl 2009, S. 78; Einfügung S.Z.). Sie verweisen dabei auf Wechselwirkungen zwischen den Prozessen („Moment des Interaktiven“) (ebd.) und Wiederholungen der Teilprozesse („[Moment] des Iterativen“ (ebd.; Einfügung S.Z.).[73] Dabei ist zu fragen, ob aktuelle prozessorientierte didaktische Ansätze nicht das Potenzial haben, dieses unterrichtliche Nacheinander im Sinne der von Baurmann und Pohl angesprochenen Wechselwirkungen zu überwinden. Weinhold kritisiert weiterhin die Terminologie

[73] Ebenso sieht Weinhold in der Formulierung die Gefahr, „das Nacheinander der drei Prozesse, also ihren sukzessiven Charakter wieder zu betonen, was der klassischen Aufsatzdidaktik nahe käme, nicht aber der Rekursivität und Interaktivität des Schreibprozesses gerecht zu werden“ (Weinhold 2014, S. 150).

„aufschreiben“ (Weinhold 2015, S. 150), da hiermit der Anschein des überholten, bloßen Übersetzungsprozesses von einem Medium in das andere erweckt werde (vgl. ebd.). Sie problematisiert darüber hinaus, dass sich bspw. aus dem Bereich „sprachliche und gestalterische Mittel und Ideen sammeln“ (KMK 2005, S. 11) keine Kompetenzen ableiten ließen bzw. unklar sei, welche Kompetenzen hier gefordert seien (vgl. Weinhold 2014, S. 150).

Betrachtet man zusammenfassend die Merkmale der Standards und der Schreibkompetenzbegriffe, finden sich viele Übereinstimmungen. Die Standards legen den Dreischritt ‚Planen – Formulieren – Überarbeiten‘ zugrunde und fokussieren im Bereich der Formulierung die Adressatenorientierung, die Schreibfunktion und die Textstrukturen. Beide, Standards und Schreibkomptenzbegriffe, laufen Gefahr, das Schreiben unabhängig von der Schreibsozialisation, der persönlichen Bedeutsamkeit und der Bedeutung der Schreibaufgabe zu betrachten. Abschließend wird im Folgenden der Schreibprozess vertiefend betrachtet.

### 2.3.5 Der Schreibprozess

Das grundlegende Modell der kognitionspsychologisch orientierten Schreibprozessforschung stellt das 1980 entwickelte Modell von Linda Flower und John R. Hayes dar. In ihm wird der Schreibprozess ebenfalls in Planen, Formulieren und Überarbeiten gegliedert (vgl. ebenfalls Merz-Grötsch 2014, S. 53f.). Der Schreibprozess ist weiterhin durch das „task-environment" (Aufgabenumgebung) und das „writer's long-term memory" (Wissensbestände) (Flower & Hayes 1981, S. 370)[74] der Schreibenden konstituiert. Zur Aufgabenumgebung gehören die Aufgabe mit ihren Anforderungen, dem Thema, der Leser*innenschaft und schließlich der Text selbst (vgl. ebd.). Die Wissensbestände, die sich sowohl auf das eigene Gedächtnis als auch auf externe Quellen wie Bücher beziehen, stellen die Informationen bereit, die sich sowohl auf die Inhalte des Textes als auch auf das Wissen über das Textschreiben beziehen (vgl. ebd., S. 371). Der Prozess des Planens enthält verschiedene Teilprozesse, das Erzeugen von Ideen, deren Strukturierung und schließlich das Setzen eigener Schreibziele (vgl. ebd., S. 372f.). Das Resultat des Planens bilden Ideen, die bspw. in einem Symbolsystem (z.B. einem Mindmap) abgebildet werden. Die Schreibenden müssen nun während des Prozesses des Formulierens („Translating", ebd., S. 373) diese Gedanken in einen linearen Text überführen (vgl. ebd.).[75] Das Überarbeiten beinhaltet zwei Prozesse, zum einen das Überarbeiten im eigentlichen Sinne, das während des Planens und Schreibens stattfindet und mithilfe dessen weitere Gedanken generiert werden können, zum anderen das Evaluieren, mit dem ein systematisches Überarbeiten gemeint ist (vgl. ebd., S. 374). Den Monitor beschreiben die Autor*innen als „writing strategist" (ebd.), der bestimmt, wann die Schreibenden von einem zum anderen Prozess wechseln. Dabei unterscheiden sich die Praktiken der Schreibenden bspw. in der Dauer der Planung (vgl. ebd.).

Merz-Grötsch fasst zusammen, dass an dem Modell vor allem seine Fokussierung auf fortgeschrittene Schreiber*innen und auf das Problemlösen kritisiert werde[76] und stellt dem Modell das Textproduktionsmodell von Otto Ludwig (1983) gegenüber,

---

[74] Übersetzung in Anlehnung an Merz-Grötsch (2014, S. 53)

[75] In Anlehnung an die deutschsprachigen Schreibkompetenzmodelle wurde „translate" nicht mit dem naheliegenden „übersetzen", sondern mit „formulieren" übersetzt. Dabei muss aber darauf hingewiesen werden, dass Flower und Hayes dieses Wort bewusst wählten: „We have chosen the term **translate** for this process over other terms such as ‚transcribe' or ‚write' in order to emphasize the peculiar qualities of the task" (Flower & Hayes 1981, S. 373).

[76] Gunther Eigler kritisiert bspw., dass das Modell nicht berücksichtige, ob es sich bei dem Textverfassenden um einen Schreibanfänger oder einen fortgeschrittenen Textproduzenten handeln könne. Außerdem werde nicht nach Textsorten differenziert (Eigler 1998, S. 5).

das vor allem sehr detailliert die überarbeitenden Prozesse beschreibe und Bereiche wie die Motivation und motorische Prozesse ergänze (vgl. Merz-Grötsch 2014, S. 54f.).

Die Trennung zwischen Planen, Übersetzen und Überarbeiten wird gerade im Hinblick auf das Schreiben von Kindern z.B. von Bereiter und Scardamalia (1985) in Frage gestellt. Sie setzen das „knowledge-telling-model" („Wissen-Wiedergeben-Modell") (Bereiter & Scardamalia 1985, S. 319) dagegen. Hier übernähmen die Textart und inhaltliche Aspekte des zu schreibenden Textes heuristische Funktionen bei der Generierung von Wissen. Die Kohärenz des Textes hänge hier von dem verwendeten Textschema und der Organisation der Gedächtnisinhalte ab (vgl. ebd., S. 319f.). Damit werde der Schreibintention eine geringere Bedeutung zugestanden. Darin sehen Bereiter und Scaradmalia den größten Unterschied zu Modellen fortgeschrittener Schreiber*innen (ebd., S. 321): „Der Unterschied besteht darin, daß in Hayes und Flowers Modell, das den gesamten Schreibprozess erfaßt, Generating lediglich eine Subroutine ist, die dazu dient, Ziele und Teilziele sowie den Textinhalt zu generieren. Wir behaupten dagegen gerade das Fehlen einer solchen umfassenden Struktur von zielorientierten Operationen beim ‚Wissen-Wiedergeber'" (ebd., S. 330). Ritter bezieht diese Diskussion auf die deutschsprachige Deutschdidaktik, in der Gudrun Spitta das Hayes-Modell auf Schreibanfänger angewandt hat, und stellt fest: „Für die Schreibdidaktik der Grundschule ist daher ein eher vorsichtiger Umgang mit einer Generalisierung des Schreibprozessmodells oder aber die empirische Prüfung der von Spitta aufgestellten Thesen ratsam" (Ritter 2008, S. 176).

In dem revidierten Modell, das Hayes 2012 vorlegte, stehen nicht mehr die drei Prozesse im Vordergrund, sondern drei Ebenen, das „Ressource Level", das „Process Level" und das „Control-Level" (Hayes 2012, S. 371). In dem Control-Level ist nun das „Goal Setting (plan, write, revise)" (ebd.) zu finden. Die Prozesse des Planens und Überarbeitens beschreibt er als eigene Anwendung des Schreibprozessmodells: „In this view, revision, like planning, is seen not as a separate writing process parallel to the other writing processes [...] but rather as a special application of the writing model" (ebd., S. 376). Bezüglich des „knowledge-telling" (Hayes 2012, S. 377), das von einigen Forscher*innen als Beleg des assoziativen Schreibens herangezogen wird (z.B. Baurmann & Pohl 2009, S. 81f.), legt Hayes eine Dreiteilung vor, die zwischen „flexible-focus texts", „fixed-topic texts" und „topic-elaboration texts" (Hayes 2012, S. 377) unterscheidet. Die Modelle beziehen sich alle auf das assoziative Schreiben, unterscheiden sich allerdings dahingehend, inwiefern diese Assoziationen scheinbar willkürlich sind, von einem Thema (topic) ausgehen und im Rahmen dessen neue Inhalte einbringen oder diese weiter strukturierend (z.B. durch Subthemen) ausbauen (vgl. Hayes 2012, S. 376ff.).

# 3 Zusammenführung der theoretischen Diskurse

Im Gegensatz zu den dargestellten linguistischen Ansätzen, die von verschiedenen Textbegriffsversionen ausgehen, herrscht in den Überlegungen zur Textproduktion ein prototypischer Textbegriff vor. Von diesem ausgehend werden Kompetenzen und Anforderungen definiert, die zu dessen Erreichung führen sollen. Vor diesem Hintergrund verwundert es kaum, dass es sich bei den Bildungsstandards um Maximalstandards handelt und, dass das Schreiben von Texten im Unterricht als potenzielle Hürde begriffen wird. Im Rahmen der Schreibkompetenzmodelle wird die Perspektive der Schreibenden und die individuelle Bedeutsamkeit des Schreibens nicht immer ausreichend beachtet. Anforderungen an Schreibaufgaben bleiben bei den Bildungsstandards weitestgehend unberücksichtigt. Insgesamt weisen sie ein hohes Anforderungsniveau auf und lassen sich schwer in zu fördernde Kompetenzen überführen (vgl. Weinhold 2014, S. 150).

Gleichzeitig existieren insbesondere in der Grundschuldidaktik Ansätze, die die Bedeutsamkeit sozialisatorischer, interaktiver und motivationaler Faktoren aufgreifen und sie in ihren Konzeptionen berücksichtigen. Hier scheinen die dargestellten sonderpädagogischen Ansätze anknüpfen zu können, da sie das Potenzial enthalten, die Perspektiven zu erweitern, indem sie in ihren Überlegungen zwischen dem Kommunikationsbedürfnis des Einzelnen und den Eigenschaften der Schriftlichkeit eine Passung herzustellen versuchen. Hierfür müssen Schrift, Text und die zur Erreichung von Schreibkompetenz notwendigen Teilkompetenzen analysiert werden, wie Thamm das für den Textbegriff semiotisch begründet vorlegt (vgl. Thamm 1995) und sich damit im Einklang mit aktuellen Ansätzen der Textlinguistik befindet. Diese Komplexität im Verein mit unterschiedlichen Abstraktionsstufen (bildlich – ikonisch – symbolisch) beinhaltet das Potenzial für Schüler*innen, einzelne Bereiche der Schreibkompetenz zu erlangen, die ihnen bei einem kategorischen Ausschluss verwehrt bleiben würden (vgl. Dönges 2015, S. 98).[77]

Allerdings stehen diese Ansätze in einer Tradition der Kategorisierung, der didaktisch-methodischen Orientierung auf eine bestimmte Gruppe, nämlich auf solche Kinder, die noch nicht schreiben können, oder Kinder mit einer sog. Behinderung.[78]

[77] Ansätze finden sich in dem Beispiel des Schreibkompetenzmodells von Fix bei Zielinski (2014, S. 116ff.).

[78] Vgl. die Titel der Publikationen zum erweiterten Lesebegriff: „Lesenlernen mit Geistigbehinderten" (Hublow & Wohlgehagen 1978), „Lesen und Schreiben lernen bei geistiger Behinderung" (Günthner 2013), oder zum erweiterten Textbegriff: „Texte verfassen mit geistig- und lernbehinderten Jugendlichen" (Thamm 1995)

Diese kategoriale Einteilung steht allerdings den Ansprüchen einer inklusiven Didaktik kontrapunktisch gegenüber.

Hieran will die vorliegende Studie anknüpfen, indem sie das Schreiben in einer heterogenen Lerngruppe thematisiert, die aus systematischen Gründen (jahrgangsgemischte Eingangsphase, (noch) keine stattgefundene Diagnostik) heterogen ist, ohne die Verschiedenheit von den einzelnen Schüler*innen zu beschreiben. Sie werden in ihrem Umgang mit kreativen Schreibanregungen beobachtet, wobei keine Differenzierungsmaßnahmen im Vorfeld getroffen wurden, da auch diese Einteilung einem inklusiven Ansatz widersprechen würde. Vielmehr soll es sich um Schreibanregungen handeln, die zum Teil Möglichkeiten einer „natürlichen Differenzierung" (Seitz 2012, S. 45), aber auch starke Strukturen bieten. Thematisch und methodisch werden Ansätze des kreativen Schreibens genutzt, da zum einen gerade das dem Kreativen innewohnende Durchbrechen der Normen Raum für Unbestimmtheit lässt und damit Möglichkeiten für den persönlichen Ausdruck eröffnet und damit auch unterschiedliche Orientierungen, Bedürfnisse, Interessen u.a.m. produktiv aufnehmen kann. Zum anderen wird im Rahmen dieser Ansätze die Bedeutung der Gruppe unter dem Begriff „literarische Geselligkeit" (Mattenklott 1979) betont und auch hier scheint es Anknüpfungsmöglichkeiten zu Ansätzen inklusiver Didaktik zu geben (insbesondere Seitz & Scheidt 2012).

Dabei bleiben notwendigerweise andere elementare Säulen der Inklusion unberücksichtigt, bspw. die „Vision einer inklusiven Gesellschaft" (Hinz 2014, S. 19) oder die Orientierung an der Bürgerrechtsbewegung (vgl. ebd.). Im Rahmen dieses Beitrags zu dem fachdidaktischen Diskurs um das Textschreiben in inklusionsorientierten Kontexten steht hier zunächst die Anerkennung und der produktive Umgang mit Heterogenität in der Auseinandersetzung mit kreativen Schreibanregungen im Fokus jenseits von Kategorisierungen und Feststellung von Förderbedarfen.

# III METHODOLOGIE UND DESIGN

## 4 Empirische Forschung in der Deutschdidaktik

Die empirische Forschung erfährt seit den 2000er Jahren und im Nachgang zur PISA-Studie eine größere Prominenz in der deutschdidaktischen Forschung wie Jan M. Boelmann und Kathrin Oedingen konstatieren (vgl. Boelmann & Oedingen 2016, S. 5). Für den Bereich der sprachdidaktischen Forschung kommen Jörg Jost und Michael Becker-Mrotzek jedoch zu dem Ergebnis, dass in den wenigen empirischen Forschungsprojekten, die in diesem Bereich existieren, sich aufgrund des Fehlens eines eigenen sprachdidaktischen Methodeninventars vor allem der Methoden der pädagogischen Psychologie angenommen werde (vgl. Jost & Becker-Mrotzek 2014, S. 442f.). Dabei sei die Anpassung dieser Methoden auf die eigenen Fragestellungen notwendig, was sich bspw. in Formen von Methodentriangulation zeige (vgl. ebd., S. 444). Dies gilt für die vorliegende Studie in besonderer Weise, da sie sich mit ihrem thematisch und methodologisch breiten Ansatz auch im Feld der deutschdidaktischen Forschung nicht einer einschlägigen Forschungsrichtung zuordnen lässt.

Große Prominenz im Rahmen der empirischen Deutschdidaktik besitzen kompetenzorientierte Zugänge. Aktuelle deutschdidaktische Forschungsprojekte widmen sich u.a. den Fragen der Entwicklung, Erfassung und Förderung von Kompetenzen im Bereich des Schreibens,[79] der Entwicklung kommunikativer Kompetenzen,[80] der Sprachförderung,[81] der Erfassung von Textqualität (Kürzinger & Pohlmann-Rother 2015), der Diagnostik von Leseproblemen (Valtin, Voss & Bos 2015), der Entwicklung von Testaufgaben,[82] der Entwicklung und Evaluation von Bildungsstandards,[83] der

[79] Z.B. das vom BMBF geförderte Projekt „Schreibkompetenz" der Forschergruppe um Joachim Grabowski; siehe: http://www.bmbf.schreibkompetenz.com/ [02.03.2016]; das Forschungsprojekt um Torsten Steinhoff: „Schreibförderung in der multilingualen Orientierungsstufe; siehe: http://www.simo.uni-bremen.de/default.aspx [02.03.2016]

[80] Z.B. das Projekt zur „Entwicklung pragmatisch-kommunikativer Kompetenzen von Kindern im Übergang vom Elementar- zum Primarbereich unter Berücksichtigung der Kommunikations- und Interaktionsangebote von pädagogischen Fachkräften im Kindergarten und der Grundschule (KoPra)" unter Leitung von Katrin Liebers und Maria Bergau; siehe: http://www.erzwiss.uni-leipzig.de/fakultaet/personen?view=proforschungsprojekt&id=119 [02.03.2016]

[81] Z.B. das Projekt zur „Evaluation der Sprachförderung im Fachunterricht der Sekundarstufe I" von Astrid Neumann; siehe: http://www.leuphana.de/universitaet/personen/astrid-neumann/forschung-projekte.html [02.03.2016]

[82] Z.B. das Projekt „Entwicklung von Testaufgaben zur Überprüfung und Implementation der Bildungsstandards im Fach Deutsch für die Sekundarstufe I (VERA 8 II) unter Leitung von Astrid Neumann; siehe: http://fox.leuphana.de/portal/de/projects/projects%2853e011a8-9b1d-4580-bf02-f5bdcba1bfee%29.html [02.03.2016]

[83] Vgl. die im Kontext des IQB veröffentlichten Publikationen; siehe: https://www.iqb.hu-berlin.de/research/research6/ [10.11.2020]

Förderung der Rechtschreibung (Kirchner & Neubauer 2015; Siekmann 2015) und der Erfassung und Entwicklung von schriftsprachlichen Fähigkeiten beim Übergang von Kita zur Grundschule.[84]

Mit der Erfassung, Förderung und Entwicklung von Kompetenzen ist allerdings in der Regel eine Diagnostik der Proband*innen bzw. ein Rating der Textprodukte verbunden, um ggf. den Erfolg einer Intervention darstellen zu können. Dagegen wurde sich im Rahmen dieser Studie bewusst für ein deskriptives Vorgehen entschieden, um der Frage nach den Handlungsmöglichkeiten und -zwängen, die sich infolge der Operationalisierung kreativer Schreibanlässe im Deutschunterricht ergeben, nachzugehen. Dabei geht es nicht um eine Erprobung oder gar Evaluation der Methode des kreativen Schreibens. Vielmehr wird hier der deskriptive Zugang gewählt, damit zunächst ein grundsätzliches Verständnis der Vorgänge in der unterrichtlichen Situation erlangt werden kann, um „den Sinnkonstitutionsprozessen der Praxis selbst nachzugehen und ihre Logik herauszuarbeiten" (Merl & Idel 2020, S. 105). Damit besitzt die vorliegende Studie für einen didaktischen Ansatz einen sehr breiten Zugang, weshalb sich auch methodisch an der qualitativen Sozialforschung orientiert wird, bspw. durch das Format der teilnehmenden Beobachtung, die aber mit der Analyse der Schüler*innentexte trianguliert wird.

Für ein derart offenes Vorgehen, das die Kriterien für die Analyse erst im Laufe des Forschungsprozesses entwickelt, existieren ebenfalls im Feld der Deutschdidaktik Beispiele. Zu nennen ist die Arbeit von Nicole Hinrichs, die sich mit der interaktiven Textproduktion von Studierenden beschäftigt. Ausgehend von der aus der Ethnomethodologie entwickelten Konversationsanalyse (vgl. Hinrichs 2014, S. 19) analysierte Hinrichs sieben Schreibinteraktionen von Studierenden beim Verfassen eines Bewerbungsschreibens. Die notwendigen Analysekriterien entwickelte sie aus dem Datenmaterial selbst (vgl. ebd., S. 4f.).

Des Weiteren ist in diesem Kontext die Arbeit von Alexandra Ritter über Lesarten von Bilderbüchern zu beachten, in der sie Gespräche von Grundschüler*innen über Bilderbücher analysierte. Zum einen wählte Ritter die Bilderbücher in Anlehnung an das ‚Theoretical Sampling' aus (vgl. A. Ritter 2014, S. 141f.), zum anderen wurden die Gespräche mithilfe einer Methodentriangulation von Grounded Theory und qualitativer Inhaltsanalyse kodiert, sodass sich die Kodierungen im Laufe des Forschungsprozesses weiterentwickelten (vgl. ebd., S. 146).

[84] Z.B. das Projekt „Förderung der Lern- und Bildungsprozesse von Kindern in der Schuleingangsphase" unter der Leitung von Petra Hanke und Anna Katharina Hein; siehe: https://www.hf.uni-koeln.de/33874 [02.10.2020]

Insofern stellt sich die empirische Forschung in der Deutschdidaktik als sehr heterogen dar, indem sie sich unterschiedlicher Methoden der empirischen Sozialforschung bedient und sich an Forschungstraditionen unterschiedlicher Disziplinen (bspw. Linguistik, Psychologie, Soziologie, Literaturwissenschaft) orientiert. Damit steht sie immer unter einem Rechtfertigungs- und Anpassungsdruck (vgl. Jost & Becker-Mrotzek 2014, S. 442; Boelmann & Oedingen 2016, S. 5). Da die qualitative Sozialforschung ein bedeutsames Repertoire methodologischer Ansätze und Verfahrensweisen aufweist, werden im Folgenden die für die vorliegende Studie bedeutsamen Prämissen qualitativer Sozialforschung nach Jan Kruse (2015) diskutiert.

# 5 Zum Forschungsdesign der Untersuchung

## 5.1 Prinzipien qualitativer Sozialforschung nach Kruse

Dabei stehen insbesondere die Erkenntnisprinzipien der qualitativen Sozialforschung im Zentrum der Argumentation, die Jan Kruse als „Säulen qualitativer Sozialforschung" (Kruse 2015, S. 59) bezeichnet: das Fremdverstehen, die Indexikalität und die Prozessualität.[85] Beim Fremdverstehen handele es sich um eine „soziale Konstruktionsleistung" (ebd., S. 68), die auf einem Vorverständnis des Beobachters beruhe, der annehme zu verstehen, was im Feld vor sich gehe. Dieses Vorgehen wird von Kruse als „hermeneutischer Zirkel" (ebd., S. 67) beschrieben.[86] Dabei werde den beobachtbaren Ereignissen eine „sinnhafte Plausibilität" unterstellt, was Kruse als „Verstehen erster Ordnung" (ebd., S. 60) bezeichnet. Als Prämisse für die vorliegende Analyse kann damit festgestellt werden, dass nichts als zufällig oder selbstverständlich von dem Forscher angenommen wird (vgl. Kruse 2015, S. 60; Strauss & Corbin 1996, S. 71). Vielmehr werde allem Beobachteten eine Bewusstheit und Sinnhaftigkeit unterstellt (vgl. Kruse 2015, S. 60), das vor dem eigenen Verständnishorizont des Beobachters analysiert werden müsse. Daher seien diese Beobachtungen allerdings auch störanfällig und müssten einer reflexiven Kontrolle unterliegen (vgl. ebd., S. 68). Für die vorliegende Studie folgt daraus, dass dem Handeln der Feldteilnehmer*innen grundsätzlich Plausibilität und Intentionalität zugeschrieben wird, die analytisch durchdrungen werden sollen. Dabei liegt der Beobachtungsfokus auf dem Umgang mit den Schreibanregungen, ohne jedoch andere Handlungen gänzlich aus dem Blick zu verlieren.

Das Prinzip der Indexikalität beziehe sich auf die situative und referentielle Kontextgebundenheit sprachlicher Ausdrücke. So könne die Bedeutung eines sprachlichen Ausdrucks „immer nur durch seinen situativen Zeichengebrauch im Kontext einer historisch gewachsenen bzw. lebendigen kommunikativen Szene verständlich [werden]" (ebd., S. 76; Einfügung S.Z.). Das zeige sich im Rahmen der „situativ-kontextuellen Dimension von Indexikalität" (ebd.). Der Vorzug qualitativer Verfahren liege damit in der Möglichkeit der Offenlegung der Indexikalität (vgl. ebd., S. 86). Auch wenn Kruse sich im Kontext von qualitativen Interviews auf sprachliche Daten bezieht, gilt

[85] Kruse führt hier noch das Prinzip der Kommunikation an, mit dem bezogen auf die Interviewforschung in der qualitativen Sozialforschung gemeint sei, dass „Interviewforschung ein vielschichtiger interaktiver Prozess komplexer Kommunikation ist, der reflektiert werden muss" (Kruse 2015, S. 43). Dieser Anspruch gilt ebenso für die in dieser Studie vorhandenen sprachlichen Interaktionen.

[86] Siehe auch Ziesmer (2011, S. 83ff.)

die Aufgabe der Offenlegung der Indexikalität auch für Daten, die aus der teilnehmenden Beobachtung gewonnen wurden (vgl. Geertz 1987, S. 24). Für diese Studie ist die Forderung nach der Offenlegung der Sinnbezüge von großer Wichtigkeit, um die Handlungen im Feld zu verstehen und den Umgang der Feldteilnehmer*innen mit kreativen Schreibanregungen zu beschreiben.

Die Säule der Prozessualität habe zum Ziel, „das eigene Relevanzsystem zu erweitern“ (Kruse 2015, S. 92f.). Um die für den Charakter der Prozesshaftigkeit obligatorischen Veränderungsmöglichkeiten zu gewährleisten, kann der Prozess nicht losgelöst betrachtet werden von dem Prinzip der Offenheit, das Kruse als einen von mehreren „Verfahrensgrundsätzen“ (ebd., S. 40) rekonstruktiver Sozialforschung bezeichnet. Mit ihm seien vor allem zwei Dinge hervorgehoben. Zum einen, dass der Forschende sein eigenes theoretisches Wissen zurückhalte bzw. reflexiv mit ihm umgehe. Zum anderen, dass er sich nicht voreilig auf eine Forschungsmethode stütze, sondern ihre Wahl von dem jeweiligen Forschungsgegenstand abhänge (vgl. ebd., S. 41). Dabei könne die Datenerhebung nicht losgelöst von dem bisherigen theoretischen Wissen stattfinden,[87] vielmehr diene es als eine Quelle, um zu erkennen, welche Daten von Bedeutung sind, und könne helfen, ihnen einen Sinn zu verleihen (vgl. ebd.). Hier kann man Parallelen zu den methodologischen Prinzipien der Grounded Theory sehen. Anselm Strauss und Juliet Corbin bezeichnen diese Art der Verknüpfung von Theorie und empirischen Daten als „theoretische Sensibilität“ (Strauss & Corbin 1996, S. 30.). Diese theoretischen Vorerfahrungen stellten allerdings keine überprüfbaren Hypothesen dar, stattdessen bildeten sie „forschungsleitende Annahmen, die [...] im Forschungsprozess als Erkenntnisheuristiken fungieren und den/die Forscher/in im Hinblick auf den dialektischen Prozess von theoriegeleiteter Wahrnehmung und induktiver Datenanalyse sensibilisierend anleiten [...]“ (Kruse 2015, S. 104; Auslassungen S.Z.). Diese Funktion übernimmt unter anderem die gelesene Forschungsliteratur, für deren Verwendung bei der Grounded Theory Strauss und Corbin fünf verschiedene Arten aufzeigen. Diejenigen, die in der vorliegenden Studie Anwendung finden, sind im Folgenden zitiert:

„Sie [die Forschungsliteratur] kann die theoriegeleitete Datenerhebung (theoretical sampling) leiten“ (Strauss & Corbin 1996, S. 35; Einfügung S.Z.). In der vorliegenden Studie wird der Umgang von Kindern und Lehrerinnen mit kreativen Schreibanregungen beobachtet. Das theoretische Wissen aus der Schreibprozessforschung dient als

[87] Ronald Hitzler bezeichnet diesen Konflikt mit der „Attitüde der künstlichen Dummheit“ (Hitzler 1986; zit. n. Kruse 2015, S. 105).

Ressource, die die Beobachtungen strukturiert. Daneben werden Beobachtungsschwerpunkte auch aus den vorigen Beobachtungen generiert (siehe unten).

Zur Rolle veröffentlichter Theorien im Forschungsprozess schreiben Strauss und Corbin: „Wenn man an der Erweiterung einer bereits vorhandenen Theorie interessiert ist, kann man mit der bestehenden Theorie beginnen und herauszufinden versuchen, wie diese auf neue und variierende Situationen zutrifft, die sich von der ursprünglichen unterscheiden" (ebd., S. 34). Dieser Aspekt betrifft eine der Grundfragen des Diskurses der inklusiven Deutschdidaktik, inwieweit der Anspruch der Inklusion an die Fachdidaktik Deutsch zu einer Neukonzeptionalisierung der Fachdidaktik führen muss oder inwiefern an bereits Vorhandenes angeschlossen werden kann.[88]

## 5.2 Methodologische Prinzipien der Grounded Theory

Das Vorgehen im Rahmen der vorliegenden Studie ist deskriptiv, indem die Erkenntnisse induktiv aus den Daten in Verknüpfung mit vorhandenen Theorien gewonnen werden, um sie vor dem Hintergrund der Ansprüche einer inklusiven Deutschdidaktik zu diskutieren. Mit der induktiven Datengewinnung verortet sich die vorliegende Studie im Kontext der Forschungsstrategie der Grounded Theory (vgl. Kruse 2015, S. 102). Die Grounded Theory verfolgt dabei das Ziel, die gemachten Beobachtungen in einem theoretischen Rahmen einzuordnen, der sich erst im Laufe der Untersuchung entwickelt (vgl. Strauss & Corbin 1996, S. 32). Dabei sollte die „Theorie in enger Verbindung mit den Daten entwickelt werden" (Strauss 1998, S. 31). Strauss erachtet u.a. das Theoretical Sampling und den stetigen Vergleich der Daten miteinander als wichtige Elemente der Grounded Theory (vgl. Strauss 1998, S. 30).

Nachdem der Ansatz der Grounded Theory in aller Kürze dargestellt wurde, wird nun die Forschungsstrategie im Untersuchungsfeld Schule expliziert.

## 5.3 Ethnographische Unterrichtsforschung

Im Bereich der interpretativen Unterrichtsforschung gibt es bereits seit mehr als dreißig Jahren eine verzweigte Forschungstradition, die sich verschiedenen unterrichtlichen und außerunterrichtlichen Situationen des Schüler*innenlebens widmet (z.B. Oswald & Krappmann 1988; Krappmann & Oswald 1995). Zu nennen ist hier

[88]Vgl. hierzu bspw. Hennies und Ritter, nach denen Inklusion zwar keinen völlig neuartigen Anspruch an die Deutschdidaktik stelle, die bisherigen Konzepte allerdings auch nicht hinreichend seien (vgl. Hennies & Ritter 2014b, S. 11). Demgegenüber stellt Bartnitzky fest: „Inklusive Deutschdidaktik liegt, zumindest für die Grundschule, in Begründung und Ausarbeitung vor" (Bartnitzky 2014a, S. 44).

bspw. der Ansatz der Ethnographie, deren disziplinäre Wurzeln in der Ethnologie und der Soziologie des beginnenden 20. Jahrhunderts liegen (vgl. Breidenstein et al. 2013, S. 13). In den 1970er Jahren brachte
Ewald Terhart den aus dem angloamerikanischen Raum stammenden Forschungsansatz der „ethnographische[n] Schulforschung' (Kalthoff 2014, S. 97; Einfügung S.Z.) in den methodischen Diskurs ein (vgl. ebd.). Dabei habe die Ethnographie im Kontext Schule vor allem spezifisch schulische Phänomene, wie z.B. die Bewertungspraxis und außerschulische Phänomene im Feld Schule, wie z.B. Peerkultur (vgl. ebd.) fokussiert. Deutlich wird dies auch anhand der Vielzahl von Forschungsarbeiten, die einen ethnographischen Zugang zum Feld Schule wählen, wie die „ethnographischen Studien zum Schülerjob" von Georg Breidenstein (2006), die ethnographischen Arbeiten zur Leistungsbewertung (Kalthoff 1996; Zaborowski, Meier & Breidenstein 2011), zum Geschlechteralltag in der Grundschulklasse (Breidenstein & Kelle 1998), die kameraethnographischen Arbeiten zur Individualisierung im Unterricht (Mohn & Breidenstein 2013) und der Herstellung von Differenz (Budde 2014).

Trotz der breiten Anwendbarkeit dieser Forschungsstrategie zeichnet sich die Ethnographie nach Breidenstein et al. durch folgende übergreifende Kennzeichen aus: Feldforschung, Versprachlichung des Sozialen, die Integration von Forschungsmethoden und den Forschungsgegenstand der sozialen Praktiken (vgl. Breidenstein et al. 2013, S. 31ff.).

Der Begriff der Praktik bezieht sich dabei auf Handlungen, denen ein implizites Wissen zugrunde gelegt wird (vgl. ebd., S. 33) und die unhinterfragt und unbemerkt vollzogen werden (vgl. Payne & Cuff 1984, S. 5). Die Aufgabe des Forschenden besteht George Payne und Ted Cuff zufolge „in exploring common sense knowledge to uncover its content, organization, and practical usages by members in society" (ebd.). Demzufolge eignet sich dieser Forschungsansatz auch nicht für eine Interventions- oder Evaluationsstudie, vielmehr habe er alltägliche Unterrichtspraktiken („ordinary teaching", ebd., S. 1) zum Thema, wie sie von den Teilnehmenden selbst verstanden und vollzogen werden. Hieran orientiert sich auch die vorliegende Studie, indem hier die flexible Eingangsphase einer Regelschule das Forschungsfeld bildet und versucht wird, Kinder und Lehrer*innen im alltäglichen Unterrichtshandeln so wenig wie möglich zu beeinflussen. Im Unterschied zu ‚klassischen' ethnographischen Forschungszugängen, wird der Forschende hier allerdings in die Konzeptionalisierung der Schreibanregungen mit einbezogen, vor allem als Impulsgeber und ‚Materialbeschaffer'. Die Operationalisierung des Konzepts für die Kinder und die eigentliche Durchführung des Unterrichts liegt in der Hand der Lehrerin, der Gegenstand bzw. das

Thema des Unterrichts werden allerdings in den Unterrichtsalltag importiert. Dabei handelt es sich hier um eine bestimmte Schreibform, die für die Schülerinnen und Schüler als Schreibanfänger*innen noch keine routinierte Tätigkeit – wie bspw. die Praktik des Meldens – darstellt, sondern Gegenstand des Unterrichts selbst ist. Gleichwohl existieren für das Schreiben bestimmte Algorithmen, die erschlossen werden können, stellenweise auch im Feld thematisiert werden und anhand dessen und auf Basis eigener Beobachtungen, ähnlich einer Praktik, beschrieben werden können. Es kann somit unterschieden werden zwischen Praktiken und Routinen des Feldes, die unabhängig von dem Schreibsetting sind und Handlungen, die sich in dem spezifischen Schreibsetting bspw. infolge der Operationalisierung des Schreibimpulses zeigen. Dabei sind die Übergänge fließend, bspw. stellt das „Verfügbarmachen des Wortmaterials" (Kohl 2005, S. 40) einen wichtigen Schritt in einem kreativen Schreibsetting dar und wird im Unterricht im Sitzkreis, der als Sozialform eine Praktik des Feldes darstellt, durchgeführt.

Das Kennzeichen der Feldforschung ist nach Breidenstein et al. insbesondere durch die Merkmale „sinnliche Unmittelbarkeit" und „Dauerhaftigkeit" (ebd., S. 33) gekennzeichnet, die schließlich nach Christian Lüders zu „entwickelten, vertrauensvollen Beziehungen und gelebter Teilnahme" führen (Lüders 2008, S. 392). Auf den Feldzugang in dieser Studie wird im weiteren Verlauf noch einmal genauer eingegangen werden.

Das Kennzeichen der Sprache stellt sich hier als etwas dar, das von Clifford Geertz als „dichte Beschreibung" bezeichnet wird (Geertz 1987). Er verdeutlicht es an der Beschreibung des ‚Zwinkerns', das gänzlich verschiedene Bedeutungen einnehmen kann (vgl. ebd., S. 24). So bildeten die aus den Beobachtungsprotokollen entstandenen dichten Beschreibungen keine Abbildungen der Wirklichkeit, sondern eine mögliche Interpretation des Geschehens, die die Leser*innen unmittelbar in das Geschehen hineinversetze (vgl. ebd., S. 26).

Die dargestellten Prämissen der qualitativen Sozialforschung liegen dieser Studie, die sich an der Forschungsperspektive der Ethnographie orientiert, zugrunde, ohne jedoch den Anspruch einer Ethnographie des Textschreibens in der Schule einzulösen. Stattdessen werden die Werkzeuge des ethnographischen Forschens auf eine didaktische Fragestellung übertragen, um einem bisher wenig erforschten Bereich mit der notwendigen Offenheit zu begegnen.

Zu den wenigen bisher vorhandenen Studien, die sich ethnographisch perspektiviert einer fachdidaktischen Fragestellung widmen, zählt die Studie von Jeanette Hoffmann, in der sie die Rezeption eines zeitgeschichtlichen Jugendromans „Malka Mai" von deutschen und polnischen Schüler*innen beschrieben hat (vgl. Hoffmann 2011, S. 133f.). Hierfür beobachtet sie den Unterricht aus „einer ethnographischen Perspektive" (ebd., S. 118). Die so gewonnen Daten wählte sie anhand „von *key incidents*, die anhand von analytischen Verfahren der *ethnographischen Gesprächsanalyse* und der *interpretativen Unterrichtsforschung* ausgewertet werden" (ebd., S. 123; Hervorhebung im Original) aus. Im Rahmen der vorliegenden Studie bilden die ‚key incidents' ebenfalls einen erfolgversprechenden Zugang. Die „Key Incident Analyse" stammt aus dem „Reconstructive Ethnographic Account Approach" (Kroon & Sturm 2002, S. 97). Dieser Ansatz ermögliche es laut den Autoren im Sinne einer ‚reduzierten' Ethnographie, besondere Aspekte kultureller Praktiken zu fokussieren (vgl. ebd.). Kroon und Sturm zitieren Wilcox, der ausführt, dass dieser Ansatz „involves the analysis of qualitative data, in which incidents or events have been recorded in extensive descriptive detail. Analysis of the data leads the researcher to focus on certain incidents as key incidents, or concrete instances of the working of abstract principles of social organization" (Wilcox 1980, S. 9; zit. n. Kroon & Sturm 2002, S. 98). Das Charakteristikum eines ‚key incidents' beschreiben Kroon und Sturm wie folgt: „[...] es ist eine reduzierte Repräsentation der Wirklichkeit, die einen Schlüssel zur Entschließung der Wirklichkeit und zum Gewinnen von Einsicht in Mikroprozesse, die anders unbemerkt bleiben würden, anbietet" (ebd., S. 110f.). Der ‚key indicent' müsse darüber hinaus von weiteren Methoden bestätigt werden (vgl. ebd., S. 111). Die Bedeutung liegt in der detaillierten Beschreibung der beobachteten Situation, die für die Analyse in der Art bedeutsam ist, dass sie entweder eine Schlüsselrolle einnimmt oder hilft, von dem konkreten Fall auf allgemeinere Prinzipien zu abstrahieren, was sich insbesondere für die Potenziale für einen inklusiven Deutschunterricht als gewinnbringend erweist.

Dabei zeigen die „key incidents" ein ähnliches Anforderungsprofil wie die von Breidenstein et al. dargestellten „analytische[n] Themen" (Breidenstein et al. 2013, S. 117; Einfügung S.Z.):

„Analytische Themen zeichnen sich ihrerseits durch eine doppelte Relevanz aus. Einerseits beinhalten sie inhaltliche Aussagen über empirisch beobachtbare Sinneinheiten (ein Feld, einen Fall, ein Beobachtungsprotokoll etc.). Andererseits handelt es sich um vom konkreten Handlungskontext des Feldes abstrahierende Aussagen, die den Anforderungen an wissenschaftliche Kommunikation in Form und Inhalt genügen müssen“ (ebd., S. 120). Damit sei die Anforderung an den Analyseprozess verbunden, „Daten, Themen und Argumente in kleinteiligen Sequenzen analytischer Arbeit zu einem tragfähigen Netz zu verknüpfen“ (ebd.). Für die vorliegende Arbeit bedeutet dieses Vorgehen, das Datenmaterial hinsichtlich der analytischen Themen zu untersuchen, deren Relevanz sich hinsichtlich ihrer Bedeutsamkeit für die Beantwortung der Fragestellung, der theoretischen Fundierbarkeit und der Art und Anzahl des Vorkommens im Material begründet. Da es sich bei dem Datenmaterial um Videoaufzeichnungen, Diktiergerätaufnahmen und Feldnotizen handelt, die zu Beobachtungsprotokollen transkribiert werden, existiert die Möglichkeit des erneuten Hineingehens in das Datenmaterial, um die Analyse zu verfeinern und ggf. zu erweitern. Somit werden die Interpretationen des Forschenden immer detaillierter und können mit anderen Szenen des Datenmaterials kontextualisiert werden, sodass daraus die analytischen Themen extrahiert werden können.

## 5.4 Fachdidaktische Forschung und Ethnographie

Dabei kommt es zur Verknüpfung fachdidaktischer Forschung mit einem ethnographischen Zugang zum Forschungsfeld und einem entsprechenden Umgang mit dem erhobenen Datenmaterial. Diese Verbindung lässt sich in der vorliegenden Studie aus dem Erkenntnisinteresse erklären, das nach den Potenzialen für einen inklusiven Deutschunterricht fragt – der Ermöglichung von Teilhabe einer heterogenen Lerngruppe an einem gemeinsamen Lernangebot – und hierbei den Bereich des Textschreibens fokussiert. Dieser Bereich ist, wie die anderen Lernbereiche, geprägt von dem Spannungsfeld zwischen der Individualität der Akteur*innen und den institutionalisierten Anforderungen der Schule, bspw. in Form von Normen, Kompetenzen, das in verschiedenen Formen des Textschreibens unterschiedlich ausgeformt wird. Die Textform des Diktates legt bspw. einen starken Schwerpunkt auf die Normierung und geht dabei in anderer Art und Weise auf die individuellen Voraussetzungen der Schüler*innen ein, da sie alle einen Text in der gleichen Form zu erstellen haben, als Formen des freien Schreibens. Umgekehrt ist – um ein vollkommen gegensätzliches Beispiel zu nennen – die Schüler*innenkorrespondenz in Form von kleinen Mittelungen stark individuell geprägt. Sie findet zwar während des Unterrichts statt, unterläuft jedoch ggf. das Unterrichtsgeschehen und steht nicht unter dem Normierungsaspekt wie andere Schriftstücke im Unterricht. Daher existieren im Unterricht ganz unterschiedliche Formate des Textschreibens. Im Rahmen dieser Studie gilt es zu fragen, inwiefern die Anschlussfähigkeit unterschiedlicher Textproduktionsformate für einen inklusiven Unterricht beschrieben werden kann. Verschiedentlich haben sich, wie schon gezeigt wurde, Didaktiker*innen mit diesem Spannungsfeld auseinandergesetzt.[89] Dabei beziehen sich diese Konzeptionen nicht ausschließlich auf das kreative Schreiben und lassen sich auf andere Formen des Textverfassens übertragen.

Die Gründe für die Übertragbarkeit der folgenden Prämissen auf weitere Kontexte außerhalb des kreativen Schreibens liegen in der konzeptionellen Anlage des kreativen Schreibens selbst, wie sie insbesondere von Spinner (2001), Kohl (2005), Kohl & Ritter (2010) und Ritter (2010) beschrieben worden sind. Hierbei handelt es sich um die für eine Didaktik des Textschreibens grundlegenden Prinzipien, da hier nicht mit der Variable Kreativität operiert wird.[90] Kaspar H. Spinner erachtet das kreative Schreiben als einen grundlegenden Weg in das Schreiben, dessen Merkmale als Leitlinie für den gesamten Schreibunterricht (vgl. Spinner 2001, S. 118) gelten könnten, die am ehesten mit den Merkmalen „,persönlicher Ausdruck', ,Entfaltung der Phantasie' sowie das ,Einbringen der ganzen Person'" (Winter 1998, S. 17) beschrieben werden könnten. Beim kreativen Schreiben scheint es aufgrund der konzeptionellen Gestaltung einige Anschlusspunkte an die Forderungen einer inklusiven Fachdidaktik zu geben. Dieser Ansatz scheint daher vielversprechend für die Untersuchung struktureller Eigenarten eines inklusiven Schreibunterrichts zu sein.

Anhand von folgenden Schwerpunkten soll diese Verknüpfung des kreativen Schreibens und einem inklusiven Deutschunterricht skizzenhaft beschrieben werden:

Zu nennen wäre der Umgang mit der Normierung, bspw. in Bezug auf Rechtschreibung und Textsortennormen. So beschreibt Kohls Schreibkompetenzbegriff die Orientierung an einer Norm als sekundäres Merkmal dieser Kompetenz, primär stehe der Aspekt der persönlichen Bedeutsamkeit im Fokus (vgl. Kohl 2005, S. 24). Damit befindet sie sich im Einklang mit Spinner, der in einem auf diese Art entstandenen Text nicht die Entsprechung von Aufsatznormen fokussiert, sondern, dass die Schreibenden in den Texten ihren persönlichen Ausdruck fänden (vgl. Spinner 2001, S. 121f.). Auch wenn Christensen und Dehn in ihrem Konzept die Literarität in den Fokus rücken, lassen sich hier, wie auch an anderer Stelle, Gemeinsamkeiten finden:

---

[89] Z.B. Dehn, Merklinger & Schüler 2011, Christensen und Dehn 2012a/b, Ritter 2010

[90] Spinner verwendet den Begriff noch umfassender, indem mit ihm jedes Schreiben bezeichnet werden könne, „das nicht in der Reproduktion von vorgegebenen Mustern besteht, sondern die eigene Gestaltungskraft der Schreibenden in Anspruch nimmt" (Spinner 1996, S. 82). Es gebe allerdings graduelle Unterschiede bzgl. des Ausmaßes der Kreativität (vgl. ebd.).

„Uns geht es darum, das Spektrum des Schreibunterrichts zu erweitern und den allen Kindern zugänglichen Bereich der Literarität einzubeziehen – als Anstoß für das eigene Schreiben, für die Erfahrung, etwas auf dem Papier artikulieren zu wollen und zu können und es anderen mitzuteilen: als Grundlage für sprachliche Bildung und auch für die oft mühsame Orientierung an den Normen" (Christensen & Dehn 2012a, S. 108). Die Norm des Schriftdeutschen wird in den Konzepten des kreativen Schreibens daher nicht negiert, aber sie wird im Verhältnis zu anderen Ansprüchen relativiert. Diese Prämisse gilt jedoch nicht als Primat für einen gesamten Schreibunterricht. Auch ein kurzer Blick in Schriftspracherwerbskonzepte (z.B. „Spracherfahrungsansatz" (Brügelmann 2000)) zeigt auf, dass auch ein Deutschunterricht, der das Schreiben eigener Texte als einen grundlegenden Zugang zum Schreiben erachtet, nicht ohne verbindliche ‚Rechtschreibphasen' auskommt. Für eine Studie, die nach den Potenzialen für einen inklusiven Unterricht fragt, erscheint es daher sinnvoll, sich an unterrichtlichen Settings zu orientieren, die in ihrer Anlage bereits die Individualität der Schüler*innen mitberücksichtigt. Eine Ethnographie des Textschreibens in der Schule würde auch diejenigen Szenen analysieren, in denen, wie bei einem Diktat, die Normen bspw. der Rechtschreibung ein Erfolgskriterium für das Schreiben bildeten. In diesem Punkt wäre Michael Krelle nur zuzustimmen, dass es kaum verwundere, dass die Anforderungen des Textschreibens gerade für Schreibanfänger*innen eine große Hürde darstellten (vgl. Krelle 2013, S. 53). Insofern berücksichtigt diese Studie vor allem Momente im Unterricht, die von ihrer konzeptionellen Anlage her bereits diese Hürde thematisieren.

Einen weiteren, für den inklusiven Kontext bedeutsamen Schwerpunkt stellt die individuelle Bedeutsamkeit dar, die nach den eigenen Konstruktionen der Schreibenden, nach deren Selbst- und Welterfahrungen fragt und für die Kinder das Schreiben und die „Schrift als eine Erweiterung ihrer Ausdrucksmöglichkeiten" (Dehn 1996, S. 12) betrachtet. Mit der Anerkennung des Schreibens als Konstruktion eigener Gedanken wird hier auf inhaltlicher Ebene die Grundlage eines Vielfalt willkommen heißenden Unterrichts gelegt. Dieses Prinzip wird beim kreativen Schreiben unter dem Prinzip der „Expression" (Spinner 1996, S. 82) subsumiert, das Spinner vor allem auf die persönliche Authentizität bezieht (vgl. ebd.).

Einen dritten Schwerpunkt, anhand dessen das Potenzial kreativer Schreibaufgaben verdeutlicht werden soll, stellt die Verwendung von Schreibimpulsen dar. Im Unterschied zum freien Schreiben werden beim kreativen Schreiben Impulse verwendet, die zum Schreiben anzuregen vermögen (vgl. Spinner 2001, S. 120.). Kohl spricht in Anlehnung an den Psychoanalytiker Donald Winnicott von „Übergangsobjekten"

(Kohl 2005, S. 29). Schreibimpulse schafften „einen sinnlich fassbaren, materialisierten Übergang zwischen Außen- und Innenwelt", damit konkretisierten sie „die Schwelle in den Raum der Imagination" (ebd.). Mit der Betonung der Sinne richtet sich der Schreibimpuls gegen eine Beschränkung auf die Kognition, stattdessen bildet die sinnliche Wahrnehmung eine wichtige Grundlage für das kreative Schreiben als Bestandteil einer ästhetischen Bildung (vgl. Gien 2002, S. 131f.). Es gehe hierbei nicht um kognitive Bereitstellung von Wortmaterial, viel eher um eine „Aktivierung der Imaginationskraft" (Spinner 2001, S. 119). Diese könne allerdings auch durch literarische Impulse, wie bspw. Bilderbücher erreicht werden. Ritter zeigt auf, wie der Umgang mit literarischen Textstrukturen zum „Entdecken von Sprache und zum Erschließen ihrer Strukturen" (Ritter 2014, S. 25f.) einladen kann. Somit erzeugten sie Anregungen, um sukzessive vom „intuitive[n] Sprachgefühl" zum „bewussten Sprachgebrauch" zu gelangen (ebd., S. 26; Einfügung S.Z.).

Schließlich zeigen bisherige Veröffentlichungen, die sich mit der inhaltlichen Ausgestaltung des Textschreibens in inklusiven Settings befassen, oftmals einen Bezug zu am kreativen Schreiben orientierten Verfahren:[91] Die bereits dargestellten Prinzipien für Schreibaufgaben im inklusiven Deutschunterricht wurden von Hennies und Ritter anhand des Textschreibens zu einem Bilderbuch verfasst (vgl. Hennies & Ritter 2014a). Gleiches gilt für das von Miriam Geldmacher dargestellte Schreibsetting zum „Schreiben in stark leistungsheterogenen Klassen" (Geldmacher 2014). Isabel Forstman (2014) und Franziska Warnecke (2014) beziehen sich in ihren Ausführungen zum Textschreiben im inklusiven Unterricht explizit auf die von Ritter und Kohl herausgegeben „Schreibszenarien". Christensen und Dehn gründen ihre Aussagen wiederum auf literarische Anregungen (Christensen & Dehn 2012a) und Gemälde als Impulse zum Schreiben (Christensen & Dehn 2012b), die dem dargestellten Charakter eines Schreibimpulses entsprechen. Zusammenfassend kann daher festgehalten werden, dass u.a. mit dem Blick auf Individualität, dem deskriptiven Zugang auf das Schreiben von Texten, der Beachtung der persönlichen Bedeutsamkeit und der Gemeinsamkeit im Sinne der „literarische[n] Geselligkeit" (Mattenklott 1979, Einfügung S.Z.) von der konzeptionellen Anlage einige Anknüpfungspunkte an die inklusiven Konzeptionen der gemeinsamen Lernsituationen (Wocken 1998), des gemeinsamen Lerngegenstands (Feuser 1989) und des Kerns der Sache (Seitz 2006) vorliegen.

Ziel dieser Studie ist es jedoch nicht, das kreative Schreiben hinsichtlich seiner Potenziale für einen inklusiven Deutschunterricht zu evaluieren. Das kreative Schreiben

[91] Dönges bezieht sich in seinem Beitrag zum Textschreiben im inklusiven Unterricht vor allem auf entwicklungsbezogene multimodale Aspekte des Textschreibens (vgl. Dönges 2015).

zeigt sich in viel zu unterschiedlichen Ausdrucksformen, als dass von *dem* kreativen Schreiben gesprochen werden könnte (vgl. Winter 1998, S. 17; Gien 2002, S. 131). Gleiches gilt für einen inklusiven Unterricht, dessen Versuche einer Beschreibung bspw. über die Charakterisierung der Schüler*innengruppen womöglich eher zeigen, was ein inklusiver Unterricht gerade nicht ist. Daher dient das kreative Schreiben in diesem ethnographisch orientierten Forschungsprojekt nicht als Methode, sondern als Rahmen, in dem das Textschreiben in heterogenen Gruppen beschrieben werden kann, da das kreative Schreiben von der konzeptionellen Anlage heraus anschlussfähig für eine inklusive Deutschdidaktik zu sein verspricht. Dabei ist die Frage der erfolgreichen Erfüllung der Schreibaufgabe eine, die im Feld beantwortet werden muss, da das forschungsmethodische Vorgehen rein deskriptiv ist.

## 5.5 Herleiten der Fragestellung

Wie die methodische Anlage der Arbeit steht auch deren Fragestellung im Spannungsfeld ethnographischer und fachdidaktischer Forschungsstrategien. Die Frage nach den Handlungsspielräumen und Handlungszwängen kreativer Schreibanregungen wird im Folgenden anhand der bisherigen theoretischen Ausführungen weiter ausdifferenziert, sodass sich für den Forschungsprozess weitere relevante Fragestellungen entwickeln. Diese Ausdifferenzierung stellt im Sinne der Grounded Theory ein Charakteristikum des gesamten Forschungsprozesses dar. Zunächst stellt sich hinsichtlich des Forschungsgegenstandes ‚Textschreiben' die Frage nach dem Verhältnis zwischen Prozess- (Schreiben) und Produktperspektive (Text). Die vorigen theoretischen Ausführungen zum kreativen Schreiben legen nahe, dass man auf der Prozessperspektive hinsichtlich folgender Dimensionen unterscheiden kann:

*Freiheit und Strukturierung*: Im Unterschied zum freien Schreiben besitzt das kreative Schreiben einen Schreibimpuls als ein konstitutives Moment, um das Geschichtenschreiben anzuregen. Gleichwohl bedeutet diese Form auch eine Auseinandersetzung mit einer Vorgabe, deren Verwendung im Schreibprozess darzustellen ein Anliegen der vorliegenden Studie ist.

Ein anderes Spannungsfeld stellen *Individualität und Gemeinsamkeit* dar. Dabei werden in den Konzeptionalisierungen des kreativen Schreibens gemeinsame Momente insbesondere in den vorbereitenden Textproduktionsphasen als auch während der Textpräsentation (z.B. „literarische Geselligkeit", Mattenklott 1979; Spinner 2001, S. 121f.) betont. Gleichwohl handelt es sich beim Schreiben eines Textes um einen individuellen Vorgang. Worin finden sich aber auch Gemeinsamkeiten und Unterschiede zwischen ihnen?

Ein drittes Spannungsfeld bilden die *Mündlichkeit und Schriftlichkeit*. Mündlichkeit tritt nicht nur während des Vorlesens der Texte im Rahmen der Präsentation, sondern auch während der gemeinsamen Momente der textvorbereitenden Phasen auf. Inwiefern stehen hier mündliche Äußerungen und schriftliche Produkte in einem Verhältnis zueinander?

Diese und andere Fragen leiten die vorliegende Studie und werden im Laufe des Forschungsprozesses konkretisiert, erweitert, verworfen oder ergänzt. Auf abstrakterer Ebene fragt die forschungsleitende Fragestellung daher nach dem Hineinwirken dieser verschiedenen Dimensionen in den Text und wie sich dieser konstituiert. Die Deskription des Textschreibens kann dabei nicht losgelöst von dem Unterricht betrachtet werden, in dem es stattfindet. Dabei ist in Anlehnung an Tanya Tyagunova und Georg Breidenstein, die die Praktiken der Teilnehmer*innen bei der Herstellung des sozialen Phänomens Unterricht thematisieren (Tyagunova & Breidenstein 2016, S. 78), zu fragen, wie in diesem sozialen Setting Unterricht Kriterien für Texte im sozialen Austausch erzeugt werden. Hierzu wird unterschieden zwischen diesen drei dargestellten Dimensionen nämlich der Anregung zum Schreiben, dem Schreibprozess und schließlich dem Schreibprodukt. Dabei wird die Produktperspektive hinsichtlich des Prozesses und der Anregung, weniger hinsichtlich der linguistischen Merkmale und normativen Vorgaben analysiert.

## 5.6 Untersuchungsanlage

Die Erhebungen für die vorliegende Arbeit wurden über mehrere Monate im Schuljahr 2013/14 in der flexiblen Eingangsphase einer Grundschule in Sachsen-Anhalt durchgeführt. Die Lerngruppe bestand aus 17 Schüler*innen, die zurzeit der Erhebung im ersten, zweiten und dritten Schulbesuchsjahr lernten. Es wurde bewusst im Vorfeld der Erhebung auf eine Diagnostik der Schüler*innen verzichtet, da die damit einhergehende Kategorisierung kontrapunktisch dem Grundgedanken der Inklusion gegenübersteht und eine Beschreibung der Lerngruppe, die ihrer tatsächlichen Vielfalt gerecht werden würde, an dieser Stelle nicht zu leisten ist. Die Lerngruppe wurde zeitweise im Zwei-Pädagog*innen-System unterrichtet, von den Lehrerinnen, die in dieser Studie Frau Schulz und Frau Meyer heißen sollen.[92] Die Teilnahme des Forschenden im Feld bestand zu Beginn aus kontinuierlicher ganztägiger Feldteilnahme und anschließend aus der Teilnahme an den zu beobachtenden Unterrichtsphasen, die aus je einem 90-minütigen Unterrichtsblock bestanden.

Der Forscher machte gegenüber der Lehrerin sein Erkenntnisinteresse, das nach den Umgangsweisen mit kreativen Schreibanregungen in einer heterogenen Lerngruppe fragt, transparent und stellte die Instrumente der Datenerhebung vor (Kamera, Diktiergeräte, Feldnotizen). Mit Frau Schulz wurden die durchzuführenden Schreibphasen besprochen, dabei bezogen sich die Impulse des Forschenden im Wesentlichen auf folgende Aspekte:

– ein gemeinsames Rahmenthema: „Ein neues Märchen für den König"
– Bestandteile des Schreibimpulses
– Bereitstellen von Materialien (z.B. Fingerpuppen)

Die detaillierte Planung und die anschließende Umsetzung oblag der Lehrerin. Die Involvierung des Forschers begründet sich zum einen in der Funktion als ‚Dienstleister', bspw. für das Bereitstellen von Materialien. Zum anderen konnte durch die Involvierung ein Bezug zu den publizierten Schreibanregungen hergestellt werden, die die Grundlage für die hier beschriebenen Impulse bildeten. In der Analyse steht allerdings nicht die möglichst genaue Umsetzung der Schreibanregungen im Fokus, sondern der Umgang der Akteur*innen mit ihnen. Auf die genauen Bestandteile des Impulses wird im Rahmen der jeweiligen Analyse eingegangen. Unbenommen davon bleibt, dass manche Impulse wie „Märchensalat" (Rodari 2008, S. 66), in denen Elemente aus unterschiedlichen Ursprungsmärchen miteinander verknüpft werden, Phasen gemeinsamer Textproduktion nahelegen und somit die Grenzen zwischen Schreibimpuls und verwendeter Sozialformen mitunter fließend sind.

## 5.7 Datenerhebung

Während der 90-minütigen Unterrichtsblöcke wurden die Daten mithilfe zweier Diktiergeräte und einer Videokamera aufgezeichnet. Die Kinder saßen im Sitzkreis vor der Tafel und gemeinsam an vier Tischen zu dritt, zu viert oder zu sechst. Auf zwei Tischen befand sich jeweils ein Diktiergerät, die Kameraperspektive wechselte zwischen einem weiten Fokus im Sitzkreis, um möglichst alle Kinder zu erfassen, und einer fokussierten Perspektive auf eine Tischgruppe während der Schreibphase, um

92 Die Namen der Lehrerinnen wie auch der Schüler*innen wurden verändert.

möglichst detaillierte Aufnahmen zu erhalten. Dabei bildeten die Daten der vorigen Erhebung im Rahmen dieser Studie die Grundlage für die Auswahl der jeweiligen Beobachtungsschwerpunkte. Darüber hinaus fertigte der Forscher während der Schreibphasen Feldnotizen an, um Daten aufzunehmen, die dem Blick der Kamera verborgen blieben, und interagierte als teilnehmender Beobachter mit den anderen Feldteilnehmer*innen. Im Anschluss an die Feldphasen wurden die drei Datenquellen (Video, Diktiergeräte, Feldnotizen) zu einem Protokoll verdichtet.

An dieser Stelle sollen nur wenige grundlegende Anmerkungen zur Transkription erfolgen.[93] Zunächst muss zwischen der Transkription der schriftlichen Kindertexte und der mündlichen Äußerungen unterschieden werden. Die Kindertexte werden je nach Erkenntnisinteresse buchstabengetreu oder orthographisch korrekt transkribiert. Das jeweilige Verfahren wird bei jeder Transkription angegeben.

Bei der Transkription der mündlichen Äußerungen wird auf die Darstellung von Lautstärke, Betonung, dialektaler Färbung u.Ä. verzichtet. Stattdessen werden mündliche Äußerungen den Normen des Schriftdeutschen gemäß transkribiert. Davon unbenommen werden typisch mündliche Verkürzungen (z.B. „'nen Hahn") allerdings auch in diesem konzeptionell mündlichen Duktus transkribiert.

Zu Beginn eines jeden Protokollauszugs findet sich die Angabe, aus welcher Erhebung der Auszug stammt, und eine Zeitangabe. Die Zeitangabe bezieht sich auf den Start der Aufnahme, die in der Regel mit dem Beginn der Stunde übereinstimmt. Mitunter betrug die Aufnahmedauer einer Doppelstunde mehr als 90 Minuten, da die Pause zwischen den beiden einzelnen Stunden als Unterrichtszeit genutzt wurde.

## 5.8 Datenauswertung

Bereits während der Datenerhebung wurde versucht, möglichst verschiedenartige Situationen zu beobachten, um eine vergleichende Analyse auf vertikaler Ebene vornehmen zu können (Textschreiben unterschiedlicher Kinder zu einem Impuls) und um Analysen auf horizontaler Ebene (Textschreiben eines Kindes zu verschiedenen Impulsen) zu ermöglichen. Im Zuge der Analyse der Protokolle, wurden sich wiederholende bzw. kontrastierende Fälle ermittelt. Anhand dieser Fälle erfolgte eine erneute Analyse des Datenmaterials und eine Verdichtung der Protokolle. Diese Fälle wurden zu analytischen Themen extrahiert, die die Struktur des empirischen Teils der Arbeit bestimmen.

[93] Das verwendete Transkriptionssystem wird im Anhang erläutert.

# IV EMPIRISCHE UNTERSUCHUNG

## 6 Die Konstruktion des Textes im Spannungsfeld von Mündlichkeit und Schriftlichkeit

Die bisherigen theoretisch-konzeptionellen Ausführungen verdeutlichen einerseits, dass die fachwissenschaftlichen Perspektiven auf den Gegenstand Text äußerst heterogen sind (vgl. Klemm 2002a).[94] Andererseits liegt in der Sprachdidaktik jedoch ein prototypischer Textbegriff vor, der den Text auf seine medial schriftliche Form reduziert und ihn als eine Hürde erscheinen lässt, bspw. aufgrund der Dekontextualisierungsfunktion der Schriftlichkeit, des Handelns in komplexen Textmustern und grammatischer und orthographischer Aspekte (vgl. Krelle 2013, S. 53).[95] Im schriftsprachbezogenen Diskurs der Sonderpädagogik existieren indes Ansätze, die das Kommunikationsbedürfnis der Produzent*innen fokussieren (Günthner 2013), um im Verein mit einer semiotisch orientierten Begründung von Textualität eine Zugänglichkeit zum Textschreiben für viele Kinder zu ermöglichen (Thamm 1995) und Hürden abzubauen. Versuche zur Berücksichtigung der großen Heterogenität der Schüler*innen zeigen wiederum die Ansätze in der grundschulorientierten Fachdidaktik, da sie ebenfalls den mündlichen Text in den Schreibprozess mit aufnehmen, allerdings vorrangig im Sinne einer Anschlusskommunikation (vgl. „literarische Geselligkeit" nach Mattenklott 1979) oder als schreibvorbereitende Maßnahmen, die das Wortmaterial im Sinne von „Wörterspaziergänge[n]" (Kohl 2007b, S. 4; Einfügung S.Z) bereitstellen, oder auf den Schreibprozess selbst bezogen durch einen Wechsel des Mediums in Form des diktierenden Schreibens (Merklinger 2011). Den Ansätzen ist gemein, dass als eigentlicher Text am Ende das schriftliche Produkt steht und es unter inklusionsorientierter Perspektive bei einer Unterscheidung bleibt zwischen Kindern, die schreiben können, und denjenigen, die hier noch Unterstützung benötigen.

Diese Unterscheidung scheint gerade in einer (neben anderen Differenzlinien von Heterogenität) besonders durch jahrgangsheterogene Lernentwicklungsdifferenzen geprägten Lerngruppe virulent zu sein. Daher fragt die folgende Analyse danach, wie das Phänomen Text im Unterricht erzeugt und operationalisiert wird.

94 Vgl. auch Teil II, Kap. 2.1: Textlinguistik und Semiotik
95 Vgl. auch Teil II, Kap. 2.3: Der Textbegriff aus didaktischer Perspektive

## 6.1 Der Text als Artefakt

Der folgende Protokollauszug stellt eine Szene aus der ersten Erhebung dar. Sie setzt nach dem Beenden des Schreibens und dem gemeinsamen Ansehen der Texte der Kinder ein, bevor die Texte im gesamten Plenum thematisiert werden. Zur Unterscheidung von feldspezifischen Praktiken und importierten Handlungen, die sich auf das Konzept des kreativen Schreibens beziehen, sei an dieser Stelle erwähnt, dass in der Literatur der Textpräsentation eine wichtige Bedeutung zugemessen wird (vgl. Kohl & Ritter 2010, S. 16f.); das gemeinsame Ansehen der Texte stellt allerdings eine feldspezifische Praktik dar.

1. Erhebung, 83. Minute
Die Kinder setzen sich wieder auf ihre Plätze. Die Lehrerin steht neben ihrem Tisch. „So, du hast dir die Arbeiten der Kinder angesehen. Ich freue mich, dass es fleißige Vorleser gab. Ja? Ganz spontan standen da einige Kinder drumherum und haben aufmerksam zugehört. Freu' ich mich, dass das so geklappt hat. Jetzt bin ich natürlich gespannt, welche Arbeiten euch besonders gut gefallen haben bzw. bei wem du vielleicht noch ganz schön neugierig bist" Dabei legt sie den Zeigefinger an das Kinn. Einige Kinder melden sich. „und noch mehr erfahren möchtest. Ich hab da auch schon jemanden im Blick, da will ich unbedingt wissen, was da passiert. Sag uns, wer soll präsentieren. Nele." Nele: „Ähm." Lehrerin: „Und warum?" Nele: „Phillip, weil ich da nicht lesen kann, bei Erik dasselbe." [...][96]

In diesem Ausschnitt, in dem das „Präsentieren" der „Arbeiten" eingeleitet wird, wird nicht von den Texten der Kinder gesprochen, sondern von deren „Arbeiten". Zum einen wird mit dem Arbeitsbegriff angezeigt, dass es sich hierbei nicht nur um Lösungen von Aufgaben handelt, die ihren Wert ausschließlich in der Erfüllung jener Aufgabe besitzen. Vielmehr haben die Arbeiten der Kinder zunächst einen Wert an sich.[97] Die Unterscheidung scheint darüber hinaus notwendig, da im Sinne eines prototypischen Textbegriffs der Text sich nur auf die Alphabetschrift (vgl. Janich 2002, S. 78)[98] bezieht und so die Zeichnungen der Kinder außer Acht lassen würde. So

[96] Eine ausführliche Analyse dieses Auszugs findet sich in Zielinski (2018a).

[97] Für die Rekonstruktion des Aufgabenbezugs siehe Teil IV, Kap. 7: Rückmeldungen im Rahmen der Präsentation.

[98] Den Vorteil, den der „prototypisch verstandene Textbegriff" nach Janich (2002, S. 81) jedoch besitzt, findet hier in anderer Form Verwendung: „Der traditionelle, ‚nur' prototypisch verstandene Textbegriff könnte allerdings durchaus bei seiner Anwendung auf konkrete Textformen oder in der Diskussion mit verschiedenen Lesarten der Produzenten und vor allem der Rezipienten kontrastiert werden, um über das, was Texte inhaltlich repräsentieren, eine verschiedene Perspektiven berücksichtigende Einsicht zu erhalten" (ebd.). In der Kontrastierung dessen, was von den Feldteilnehmer*innen jenseits des prototypisch verstandenen Textbegriffs als Text konstruiert wird und wie diese begründet werden, werden neue Perspektiven auf das Phänomen Text im Sinne einer sozialen Konstruktion generiert.

spricht die Lehrerin auch nicht von Lesen, sondern von „ansehen“. Zum anderen geht die Form des Präsentierens auch mit Tätigkeiten wie „nach vorn gehen“,[99] „applaudieren“[100] u.a.m. einher. Die Präsentierende scheint identisch mit der Urheber*in der Arbeit zu sein, da nicht mehr geklärt werden muss, wer wessen Arbeit präsentieren soll, sondern nur, wer überhaupt präsentiert. Damit wird auf ein wesentliches Kriterium des Textes, die Dekontextualisierung, verzichtet. Der Text entwickelt seine kommunikative Wirkung stattdessen nur im Beisein der Urheber*in.

Im Anschluss daran thematisiert die Lehrerin dann doch einen prototypischen Text, indem sie „so fleißige Vorleser“ erwähnt. Hier scheint diese Verknüpfung von Vorlesenden und Urheberschaft nicht so zwingend zu sein. Dem Wort „Vorleser“ ist bereits die Unterscheidung in Leser*in und Nichtleser*in inhärent. Auch wenn diese Trennung unabhängig von der Fähigkeit zu lesen erfolgen kann, wenn bspw. viele Kinder den Inhalt eines Textes erfahren wollen und ihn aufgrund der großen Entfernung nicht lesen können, existiert nun eine Trennung zwischen „vorlesen“ und „ansehen“. Für die weitere Analyse wird daher all das, was die Kinder zu Papier gebracht haben, als „Artefakt“ bezeichnet, unabhängig von dessen Schriftförmigkeit, und nur das gilt als Text, was eine kommunikative Funktion besitzt.

*Für den Umgang mit dem Phänomen Text zeigt sich hier eine Trennung zwischen einem prototypischen Textbegriff, der sich auf die Schriftlichkeit bezieht und entsprechend vorgelesen wird und unabhängig von seinem Produzenten als kommunikative Einheit existiert und einem erweiterten Textbegriff, im Sinne einer Arbeit, der nicht unabhängig von dem Produzenten als Kommunikationsmittel existiert, entsprechend präsentiert und von anderen angesehen wird.*

[99] Vgl. Teil IV, Kap. 7.2: Funktionen des Präsentierens, erste Erhebung
[100] Vgl. Teil IV, Kap. 7.2: Funktionen des Präsentierens, erste Erhebung

## 6.2 Zum Unterschied von Präsentieren und Vorlesen

Inwieweit zwischen dem Präsentieren eines Artefaktes und dem Vorlesen eines Textes neben der Autor*innenschaft noch weitere Unterschiede existieren, wird im Folgenden thematisiert. Während der ersten Erhebung nannte Nele Erik auf die Frage „Wer soll präsentieren" und begründete ihre Entscheidung damit, dass sie das Artefakt nicht lesen konnte. Der folgende Protokollauszug aus derselben Erhebung stellt nun Eriks Textpräsentation dar.[101]

1. Erhebung, 90. Minute
Erik blickt in die Klasse, dann in seinen Text und beginnt: „Es war einmal ein Tafelkönig. Der hat an sein [Handy] gespielt. Dann hat einer geklopft an der Tür. Und da hat er aufgemacht. Es war ein ein Hahn. Er hat gesagt, komm rein. Du frierst bestimmt. Haben sie sich gleich 'nen Kaffee gemacht. Dann sind sie in Urlaub gefahren, dann haben sie erstmal Sachen ausgepackt. Dann morgen früh haben sie, sind sie, sind sie ins Schwimmbad gegangen. Dann zehnmal gerutscht. Dann sind sie nach Hause gegangen und dann haben sie sich noch Sachen gekauft, für 4,90 Euro. Zu Ende." Erik hält das Papier vor das Gesicht, er guckt darüber und verzieht etwas das Gesicht. Die Lehrerin scheint erstaunt zu sein und fragt: „Ende?" Erik jetzt bestimmter: „Ja." Lehrerin: „Oh" und beginnt zu klatschen. Die Kinder klatschen mit. Auch hier bietet Frau Schulz die Möglichkeit, Fragen zu stellen. Erik nimmt Johannes dran. Er scheint sich gemeldet zu haben. Johannes sagt: „Also, ich hab mir deine Geschichte angeguckt. Also, ich fand, du hast gut probiert zu schreiben. Man konnte auch 'nen bisschen was lesen und ähm ja." Das bleibt unkommentiert im Raum stehen. Erik fragt direkt danach, ob jemand noch eine Frage habe. Jetzt meldet sich auch die Lehrerin, die inzwischen wieder aufgestanden ist, aber immer noch an ihrem Tisch steht. Erik: „Frau Schulz?" Frau Schulz: „Wie geht denn dein Märchen zu Ende? Was machen die denn dann noch? Bleiben die noch im Urlaub oder fahren die wieder nach Hause, oder?" Erik: „Fahren nach Hause." Henriette bringt sich ohne eine Markierung eines Beitragswunsches (z.B. durch Melden) in das Gespräch ein: „Das hat er doch erzählt, dass sie da noch Sachen zu Hause gekauft haben." Die Lehrerin schaut ungläubig. Erik: „Die sind einkaufen gegangen." Johannes: „Im Urlaub." Lehrerin: „Im Urlaub sind die einkaufen gegangen." Erik: „Ja." Ein Kind, vielleicht Sandra, sagt „Und dann sind sie nach Hause gefahren." Lehrerin: „Das hat er aber nicht gesagt."

[101]Eine ausführliche Analyse dieses Auszugs findet sich in Zielinski (2018a).

Sandra: „Er hat vor dem Einkaufen gesagt, dann sind sie nach Hause gegangen und dann sind sie einkaufen gegangen.“ Lehrerin: „Echt?“ Einige Kinder „Ja.“ Lehrerin: „Ja, dann muss ich besser zuhören.“

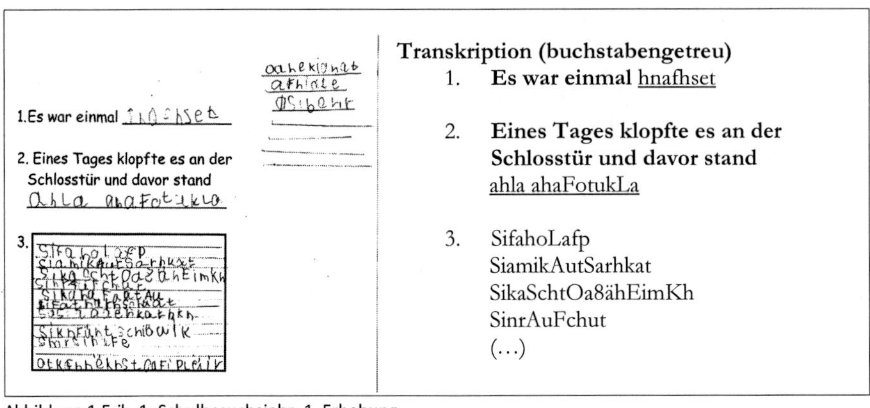


Abbildung 1 Erik, 1. Schulbesuchsjahr, 1. Erhebung

Erik rekodiert nicht wirklich das schriftliche Artefakt in mündliche Sprache, zu groß sind die Unterschiede zwischen mündlichem und schriftlichem Text, als dass tatsächlich vom Lesen als lautsprachlicher Realisierung schriftsprachlicher Zeichen die Rede sein könnte. So ist Eriks Schreibprodukt auch für geübte Leser*innen schwer entzifferbar. Dennoch zeigt der Vergleich zwischen mündlichem Text und schriftlichem Artefakt, dass Gemeinsamkeiten auf Laut- bzw. Buchstabenebene existieren, z.B. in Zeile 1: <af> , im mündlichen Text ist von „Tafelkönig“ die Rede, unter Punkt 2 lässt sich die Buchstabenverbindung <ha> ausmachen, die evtl. einen Bezug zum „Hahn“ darstellen könnte und auch im dritten Abschnitt lassen sich Buchstabenverbindungen wie <Sifa>, das an „Sie fahren“ erinnert, was in Eriks mündlichem Text vorkommt, allerdings kontextualisiert und im Perfekt „sind sie in Urlaub gefahren“. Außerdem lassen die Verbindungen <Eimkh> und <AuF> an das erwähnte „Einkaufen“ denken. Offenkundig sind jedoch die Unterschiede, die zeigen, dass Eriks medial mündlicher Text nicht kongruent mit dem medial schriftlichen Pendant ist. Eriks medial schriftliche und mündliche Textproduktion stehen in einem engen Zusammenhang. Wollte man das Schreiben in ein Entwicklungsmodell einordnen, ließe sich hier eine beginnende phonetische Verschriftung erkennen, die an ‚Skelettschreibungen‘ (Valtin 1997, S. 83) erinnern (vgl. Zielinski & Ritter 2016a, S. 267). Renate Valtin beschreibt in ihrem Stufenmodell zum Schriftspracherwerb, dass Kinder, die gerade die Skelettschrift realisieren können, anfangen, eine Einsicht in die Laut-Buchstaben-Beziehung zu gewinnen. Diese Einsichten führten beim Lesen zu einem „Benennen von

Lautelementen“ (Valtin 1997, S. 82), wobei sich häufig am Anfangsbuchstaben und Sinnzusammenhang orientiert würde. Es sei allerdings weitgehend ungeklärt, ob sich Lesen und Schreiben derart parallel entwickelten (vgl. ebd., S. 82f.).

Das Gespräch über den Text wird allerdings retrospektiv ausschließlich vom mündlichen Text ausgehend geführt. Die Nachfrage der Lehrerin „Wie geht denn dein Märchen zu Ende?“ stellt zum einen Eriks Selbsteinschätzung, die Textproduktion abgeschlossen zu haben, in Frage und bietet zum anderen die Möglichkeit, den Text im Medium des Mündlichen zu erweitern (vgl. Zielinski 2018a, S. 131). Dabei orientiert sich Frau Schulz an der Erfüllung der Aufgabe, da sie auf den Abschluss der Geschichte verweist und für dessen Operationalisierung Handlungsalternativen aufzeigt („Bleiben die noch im Urlaub oder fahren die wieder nach Hause?“). Erik übernimmt die Formulierung „Fahren nach Hause“. Nun interveniert Henriette, die darauf verweist, dass die Protagonisten schon wieder zu Hause seien. Es existieren also zwei unterschiedliche Bedeutungen des Begriffs ‚zu Hause‘: im weiteren Sinne ein Zuhause im Urlaub (Johannes, Frau Schulz) und im engeren Sinne als die Unterscheidung von ‚gehen‘ und ‚fahren‘. Weder die Lehrerin noch Johannes, Henriette oder Erik selbst geben eine Begründung für die jeweilige Deutung. Vielmehr scheint sich Erik Frau Schulz‘ Deutung anzuschließen. Sandra ist es schließlich, die die Formulierung „nach Hause gefahren“ nutzt. Sie ändert sie dann allerdings wieder zu „gegangen“. Damit einher geht auch eine Änderung der Handlungsreihenfolge, da Sandra „nach Hause gefahren“ nach dem „Einkaufen“ platziert. Auch diese Änderung bleibt verdeckt, stattdessen bleiben beide Deutungsmöglichkeiten bzgl. des Textendes bestehen. Die Flüchtigkeit des Mündlichen wird hier Eriks „Komplizin“ und gleichzeitig zur „Gegenspielerin“ (Zielinski 2018a, S. 133). Da der hier besprochene Text der medial mündliche ist, auch wenn sich rudimentäre Formen in dem schriftlichen Pendant wiederfinden, werden die Unterschiede zwischen dem abgeschlossenen (schriftlichen) Artefakt und dem performativen (mündlichen) Text aufgeweicht. Im Gegensatz zum Vorlesen eines Textes ist beim Präsentieren verhältnismäßig viel Spielraum vorhanden, den Text den situativen Bedingungen anzupassen. Erik nutzt diesen, um flexibel auf die Nachfragen der Lehrerin zu reagieren. Gleichwohl vergrößert die Mündlichkeit auch die Komplexität der Textproduktion. Erik muss sich bspw. situativ für ein Ende entscheiden und kann das Fehlen nicht aus systemischen Faktoren wie dem Ablauf der Schreibzeit begründen (vgl. Zielinski 2018a, S. 133). Auch für die Zuhörer*innen erfordert die mündliche Textrezeption ein hohes Maß an Aufmerksamkeit. In der Flüchtigkeit des Mündlichen wird der Unterschied zwischen ‚fahren‘ und ‚gehen‘ aufgrund der Fokussierung von ‚nach Hause‘ von vielen scheinbar nicht wahrgenommen. Ebenso lässt sich die Position im mündlichen Text anders als in der Schriftlichkeit nicht mehr genau bestimmen (siehe Sandra: „Und *dann* sind sie nach Hause gefahren.“ (Hervorhebung S.Z.)). Somit bietet das Medium der Mündlichkeit ein höheres Maß sowohl an Flexibilität als auch an Komplexität für Produzent*innen als auch Rezipient*innen.

*Die Präsentation bildet die mündliche Darstellung des Ergebnisses einer eigenen Handlung (hier: einen Text zu schreiben). Dabei ermöglicht es die mediale Mündlichkeit dem Textproduzenten, das Ergebnis im gemeinsamen Gespräch noch weiter zu entwickeln und führt gleichwohl zu einer Vergrößerung der Komplexität. Demgegenüber suggeriert die Performanz des Vorlesens eine weitestgehende Entsprechung des schriftlichen und mündlichen Textes.*

## 6.3 Verstetigung des mündlichen Textes auf Basis des schriftlichen Artefakts – Zwei Beispiele

### 6.3.1 Eriks Text

Ähnliches zeigt sich auch in einer anderen Schreibsituation[102] während der vierten Erhebung, in der die Kinder die Aufgabe hatten, in Anlehnung an Gianni Rodaris Schreibanregung „Rotkäppchen im Hubschrauber“ (Rodari 2008) in einem Märchen einen genreuntypischen Gegenstand zu kontextualisieren. In dieser Erhebung bezogen sich die Kinder allerdings nicht auf ein konkretes Märchen. Erik hatte als Gegenstand ein Fahrrad erhalten und nahm im weiteren Verlauf der Stunde noch einen Hasen und eine Maus als Miniaturgegenstände.

[102] Eine ausführliche Besprechung dieses Beispiels findet sich in Zielinski/Ritter 2016a, S. 256ff. und Naugk et al. 2016, S. 131ff.

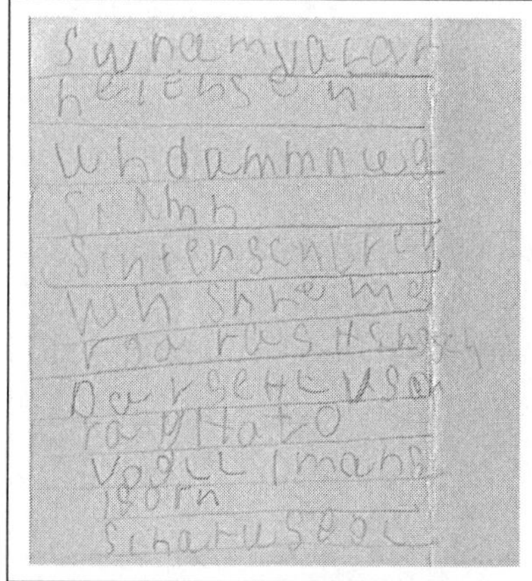

**Transkription (buchstabengetreu)**
S w na mualar
h ei E hs e n
U n d ammnus
Si amh
Sint en scnlrer
un Shreme
rga ra S H S h gsch
Da r SeHt U Sch
ra gitato
VogLL Imans
ISOrn
Si haruS e g L

Abbildung 2 Erik, 1. Schulbesuchsjahr, 4. Erhebung (Auszug)

Jedoch ist auch in diesem Fall das schriftliche Artefakt aus sich heraus nicht lesbar. Erik hatte allerdings auch hier seinen Text vorgetragen, sodass sich in diesem Fall erneut auf den mündlichen Text zurückgreifen lässt. Daher und aus dem geschilderten Kontextwissen lässt sich für den ersten Satz <S wna mualar> relativ sicher feststellen, dass dessen konventionelle Schreibung „Es war einmal“ lautet. Für die zweite Zeile lässt sich somit erschließen „ein Hase und eine Maus“. In dieser Erhebungssituation wurde Erik indes nicht nur einmal, sondern dreimal gebeten, seinen Text vorzulesen bzw. zu erzählen, zweimal (zu unterschiedlichen Zeitpunkten) während des Schreibprozesses von der Lehrerin und dem teilnehmenden Beobachter und einmal am Ende während der Präsentationsphase von seinen Mitschüler*innen. So können nun drei mündliche Textversionen miteinander verglichen werden.

Für eine bessere Vergleichbarkeit wurden die Aussagen in Sinnabschnitte gegliedert und mit verschiedenen Schriftarten untereinander notiert. Auch hier fällt die große Übereinstimmung der Sinneinheiten auf; was überraschend ist, angesichts der Tatsache, dass auch hier mit Blick auf das medial schriftliche Artefakt nicht einfach von einem Dekodiervorgang auszugehen ist. Gleiches gilt jedoch hier auch für die Reihenfolge. Allerdings zeigt sich ebenso der assoziative Charakter:

4. Erhebung

1 *Es war einmal vor langer langer Zeit eine Hase und eine Maus.*
1 Es war einmal ein Hase und eine Maus.
1 Es war einmal ein ein Hase und ein König.

2 *Und die haben ein Fahrrad gefunden und die sind Fahrrad gefahren.*
2 Sie haben ein Fahrrad gefunden. Sie sind Fahrrad gefahren.
2 Sie haben ein Fahrrad gefunden. Sie haben Fahrrad gefahren.

3 *Und sind dann in eine Schlucht gefallen?*
3 Sie sind in eine Schlucht gefahren?
3 Sie sind in der Schlucht gefallen.

4 *Und der Hase ist wieder hochgekommen.*
4 Und der Hase ist wieder raufgekommen?
4 Der Hase ist raufgekommen.

5 *Und dann hat der Hase Verstärkung geholt? Verstärkung geholt? Den Vogel? Der hat die Maus wieder hochgeholt?*
5 Und danach_und der Hase hat Verstärkung geholt von dem Vogel? Vogel hat die Maus wieder hochgeholt.
5 Der Hase hat Verstärkung geholt, den Vogel hat der Maus geholfen.

6 *Danach sind sie nach Hause gegangen. Bei dem Rückweg haben sie ein Fahrrad gefunden und das haben die dann dem Papa geschenkt.*
6 Und dann haben sie 'nen Fahrrad gefunden und sind nach Hause gegangen und haben das Papa geschenkt. Haben sie das Fahrrad Papa geschenkt.
6 Sie sind sie sind beim Rückweg nach Hause gegangen. Sie haben beim Rückweg ein ein Fahrrad gefunden. Sie haben das ihrem Papa geschenkt.

Wie auch in der vorigen Szene findet hier kein direktes Vorlesen als Übersetzung des medial Schriftlichen in gesprochene Sprache statt. Dennoch agiert Erik als Leser, indem er seinen Text flüssig und im Duktus des Vorlesens vorträgt. Habituell orientiert er sich an seiner Textvorlage, was den angeführten Vergleich von schriftlicher und mündlicher Variante nahelegt. Dennoch zeigen seine mündlichen Textvarianten eine sprachlich-textuelle Qualität, die über das Geschriebene deutlich hinausreicht. Damit gilt der mündliche als der zu beschreibende Text und, bezogen auf die Medialität, wird die Aufgabe, einen Text zu präsentieren, vergleichbar mit der Aufgabe, eine Geschichte zu erzählen. Um nun die Substanz von Eriks Erzählung genauer untersuchen zu können, beziehe ich mich im Folgenden auf die von Tabea Becker in Anlehnung an Uta M. Quasthoff (1980) beschriebenen Anforderungen für die Gestaltung einer (mündlichen) Geschichte, die im Sinne des interaktiven Ansatzes von Produzenten und/oder Rezipienten erfüllt werden müssen, um den strukturellen Ansprüchen an eine Erzählung gerecht zu werden (vgl. Becker 2013, S. 44).

Die erste Anforderung beziehe sich auf die „Darstellung von Inhalts- und/oder Formrelevanz", d.h., die Geschichte müsse sich in den Gesprächsverlauf einpassen und situationsadäquat sein (vgl. ebd.). Mit der zweiten Anforderung, dem „Thematisieren" sei gemeint: „Eine bestimmte Erzählung wird konkret im Diskurs erwartbar gemacht, so daß ein Zugzwang seitens des Erzählers entsteht" (ebd., S. 44). Dieser werde mit der dritten Anforderung, dem „Elaborieren/Dramatisieren" erfüllt, „indem die Erzählung thematisch entfaltet wird" (ebd.). Schließlich müsse die Erzählung beendet („4. Abschließen") und wieder in das Gespräch übergeleitet werden („5. Überleiten") (ebd.).

Auf der Ebene der ‚Relevanz' wird Erik gebeten, seinen Text vorzulesen bzw. zu erzählen. Damit ist zum einen deutlich, dass Erik nun das alleinige Rederecht hat, es entsteht also eine dominant monologische Sprechsituation. Zum anderen ist auf der Ebene, die sich auf das „Thematisieren". bezieht, ebenso offensichtlich, dass der von ihm geschriebene Text fokussiert wird. An dieser Stelle soll nun stärker der Blick darauf gerichtet werden, wie Erik den Vollzug des „Elaborierens und Dramatisierens" gestaltet. Dabei kann ergänzend auf ein weiteres Modell von Quasthoff zurückgegriffen werden, das Sören Ohlhus beschreibt: Hier werden als drei Anforderungsbereiche, die eine Erzählung konstituieren, „Kontextualisierung" (ähnlich der „Darstellung der Inhalts- und/oder Formrelevanz"), „Vertextung" und „Markierung" (Ohlhus 2013, S. 184) genannt. Die Vertextung beziehe sich auf die Anlage des Textkonzeptes. Im Vergleich zu Eriks Geschichte aus der ersten Erhebung, enthält die Erzählung aus der vierten Erhebung eine ausgeprägtere Geschichtenstruktur, in der der von Ohlhus thematisierte „Planbruch" (ebd., S. 186) mit dem Fall in die Schlucht erkennbar wird:

- „Exposition: Es war einmal
- Eintritt der Notsituation: Fall in die Schlucht
- Lösung des Konfliktes: Der Hase hat Verstärkung geholt
- (vorläufiger) Abschluss: Sie sind nach Hause gegangen." (Naugk et al. 2016, S. 133)

Auf dieser Ebene fallen auch die deutlichen Übereinstimmungen in den drei Textvarianten auf, sodass es bzgl. des Textaufbaus keinerlei Unterschiede gibt. Auf der Ebene der Markierung, die das Ausformulieren der Geschichte betrifft, lassen sich ebenfalls deutliche Ähnlichkeiten finden. Im Gegensatz zur vorigen Geschichte von Erik, in der die Position einzelner Elemente in der Geschichte noch austauschbar zu sein schienen, wird hier ein stringenteres Vorgehen erkennbar. Als einziger gravierender Unterschied ist jedoch festzuhalten, dass ein neuer Protagonist in der dritten Textversion eingeführt wird. Hier scheint eine Kontextinformation von Bedeutung: Die Kinder bestimmen, wer sein Produkt der Lerngruppe vorstellt. Mitunter fragt Frau Schulz aber nicht die Kinder selbst, sondern spricht die Fingerpuppe, den kleinen König, an und das Kind, das die Puppe auf dem Finger trägt, bestimmt die nächsten Kinder. Somit ist die Figur des kleinen Königs in dieser Unterrichtsphase sehr präsent.[103]

Eine weitere Auffälligkeit innerhalb dieser drei Textvarianten betrifft das Vorkommen des Fahrrads. Stärker noch als dessen doppeltes Gefundenwerden irritiert, dass dieser Umstand in allen drei Textvarianten existiert. Hier wird abermals der assoziative Charakter von Eriks Textproduktion deutlich, scheinbar entwickelte er die Ideen während des Schreibprozesses. Die starke kognitive Beanspruchung des Textschreibens, gerade am Beginn der Schreibbiographie (vgl. Weinhold 2000), lässt vermuten, dass Erik das erste Finden des Fahrrads bei der neuerlichen Erwähnung nicht mehr präsent war. Diese Hypothese lässt sich weiterhin dadurch untermauern, dass sich zumindest für das zweite Auftreten des Fahrrads auch ein Bezug zum Artefakt aufgrund der Buchstabenverbindung <Far> herstellen lässt (vgl. Naugk et al. 2016, S. 134).

Vergleicht man die drei Textvarianten jedoch rein quantitativ, ist zu konstatieren, dass es sich bei der dritten Textvariante um die kürzeste handelt. Hierzu ist die Kontextinformation wichtig, dass Erik die ersten beiden Versionen an seinem Platz, die dritte vor der Klasse erzählte. Handelte es sich also in den ersten beiden Varianten um eine dyadische Erzählsituation, ist es nun eine klassenöffentliche Erzählung. Mit diesem vermutlich erhöhten Anspannungspotenzial findet nun, als Perfomanzphänomen erkennbar, eine Verkürzung der Geschichte statt. Somit fällt stellenweise mit der performativen Änderung auch eine Annäherung an das schriftliche Artefakt zusammen. Weiterhin entfallen in der dritten Textvariante einige Konnektoren wie

[103]Die Lehrerin fragt den König, wer seiner Meinung nach präsentieren soll. Wen fand er interessant oder zu wem hat er eine Frage? Sarah antwortet in der Rolle des Königs, dass sie Kawahs Text interessant fand und möchte, dass sie präsentiert (4. Erhebung, 86. Minute).

„und“, „wieder“, „dann“. Die Informationen werden dadurch dichter, die Sätze kürzer, beides wirkt aber auch unverbundener, sodass die kohäsive Struktur des Textes abnimmt.

Dennoch besitzt auch die dritte Variante wie die vorigen eine stringente Textstruktur und eine gut nachvollziehbare Handlung, die sich im Vergleich zum ersten Text Eriks stärker an einer typischen Geschichtenstruktur orientiert. Im Anschluss an die dritte Textvariante zeigen der Applaus der Mitschüler*innen und die Reaktion der Lehrerin,[104] dass in der sozialen Gemeinschaft der Lerngruppe der Text seiner kommunikativen Funktion gerecht wurde. Schriftliches Artefakt und mündlicher Text gehen hier eine Symbiose ein: Unter Rückgriff auf den schriftlichen verstetigt Erik den mündlichen Text. Dabei bleibt unklar, ob Erik tatsächlich einzelne Buchstabenverbindungen beim Memorieren dieses Textes halfen. Deutlich ist allerdings aufgrund des Settings, dass der mündliche Textvortrag basierend auf dem schriftlichen Artefakt stattfindet. Dabei verlangen zwei wesentliche Eigenschaften des schriftlichen Produktes, seine materielle Fixiertheit und die damit verbundene Unveränderlichkeit von Erik, eine möglichst identische Geschichte zu erzählen.

*Somit stellt das schriftliche Artefakt in dieser Situation eine Struktur dar, auf deren Grundlage die Verstetigung des mündlichen Textes stattfindet.*

### 6.3.2 Markus‘ Text[105]

Stärker noch als bei Erik lassen sich bei Markus Parallelen zwischen mündlichem Text und dem Schreibprodukt ausmachen. Der folgende Protokollauszug stammt aus der zweiten Erhebung, Markus präsentiert seinen Text vor der Klasse. Auch hier wurde der Vorschlag, dass er präsentieren solle, mit der als mangelhaft empfundenen Lesbarkeit des Textes begründet.

2. Erhebung, 92. Minute
Markus geht nach vorn. Er fragt: „Kann ich loslegen?“ Frau Schulz nickt. Er sagt: „Okay“, räuspert sich etwas, blickt auf das Blatt und liest vor (nun etwas lauter): „Es war einmal ein Kind. Und es hat vor der Tür geklingelt. Davor stande Batman. Und die

[104]Nach Eriks Präsentation fragt die Lehrerin, welchen Gegenstand Erik gezogen hat. Er sagt „ein Fahrrad“. Sie fragt darauf hin: „Und das Fahrrad hat dich auf solche tollen Ideen gebracht?“

[105]Eine ausführliche Besprechung dieses Beispiels findet sich auch in Zielinski/Ritter (2016b, S. 419ff.); Naugk et al. (2016, S. 192ff.); Zielinski (2018b, S. 18f.).

haben gelie-, gela-, geliest. Und dann kam auf einmal der Bösewicht. Und dann hat Batman mit ihm gekämpft. Und Batman hat ihn besiegt. Ende." Die Kinder applaudieren und die Lehrerinnen setzen mit ein.

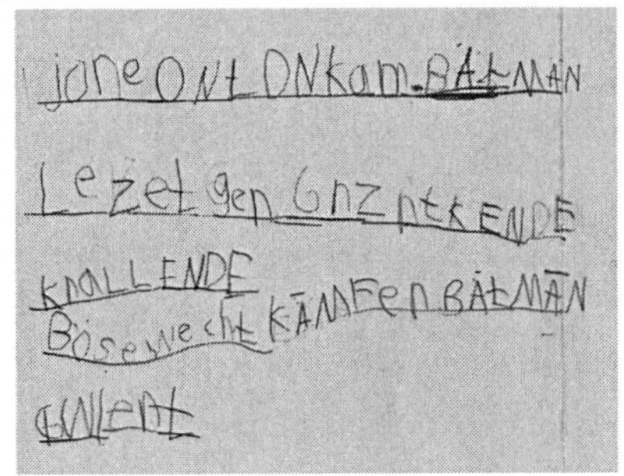

**Transkription (buchstabengetreu)**
jone ONt ONkam. BÄtMÄN
Lezet gen GnzntkENDE
KnaLL ENDE
Bösewecht KÄMFen BÄtMÄN
GWIent

Abbildung 3: Markus, 1. Schulbesuchsjahr, 2. Erhebung

Wie auch Erik entwickelt Markus einen kohärenten Text, auf dessen Entstehungskontext im weiteren Verlauf der Arbeit noch detaillierter eingegangen wird. [106] An dieser Stelle soll der Fokus auf den Übereinstimmungen zwischen mündlichem Text und schriftlichem Artefakt[107] liegen. Diese können für die Wörter „kam", „Batman", und „Bösewicht" festgestellt werden.

Analog zum Verfahren bei Erik soll nun diese Textfassung von Markus mit der Version verglichen werden, die er Frau Schulz während der Schreibphase erzählt hatte:

| **Markus' Text während der Schreibphase** | **Markus' Text während der Präsentation** |
|---|---|
| Markus: „Es war einmal eine Uhr […] Und dann hat's an der Tür geklingelt und davor stand Batman".<br>Frau Schulz: „Was steht da?"<br>Markus: „Davor stand Batman. Dann haben sie geles_."<br>Frau Schulz ermahnt andere Kinder.<br>Markus: „Und dann haben sie geliest. Dann kam ein ganz großer Knall und das war der Bösewicht. Und dann haben sie dann gegeneinander gekämpft. Das habe ich aus Versehen nicht hingeschrieben." | Er liest: „Es war einmal ein Kind. Und es hat vor der Tür geklingelt. Davor stande Batman. Und die haben gelie-, gela-, geliest. Und dann kam auf einmal der Bösewicht. Und dann hat Batman mit ihm gekämpft. Und Batman hat ihn besiegt. Ende." |

[106] Vgl. Teil IV, Kap. 8: Interaktionen im Rahmen des Textproduktionsprozesses

[107] Auf einigen Schreibpapieren, so auch auf Markus', befanden sich in dieser Erhebung auf der linken Seite untereinander folgende Abbildungungen: ein König, ein Herz, ein ‚zerbrochenes' Herz, ein Superheld und der Schriftzug „Ende". Diese Abbildungen wurden allerdings an dieser Stelle nicht mitabgedruckt.

| | |
|---|---|
| Frau Schulz (leise): „Das schreibst du dann noch auf.“<br>Markus: „Und dann.“<br>Frau Schulz: […]<br>Markus: „Und dann hat er. Batman hat dann der den Bösewicht besiegt. Das war's.“<br><br>Markus hat zu diesem Zeitpunkt den Text bis einschließlich <Bösewecht> geschrieben. | |

Tabelle 1: Vergleich von Markus' Textfassungen

Vermutlich infolge des Ausbleibens von Unterbrechungen während der Präsentation vor der Klassenöffentlichkeit, aber auch aufgrund einer zunehmenden Routiniertheit bei der Versprachlichung der Textidee und sich dabei zunehmend verfestigenden Sprachstrukturen, enthält der spätere Text hier weniger Wiederholungen als der Text, den Markus Frau Schulz erzählte. Es zeigt sich allerdings auch, dass das spanungssteigernde Wort <KnaLL>[108], das in der früheren mündlichen Textversion vorkam und auch deutlich im schriftlichen Pendant erkennbar ist, bei der Präsentation vor dem Plenum entfällt. Ebenso wie bei Erik zeigt sich bei Markus beim Präsentieren, vermutlich in Form eines Performanzphänomens beim Sprechen vor der gesamten Klasse, eine konzeptionelle Annäherung an das Artefakt (z.B. Wegfall von „dann“). Gleichzeitig zeigen aber die Änderungen bei Markus (Wegfall „Knall“) und bei Erik (hinzufügen „König“), dass es sich nicht zwingend um eine stärkere Einbindung des schriftlichen Produkts handelt.

*Die Mündlichkeit zeigt sich hier als Möglichkeitsraum, einen kohärenten Text zu entwickeln, der auf Ebene der semantischen Einheiten und Formulierungen Gemeinsamkeiten und Unterschiede mit dem schriftlichen Artefakt aufweist. Dabei kommt es auf Grundlage des Schriftstückes zu einer Verstetigung des mündlichen Textes, aber auch zu performanz- und situationsbegründeten Veränderungen.*

[108]Siehe Anmerkungen zur Transkription im Anhang: Durch <...> markierte Textzitate werden rechtschriftlich nicht korrigiert.

## 6.4 Das (Spannungs-)Verhältnis von Mündlichkeit und Schriftlichkeit

### 6.4.1 Die Mündlichkeit als Hürde

Im Fall von Leon zeigt sich der Zusammenhang zwischen schriftlichem Artefakt und mündlichem Text in anderer Art und Weise. Die folgende Szene ereignet sich auch während der zweiten Erhebungssituation, in der Markus den Text von Batman der Klasse präsentierte:

2. Erhebung, 97. Minute
Leon geht nach vorn und schiebt die Tafel etwas nach oben. Die Lehrerin geht auf ihn zu und liest sich sein Märchen durch, dann liest sie es der Klasse vor. Scheinbar wortlos haben sie das miteinander verabredet.
„Es war einmal ein König. Und ein Hase und ein Esel. Plötzlich hat es gedonnert und der Hase streitet mit dem Esel. Sie streiten über ein Geschenk. Plötzlich kommt der König und sagt, hört auf. Hase und Esel vertragen sich. Ende.“

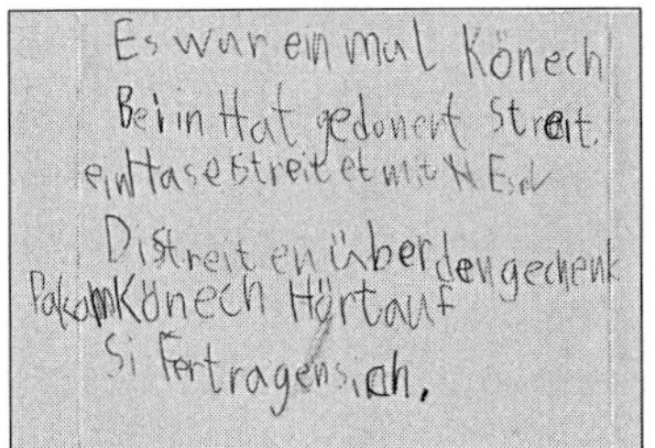

Abbildung 4 Leon, 2. Schulbesuchsjahr, 2. Erhebung

| buchstabengetreue Fassung | mündlicher Text |
|---|---|
| Es war ein mal Könech<br>Bei in Hat gedonert Streit<br>ein Hase Streitet mit [?] Esel<br>Di Streit en über dem gechenk<br>DakamKönech Hört auf<br>Sie Fertragen sich. | „Es war einmal ein König. Und ein Hase und ein Esel. Plötzlich hat es gedonnert und der Hase streitet mit dem Esel. Sie streiten über ein Geschenk. Plötzlich kommt der König und sagt, hört auf. Hase und Esel vertragen sich. Ende“ |

Tabelle 2: Vergleich Leons Textfassungen

Erik und Markus erzählen einen Text auf der Grundlage ihres schriftlichen Artefakts. Die kommunikative Funktion kann nur in Anwesenheit des Produzenten im Medium der Mündlichkeit erfüllt werden. Auch Leon geht nach vorn, seinen Text liest aber die Lehrerin vor. Betrachtet man hier analog zu Erik und Markus den mündlichen Text und den schriftlichen Text, so zeigt sich, dass sich bei Leon zwischen beiden die größten Gemeinsamkeiten finden lassen.

Die Mündlichkeit zeigt sich für Leon im Gegensatz zu Markus und Erik nicht als Möglichkeitsraum, sondern scheint selbst eine schwer zu bewältigende Herausforderung zu sein. Schließlich lehnt Leon nicht die Vorstellung seines Textes ab; er geht auch nach vorn zur Textpräsentation. Somit wird hier angenommen, dass ein möglicher Grund für das Vorlesen durch die Lehrerin nicht in dem Textinhalt liegt, sondern vielmehr in der Praxis der mündlichen Präsentation selbst. Ob diese Herausforderung im Erzählen oder Lesen liegt, muss indes spekulativ bleiben.

Auch wenn die Transformation vom Schriftlichen in das Mündliche auf den ersten Blick bei Leon leichter zu realisieren scheint als bei Erik und Markus, da Leons schriftlicher Text aus sich selbst heraus verständlicher ist, sind dennoch einzelne Modifikationen bei der mündlichen Präsentation notwendig, wie auch das Vorgehen der Lehrerin nahelegt. Sie nimmt während des Vorlesens Änderungen vor, die vor allem die Ebenen der Formulierung/Markierung betreffen: Einsatz oder Änderung von Artikeln, („ein König", „der König"), Einsatz eines spannungserzeugenden Konnektors („Plötzlich"), aber auch hinsichtlich der Struktur, indem „ein Hase und ein Esel" zunächst als Protagonisten eingeführt werden. Gleichzeitig haben die Analysen der beiden anderen Texte deutlich gemacht, dass die Schriftlichkeit nicht zwingend als ein Stützsystem dient: Erik und Markus nahmen beim wiederholten Vortragen Änderungen vor, die einen zusätzlichen Unterschied zwischen dem Artefakt und mündlichem Text darstellen. Der schriftliche Text, das Artefakt, steht daher in einem Spannungsfeld zum mündlichen Text. Dient er wie bei Markus und Erik als Stichwortgeber, würde ein ausformulierter Text sie bei der mündlichen Textpräsentation womöglich einschränken. Gleichwohl zeigt sich, dass Leons weitgehend vollständig verschrifteter Text ebenfalls keine hinreichende Grundlage darstellt, den Text vorzulesen, wie sowohl an dem Vorgehen der Lehrerin sichtbar wird als auch an der Tatsache, dass Leon seinen Text nicht selbst präsentiert.

### 6.4.2 Überarbeitung zwischen Mündlichkeit und Schriftlichkeit

Das Spannungsfeld zwischen Mündlichkeit und Schriftlichkeit zeigt seinen Einfluss auch in der folgenden Szene aus der ersten Erhebungssituation.[109] Die Szene ereignet sich inmitten des Schreibprozesses von Samira.

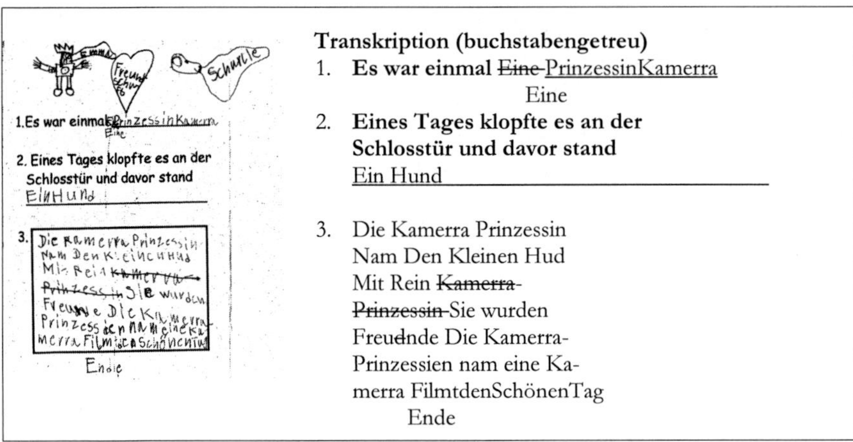


Abbildung 5 Samira, 1. Schulbesuchsjahr, 1. Erhebung

1. Erhebung, 52. Minute
Sie schließt den Füller und liest vor: „Es war einmal eine Prinzessin, (flüstert unverständlich). Eines Tages klopfte es an der Tür, an der Schlosstür und davor stand.“ Samira nimmt den Füller und schreibt <Ein> vor Hund und liest weiter „ein Hund“. Dann schreibt sie in der ersten Zeile noch <Eine> vor <Prinzessin>, streicht es durch und schreibt darunter noch einmal <eine> und wiederholt noch einmal „Prinzessin, Kameraprinzessin“. Sie wirkt etwas ratlos, wie sie vor der geschriebenen Zeile sitzt, wo ja eben nicht <Kameraprinzessin> steht, sondern <Prinzessinkamera>. Sie beginnt wieder zu lesen: „Es war einmal, es war einmal eine Ka- Ka- Kameraprin-, Prinzessinkamera. Eines Tages klopfte es an der Tür, an der Schlosstür und davor stand ein Hund. Die Kameraprinzessin nahm den kleinen Hund mit rein. Sie wurden Freunde. Die Kameraprinzessin.“ […]

Samira setzt für sich einen Abschluss, markiert durch das Schließen des Füllhalters, das Zeichen erst einmal nicht mehr schreiben zu wollen. Sie liest, und beim ersten selbst geschriebenen Wort führt sie eine Korrektur aus, sie fügt den unbestimmten

[109] Die Kinder nutzten folgende Struktur: Im ersten Satz gab es ein Sprachspiel, bestehend aus einem Wort aus dem Klassenraum (z.B. Tafel, Lampe, Stuhl) und einer Märchenfigur (z.B. König, Prinzessin, Hexe), im zweiten Satz wird ein zweiter Protagonist eingeführt (ein Tier), im dritten Satz wird beschrieben, was sie tun.

Artikel ein, ohne es zu verbalisieren. Das Kompositum „Prinzessinkamera" scheint sie zu irritieren. Deutlich hörbar liest sie nur „Prinzessin", ob sie „Kamera" nur sehr leise liest oder ein anderes Wort sagt, bleibt unklar. Sie liest weiter und auch hier kommt es zur Reparatur, „ein" wird eingefügt. Doch nun bleibt sie nicht nur mündlich, sondern, sie schreibt zunächst<Ein> vor Hund und dann <Eine> vor Prinzessin. In dem geschriebenen Text sieht man, dass sie zunächst <Eine> vor Prinzessin zu schreiben versucht, es durchstreicht und es dann darunter noch einmal schreibt. Dann wiederholt sie noch einmal das Wort „Kameraprinzessin". Sie liest es immer wieder, als ob sie es falsch lesen würde und es richtig auf dem Papier steht. Hier bleibt die Korrektur mündlich. Es verwundert zunächst, hat sie doch das richtige Wort weiter unten schon geschrieben. Wenn es ihr nicht wichtig wäre, warum hält sie sich so lange daran auf? Auf dem Blatt ist auch noch genug Platz, nur die Zeile ist voll. Vielleicht gilt die gefüllte Zeile als Norm der zu schreibenden Menge. Alles darüber hinaus Geschriebene hat keine Legitimation, es gibt dafür keinen Platz, es steht wortwörtlich zwischen den Zeilen. Ähnlich formuliert es die Lehrerin, die in dem Reflexionsgespräch allgemein beschreibt:

Reflexion Frau Schulz, im Anschluss an die 1. Erhebung

„Aber ich hab gemerkt, von der Form des Schlosses (gemeint ist das DIN-A4 Blatt, das querliegend, einmal von links zur Mitte und einmal von rechts zur Mitte gefaltet wurde) war dann der Platz irgendwann aufgebraucht und viele Kinder neigen dazu, wenn der Platz aufgebraucht ist, mit dem Satz zu schließen und dann Ende."

*Mündlichkeit und Schriftlichkeit stehen in einer komplexen Wechselbeziehung zueinander: Eröffnet die Flüchtigkeit des Mündlichen einerseits die Möglichkeit, einen Text stetig zu verändern, bedeutet sie andererseits ebenso eine erhöhte Anforderung an die Präsentation infolge der erhöhten Komplexität (Leon). Unterschiede zwischen mündlichem und schriftlichem Text bleiben einerseits in der Klassenöffentlichkeit unerwähnt (Erik und Markus), andererseits können sie hinsichtlich des Geltungsanspruchs der mündlichen und schriftlichen Textversion bedeutsam sein (Samira).*

## 6.5 Zusammenfassung des Kapitels

Die in den theoretischen Ausführungen gestellte Frage, was ein Text ist, scheint für die Feldteilnehmer*innen keine Frage zu sein. Das Schreiben eines Textes ist vordergründig die Erfüllung einer Aufgabe; ganz basal stellt ein Text daher zunächst einmal das Resultat einer Tätigkeit bezogen auf die Aufgabenstellung „Schreibe einen Text" dar. Diese auf den ersten Blick naheliegende Erkenntnis hat für die Feldteilnehmer*innen jedoch weitreichende Folgen, wie sie in der folgenden Tabelle begrifflich dargestellt werden.

| | Arbeit/Artefakt | | Ergebnis |
|---|---|---|---|
| | Artefakt (erfüllt kommunikative Funktion nicht) | Artefakt/prototypischer Text (erfüllt kommunikative Funktion) | |
| Rezeption durch Textproduzenten | Präsentieren | Vorlesen | mündlicher Text |
| Rezeption durch Dritte | Ansehen | (Vor)lesen | mündlicher Text |

Tabelle 3: Zur Unterscheidung von ‚Arbeit' und ‚Ergebnis'

Das Resultat der Tätigkeit wird zunächst unterschieden in die Grobkategorien ‚Arbeit' und ‚Ergebnis'. Als Resultate der Schreibphase wird im Feld zunächst allgemein von Arbeiten gesprochen. Wie dargestellt wurde, umfassen Arbeiten mehr als prototypische Texte, weshalb analytisch zu trennen ist zwischen Arbeiten und prototypischen Texten. Arbeiten bilden Artefakte, die im Sinne Posners all das bezeichnen, was vom Menschen geschaffen wurde (vgl. Posner 1991, S. 44). In diesem Falle ist hier das von den Kindern in materialisierter Form Erzeugte gemeint, etwas Geschriebenes oder Gemaltes. Sie besitzen nicht zwingend prototypische Merkmale eines Textes (z.B. eine kommunikative Funktion, Schriftlichkeit). Prototypische Texte bilden daher eine Teilmenge von Arbeiten bzw. von Artefakten. Somit handelt es sich bei einem schriftlichen Text um ein Artefakt, nicht jedes Artefakt ist jedoch ein Text.

Die Trennung zwischen ‚Arbeit' und ‚Text' wird allerdings im Feld nicht derart stringent gezogen, findet aber ihren Niederschlag auf der Rezeptionsebene durch Dritte wie z.B. Mitschüler*innen in der Unterscheidung zwischen ‚Ansehen' und ‚Vorlesen'. Eine Trennung zwischen ‚Vorlesen' und ‚Präsentieren' durch den Textproduzenten erfolgt im Feld ebenfalls nicht, zeigt sich aber auf performativer Ebene, wie am Beispiel von Erik und Markus deutlich wird.

Ergebnisse sind im Gegensatz dazu nicht zwingend in materialisierter Form vorhanden, sondern werden in der Situation erzeugt und können nur rekonstruktiv erschlossen werden. So wird durch das Format der Präsentation der medial mündliche Text zum (öffentlichen) Ergebnis, wohingegen das Artefakt einen Zwischenschritt zu dem Ergebnis darstellen kann, bspw. bildet es einen Teil der Rolle als Leser*in (siehe z.B. Markus und Erik). Unklar bleibt jedoch, ob auch Arbeiten, die nicht präsentiert werden, als abgeschlossen, im Sinne eines Ergebnisses, verstanden werden oder ob erst die Rezeption das Ergebnis der Arbeit darstellt. Bei prototypischen Texten könnte mit deren Lesbarkeit für Dritte dafür argumentiert werden, dass die Rezeption potenziell möglich ist und womöglich im Rahmen des (Vor-)Lesens bereits ‚auf kleiner Bühne' vor der eigentlichen Textpräsentation stattfand. Die Rezeption, die sich indes auf das Ansehen beschränkt, vermag der unterstellten kommunikativen Intention des Artefakts nicht gerecht zu werden, da keine situativen Bedingungen für eine Realisierung jener Intention gegeben sind (nicht alle Arbeiten können präsentiert werden). Damit stellt diese Form der Rezeption womöglich kein Ergebnis dar. Da die Schüler*innen diesbezüglich nicht befragt wurden, muss diese Vermutung vage bleiben.

Die Resultate der Schreibphase stellen somit zunächst Arbeiten dar, deren Textualität mitunter erst hergestellt wird. Das sind zum einen Arbeiten, die angesehen werden und deren kommunikative Funktion sie erst durch die Praxis des Präsentierens erfüllen, zum anderen handelt es sich um Arbeiten, die bereits prototypische Texte darstellen. Schreiben stellt somit nicht ausschließlich eine texterzeugende Handlung dar, sondern ist zunächst grundsätzlicher eine textvorbereitende Tätigkeit, die unter Umständen ggf. bereits zu einem Text führen kann.

Sofern dies nicht der Fall ist, stellt das einen Anlass dar, dieses Artefakt bzw. die Arbeit[110] zu präsentieren.[111] In diesem Fall wird der Text im Anschluss an die Schreibphase im Medium des Mündlichen hervorgebracht. Hier muss er seiner kommunikativen Funktion gerecht werden. Fragen der Akzeptabilität werden erörtert, wie das erste Beispiel von Erik gezeigt hat. Die Mündlichkeit eröffnet darüber hinaus den Raum, den Text weiterzuentwickeln, wie das mehrmalige Erzählen von Markus und Erik zeigte. Dennoch können diese Änderungen nicht in beliebigem Ausmaße stattfinden und der Text losgelöst von der vorigen Phase ‚spontan' entwickelt werden. Vielmehr wird der Text bezogen auf die vorige Schreibphase hervorgebracht

[110] Der theoriebasierten Argumentation folgend stellt ein Text zunächst ein Artefakt dar, im Feld wird hingegen der Begriff der ‚Arbeit' verwendet. Beide scheinen in dem vorliegenden Kontext als Synonyme verwendbar.

[111] Siehe die Aussage von Nele bzw. Teil IV, Kap. 7: Rückmeldungen im Rahmen der Präsentation

und als dessen Ergebnis in mündlicher Form dargestellt. Das schriftliche Artefakt übernimmt eine strukturgebende Funktion, auf deren Grundlage der mündliche Text präsentiert und dabei gegebenenfalls neu kontextualisiert wird. Diese Struktur kann sowohl stützend als auch begrenzend wirken. In diesem Spannungsfeld bewegt sich die mündliche Textpräsentation, die mitunter dadurch wiederum eine Herausforderung darstellt, wie am Beispiel von Leon gezeigt wurde. Da der Text in diesem Fall nicht losgelöst von seiner Produzent*in bzw. seiner Entstehungssituation betrachtet werden kann, wird dieser Text hier als ‚kontextualisierter Text' bezeichnet.

Bezogen auf den „erweiterte[n] Schreibbegriff" (Günthner 2013, S. 139), der den „pragmatischen Kommunikationsaspekt" (ebd.) fokussiert, zeigt die Betrachtung des kontextualisierten Textes Anschlussmöglichkeiten. Dabei ist das schriftliche Produkt (Artefakt) selbst zunächst noch relativ unabhängig von seiner tatsächlichen kommunikativen Funktion. Zwar wird ihm aufgrund des Settings eine kommunikative Intention unterstellt, diese einzulösen gelingt allerdings nicht zwingend. Stattdessen erhält er diese Funktion erst infolge des Präsentierens. Analog zum „erweiterte[n] Schreibbegriff" (Günthner 2013, S. 139) rückt daher die Intention in das Zentrum der Aufmerksamkeit: „Im Unterricht regen wir demzufolge die Schüler immer wieder dazu an, sich über selbst produzierte grafische Zeichen, egal in welcher Form, mitzuteilen, sich auszudrücken." (ebd.). Dass Zeichen damit potenziell eine kommunikative Funktion besitzen, wird durch ein unterrichtliches Setting im Sinne Günthners als Anregung, sich auszudrücken, gewährt.

Das Artefakt besitzt daher nicht selbst eine kommunikative Funktion, vielmehr benötigt es einen Raum, in dem es sie hervorbringen kann. Damit wird der Status des Textes in Bezug auf dessen Rezeptionspotenzial begründet, wie es Posner mit der „Kultur" begründet, die dem Text eine Funktion zuordne und in der ein Kode vorhanden sei, der dem Text „ein oder mehrere Signifikate zuordnet" (Posner 1991, S. 46).[112] Dieser Annahme folgend, ist das Artefakt[113] in diesem Setting zunächst als Resultat einer Tätigkeit zu betrachten und ihm eine potenzielle kommunikative Funktion zuzuschreiben, die es im Laufe der Präsentation erfährt. Der Text als Zeichensystem existiert damit in medial mündlicher Form im Rahmen der Präsentation[114] in Beziehung stehend zu dem medial schriftlichen Produkt.

[112]Vgl. Teil II, Kap. 2.1: Textlinguistik und Semiotik

[113]Der Begriff der Kultur wird hier auf die Routinen und Praktiken der Lerngruppe übertragen. Diese Adaption scheint begründbar mit der Fokussierung der Sozialwissenschaften auf die „soziale Seite der Kultur, genannt ‚Gesellschaft'. Zu ihr gehören die Institutionen und die Rituale, die in ihnen vollzogen werden" (Posner 1991, S. 37).

[114]An dieser Stelle bezieht sich der Begriff Präsentation nicht nur auf die Textvorstellung am Ende, sondern meint das Vorlesen bzw. Erzählen des Textproduzenten, unabhängig von der zeitlichen Positionierung im Unterrichtsverlauf.

# 7 Rückmeldung im Rahmen der Präsentation

Die abschließende Phase einer jeden Erhebung bildete die Vorstellung der Arbeiten. Diese Vorstellung, die im Feld als ‚Präsentieren' bezeichnet wird,[115] war in der Mehrheit der Fälle mit einer Rückmeldung der Lehrerin und der Mitschüler*innen verbunden.

Im vorangegangenen Kapitel wurde bereits auf den Unterschied zwischen ‚Präsentieren' und ‚Vorlesen' eingegangen. Diese Abgrenzung begründet sich darin, dass das Präsentieren die Darstellung des Ergebnisses einer Handlung durch den Handelnden selbst bildet, wohingegen das Vorlesen auch durch Dritte stattfinden kann.[116] Um die hier vorliegende Praxis des Präsentierens genauer beschreiben zu können, nähere ich mich zunächst theoriebasiert dem Begriff des Präsentierens.

Der Terminus ‚Präsentation' steht als Oberbegriff für verschiedene Formate sprachlicher Handlungen, die das Ziel einer Transformation von Inhalten für einen bestimmten Adressatenkreis unter Einbezug verschiedener Werkzeuge zur Veranschaulichung haben (vgl. Becker-Mrotzek 2010, S. 90; Speck-Hamdan 2010, S. 44; Berkemeier & Pfennig 2012, S. 544ff.). Dabei beschreiben Anne Berkemeier und Lothar Pfennig die Präsentation als „einen komplexen Prozess, der sich in Entwicklungs-, Umsetzungs- und Rezeptionsphase unterteilen lässt" (Berkemeier & Pfennig 2012, S. 544).[117] Die Entwicklungsphase sei mit dem Schreibprozess vergleichbar, da Informationen generiert und in Verbindung miteinander gebracht werden müssten (vgl. ebd.). Das Ergebnis dieser Phase bilde eine „Sprechvorlage" (ebd., S. 544), die in der darauffolgenden Umsetzungsphase zum Einsatz komme, wobei jedoch nur noch wenige Überarbeitungen möglich seien (vgl. ebd., S. 545). Die Parallele zum Schreibprozess zieht auch Becker-Mrotzek, bezieht sie aber vorrangig auf die Planungsphase, die neben der Realisierungsphase ein Bestandteil der Präsentation sei: „Die Planung der Präsentation umfasst – ähnlich dem Schreibprozess – mehrere Schritte: Die Inhalte müssen ausgewählt, strukturiert und formuliert werden" (Becker-Mrotzek

[115]Siehe unten: die an Nele gerichtete Aufforderung der Lehrerin: „Sag uns, wer soll präsentieren." (Teil IV, Kap. 7.1.2: Funktionen des Präsentierens)

[116]Ein weiterer Unterschied könnte auf Perfomanzebene darin liegen, dass in der Präsentation eines Textes vom ‚Manuskript' abgewichen werden könnte, beim Vorlesen jedoch nicht.

[117]Berkemeier und Pfennig nennen als Beispiele für Präsentationen z.B. eine Buchvorstellung oder einen Vortrag (vgl. ebd., S. 545). Von einem selbst verfassten Text ist in diesem Kontext keine Rede. Dennoch scheint es aufgrund der Bezeichnung im Feld angemessen, diese mit der Verwendung in der Forschungsliteratur in Beziehung zu setzen.

2010, S. 91). Die Rezeptionsphase stellt dabei einen integralen Bestandteil der Realisierungsphase dar. In der Rezeptionsphase wandeln die Rezipient*innen das Dargestellte „in mentale Repräsentationen" (Berkemeier & Pfennig 2012, S. 545) um.

Als komplexe Anforderungen für die Präsentation stellt Angelika Speck-Hamdan folgende in allen Phasen Bedeutung tragende Wissensbereiche heraus: inhaltliches, sprachliches, sozial-kommunikatives und mediales (technisches) Wissen (vgl. Speck-Hamdan 2010, S. 46f.). Bei der Präsentation werden somit verschiedene Kompetenzen benötigt, die eine gegenstands- und auditoriumsadäquate Transformation von Inhalten unter Verwendung eines geeigneten sprachlichen Registers und passender Möglichkeiten der medialen Umsetzung ermöglichen (vgl. ebd.).

Für die vorliegende Studie ist insbesondere das Verhältnis von Mündlichkeit und Schriftlichkeit von Bedeutung, das Becker-Mrotzek als „Spannungsfeld" (Becker-Mrotzek 2010, S. 91) charakterisiert, in dem sich das Präsentieren befinde. Einen weiteren Schwerpunkt bildet der Austausch mit den Mitschüler*innen und der Lehrerin im Rahmen der Rezeptionsphase (vgl. ebd.). Andere Merkmale des Präsentierens werden an dieser Stelle bewusst vernachlässigt, bspw. der Vorbereitungsprozess und der präsentationsbegleitende Einsatz von Medien, z.B. zur Visualisierung. Auch wenn auf konzeptioneller Ebene das hier anhand von Fachliteratur beschriebene Präsentieren mit der Präsentation des eigenen Textes im Kontext dieser Studie nicht kongruent zu sein scheint, ist zu fragen, ob sich nicht dennoch auf performativer Ebene in den beschriebenen Unterrichtssituationen Gemeinsamkeiten finden lassen.

Daher werden die theoretisch dargestellten Phasen der Präsentation mit der gebotenen Vorsicht auf das empirisch beobachtete Geschehen innerhalb des Unterrichts übertragen: Die Entwicklungsphase bildet die Phase des Textschreibens, die Umsetzungsphase die Phase der Textvorstellung (Präsentation) und das wahrnehmbare Ergebnis der Rezeptionsphase bildet den Unterrichtsabschnitt, in dem die Mitschüler*innen und die Lehrerin Rückmeldungen zu den Präsentationen geben. Die Sprechvorlage beim Präsentieren im engeren Sinne ist allerdings nicht zwingend ein vollständig vorbereiteter und fest fixierter Text, den es vorzulesen gilt, wie es im Falle der Textvorstellung nach einer Schreibphase erwartet werden könnte. Es wurde allerdings anhand des vorliegenden Materials zum einen gezeigt, dass einige Schüler*innen (z.B. Markus und Erik) bei Weitem nicht ihren ‚Text' vorlesen,[118] zum anderen werden im Feld selbst sowohl die Begriffe ‚präsentieren' als auch ‚vorlesen' verwendet, sodass eine analytische Trennung notwendig scheint.

An dieser Stelle sollen stattdessen Gründe für die Präsentation und deren Operationalisierung im Unterrichtsgeschehen herausgearbeitet werden. Im vorangegangenen Kapitel wurde bereits als Ursache für den Wunsch, eine Arbeit präsentiert zu bekommen, auf die fehlende kommunikative Aussagekraft des Artefakts, seine mangelnde Lesbarkeit verwiesen. Nun wird daran anknüpfend herausgearbeitet, woran sich die Lehrerin und die Schüler*innen in ihren Rückmeldungen weiterhin orientieren. Becker-Mrotzek unterscheidet für die Orientierung schulischer Bewertungsvorgänge drei Bezugsnormen: das Individuum, die Lerngruppe und inhaltliche Kriterien der Sache (vgl. Becker-Mrotzek 2014c, S. 506f.). Gerade für den Bereich inhaltlicher Kriterien existieren für die Grundschule ausgearbeitete Konzepte, die sich auf die Rückmeldungen von Mitschüler*innen und Lehrer*innen beziehen, z.B. „Autorenrunde" (Leßmann 2012) und „Schreibkonferenzen" (Spitta 1999). Insbesondere die Schreibkonferenzen sind in der Forschung und Praxis etabliert[119] und stellen kriteriengeleitete Verfahren zur Rückmeldung und Überarbeitungsanregung vor. Darüber hinaus existieren Kriterienkataloge, die vorrangig für die Lehrenden bestimmt sind (z.B. Dehn 2007, S. 97; Abraham 2012, S. 18; Becker-Mrotzek 2014c, S. 509), mit deren Hilfe Schüler*innentexte bewertet werden können.

Strukturell lassen sich nach Becker-Mrotzek Schüler*innen- und Lehrer*innenrückmeldungen außerdem dahingehend unterscheiden, dass Bewertungen von Schüler*innen „weniger professionell-didaktisch, dafür aber authentisch und ohne Benotungsfunktion" (Becker-Mrotzek 2014c, S. 506) seien. Für die Analyse des vorliegenden Materials ist daher u.a. die Frage leitend, inwiefern sich hier ebenfalls strukturelle Unterschiede zwischen beiden Bewertungspraxen zeigen. Im Unterschied zu den hier genannten Verfahren bilden die im Folgenden dargestellten Interaktionen einen abschließenden Bestandteil einer Erhebung. Sie sind daher weder der Auftakt zu einer Überarbeitung (wie bspw. bei einer Autorenrunde), noch haben sie eine Benotungsfunktion für die Leistung der Schüler*innen. Allerdings – und das ist analy-

[118] Allerdings wäre es verkürzt zu schlussfolgern, dass es sich bei ihren Texten um für die Präsentation intendierte Sprechvorlagen handelt.

[119] Als Indikator dafür wird die große Anzahl an Referenzen, die sich insbesondere auf die Schreibkonferenzen beziehen, gewertet, die sowohl in stärker praxisorientierten als auch forschungsorientierten Publikationen erschienen (z.B. Spitta 1999; Anskeit 2011; Heinzel et al. 2013).

tisch herauszuarbeiten – ist auch zu fragen, inwiefern es sich hier um eine Abwandlung der von Abraham kritisierten Form der Publikumsreaktion im Rahmen des „poetry slam“ (Abraham 2010, S. 108) handelt, bei der lediglich Leistungen bestärkt werden, die bereits als gelungen gewertet wurden (vgl. ebd.). Handelt es sich daher bei der Präsentation um eine Bestärkungspraxis, oder worin liegt ihre Funktion im Rahmen des Schreibsettings?

Einen weiteren Analyseschwerpunkt bildet die Funktion des schriftlichen Artefaktes in der Phase der Präsentation.

Damit stehen für dieses Kapitel folgende Analyseschwerpunkte im Mittelpunkt:

- Gründe für das Präsentieren
- Funktionen des Präsentierens (Kriterien der Bewertung/‚Bestärkungspraxis‘)
- Funktion des schriftlichen Artefaktes im Rahmen der Präsentation

## 7.1 Gründe für das Präsentieren

Das vorliegende Material stammt aus verschiedenen Erhebungen und stellt Protokollauszüge dar, die unter dem analytischen Thema ‚Rückmeldung‘ subsumiert wurden. Dabei wird zunächst eine längere Sequenz aus der ersten Erhebung dargestellt, um anschließend einzelne Aspekte zu kontrastieren.

Der folgende Protokollauszug schließt sich der Phase des eigentlichen Schreibens an, als die Kinder nach dem individuellen Ansehen der Texte zur Gruppenpräsentation im Plenum übergehen.

1. Erhebung, 83. Minute
Die Kinder setzen sich wieder auf ihre Plätze. Die Lehrerin steht neben ihrem Tisch. „So, du hast dir die Arbeiten der Kinder angesehen. Ich freue mich, dass es fleißige Vorleser gab. Ja? Ganz spontan standen da einige Kinder drumherum und haben aufmerksam zugehört. Freu‘ ich mich, dass das so geklappt hat. Jetzt bin ich natürlich gespannt, welche Arbeiten euch besonders gut gefallen haben bzw. bei wem du vielleicht noch ganz schön neugierig bist.“ Dabei legt sie den Zeigefinger an das Kinn. Einige Kinder melden sich. „Und noch mehr erfahren möchtest. Ich hab da auch schon jemanden im Blick, da will ich unbedingt wissen, was da passiert. Sag uns, wer soll präsentieren. Nele.“ Nele: „Ähm.“ Lehrerin: „Und warum?“ Nele: „Phillip, weil ich da nicht lesen kann, bei Erik dasselbe.“ Lehrerin: „Ok. Machen wir erstmal die zwei.“ Nele: „Und bei Samira möchte ich.“ Lehrerin: „Ach so, und warum bei Samira?“ Nele:

„Weil, ich konnt‘ das nicht zu Ende lesen, weil du zu früh geklingelt hast.“ Die Lehrerin markiert die Übergänge der Stunde durch ein kleines Glöckchen.

Diese Szene wurde bereits mit dem Fokus auf die Konstruktion des Phänomens Text interpretiert.[120] Dabei wurde die Unterscheidung zwischen ‚Arbeiten' und ‚Texten', ‚Präsentieren' und ‚Vorlesen' herausgestellt.

An dieser Stelle sollen allerdings die Rückmelde- und Beurteilungspraxen im Zentrum der Analyse stehen. Die Lehrerin leitet mit einer zusammenfassenden Beschreibung eines Unterrichtschrittes „du hast dir die Arbeiten der Kinder angesehen" ein. Anschließend benennt sie das Ziel des Ansehens: „welche Arbeiten euch besonders gut gefallen haben". Ein Motiv, eine Arbeit zunächst überhaupt einer Präsentation zuzuführen, scheint hier in dem Gefallen der Adressat*innen zu liegen. Dem Schreibprodukt wird damit neben einer kommunikativen eine unterhaltende Funktion zugeschrieben. Im Sinne einer wertschätzenden Beurteilung wird dabei das Positive, das Gelungene in das Zentrum der Aufmerksamkeit gerückt. Für die weiterführende Analyse scheint interessant zu sein, inwiefern diese positiv ausgerichtete Perspektive im Sinne der genannten Bestärkungspraxis forciert wird.

Die nachfolgende Ergänzung der Lehrerin gibt eine weitere mögliche Begründung für die Auswahl eines Textes: „bei wem du vielleicht noch ganz schön neugierig bist [...] und noch mehr erfahren möchtest." Aus dem Ansehen der Arbeit bzw. Vorlesen des Textes allein scheint der Inhalt noch nicht hinreichend erschlossen, sodass die Neugier als Motiv bleibt, sich weiter mit dem Produkt auseinanderzusetzen. Sie selbst verweist auf ihre persönliche Neugier für eine Arbeit. Bis hierhin bleibt unklar, worin die Ursache dafür liegen kann. Erst Nele gibt daraufhin zwei mögliche Begründungen: Die Zeit für das Lesen war zu kurz und sie konnte den Text nicht lesen. Damit knüpft Nele an die Eröffnung der Lehrerin an und bedient den Motivationsgrund „noch mehr erfahren möchtest".

Für die Bedeutung der Präsentation scheint daher geschlussfolgert werden zu können, dass sie zunächst einmal dazu dient, die Neugier bzw. das Nochnichtwissen zu befriedigen. Als Gründe dafür werden von Nele zwei Dinge benannt: nicht lesen können oder nicht zu Ende lesen können. Zum einen wird hier ein textbezogener Faktor benannt, er wird seiner kommunikativen Funktion nicht gerecht, unabhängig ob der Grund im Schreibvermögen der Produzierenden oder im Lesevermögen der Rezipient*innen liegt. Zum anderen handelt es sich um einen systemischen Faktor, da im Unterricht die Zeit begrenzt ist und daher die schriftlichen Produkte nicht zu Ende

[120]Vgl. Teil IV, Kap. 6.1.: Der Text als Artefakt; Zielinski 2018a, S. 127

gelesen werden konnten. Beide Faktoren stehen hier gleichberechtigt nebeneinander, da in der Situation die Konsequenz dieselbe ist: Das Artefakt konnte nicht gelesen werden. Somit schafft die Präsentation einen Ausgleich zu dieser kommunikationsbezogenen Leerstelle. Dieser Ausgleich kann allerdings nur dadurch geschaffen werden, dass dem Produkt nicht nur eine kommunikative und unterhaltende Funktion unterstellt wird, sondern auch, dass die Schüler*innen ein Interesse daran haben, diese Produkte lesen zu wollen. Inwiefern dieses Interesse tatsächlich vorhanden ist oder ob es sich um eine etablierte Routine handelt, muss unklar bleiben. Festzuhalten bleibt jedoch, dass es während keiner der vier ausgewerteten Erhebungen eine Situation gibt, in der ein Desinteresse an den Produkten der Mitschüler*innen formuliert wird.

Mit der Textvorstellung, die aufgrund der Aufforderung durch andere Schüler*innen erfolgt, stellt die Lehrerin darüber hinaus eine starke Leser*innenorientierung her. Eine Anforderung, die sich auch in den Bildungsstandards für die vierte Klasse findet (vgl. KMK 2005, S. 11) und für die jungen Schreibenden eine nicht zu unterschätzende Herausforderung darstellt, da sie erst lernen müssten „dass Texte *überhaupt* Leser haben" (Baurmann & Pohl 2009, S. 76; Hervorhebung im Original). In dem hier dargestellten Kontext findet das ‚Lesen' jedoch mehrfach statt; einerseits in Form des individuellen Ansehens der Artefakte und andererseits durch die Autor*in selbst, sofern sie zur Präsentation aufgefordert wurde. Das Artefakt muss beim ersten ‚Lesen' noch nicht allein seine kommunikative Funktion erfüllen. Dieses Nichtfunktionieren wird hier allerdings nicht als Scheitern an den Anforderungen gewertet, sondern ist der Anlass, sich vertiefend mit der dem Schreibprodukt auseinanderzusetzen.

*In der hier analysierten Situation scheinen auf konzeptioneller Ebene die antizipierte kommunikative und unterhaltende Funktion und die ebenfalls unterstellte Intention zur Rezeption der Arbeiten der Mitschüler*innen grundlegende Bestandteile des Handlungsformates Präsentation zu bilden. Auf performativer Ebene wird als Grund, jemanden zur Präsentation seiner Arbeit aufzufordern, das Unvermögen, das Artefakt lesen zu können, benannt. Unklar bleibt, ob der damit einhergehende Impuls zu fragen, was Inhalt des schriftlichen Produktes ist, Ausdruck des eigenen Interesses (Neugier) darstellt oder ob es sich ‚lediglich' um eine etablierte Routine handelt.*

Zur Kontrastierung werden im Folgenden weitere Protokollauszüge, die die Begründungen für die Präsentation enthalten, dargestellt:

1. Erhebung, 93. Minute
Die Lehrerin fragt, wer präsentieren solle. Amy: „Ich möchte, dass also, Henriette präsentiert, Leni und Sabrina." Lehrerin: „Mmh. Warum?" Amy: „Einmal Henriette, weil also, die fand ich so schön. Und Sabrina, da konnt' ich nicht alles lesen. Bei Leni war ich noch nicht."

2. Erhebung, 79. Minute
Die Lehrerin klingelt. Die Kinder gehen an ihre Plätze. Es wird wieder ruhiger im Klassenzimmer. Amy hat noch den König. Sie wird in der Rolle des Königs gefragt, wen sie hören möchte. Amy: „Einmal Leni und einmal Henriette und einmal Kawah." Lehrerin: „Mmh warum, lieber König?" Amy: „Weil die so lustig waren?" Lehrerin: „Okay, dann schauen wir uns die mal an." Leni geht nach vorn und liest vor.

2. Erhebung, 84. Minute
Die Lehrerin fragt den König, was er zu den Märchen sage. „Sie sind sehr schön", antwortet Sarah in der Rolle des Königs. Die Lehrerin möchte wissen, was ihm besonders gefallen habe. Sarah sagt, dass die Märchen von Kawah, Henriette und Leni lustig seien. Auf die Frage der Lehrerin, wer noch vorlesen solle, melden sich viele Kinder und sehen Sarah an. Sie schlägt Samira, Nele und Moritz vor. Bei Moritz ergänzt sie: „Und Moritz habe ich noch nicht."

2. Erhebung, 92. Minute
Nun hat Anja den König. Sie wünscht sich in der Rolle des Königs Markus zum Vorlesen. Als Begründung nennt sie, dass sie das nicht lesen konnte. Yannik solle auch vorlesen, weil der König und sie das Märchen schön fanden.

4. Erhebung, 87. Minute
Die Lehrerin fragt den König, wer seiner Meinung nach präsentieren solle. Wen er interessant fand oder zu wem er eine Frage habe. Sarah antwortet in der Rolle des Königs, dass sie Kawahs Text interessant fand und möchte, dass sie präsentiert. Die Lehrerin fragt Kawah, ob sie auch möchte. Ich wundere mich ein wenig, diese Frage ist mir bis jetzt noch nicht aufgefallen.
Nachdem Kawah ihren Text vorgelesen hat, Applaus entgegennahm und sich wieder an ihren Platz setzte, sagt die Lehrerin, dass der König nun Kawah gegeben werden solle. Frau Schulz adressiert wieder den König mit der Frage, wer präsentieren solle. Kawah sagt mit dem König auf dem Finger: „Leon und Moritz." Bei den Miniaturgegenständen war eine kleine Tasche dabei. Ich wundere mich, weil ich sie nicht auf den Tischen der Kinder entdeckt habe. Ich gehe zur Tischgruppe von Kawah, um zu schauen, ob die Tasche da ist. Vielleicht ist das der Impuls für die Lehrerin, bei Kawah noch einmal

nachzufragen, welche Gegenstände sie verwendet hat. Sie nennt den Helikopter, den MP3-Player und die Tasche. Die Lehrerin fordert Leon und Moritz auf, nach vorn zu gehen.
Zu diesen beiden Vorschlägen zur Präsentation von Leon und Moritz wurden keine Begründungen gegeben, warum sie vorstellen sollen.

Dass der Grund für den Präsentationswunsch einer Arbeit in dem Nichtlesenkönnen eines Artefaktes liegt oder in systemischen Faktoren des Unterrichts, bspw. Zeitmangel, wurde bereits thematisiert. Hier nennen die Schüler*innen neben diesen noch weitere Faktoren, bspw. geschichtentypische Merkmale, z.B. ‚schön' oder ‚lustig' sein. Die Einschätzung ‚interessant', kann hier im Kontext der Frage auch als eine Entscheidung zwischen der Auswahl ‚interessant' und ‚eine Frage haben' betrachtet werden.

## 7.2 Funktionen des Präsentierens

Das Handlungsformat ‚Präsentation' lässt den zu beschreibenden Text als den medial mündlichen gelten. Daher beziehe ich mich auch hier auf die Anforderungen für die Gestaltung einer mündlichen Geschichte von Becker (2013) in Anlehnung an Quasthoff (1980).

Mithilfe der folgenden Szene wird beschrieben, wie diese Anforderungsbereiche („Darstellung von Inhalts- und/oder Formrelevanz"', „Thematisieren", „Elaborieren/Dramatisieren", „Abschließen", „Überleiten" (Becker 2013, S. 44)) von den Feldteilnehmer*innen gelöst werden. Sie stammt aus der ersten Erhebung, in der die Aufgabe der Kinder darin bestand, ein Märchen aus drei Elementen zu entwickeln – einer phantastischen Figur, einem weiteren Protagonisten (Tier) und einer Beschreibung der nachfolgenden Tätigkeit. Zu Beginn der Szene liest Phillip seinen Text vor:

1. Erhebung, 85. Minute
Die Lehrerin fordert Phillip auf, nach vorn zu gehen und laut und deutlich zu sprechen, damit sie ihn hinten hören könne. Sandra und Markus werden noch aufgefordert, aufmerksam zu sein. Frau Schulz setzt sich an den Tisch. Phillip lächelt, dann wird sein Gesicht ernst und er beginnt zu lesen: „Es war einmal ein. Es war einmal ein Kamerariese. Eines Tages klopfte es an der Schlosstür. Davor stand ein Löwe mit einer großen Mähne. Sie gehen einkaufen. Sie kaufen sich ein neues Auto. Es kostet 15.000 Euro. Der Löwe sagte, „Puuh, war das teuer." Sie machten eine Spritztour bis zum Tagesende. Der Löwe ging um ein Uhr in der Nacht nach Hause. Sie verabschiedeten sich. Ende." Phillip blickt nach oben, die anderen Kinder applaudieren.

Die Lehrerin erkundigt sich, ob es Fragen an Phillip gäbe oder Dinge, die den Kindern aufgefallen seien.

Der ersten Anforderung, der „Darstellung von Inhalts- und/oder Formrelevanz“ (Becker 2013, S. 44) werden in dieser Szene nun zwei Rahmungen gegeben. Zum einen eine explizite Rahmung durch die Lehrerin mit der Zuweisung eines Erzählplatzes, des Erteilens konkreter Durchführungshinweise und des Sicherstellens der Aufmerksamkeit der Zuhörer*innen. Zum anderen erhält sie einen impliziten Rahmen durch die dramaturgischen und mimischen Elemente, die Phillip mit einbringt. Damit werden in dieser Situation Anforderungen des Handlungsformats Präsentation expliziert. Mit der damit einhergehenden Fokussierung des mündlichen Textes ergibt sich eine Würdigung des Ergebnisses der ‚Arbeit' von Phillip infolge des Zuhörens der gesamten Gruppe. Dennoch findet die Präsentation auf Grundlage des schriftlichen Artefaktes statt. Damit ist es Phillips Aufgabe, das schriftliche Produkt für die Gemeinschaft zu ‚übersetzen'.

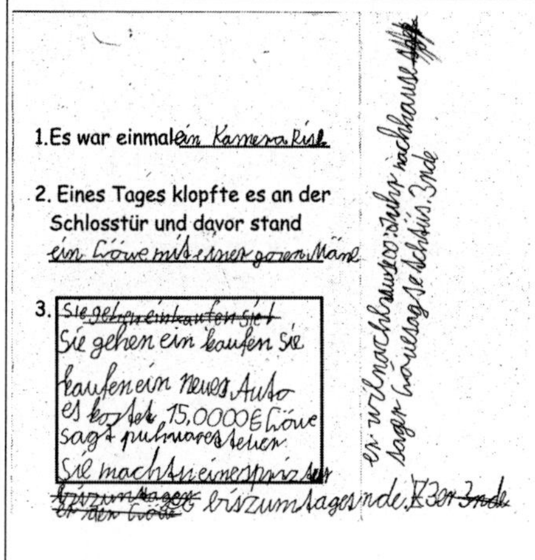


**Transkription (buchstabengetreu)**

1. **Es war einmal** ein Kamera Rise

2. **Eines Tages klopfte es an der Schlosstür und davor stand**
ein Löwe mit einer grozen Mäne

~~3. Sie gehen einkaufen sie~~
Sie gehen ein kaufen Sie
kaufen ein neues Auto
es kostete 15,000€ Löwe
sagt puh waresteuer
Sie machtn einespriztur
~~bzizuntagen~~ biszumtagesende 3~~er3nde~~
~~Er den Löwe~~

Er wilnachhause 00:01uhr nachhause ~~sgee~~
Sager Löwesagt ~~e~~ tchtüs. 3nde

Abbildung 6 Phillip, 3. Schulbesuchsjahr, 1. Erhebung

Entsprechend der zweiten Anforderung, dem ‚Thematisieren', wird somit eine bestimmte Geschichte von Phillip erwartet und er „beginnt zu lesen“, wie es der Beobachter beschreibt. Ein freies Erzählen wäre in diesem Falle nicht angemessen gewesen. Und auch der Vergleich mit dem schriftlichen Produkt zeigt, dass sich Phillip, von kleineren Abweichungen abgesehen, die vor allem den letzten Satz betreffen, auch an den medial schriftlichen Text hält. Die vierte Anforderung („Abschließen" (Becker 2013, S. 44)) wird ebenfalls sowohl in expliziter Form, Phillip liest „Ende", als auch implizit durch die Aufnahme des Blickkontaktes mit dem ‚Publikum' erfüllt. Das wechselseitig geteilte Prozessverständnis wird durch den darauf folgenden Applaus des Publikums eindeutig markiert. Der Applaus stellt eine ritualisierte Form der Würdigung dar, allerdings ist dieser auch Regeln unterworfen, auf die im weiteren Verlauf noch eingegangen wird. Die Aufgabe der Überleitung wird indes von der Lehrerin übernommen, indem sie den Mitschüler*innen nun die Möglichkeit für Nachfragen gewährt.

Damit ist eine dritte Funktion des Präsentierens neben der Zugänglichkeit und Würdigung verbunden: die Möglichkeit der Einschätzung bzw. Bewertung.

*Im Rahmen der Präsentation wird die Zugänglichkeit des Textes für die Mitschüler*innen hergestellt. Dieses Vorgehen, dessen Intention zunächst in dem Bekunden des Interesses an dem Geschriebenen (der ‚Arbeit') liegt und ihr damit eine Würdigung zuteil werden lässt, bietet darüber hinaus unter inklusionsdidaktischen Gesichtspunkten Potenziale, da die Schriftlichkeit des Textes nicht zu einem Segregationskriterium wird und Teilhabe nicht an deren Anforderung scheitert.*

*Gleichzeitig ist damit der Raum und die Gelegenheit geschaffen, ein Arbeitsergebnis klassenöffentlich einzuschätzen bzw. einer Bewertung zukommen zu lassen; es also auch wie einen schriftlichen Text, der seine kommunikative Funktion erfüllt, zu behandeln.*

## 7.3 Kriterien der Bewertung

Nach dem Vortrag Phillips beginnt ein Unterrichtsgespräch, das den Inhalt seines Textes thematisiert:

1. Erhebung, 86. Minute
Johannes: „Also, ich konnte es auch nicht lesen und deswegen fand ich es auch schön, dass er jetzt präsentiert hat und ähm ja, das konnte ich nicht lesen, weil er so viel durchgestrichen hat und so, aber das ist nicht schlimm." Dabei macht er eine abwinkende Handbewegung.
Lehrerin: „Was hat denn Phillip gut gemacht, wenn wir da an unsere Schrittfolge denken? Was hat denn der Phillip richtig gut hingekriegt?" Johannes scheint das einzige Kind zu sein, das sich meldet. Johannes: „Phillip hat die Schrittfolge, Es war einmal, eines Tages klopfte es an der Schlosstür, glaub ich, gar nicht richtig mit[bekommen]."

Hier scheint er nun zu sehen, wie die Lehrerin etwas den Kopf schüttelt und führt weiter aus: „Aber mit anderen Begriffen und so." Lehrerin: „Das meine ich nicht. Der Phillip hat das gut gemacht. Ja? Wie hieß nochmal deine Hauptfigur?" Phillip stockt einen Moment, schaut auf sein Blatt, „Kamerariese und Löwe." Die Lehrerin führt aus, dass Phillip alle Schritte eingehalten habe. Er habe eine Hauptfigur bestehend aus einem Gegenstand des Klassenraums und einer Märchenfigur gewählt, der Löwe sei dazugekommen und es sei auch noch etwas passiert. Er habe alles „supi" gemacht.

Im Anschluss an die Möglichkeit, Fragen zu stellen, folgt ein Gespräch über das Gehörte, welches die Einschätzung der Leistung Phillips zum Gegenstand hat. Hier wird erneut deutlich, dass es nicht um das Vorlesen geht, sondern darum, einen Text zu präsentieren. Die Präsentation geht über das Vorlesen hinaus und könnte auch die Darbietung der gezeichneten Elemente usw. beinhalten, die Rede über den Text sein und anderes mehr. Weitere Merkmale wie das ‚Nach-vorne-gehen', der Applaus nach dem Vortrag, das Gespräch über den Schreibprozess entsprechen ebenfalls dem Präsentationscharakter. Die Schüler*innen lesen ihre Texte jedoch vor bzw. inszenieren diese Tätigkeit. Im Unterschied zum vorigen Abschnitt, in dem ausschließlich auf das Vorhandensein eines präsentierbaren Ergebnisses rekurriert wurde, steht hier eine bestimmte Qualität im Zentrum der Aufmerksamkeit. Es wird die ‚richtige' Lösung der Schreibaufgabe thematisiert.

Dabei obliegt es dem Publikum, sich zu dem Gehörten zu äußern. Johannes ist allerdings der Auffassung, dass die Aufgabe hinsichtlich der Schrittfolge nicht richtig gelöst wurde, stellt allerdings nicht dar, was er damit meint. Er differenziert nach dem nonverbalen Kommentar der Lehrerin (Kopfschütteln) in unterschiedliche Anforderungen an das Textschreiben zwischen einer Textidee und konkreter Formulierungsaufgabe.[121] Frau Schulz geht allerdings auf diesen Einwurf nicht ein, wiederholt stattdessen zunächst ihre globale Einschätzung und konkretisiert sie anschließend. Dabei bezieht sie Phillip als Autor mit in die Darstellung der Lösung im Sinne der Beantwortung von Textverständnisfragen ein. Frau Schulz thematisiert die obligatorischen Elemente des Textes (Hauptfigur) sowie das Einhalten der Schritte. Inwiefern der Text somit die Aufgabe erfüllt, wird hier in einem gemeinsamen Gespräch der Lehrerin mit Phillip thematisiert. Anschließend kontextualisiert sie selbst noch einmal die Aufgabe, sodass eine Verbindung zwischen Aufgabe und Ergebnis gezogen werden kann. Sie beschreibt Phillips Schreibprozess und endet mit dessen Wertung.

[121] Vgl. das Schreibprozessmodell von Flower und Hayes 1981: Für sie gehören die Ideengenerierung und die Strukturierung zum Bereich des Planens (vgl. Flower & Hayes 1981, S. 372f.).

*Somit ist das schriftliche Artefakt ein Teil einer Handlung, deren Ergebnis in Form des mündlichen Textes präsentiert wird und deren Güte im gemeinsamen Unterrichtsgespräch geprüft und ggf. modifiziert wird. Dabei werden Verbindungen zur gestellten Aufgabe hergestellt, bei deren Offenlegung der Autor aktiv mit einbezogen wird.*

*Exkurs: Weitere inhaltliche Rückmeldungen der Kinder*

Die von Becker-Mrotzek angeführten systematischen Unterschiede zwischen Lehrer*innen- und Schüler*innenbewertungen konnten in diesem Datenmaterial nicht nachgewiesen werden. Zum einen wurden die Texte nicht zum Zwecke der Bewertung geschrieben, zum anderen können die hier angeführten Schüler*innenrückmeldungen nicht losgelöst von der Frage der Lehrerin betrachtet werden.

In der folgenden Szene fragt die Lehrerin die Schüler*innen im Anschluss an die Präsentation einiger Texte in der dritten Erhebung, was ihnen „besonders gut gefallen hat“:

3. Erhebung, 100. Minute
Die Lehrerin fragt die Kinder, was ihnen besonders gut gefallen habe. Johannes sagt, dass er Kawahs Märchen schön fand, weil der Zwerg einen witzigen Namen hat. Sandra gefiel das Märchen ebenfalls, besonders, dass der Zwerg Goldmarie trifft. Nele hebt das schöne Ende des Märchens von Samira hervor. Die Lehrerin sagt, dass Samira gut darauf geachtet habe, ein richtiges Märchenende zu verwenden, woraufhin ein Kind sagt: „Ich hab nur Ende.“ Sandra meldet sich noch einmal und sagt, dass sie bei dem Märchen von Samira nicht schön gefunden hat, dass der Wolf getötet wurde. Die Lehrerin sagt daraufhin, dass das jeder selbst erfinden kann und Rotkäppchen und der Prinz dann heiraten konnten.

**Transkription (buchstabengetreu)**
Es war ein mal ein Mätchen
Na mens Rotkepche Sie liebte es zu
Spinen unter Ihre Lieblings Baum Plözlich
Kam ein Wolf Rotkepchen rante
Ins Schloss Der Prinz Was Machsdu
Hir ein Wolf ist hinter Mir her Der
Prinz Kukt raus es ist kein
Wolf da er lis Die Tür ofen
Plözlich Sah der Prinz den
Wolf TöTeT in und heirate
Sie lepteKlüKlIch BIS an Ihr ende

Abbildung 7 Samira, 1. Schulbesuchsjahr, 3. Erhebung

Gemäß der Frage antworten die Kinder tatsächlich mit subjektiven Eindrücken, bspw. benennt Johannes ‚Witzigkeit' als inhaltliches Kriterium. Es zeigen sich aber auch textsortenspezifische Merkmale, wie bspw. das „schöne Ende" bei Samira oder die Kritik Sandras an diesem Text, den Tod des Antagonisten betreffend. Hier macht es sich Frau Schulz zur Aufgabe, diese Eindrücke gemäß der Anforderungen zu rahmen: Das „schöne Ende" wird als „richtiges Märchenende" gewertet und der Tod des Antagonisten mit der individuellen Freiheit im Rahmen der Aufgabe begründet.

Ein ähnliches Vorgehen findet sich in der zweiten Erhebung, nachdem Markus[122] seinen Text präsentierte:

2. Erhebung, 93. Minute
Die Kinder applaudieren. Nele sagt in der Rolle des Königs, dass sie den Bösewicht gruselig fand. Dabei verstellt sie ihre Stimme. Die Lehrerin fragt, ob der König Angst haben musste. Markus verneint. Die Lehrerin ergänzt, dass ja schließlich Batman dagewesen sei. Darüber hinaus habe sich der König ja auch spannende Märchen gewünscht und ein solches habe Markus geschrieben.

Nele führt in ihrem aus eigener Initiative stammenden Kommentar eine beschreibende Kategorie ein („gruselig"), die durchaus auch auf ein Märchen zutreffen könnte. Frau Schulz nimmt diesen Impuls auf und bezieht ihn sowohl auf den weiteren Verlauf des Textes (das Vorkommen des Helden) als auch auf die Aufgabe, hier den ‚Wunsch des Königs'.

Die inhaltlichen Rückmeldungen der Kinder gehen oft, wenn auch nicht ausschließlich, wie Johannes' Bezug zur Aufgabenstellung zeigt, auf persönliche Empfindungen ein. Dabei argumentieren sie allerdings durchaus mir genrespezifischen Argumenten (Witzigkeit, Spannung (gruselig), Wahl des Endes). Diese Impulse greift Frau Schulz hier auf und bezieht sie auf die Aufgabe.

[122]Vgl. Teil IV, Kap. 8: Interaktionen im Rahmen des Textproduktionsprozesses

## 7.4 Der Text und die Aufgabe

Um die Darstellung der Beziehung zwischen Aufgabenstellung und Text noch weiter zu verdeutlichen, wird diese Szene mit einer anderen, aus der vierten Erhebung, kontrastiert. Hier bestand die Aufgabe der Kinder darin, in Anlehnung an den Schreibimpuls „Rotkäppchen im Hubschrauber" (Rodari 2008) ein semantisch fremdes Wort in ein Märchen einzuarbeiten.[123] Anders als bei Rodaris Konzept bezogen sich die Kinder hier auf Märchen im Allgemeinen und nicht auf ein bestimmtes, vorab festgelegtes. An dieser Stelle wird auf Leons Text eingegangen, dessen Aufgabe darin bestand, einen Laptop in seinem Märchen vorkommen zu lassen.

4. Erhebung, 89. Minute
Die Lehrerin fordert Leon und Moritz, einen weiteren Schüler, auf, nach vorn zu gehen. Leon stellt sich an die linke Tafelhälfte, Moritz an die rechte. Leon soll beginnen.
Leon (liest): „Es war einmal ein König. Okay. Kaffee im König-reich und zum zum Kuchen ein eingeladen mit Kö-König und Königin und das war's."
Leon schaut auf, er lächelt. Vielleicht erwartet er Applaus von den Mitschüler*innen. Er sieht seine Lehrerin an. Sie lächelt nicht. Lehrerin: „Leon, erzähl noch mal, was haben die gemacht?"
Leon: „Sie haben Kaffee getrunken?"
Lehrerin: „Ja, und wie hat der König seine Freunde eingeladen? Wie hat er das gemacht?"
Leon: „Er hat 'nen Brief geschickt."
Lehrerin: „Aha, und welchen Gegenstand hattest du in deinem Paket?"
(Leon schaut an die Decke.)
Lehrerin: „Was habt ihr gezogen, Markus und du?"
Leon: „Einen Laptop."
Lehrerin: „Einen Laptop, spielt der in deinem Märchen auch eine Rolle?"
(Leon überlegt und zuckt mit den Schultern.)
Lehrerin: „Du hattest vorhin die Idee, dass der keinen Brief schreibt, sondern eigentlich eine E-Mail."
Leon: „Ja."
Lehrerin: „Und der hat quasi per E-Mail seine Freunde eingeladen zum Kaffeetrinken, okay gut, Applaus."
Die Lehrerin beginnt zu klatschen, die Kinder klatschen mit. Leon lächelt wieder und verbeugt sich tief. Er setzt sich wieder neben Markus.

[123] Dieses Beispiel wird ebenfalls ausführlich in Zielinski (2019, S. 390ff.) analysiert.

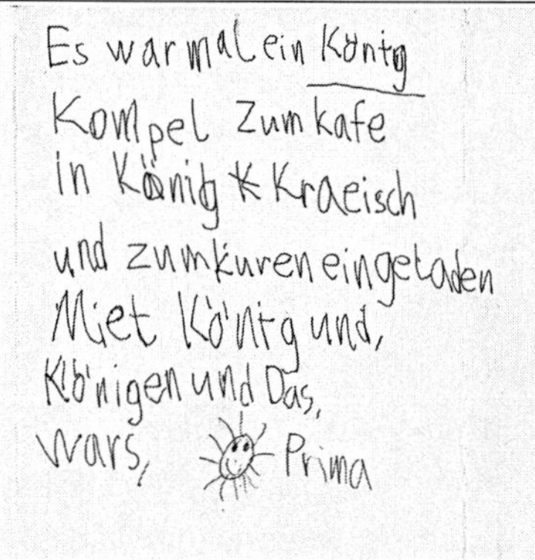

**Transkription (buchstabengetreu)**

Es war mal ein König
Kompel Zum kafe
in König Kraeisch
und zum kuren eingeladen
Miet König und,
Königen und Das,
wars, Prima

Abbildung 8 Leon, 2. Schulbesuchsjahr, 4. Erhebung

Leon und Moritz gehen gemeinsam nach vorn, sie saßen nicht zusammen, haben nicht gemeinsam einen Text erarbeitet und präsentieren daher Unterschiedliches. Das gemeinsame ‚Auf die Bühne treten' ist damit nicht inhaltlich begründet, vielmehr scheint die Ursache in dem Organisatorischen zu liegen: Zeit zu sparen, beim Aufrufen, nach vorn und wieder zurück an den Platz zu gehen. So stehen die beiden Jungen auch nicht zusammen, sondern teilen, die ‚Bühne' symmetrisch auf.

Zunächst soll Leon beginnen. Er liest seinen Text Wort für Wort vor, das Wort „Kumpel" lässt er aus. Die elliptischen Sätze bzw. Satzfragmente überträgt er in die Mündlichkeit. Dadurch wirkt der Text inkonsistent und teilweise unverständlich. Darin unterscheidet sich sein Präsentieren von dem von Erik und Markus. Offenkundig scheint in dem Vorlesen für ihn eine große Herausforderung zu liegen, worin auch begründet zu sein scheint, dass Frau Schulz an anderer Stelle Leons Text für ihn vorliest.[124] Nach dem Vortrag sieht er auf und lächelt, vielleicht erwartet er Applaus, wie ihn andere auch erhalten haben.

Stattdessen fordert ihn Frau Schulz auf zu erzählen, was die Figuren gemacht haben. Hier wird eine dritte Anforderung an die Kinder gestellt; neben das ‚Präsentieren' und ‚Vorlesen' tritt nun das ‚Erzählen'. Waren die Verbindungen zwischen schriftlichem Artefakt und mündlichem Text bei den Anforderungen Präsentieren und Vorlesen noch mehrdeutig, ist bei der Aufforderung Erzählen offenkundig, dass die Aufgabe über das Geschriebene hinausgeht. Das scheint notwendig, um im Medium des Mündlichen einen verständlichen Text zu präsentieren. Dafür wird ein weiteres inhaltliches Element eingeführt, da Leons Text auf die Frage, was „die gemacht" haben,

[124]Vgl. Teil IV, Kap. 6.4.1.: Die Mündlichkeit der Hürde

keine Antwort gibt. Er beschränkt sich in seinem Text auf die Thematisierung der Einladung durch den König und beschreibt anschließend gemäß der Aufforderung „Erzähl“ deren Folge, die sich inhaltlich schlüssig aus seinem Text ergibt. Das wird von der Lehrerin bestätigt, aber sie insistiert noch auf einen zweiten Aspekt, der in seinem Text nicht benannt wurde: wie die Einladung gestellt wurde. Betrachtet man den von Leon vorgetragenen Text isoliert, benötigt er diese Information nicht.

Bezieht man allerdings die schulische Anforderungssituation mit in die Analyse ein, so wird Leons Text der Schreibaufgabe, einen Gegenstand in der Geschichte zu verwenden, nicht gerecht. Dennoch ist dieser nicht wirkungslos geblieben, vielmehr, so ist zu vermuten, fungiert der Laptop in Leons Text als Schreibwerkzeug, um die Einladung zu erstellen. In dieser Einladung ist der Gegenstand aufgegangen und auf der Textoberfläche verschwunden (vgl. Zielinski 2019, S. 396). Denn die Aufforderung der Lehrerin, diese Verbindung zwischen Gegenstand und Text herzustellen, bereitet Leon Schwierigkeiten. Der gezogene Gegenstand scheint für ihn nur noch wenig mit dem produzierten Text zu tun zu haben, er nennt ihn erst auf eine zweite Nachfrage hin. Ob der Gegenstand eine Rolle in seinem Märchen spiele, beantwortet er schließlich mit einem Schulterzucken.

Die Frage nach der Rolle des Laptops im Märchen wird von Frau Schulz selbst beantwortet, allerdings stammt die ursprüngliche Idee der E-Mail von Markus,[125] mit der sie nun argumentiert. Statt den Widerspruch aufzudecken, bestätigt Leon allerdings Frau Schulz.

Sie fasst nun Leons Text zusammen und initiiert den Applaus.

*Exkurs: Der Applaus*

Dessen Funktion scheint – gemäß seiner kulturellen Funktion in anderen Kontexten (Theater, Oper, Vortragssaal) – zunächst in einer Würdigung der Leistungen der Schüler*innen zu liegen, allerdings existiert auch hier ein Kontinuum, das nicht verbalisiert wird. Beginnen die Kinder nach der Präsentation von Phillip unmittelbar zu klatschen, handelt in dieser Form in dem hier dargestellten Fall von Leon niemand so. Somit scheint auch den Rezipient*innen deutlich, dass nach dem fragmentartigen

[125] 4. Erhebung, 54.-58. Minute: Lehrerin: „Leon. Was habt ihr bis jetzt?“ Markus: „Uns ist eingefallen, dass ähm der König seinen Kumpel abholt; also seinen Freund, seinen anderen Kumpel-König-Freund und ähm dann schreiben die eine E-Mail-Nachricht. Die beiden schreiben eine Nachricht an die Sternschnuppen. Und ähm und dann und dann wollten die uns mal besuchen kommen. Und ähm, die wollten uns dann noch zu 'nem Kaffee einladen. Und und, ja das war's.“

Vortrag Leons eine Reaktion der Lehrerin folgen wird. Nachdem die Lehrerin jedoch gemeinsam den Vortrag derart ‚repariert' hat, erhält auch Leon den Applaus. Die Funktion des Applauses liegt damit sowohl in einem Ritual, das den Schüler*innenvortrag abschließt, als auch in einer Würdigung der ‚Arbeit', an die allerdings bestimmte Mindestanforderungen gestellt werden. Sofern es hier zu einem Konflikt kommt, wie das Beispiel von Leon gezeigt hat, wird in einem gemeinsamen Gespräch mit der Lehrerin das Arbeitsergebnis derart verändert, dass es den Anforderungen gerecht und somit auch ‚applauswürdig' wird.

Vergleicht man die Rückmeldungen, die Phillip und Leon zu ihren Texten erhalten haben, so fällt auf, dass in beiden der Bezug zu der gestellten Aufgabe im Zentrum steht. Fragt Frau Schulz bei Phillip nach der verwendeten Hauptfigur, ist es bei Leon der gezogene Gegenstand. Dieser ist jedoch für Leon in dem Text aufgegangen. Das hat Auswirkungen auf die Güte der Aufgabenerfüllung, die im Rahmen der Präsentation überprüft wird, auch unter Einbezug des Autors selbst. Wurde bei Phillip die Aufgabenerfüllung als angemessen betrachtet, so ist sie bei Leon reparaturwürdig.

Dieses Vorgehen im Medium des Mündlichen führt zu unterschiedlichen Funktionen der mündlichen Texte und der schriftlichen Artefakte. Frau Schulz fokussiert hier ein erweitertes Verständnis eines Textbegriffes von dem ausgehend prozessorientiert die Entstehungskontexte mit berücksichtigt werden und der Text als Ergebnis nicht an die Schriftlichkeit gebunden ist. Zwar zeigt sich durch das Zögern Phillips, dass darin auch für ihn eine Herausforderung liegt, die er allerdings bewältigen kann. Für Leon scheint es indes nicht so gut lösbar. Stattdessen steht der schriftliche Text als Produkt unabhängig vom Prozess und besitzt eher die „Funktion eines Wissensspeichers" (Zielinski 2019, S. 397). Für ihn scheint der schriftliche Text losgelöst von den Bedingungen seiner Entstehung zu stehen, die textvorbereitenden Ideen und Formulierungen haben Eingang in den Text gefunden, haben sich in ihm verändert und existieren nicht mehr auf der Textoberfläche, sondern sind stärker impliziert. Für die Lehrerin sind diese ‚extra-textuellen' Eigenschaften jedoch zum Text gehörend, was durch die (schulische) Aufgabenstruktur begründet zu sein scheint.

Im Rahmen der Präsentation treffen nun beide Textkonzepte aufeinander. Betrachtet man der schulischen Logik folgend einen Text nicht nur in sich, sondern ebenso als Erfüllung einer unterrichtlichen Anforderung, wird Leons schriftlicher Text dieser Anforderung nicht gerecht. Stattdessen bietet die Präsentation die Chance, diese fehlende Verbindung herzustellen. So kann in den Fällen von Erik und Markus flexibel die Güte des Textes in Bezug auf die Aufgabenstellung hergestellt werden. Gleichzeitig stellt dieser erweiterte Text eine Herausforderung für Leon aufgrund der damit einhergehenden gesteigerten Komplexität dar, da der Text nun ein integraler Bestandteil des Schreibprozesses ist und somit veränderbar wird. Damit wird für Leon eine andere Hürde erzeugt, außerhalb der Schriftlichkeit: die Reflexion der Aufgabenstellung und des eigenen Schreibprozesses. So lässt sich Weinholds Aussage, dass die Hürde für Schreibanfänger*innen in der gleichzeitigen Betrachtung verschiedener Anforderungsbereiche liege, auch für den Bereich der Präsentation bestätigen (vgl. Weinhold 2000, S. 196). Damit wird die Komplexität des Textverfassens, die u.a. in der Aufgabenstellung ihre Ursache besitzt, für Leon zu einer Hürde im Rahmen der Präsentation.

*Die Reflexion über den Text mit Blick auf die Aufgabenerfüllung im Rahmen der Präsentation führt zu einer Steigerung der Komplexität, die auch für Schreiber*innen, für die die Schriftlichkeit allein keine Hürde darstellt, eine Herausforderung bilden kann.*

## 7.5 Funktion des schriftlichen Textes im Rahmen der Präsentation

Das Nichterfüllen der kommunikativen Funktion des schriftlichen Produkts wurde bereits als Begründung für den Wunsch, den Text präsentiert zu bekommen, angeführt. Während der Präsentation existieren unterschiedliche Funktionen, die das schriftliche Artefakt einnehmen kann, sei es in Form einer ‚Schlüsselwortfunktion' (vgl. Naugk et al. 2016, S. 203),[126] oder wie im Falle von Leon als „Wissensspeicher" (Zielinski 2019, S. 397). Im Folgenden wird die Kommentierung des Textes im Rahmen der Rückmeldung thematisiert.[127]

In der ersten Erhebung kommentiert Johannes Eriks Geschichte nach der Präsentation wie folgt:

1. Erhebung, 92. Minute
Johannes sagt: „Also, ich hab mir deine Geschichte angeguckt. Also, ich fand, du hast gut probiert zu schreiben. Man konnte auch 'nen bisschen was lesen. Und ähm, ja."

[126] Siehe auch Fallbeispiel Markus' Präsentation (Teil IV, Kap. 8: Interaktionen im Rahmen des Textproduktionsprozesses)

[127] Eine Analyse dieses Auszugs findet sich auch in Zielinski (2018a, S. 131).

Johannes geht in seiner Reaktion infolge des mündlichen Vortrags von Erik auf dessen schriftliches Artefakt ein, das er vor der Präsentationsphase angeschaut hat. Auch hier rahmt er wie seine Mitschüler*innen während der inhaltsbezogenen Rückmeldung seine Einschätzung als persönliche Empfindung („ich fand"). Mit der Formulierung „gut probiert zu schreiben" nimmt er jedoch eine Einschätzung des schriftsprachlichen Entwicklungsstandes Eriks vor: Er kann noch nicht (richtig) schreiben, probiert es daher nur. Dieses Probieren schätzt Johannes allerdings als „gut" ein. Auf die Ästhetik des Artefakts geht auch Kawah in der vierten Erhebung ein, indem sie Moritz vorschlägt, Linien zu ziehen.[128]

Das schriftliche Artefakt stellt für die Feldteilnehmer*innen nicht nur ein Präsentationsmittel dar, sondern sollte, wenn es auch nicht gänzlich dem mündlichen Text entspricht (siehe Erik), bestimmten Anforderungen (z.B. Einhalten der Schreibrichtung) genügen.

Dass der Anspruch der Kongruenz des schriftlichen und mündlichen Textes teilweise auch von den Schüler*innen vertreten wird, macht das Vorgehen Samiras in der ersten Erhebung bei der Vorstellung ihres bereits thematisierten Textes deutlich:

1. Erhebung, 88. Minute
Samira wird aufgefordert, als Nächstes vorzulesen. Sarah wird kurz per Name aufgerufen. Vielleicht, um ihre Aufmerksamkeit auf Samira zu lenken?
Samira steht vor der Tafel, den Blick in die Klasse gerichtet, ihren Text in der Hand. Sie presst die Lippen zusammen und beginnt vorzulesen:
„Es war einmal eine Kameraprinzessin. Eines Tages klopfte es an der Schlosstür und davor stand ein Hund. Die Kameraprinzessin nahm den kleinen Hund mit rein. Sie wurden Freunde. Die Kameraprinzessin nahm eine Kamera. Sie filmt schön. Sie filmt sch-schöne, den schönen Tag. Ende"
Wieder presst sie die Lippen zusammen, blickt in Richtung der Lehrerin. Die Kinder applaudieren. Samira öffnet ihr gefaltetes Blatt und schließt es wieder, wobei sie es vor der Brust hält und immer zur Lehrerin blickt. Lehrerin: „Gibt es Fragen? Etwas, was ihr Samira sagen wollt?" Samira öffnet das Blatt wieder, blickt aber jetzt in die Klasse. Einige Kinder melden sich. Die Lehrerin ruft Markus auf. Markus: „Ich fand die Geschichte toll. Und das fand ich ähm." Lehrerin: „Was hat dir gut gefallen, Markus?" Markus: „Also mir hat gut gefallen, dass sie laut und deutlich gesprochen hat und da konnt' man gut zuhören, eigentlich und eigentlich hat das bei Samira gut geklappt." Samira: „Ich möchte noch etwas sagen." Lehrerin: „Mmh."

[128] Auszug aus dem Protokoll der vierten Erhebung: „Kawah meldet sich. Sie bittet Moritz, ihr sein Schlossbuch zu zeigen, und gibt ihm den Tipp, Linien zu ziehen."

Samira: „Ich muss die Geschichte noch mal schreiben, denn ich hab manche Wörter vergessen, manche Wörter hab ich mir jetzt einfach nur eingebaut, damit das auch richtig einen Sinn ergibt. Deshalb möchte ich ähm die Geschichte noch mal neu schreiben.“

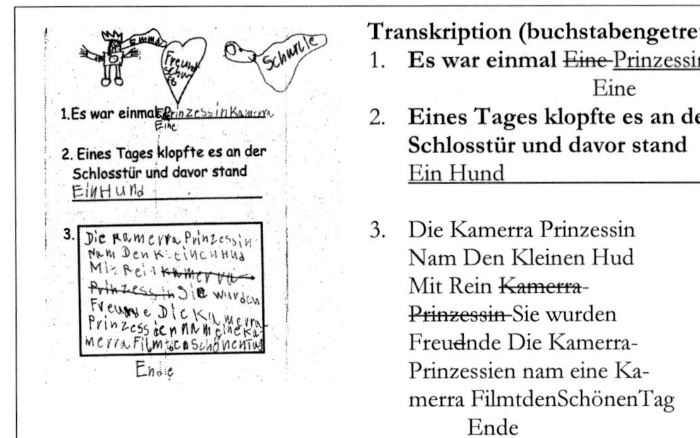


**Transkription (buchstabengetreu)**

1. **Es war einmal** ~~Eine~~ Prinzessin Kamerra
   Eine
2. **Eines Tages klopfte es an der Schlosstür und davor stand**
   Ein Hund
3. Die Kamerra Prinzessin
   Nam Den Kleinen Hud
   Mit Rein ~~Kamerra-~~
   ~~Prinzessin~~ Sie wurden
   Freu~~d~~nde Die Kamerra-
   Prinzessien nam eine Ka-
   merra FilmtdenSchönenTag
   Ende

Abbildung 9 Samira, 1. Schulbesuchsjahr, 1. Erhebung

Samira wird aufgefordert, ihren Text vorzulesen. Es ist nicht erkennbar, ob sie ihren Text vorlesen möchte oder nicht. Sie interveniert aber auch nicht. Es bleibt unklar. Sie blickt ihr Publikum an, die Lippen zusammengepresst, sie scheint aufgeregt zu sein. Sie liest den ersten Satz. Und jetzt ist es anders: An ihrem Platz blieb es bei der „Prinzessinkamera“.[129] Nun, vor Publikum, ist es die „Kameraprinzessin“. Samira kommt nicht ins Stocken, das ‚Probieren‘ am Platz hat sich ausgezahlt. Die nächsten drei Sätze liest sie ohne Probleme. Doch nun fügt sie im mündlichen Text einen Satz ein: „Sie filmt schön.“ Im Mündlichen verwendet sie nun ein Personalpronomen für die Kameraprinzessin. Doch nun kann der Satz nicht ohne Korrektur stehen bleiben. Würde sich „sie“ auf die Kamera beziehen, was semantisch und syntaktisch durchaus zulässig wäre, könnte der Satz stehen bleiben, da es sich um eine Beschreibung der Funktion handeln würde. Was für eine Filmqualität hat sie? Aber auf die Prinzessin bezogen, ist die Korrektur notwendig. Sie nimmt den Satz auf, der erste Korrekturversuch bezieht sich auf eine grammatische Änderung, nämlich die Veränderung des Adverbs „schön“ hin zum Adjektiv und dessen anschließender Flexion. Die zweite

[129] Vgl. Teil IV, Kap. 6: Die Konstruktion des Textes

Korrektur bezieht sich auf das Einfügen des Artikels „den". Schließlich stimmen gesprochener und geschriebener Text überein: „filmt den schönen Tag".

Samira blickt zur Lehrerin, scheint auf eine Rückmeldung zu warten. Das Auf- und Zuklappen des Blattes lässt sie nervös wirken. Es scheint klar zu sein, dass jetzt eine Rückmeldung aus der Klasse kommt. Sie blickt zur Klasse, die Kinder melden sich. Markus kommt dran. Er findet die Geschichte gelungen. Er drückt seine persönliche Meinung „ich" aus und charakterisiert sie sehr positiv, gleichfalls aber auch so unspezifisch wie möglich mit „toll". Auf Nachfrage der Lehrerin, die „toll" in „gut" ändert, geht Markus auf die Vortragsweise Samiras ein und überführt sein persönliches Urteil in ein allgemeingültiges: „da konnt' man gut zuhören [...] hat das [...] gut geklappt." Das bleibt unkommentiert stehen, wie es auch mitunter nach anderen Einschätzungen bei unterschiedlichen Schüler*innen der Fall war. Samira ergreift das Wort. Im Protokoll gibt es keinen Übergang, kein Melden, kein Aufrufen. Sie sagt: „Ich möchte noch etwas sagen." Dadurch, dass sie die Situation derart einleitet, wird ersichtlich, dass sie an dieser Stelle eigentlich keine Legitimation hat, dies zu tun und so den üblicherweise praktizierten Ablauf ändert.[130] Mit dieser Rahmung sichert sie sich allerdings gleichzeitig die Aufmerksamkeit für ihr Anliegen und gibt ihm eine Bedeutung. Wenn die Lehrerin ihren Wunsch verneint, erfahren die anderen nicht, was dieses „etwas" bedeutet.

„Ich muss die Geschichte noch mal schreiben". Samira scheint unzufrieden mit ihrem eigenen Ergebnis zu sein und zieht daraus eine Konsequenz, die sie mit einer Notwendigkeit verbindet, sie „muss die Geschichte noch mal schreiben". Erst jetzt liefert sie eine Begründung dafür, weil sie Wörter vergessen und eingebaut hat, „damit das auch richtig einen Sinn ergibt". Ist die geschriebene <PrinzessinKamerra> für Samira nicht sinnvoll gewesen? Danach formuliert sie den Satz um: „Deshalb möchte ich [...] die Geschichte noch mal neu schreiben." Nun wird deutlich, dass es ihr Anspruch und Wille ist, die Geschichte noch einmal zu verfassen.

*Erweist sich die Mündlichkeit einerseits als Möglichkeitsraum, den eigenen Text zu erweitern, zeigt sich andererseits vor allem bei Leon, dass das Präsentieren vor der Gruppe sowohl eine performative Herausforderung darstellt, als auch, dass die Schriftlichkeit eine Struktur gibt, die bspw. von Samira als eine Verpflichtung wahrgenommen wird.*

[130]Vgl. dazu auch Teil IV, Kap. 4: Individualität und Gemeinsamkeit beim Schreiben

## 7.6 Zusammenfassung des Kapitels

In dem hier dargestellten Kontext enthält das Präsentieren der Texte eine komplexe Funktion. Zunächst stellt sie eine ritualisierte Form des Abschlusses einer Schreibphase dar. Die Bewegründe für den Wunsch, dass einzelne Ergebnisse vorgestellt werden sollen, werden nach einem inhaltlich begründbaren und logischen Muster artikuliert, bspw. in der (noch) nicht erfüllbaren kommunikativen Funktion der Arbeiten oder ihren Eigenschaften wie ‚schön', ‚lustig'. Auch wenn die Arbeit für Dritte nicht lesbar ist, so verbindet sich damit kein Scheitern, sondern vielmehr stellt es den Anlass einer vertiefenden Auseinandersetzung mit dem schriftlichen Artefakt dar, sodass hier im Sinne einer inklusiven Didaktik Einschluss erzeugt wird. Statt die fehlende kommunikative Funktion des Schreibprodukts als Nichterfüllung der Aufgabenstellung zu kritisieren und damit exkludierende Strukturen in der Lerngruppe zu etablieren oder im Vorfeld differenzierende Maßnahmen zur Prävention einzuleiten, hat dieser Umstand Konsequenzen für den weiteren Umgang mit dem Artefakt:

1. Auf einer ‚sichtbaren' performativen Ebene durch die Würdigung der Arbeit, in dem geäußerten Wunsch, mehr über den Inhalt des Geschriebenen zu erfahren.
2. Auf einer ‚verdeckten' konzeptionellen Ebene, in der Möglichkeit, einen Text zu präsentieren, der über die geschriebene Arbeit hinausgeht und Raum für das Agieren als Leser*in lässt.

Damit wird Teilhabe erzeugt, indem auch Arbeiten präsentiert werden können, die (noch) nicht im umfassenden Sinne als ein Text funktionieren. Sie unterliegen keiner defizitorientierten Einschätzung, sondern werden kompetenzorientiert im Sinne ihrer (unterstellten kommunikativen) Funktion betrachtet, sodass sie diese Funktion im Format der Präsentation entfalten können.

Dieser durch das Medium der Mündlichkeit existierende Handlungsraum wird allerdings auch von der Lehrerin genutzt, indem sie mit einer Modifizierung der Anforderung „Erzähl!" den Text ebenfalls erweitert und den Bezug zur Aufgabe herstellt, den Grad der Erfüllung reflektiert und die Autor*innen dabei involviert. Diese Operationalisierung eines erweiterten Textbegriffs erzeugt damit zugleich Potenziale (Bsp. Erik und Markus) als auch Hürden (Bsp. Leon).

Die der Präsentation folgenden Rückmeldungen der Lehrerin und der Mitschüler*innen lassen sich nicht klar analytisch trennen, da sie z.T. in Abhängigkeit zueinander stehen (z.B. Impuls der Lehrerin) und sich aufeinander beziehen. Dennoch wird deutlich, dass die Lehrerin einen starken Fokus auf den Bezug zur Aufgabe legt und die

Mitschüler*innen subjektive Empfindungen ausdrücken, sie allerdings auch in Verbindung zu den geschichtentypischen Merkmalen der Texte stehen. Hierbei werden auch kritische Anmerkungen getroffen, es handelt sich also nicht ausschließlich um eine Praxis der Bestärkung.

Der schriftliche Text dient in dieser Phase nicht nur als ein Mittel, um als eine Leser*in zu agieren und die eigene Teilhabe an der Praxis des Schriftlichen zu verdeutlichen, sondern hat die Funktion eines ‚Wissensspeichers' (Leon) bzw. ‚Schlüsselwortbewahrers' (Markus). Gleichzeitig wird allerdings auch der Anspruch der Kongruenz von schriftlichem und mündlichem Text deutlich (Samira).

# 8 Interaktionen im Rahmen des Textproduktionsprozesses

Das folgende Kapitel thematisiert die Interaktionen von Schüler*innen und Lehrerinnen in unterschiedlichen Phasen des Textproduktionsprozesses. Zunächst werden die während einer Erhebung erhobenen Interaktionen zweier Schüler*innengruppen während des Textproduktionsprozesses beschrieben. Das materialgeleitete, induktive Vorgehen legt in der Auseinandersetzung mit dem Datenmaterial eine Strukturierung der Analyse nach folgenden Gesichtspunkten nahe:

- Beschreibung der Phase des Erzählens im Vorfeld des eigentlichen Schreibprozesses
- die Intervention der Lehrerin
- die nachfolgenden Schüler*inneninteraktionen
- Kontrastierung der Szenen mit Daten anderer Erhebungen

Damit werden die Interaktionen während eines Schreibprozesses aus einer chronologischen Perspektive beschrieben. Da in den Daten zwei Schüler*innengruppen thematisiert werden, beinhaltet die Analyse sowohl eine horizontale Dimension, die das Nacheinander der einzelnen Interaktionsszenen fokussiert, als auch eine vertikale Dimension, die sich auf eine vergleichende Analyse beider Gruppen bezieht.

## 8.1 Vorüberlegungen zur Beschreibung der Interaktionen zweier Schüler*innengruppen

Die im Folgenden dargestellten Interaktionen stammen aus einer Unterrichtssituation, in der die Schüler*innen ein Märchen in Anlehnung an Rodaris „Märchensalat" (Rodari 2008) entwickelten. Die Kinder fanden sich in unterschiedlichen Gruppen zusammen und sammelten zunächst zu jeweils einem Märchen (‚Frau Holle', ‚Dornröschen', ‚Das singende, klingende Bäumchen' und ‚Rotkäppchen') Personen, Orte und Gegenstände und schrieben je ein Wort auf eine Karte. Eine dieser Karten wählten sie aus und bildeten mit einem*einer oder zwei weiteren Schüler*innen eine neue Gruppe und entwarfen gemeinsam ein neues Märchen. Das geschichtengenerierende Potenzial beschreibt Rodari am Beispiel von Pinocchio und Schneewittchen: „Wenn Pinocchio in das Haus der sieben Zwerge gerät, wird er der achte Schützling Schneewittchens, bringt er seine Tatkraft in die alte Geschichte und zwingt sie, sich entsprechend den Resultaten der Handlungsgesetze beider, nämlich Pinocchios und

Schneewittchens, neu zu bilden" (Rodari 2008, S. 67). Die Wörter auf den Karten sind daher nicht losgelöst von dem Kontext des Märchens, aus dem sie stammen, und daher stärker als einzubringende Struktur, denn als einzelnes Wort zu betrachten. Inwiefern sich diese Beschreibung auch in dem empirischen Material wiederfindet, wird im Laufe des Kapitels thematisiert.

Das hier vorgestellte Material bildet einen Ausschnitt aus einer bestimmten Unterrichtsphase zwischen dem Stellen der Aufgabe und dem eigentlichen Schreiben, in der die Kinder den Auftrag bekamen, sich über mögliche Textideen zu unterhalten. Damit sind die vorliegenden Daten der ersten Phase vergleichbar mit Daten, die im Kontext von Erhebungen mit dem Ziel der Verbalisierung kognitiver Operationen erhoben wurden, wie bspw. im Rahmen des kollaborativen Schreibens oder mithilfe der Methode des Lauten Denkens.

Im Rahmen des kollaborativen Schreibens einer vierten Klasse führte Christina Bär ihre Studie durch, in deren Rahmen jeweils zwei Kinder eine Zusammenfassung einer Erzählung schrieben. Im Zentrum der Untersuchung steht die Reflexion des eigenen Schreibprozesses, der durch Aushandlungsprozesse auf inhaltlich-konzeptueller und formulierungsbezogener Ebene rekonstruierbar wird (vgl. Bär 2015). Ebenfalls anhand der Textsorte Zusammenfassung, allerdings mit dem Fokus auf die Entwicklung des wissenschaftlichen Schreibens Erwachsener, untersuchte Karin Lehnen das interaktive Schreiben Studierender (vgl. Lehnen 2000). Nicole Hinrichs untersuchte ebenfalls Studierende, allerdings bezüglich des Verfassens eines Bewerbungsschreibens (vgl. Hinrichs 2014).

Gemeinsam ist den genannten Studien, dass zwei Schreibende einen gemeinsamen Text verfassen und dabei ihre metatextuellen Gespräche fokussiert werden. Der Vorteil dieser Methode liegt laut Lehnen darin, dass die Schreibenden sich über inhaltliche und formulierungsbezogene Bestandteile des zu schreibenden Textes austauschen müssten und so die Modalitäten der Textproduktion aus der Perspektive der Schreibenden rekonstruierbar werden (vgl. Lehnen 2000, S. 14f.). Eine Abgrenzung des gemeinsamen Schreibens zur Methode des Lauten Denken besteht ihres Erachtens darin, dass es sich beim gemeinsamen Schreiben um eine Methode handelt, die weniger experimentell, stärker an einer im Feld typischen Routine orientiert ist (vgl. ebd., S. 10f.). Allerdings bilde im Rahmen der Methode des ‚Lauten Denkens' die Einigung auf einen gemeinsamen Text kein obligatorisches Element, vielmehr gehe es hier um die Sichtbarmachung gedanklicher Operationen (vgl. ebd., S. 10).

Bei dem hier vorliegenden Material handelt es sich wie beim kollobarativem Schreiben nicht um experimentelle Daten, sondern um Daten aus dem konkreten Unterricht. Wie beim Lauten Denken ist hier nicht die Einigung auf einen Text erforderlich. Die hier beschriebene Phase des Erzählens ist dem Schreiben vorgeschaltet, dadurch besitzt der Text im Gegensatz zum kollaborativen Schreiben auch keinen „ersten Leser" (Bär 2015, S. 22), weiterhin können Ideen potenziell nebeneinander stehen, da die individuelle Textproduktion in einem zweiten Schritt erfolgt. Aufgrund dieser Gemeinsamkeiten und Unterschiede zur Methode des kollaborativen Schreibens können die folgenden Aspekte dieser Methode genutzt werden, um Kriterien für die Beschreibung der hier dargestellten Interaktionen heranzuziehen.

Lehnen führt in ihrer Darstellung eine „Analyse des Interaktionsbeginns" an, davon ausgehend folgt eine Beschreibung der Organisation der Interaktionen und der Prozesse der Textproduktion (Lehnen 2000, S. 28). Für die Textherstellung benennt sie folgende Prozesse: „mündliche und schriftliche Formulierungsaktivitäten", „komplexe Formulierungsetappen", „Verständigung über den Ausgangstext" und „vorgeformte Elemente und Normen der Textproduktion" (ebd., S. 45ff.). Auch wenn es in dem vorliegenden Material nicht um eine Zusammenfassung und damit um die Transformation eines bereits bestehenden Ausgangstextes geht, lassen sich hier, ebenso wie bei der Zusammenfassung, Einblicke in die Lese- und Rezeptionserfahrungen der Schreiber*innen gewinnen (vgl. ebd., S. 56), da die Kinder sich auf vorhandene Märchen beziehen, Strukturen aufgreifen und modifizieren müssen. Vorgeformte Elemente zeigen sich hier sowohl hinsichtlich der Textsorte – bei der Zusammenfassung hinsichtlich des Ausgangstextes (ebd., S. 62) – als auch bezüglich der Aufgabenstellung, da in ihr bestimmte obligatorische Bestandteile enthalten sind, auf die die entstandenen Ergebnisse hin untersucht werden können.

Daher betrifft ein zweiter Analysefokus die Anwendung von Strukturierungshilfen bei der Textproduktion. In einer Studie in zwei dritten Klassen untersuchte die Forscher*innengruppe um Juliane Stude, inwiefern durch die Verwendung von Strukturierungshilfen der Schreibprozess unterstützt werden kann. „Im Mittelpunkt der zweistündigen Unterrichtseinheit stand das gemeinsame Erarbeiten eines allgemeinen Strukturrasters für die Textsorte Spielerklärungen" (Stude 2006, S. 36). Dabei enthalte das Strukturraster „Informationen, die in mündlichen Interaktionen intuitiv vom erwachsenen Zuhörer erfragt werden, wenn das Kind sie nicht initiativ realisiert (vgl. Kern 2003)" (ebd., S. 36). In dem vorliegenden Material nutzten die Schüler*innen kein Strukturraster, sondern Elemente mehrerer Märchen, die im Sinne des phantastischen Binoms nach Rodari geschichtengenerierend wirken sollten. Dennoch scheint die Frage der Nutzung einer solchen Strukturierungshilfe vergleichbar mit dem Vorgehen der Forschergruppe. So konnten die Forscher*innen um Stude unterschiedliche Funktionen, die das Raster als Hilfe einnimmt, herausarbeiten: Die Kinder verwenden „das Raster als lokale Hilfe", da sie dessen Elemente nutzen, indem sie es „sukzessive und meist nur minimalistisch abarbeiten" (ebd., S. 37). Dabei würden die vorgegebenen Formulierungen weitestgehend ‚eins zu eins' übernommen, ohne weiter entwickelt zu werden (vgl. ebd.). In anderen Gruppen findet sich allerdings auch das „Raster als globale Hilfe" (ebd.). Hier würden gegebene Formulierungen in Form von Überschriften verwendet, die durch eigene Formulierungen ergänzt würden und somit zu einer detaillierteren Geschichte führten (ebd.).

In Auseinanderansetzung mit dem vorliegenden Material lassen sich damit unter Berücksichtigung der angeführten Studien für die Phase des Erzählens folgende analytische Themen herausarbeiten.

*Aktivitäten auf Ebene der Kontextualisierung und Vertextung (Ohlhus 2013):*

Diese Ebene entspricht der von Lehnen beschriebenen Phase des Interaktionsbeginns, in der von den Textherstellungskriterien ausgehend die Rahmenstruktur des Textes festgelegt wird (vgl. Lehnen 2000, S. 43). Bezogen auf die von Ohlhus beschriebenen Aufgaben des*der Erzählers*Erzählerin steht hier die Entwicklung des Textkonzeptes im Vordergrund (Ohlhus 2013, S. 184).

*Aktivitäten auf Ebene der Markierung:*

Ein weiterer Analysefokus besteht in der Frage nach den Formulierungen im Kontext mündlicher und schriftlicher Textproduktion (vgl. Lehnen 2000, S. 45f.). Zunächst besteht die Aufgabe der Kinder in dem Erzählen und enthält sowohl die Aufgabe der Vertextung als auch der Markierung (Ohlhus 2013, S. 186ff.). Gleichzeitig stehen diese Anforderungen vor dem Hintergrund der nachfolgenden schriftlichen Produktion. Inwiefern werden hier schon Textteile in Bezug auf den schriftlichen Text konzipiert?

*Komplexe Formulierungsetappen:*

Lehnen bezieht sich hier auf die Kennzeichnung von Formulierungen als Vorschläge, die im Zuge der gemeinsamen Textproduktion ausgehandelt werden müssten (Lehnen 2000, S. 52). Die Schreiber*innen in dem vorliegenden Material müssen sich nicht auf eine Textversion einigen, dennoch findet womöglich eine Evaluation und unterschiedliche Markierung auf der Ebene von Ideen oder Formulierungen statt.

*Strukturierungselemente*:

Bezüglich der gegebenen Schreibaufgabe lassen sich die vorgegebenen Textbausteine analysieren und hinsichtlich einer „lokale[n]" oder „globale[n] Hilfe (Stude 2006, S. 37; Einfügung S.Z.) beschreiben.

## 8.2 Interaktionen vor dem Schreibprozess

### 8.2.1 Erzählen innerhalb der Gruppe

Die hier dargestellten Interaktionen der Schüler*innengruppen Amy, Leni und Nele sowie Markus, Samira und Anja beziehen sich auf den Zeitraum zwischen der Gruppenkonstituierung nach Bekanntgabe des Auftrags, das Märchen zunächst zu erzählen, und dem Aufschreiben des Märchens. Die Schüler*innen wählten folgende Wörter:

- Gruppe 1: Samira (‚Rotkäppchen' aus dem gleichnamigen Märchen), Markus (‚Baum' aus dem Märchen ‚Das singende, klingende Bäumchen'), Anja (‚Spinnrad' aus dem Märchen ‚Dornröschen'))
- Gruppe 2: Amy (‚Schlucht' aus dem Märchen ‚Das singende, klingende Bäumchen'), Leni (‚Haus' aus dem Märchen ‚Rotkäppchen'), Nele (‚Wolken' aus dem Märchen ‚Frau Holle')

3. Erhebung, Gruppe 1/1. Szene, 52. Minute
Die Kinder sitzen an der Tischgruppe, Samira, Anja und Markus auf der einen und Moritz und Leon auf der anderen Seite. Die Wortkarten liegen vor Anja (Spinnrad) und Markus (Baum).
Anja: „Samira, wo ist denn deine Karte?"
Samira: „Wo ist denn meine?" und blickt am Tisch herunter. Dann schiebt Anja eine Karte aus der Mitte des Tisches vor Samira.
Samira: „Also, wir könnten."
Anja: „Rotkäppchen spinnt einen Baum."
Markus: „Und Baum."
(vermutlich) Samira: „Ja, Rotkäppchen spinnt einen Baum."
Samira: „Rotkäppchen spinnt heute und heiratet einen Baum."
Anja: „Nee, das sollen wir jetzt, glaube ich, nicht machen."
Samira: „Nicht auf einmal zusammen."
Anja: „Ja, Rotkäppchen heiratet."
Die beiden scheinen unschlüssig, wie es weitergehen könnte.
Markus (in Bezug auf andere Schüler*innen): „Ej, die setzen sich alle auf meinen Platz."
[…]
Markus: „Ich hasse es, mit rot zu schreiben!"
Anja: „[…] Hast du keinen Bleistift?"
Samira: „Soll ich ihn für dich holen?"

Die Lehrerin teilt die Schlossbücher[131] aus, Leon und Moritz nehmen sich gleich eins. Anja, Markus und Samira lassen ihre noch am Rand liegen. Leon zeigt auf die Schlossbücher, die bei Samira liegen, und ruft „Hallo, hier liegt schon!"
Anja sagt zu Leon: „Ja schön! Lass das da liegen!"
Markus: „Okay [kannst du ruhig machen]."
Samira holt Markus' Federtasche und legt sie an seinen Platz.
Anja: „Wir überlegen"
Anja teilt die Schlossbücher aus und sagt: „Ich nehm' gelb."
Markus: „Ich nehm' orange."
Samira: „Ich wollte gelb."
54. Min

Wie sich auch in den Beobachtungen Lehnens bei erwachsenen Schreiber*innen zeigt, so spielt auch bei den Schüler*innen die Thematisierung der Voraussetzungen zur Bearbeitung der Aufgabe (Lehnen 2000, S. 41f.) eine wichtige Rolle. Zunächst wird die Frage nach den Geschichtenbausteinen, also den von den Kindern verwendeten Karten thematisiert. Anja fragt Samira nach deren Karte, ihre und Markus' kennt sie bereits. Ohne Umschweife formuliert Anja unter Einbezug der inhaltlichen Elemente aller drei Karten einen ersten Nonsens-Satz: „Rotkäppchen spinnt einen Baum." Hier bringt sie alle geforderten Bestandteile unter, geht also mit Bezug auf die von Stude durchgeführte Studie minimalistisch vor. Vielleicht aus Freude an dem Witz des Nonsens' bringt vermutlich Samira nun noch ein weiteres Motiv mit ein, orientiert sich hier an den möglichen Tätigkeiten im Märchen, das sie in den Nonsens-Stil einfügt. Diesen Einschub beginnt sie mit dem Partikel „Ja", der als eine Form der Bestätigung fungiert. „Rotkäppchen spinnt heute und heiratet einen Baum". Die Trennung zwischen Vertextung und Markierung ist insofern erkennbar, da Samira vor der ersten Formulierung mit der Möglichkeitsform einleitet: „Wir könnten", die Idee wird sofort von Anja formuliert „Rotkäppchen spinnt einen Baum".

Allerdings scheinen sich die Mädchen über den Fortgang der Geschichte noch nicht im Klaren zu sein. Die Sätze bleiben noch ohne Bezug zu einem weiteren Geschichtenkontext. Auch der Bezug zur schulischen Anforderung ist unklar. „Das sollen wir jetzt, glaube ich, nicht machen". Worin allerdings Samiras Einwand „nicht auf einmal zusammen" liegt, bleibt unklar. Womöglich handelt es sich um eine Konkretisierung dessen, was sie nicht machen sollen, nämlich nicht alle gegebenen Wörter sofort zu

[131]Gemeint sind die verschieden farbigen DIN A4-Blätter, die querliegend, einmal von links zur Mitte und einmal von rechts zur Mitte, gefaltet wurden.

verwenden. Markus hat sich der Verwendung seiner Wortkarte vergewissert und befasst sich stattdessen mit organisatorischen Problemen, für die Samira auch offen ist.[132] Mit dem Verteilen der „Schlossbücher" entfernt sich nun der Fokus scheinbar völlig von der zu erfüllenden Aufgabe.

In der hier dargestellten Szene sind die Schüler*innen mit der Anforderung konfrontiert, einen Modus zur Entwicklung eines Textkonzepts zu etablieren. Das stellt die Akteur*innen vor eine Herausforderung. Vielleicht aus diesem Grund spielen im weiteren Verlauf der Szene Fragen des Organisationsmanagements eine derart prominente Rolle.

3. Erhebung Gruppe 2/1. Szene, 54. Minute
Nele nimmt sich ein Blatt. Die Lehrerin nimmt das Blatt von ihr und sagt: „Erst mal erzählen. Erzählen." Jetzt legt die Lehrerin die ‚Schlossbücher' auf die Tische.
Amy: „Also, was hast du?"
Leni: „Haus"
Amy: „Also ich hab Schlucht."

Abbildung 10 Wortkarte „Schlucht"

Nele: „[Dann muss ich jetzt mit] Sandra mit Yannik machen."
Amy: „Du kannst doch mit denen da zu dritt." Und zeigt auf die Tischgruppe am Nachbartisch. „Bei Sabrina."
Nele: „[Sabrina hat schon] nein gesagt."
Amy: „Ihr könnt doch zu dritt machen."
Nele: „Ich hab doch schon gesagt, sie hat nein gesagt."
Amy: „Und Phillip und Johannes?"
Nele: „Die wollen."
Amy: „Und was hast du für 'nen Gegenstand?"
Nele: „Ich hab Wolke."
55. Minute

[132]Interessant scheint der Vergleich zu Markus und Sandra, die ihm auch seine Anlauttabelle holt (vgl. weiter unten und Naugk et al. 2016, S. 194ff.).

Abbildung 11 Wortkarte „Wolken"

Auch in der Gruppe um Amy, Leni und Nele müssen zunächst organisatorische Fragen besprochen werden, wobei es sich um Fragen des Miteinanderarbeitens und des vorgegebenen Wortes handelt. Hierbei bilden Leni und Amy zunächst eine Gruppe, die sich bereits mit den vorgegebenen Wörtern auseinandersetzt und scheinbar durch das Dazustoßen Neles unterbrochen wird. Nele wiederum muss ihre Zugehörigkeit zu der Gruppe zunächst, vergleichbar einem Ausschlussprinzips folgend, legitimieren.

3. Erhebung, Gruppe 1/2. Szene, 58. Minute
Samira: „Wir könnten ja erfinden, dass Rotkäppchen einen Baum pflanzt und wenn sie dann fertig ist, [oder] sich dann in ihrem Bett ausruht."
Anja: „Oder Feuer [feiert]."
Samira: „Nee, ich will, dass sie sich in ihrem Bett ausruht."
Anja: „Oder Feuer [feiert]."
Samira: „Rotkäppchen feiert für ihren hübschen Baum ein großes Fest."
Anja: „Ja, und macht dabei ein großes Feuer."
Markus: „Streitet euch jetzt nicht!"
Samira: „Ich weiß nichts."
59. Minute

Nun unter Einbezug von Markus und Anja (durch „wir" markiert), entwickelt Samira weitere Textideen. Hierbei ist die Vertextung von der Markierung zu trennen, da Samira im mündlichen Duktus bleibt und ihre Ideen noch nicht entsprechend einer kohärenten Erzählung formuliert. Es handelt sich vielmehr um Bestandteile einer noch zu entwickelnden Geschichte. Bezüglich der inhaltlichen Elemente scheint eine weitere Ausgestaltung indes nicht zwingend erforderlich, da Samira alle obligatorischen Elemente in einem Satz verwendet: Ort (Baum, Wald), Gegenstand (Bett), Figur (Rotkäppchen). Wie auch in dem vorigen Abschnitt versucht die Schülerin daher die Strukturierungs-vorgaben im Sinne einer „lokalen Hilfe" (Stude 2006, S. 37; Einfügung S.Z.) dahingehend zu nutzen, dass sie alle geforderten Elemente minimalistisch verwendet. Ein phantastisches oder nonsensartiges Element findet sich jedoch an dieser Stelle ebenso wenig wie eine über die obligatorischen Elemente hinausgehende Aufgabenerfüllung. An dieser Stelle könnte die Vertextung enden und die Markierung beginnen. Allerdings ergibt sich ein Problem, da Anja noch das Wort „Feuer" (bzw. „feiert") mit in die Geschichte einfügen möchte. Sie rahmt es mit der Konjunktion „oder". In Bezug auf die interaktiven Formulierungsaushandlungen von Studierenden kommt Hinrichs zu dem Ergebnis, dass es sich bei Vorschlägen, die mit der Konjunktion ‚oder' eingeleitet würden, grundsätzlich um Vorschläge handele, die eine weitere mögliche Variante darstellten, allerdings würde durch „positionierende Vorschlagsmarkierungen oder andere Mittel" (Hinrichs 2014, S. 249) angezeigt, dass es sich dabei um die von dem Vorschlagenden präferierte Formulierung handele.

Dabei bleibt die Funktion des Wortes in der Geschichte unklar, da es in seiner dekontextualisierten Form verwendet wird. Auf dieser Ebene scheint es in der Geschichtenentwicklung aufgrund der Fokussierung auf die drei vorgegebenen Wörter keinen Platz zu geben. Samira wiederholt daraufhin ihren Vorschlag für die Formulierung, woraufhin Anja erneut die ‚Scheinalternative' vorträgt, also einen Vorschlag unterbreitet, den sie klar präferiert. Samira beginnt nun mit der Formulierung, fängt allerdings nicht mit dem zuvor als Vorschlag gekennzeichneten Pflanzprozess an, sondern startet scheinbar mitten in der Geschichte. Nun fügt sie auch ein weiteres Märchenmotiv ein, das Fest.[133]

Hier scheint für Anja die Lösung des Konflikts zu liegen, mit dem einleitenden Partikel „ja" signalisiert sie Zustimmung und fügt dann ihre Ergänzung ein „und macht dabei ein großes Feuer". Durch die Verwendung von „und" sowie „dabei" ist eindeutig signalisiert, dass es sich hier um eine Version handelt, die mit Samiras Vorschlag in Einklang zu bringen ist und integrativ die verschiedenen Ansätze verbindet. Nun bringt sich jedoch Markus mit ein, für den beide Versionen noch in konkurrierender Weise zueinanderstehen („streitet euch jetzt nicht"), und auch Anja scheint davon nicht überzeugt zu sein.

*Die Interaktion der Schüler*innen richtet sich nun zunehmend auf den Textproduktionsprozess und mit dem Einbezug der Mitschüler*innen werden die Aufgaben der Vertextung und Markierung zunehmend getrennte Prozesse. Hierfür werden die Textideen als Vorschläge unterschiedlich markiert: eine Begründung findet sich allerdings nicht. Im Sinne einer „lokale[n] Hilfe" werden die Bausteine als Strukturierungshilfen minimalistisch verwendet, indem sie ‚eins zu eins' übernommen und nicht wei-*

[133]Dieses Motiv findet sich z.B. in Form der Heirat (z.B. Schneewittchen, Dornröschen, ...).

*ter ausgebaut werden (vgl. Stude 2006, S. 37). Teilweise werden auch aus dem vorigen Unterrichtskontext weitere Elemente eingebracht. Samira verwendet das allerdings nur auf der Ebene der Formulierung und lässt keine weiteren Vorschläge, die Anja vorrangig auf Ebene der Vertextung einbringt, zu.*

3. Erhebung, Gruppe 2/2. Szene, 55. Minute
Amy: „Du fängst an zu erzählen, was du machen würdest."
Nele: „Ich würde gerne Prinzessin. Also ich würde gerne mit der Figur."
Amy: „Was?" und beugt sich über den Tisch.
Nele: „Ich möchte 'ne Figur machen. 'Ne Prinzessin und dann ähm."
Amy: „Wir fangen sofort an mit Schreiben an."
Nele: „Prinzessin. [...] Also, die hat 'nen Brunnen gefunden und fällt da rein"
Amy: „Und was ist dann mit der Wolke?"
Nele: „Und dann 'ne Wolke?"
Amy: „Was?"
Nele: „Und dann ist die auf 'ner Wolke."
Amy: „Leni, und du, was hättest du für 'ne Idee?"
Leni: „Also ich hätte 'nen Haus, das kann fliegen"
Nele: „Was, ein Haus kann fliegen?"
Amy: „Das ist aber in der Mitte"
56. Minute

Auch bei Amy, Leni und Nele übernimmt eine Schülerin die Eröffnung der gemeinsamen mündlichen Textproduktion: Amy wiederholt die Aufgabe der Lehrerin zu erzählen, bleibt dabei im Konjunktiv. Das Erzählen findet hier als schreibvorbereitende Handlung statt, der Erzählraum bietet somit einen Möglichkeitsraum, um zu erproben, was Eingang in den Text finden könnte. Die Einleitung zum eigenen Vorschlag rahmt Nele auf einer metafiktionalen Ebene mit der Nennung des Strukturierungselements („Figur"), das sie zu verwenden wünscht. Damit bleibt sie zunächst im Sinne der Vertextung auf einer konzeptionellen Ebene des Textes, übernimmt dann allerdings sofort die Verbindung zu dem Ort („die hat 'nen Brunnen gefunden und fällt da rein") und geht nun in den Duktus der Geschichte und damit auf die Ebene der Markierung über. Inhaltlich wird hier eine Geschichtenstruktur aufgegriffen, wie sie sich z.B. im Märchen von Frau Holle findet, aber im weiteren Verlauf von den Mädchen nicht weiter verfolgt wird.

In der Zwischenzeit wird Nele allerdings von Amy unterbrochen, die ein organisatorisches Element, den Zeitpunkt des Schreibens, einfügt. Amy scheint die Vorgabe der Lehrerin, erst zu erzählen, als nicht zielführend zu empfinden, sie ändert den Auftrag der Lehrerin ab und bindet ihre Mitschülerinnen mit ein. Diese Planänderung scheint jedoch keine Kritik, Wertung oder Reaktion der anderen zu erfahren. Vielmehr wird die mündliche Geschichte weiterentwickelt.

Dabei werden die einzubringenden Wörter von Amy mit in das Zentrum der Aufmerksamkeit gerückt: „Und was ist dann mit der Wolke?". Nele greift diese Intervention sofort auf, indem die Prinzessin auf einer Wolke platziert wird. Nachdem Amy Neles Textidee erfragt und hinsichtlich der Aufgabenstellung, drei Wörter unterzubringen, evaluiert hat, fragt sie Leni nach ihren Ideen. Auch hier enthält die Frage die Möglichkeitsform unabhängig von dem zuvor Gesagten („Was hättest du für 'ne Idee?"). Leni nennt zunächst die Idee ihrer Geschichte, den vermutlichen Geschichtenkern, das Erzählenswerte: „'nen Haus, das kann fliegen". Dass dieses Element Irritationen hervorruft, erklärungsbedürftig ist und somit eine gute Grundlage für den Ausbau einer Geschichte darstellt (vgl. Spinner 1996, S. 82), wird anhand von Neles Reaktion „Was, ein Haus kann fliegen?" deutlich. Amy indes übergeht diese Intervention scheinbar routiniert, indem sie schon den Aufbau der Geschichte im Blick hat und der Idee von Leni einen bestimmten Platz in der Geschichte zuweist.

*Der Umgang der Gruppen mit den strukturgebenden Wörtern weist Gemeinsamkeiten hinsichtlich der Erfüllung einer Aufgabe auf. Die Worte werden nicht sukzessive für die Anlage eines Textkonzeptes genutzt, sondern werden im Sinne einer „lokale[n] Hilfe" (Stude 2006, S. 37; Einfügung S.Z.) zu einem Kernsatz zusammengefügt, der für sich genommen alle geforderten Bedingungen für die Erfüllung der Aufgabe enthält. Unterschiede gibt es hinsichtlich des Umgangs mit den unterschiedlichen Ideen der Schüler*innen. In der Gruppe um Amy findet eine stärkere Verteilung der Aufgaben statt als in der Gruppe um Samira. Nele entwirft ein Textkonzept, das von Amy gerahmt, strukturiert und evaluiert wird. In der anderen Gruppe arbeiten insbesondere Samira und Anja auf textkonzeptioneller Ebene. Hier findet keine vergleichbare Aufgabentrennung statt, wodurch es unter Umständen zu Konflikten kommt.*

3. Erhebung, Gruppe 1/3. Szene, 60. Minute
Markus legt nun zweimal den Kopf auf den Tisch und beginnt zu brummen. Anja beklagt sich, dass sie nicht weiß, was sie schreiben soll.
Samira: „Ich hab ja 'ne Idee. Rotkäppchen pflanzt einen schönen Baum. Danach ist sie erschöpft und legt sich in ihr Bett oder Rotkäppchen hat einen Baum gepflanzt und er war wunderschön geworden."

Anja: „Wir können ja so schreiben: Rotkäppchen [...] am nächsten Tag hat sie einen Baum gepflanzt."
[...] ca. 10 sek.
Anja: „Oh, wir haben keine Idee. Ich hab keine Idee."
Markus: „Ich auch nicht."
In den folgenden 75 Sekunden beschwert sich Markus, dass er nach Hause will, es langweilig ist, und unterhält sich mit Samira darüber, warum sie mit dem Füllhalter schreibt.
Samira: „Wir sollen doch auch [...] kurz machen."
Anja: „Wir brauchen was anderes."
Markus: „Was anderes denn?"
(Vermutlich an dieser Stelle:) Anja tauscht die Karte „Baum" durch die Karte „Schloss" aus.
Markus gähnt: „Oh mein [...]."
Samira: „Wir müssen ja nicht unbedingt das machen, wir können ja auch mit Schloss und so hinschreiben."
Anja: „Rotkäppchen lebt im Schloss."
Samira: „Oder Rotkäppchen ist eine Prinzessin."
Anja: „Und sie schläft im Schloss."
Samira: „Nein. Rotkäppchen ist eine Prinzessin. Eines Tages wurde sie krank."
Frau Schulz kommt.
64. Minute

Samira entwickelt ihre Idee der Version der Geschichte, dabei entsteht ein kohärenter mündlicher Text. Auch hier verzichtet die Schülerin auf eine Kennzeichnung des Einstiegs „Es war einmal, eines Tages" o.Ä. Mit der Anforderung, ein Märchen zu schreiben, geht dieses Vorgehen nicht konform, allerdings, kann dieser direkte Einstieg im Sinne einer Märchenverfremdung auch funktional betrachtet werden, in der beim Rezipienten ein Märchenwissen vorausgesetzt werden kann; was dem vorliegenden Setting tatsächlich entspricht. Der folgende Satz baut inhaltlich auf den zuerst genannten auf (Pflanzen führt zur Erschöpfung, Konsequenz: Hinlegen), und auch sprachlich schafft Samira diese Verbindungen mithilfe der Verwendung eines Temporaladverbs („Danach"), und Verwendung einer Proform für Rotkäppchen („sie)". Doch nun markiert Samira den folgenden Gedanken mit „oder" eindeutig als Alternative: „oder Rotkäppchen hat einen Baum gepflanzt und er war wunderschön geworden". Dabei bezieht sie die Alternative vordergründig auf die Formulierung des ersten Satzes, bringt inhaltlich allerdings eine zeitliche Dimension mit ein, indem der Baum nach dem Pflanzen „wunderschön" geworden ist, im vorigen Beispiel war er es schon zum Zeitpunkt des Pflanzens selbst. Sprachlich formal verwendet Samira nun das Perfekt und nähert sich somit dem geschichtentypischen Präteritum an. Mit der Verwendung der Konjunktion „oder" markiert Samira jedoch das Nebeneinanderstehen verschiedener möglicher Textversionen und stellt somit einen offenen Raum her, in dem ausgehandelt werden muss, welche Version nun verwendet wird.

Damit scheint für Anja ihrerseits die Möglichkeit gegeben, ihre Alternative einzubringen. Sie verbindet ihren Vorschlag darüber hinaus mit der Anforderung ‚zu schreiben', ohne dabei Samiras Vorschlag zu berücksichtigen. Samira wiederum reagiert daraufhin ebenfalls mit einer Nichtannahme des Vorschlags. In dieser Pattsituation wechselt Anja erneut auf die Ebene der Konzeptionalisierung „Wir brauchen was anderes". Samira agiert auf gleicher Ebene, indem sie das Schloss als einzelnes Element anführt, das im Folgenden von Anja kontextualisiert wird: „Rotkäppchen lebt im Schloss". Auch hier werden zwei obligatorische Elemente funktional betrachtet (Person, Ort) und im Sinne einer „lokale[n] Hilfe" (Stude 2006, S. 37; Einfügung S.Z.) in einem Satz verwendet. Samira präsentiert daraufhin einen Gegenvorschlag, den sie erneut mit „oder" kennzeichnet (s.o.).

*Die Kinder agieren auf der Ebene der Vertextung (ggf. der Kontextualisierung) und Markierung und versuchen möglichst viele der obligatorischen Elemente im Sinne einer „lokale[n] Hilfe" in einem Satz unterzubringen. Zur Markierung der Vorschläge werden unterschiedliche Formulierungen genutzt „Wir können", „oder". Dabei stehen die Ideen der Kinder nebeneinander, ohne eine direkte Bezugnahme. Gleichzeitig weisen einzelne Ideen bereits in sich eine gewisse Kohärenz auf. Im Gegensatz zu der anderen Gruppe zeigt sich hier die Mündlichkeit weniger als Möglichkeits-, sondern als Bedingungsraum für die folgende schriftliche Produktion.*

3. Erhebung, Gruppe 2/3. Szene, 56. Minute
Die Lehrerin kommt zu Nele und fragt, ob sie da alles mitbekommt und schlägt vor, dass sie doch zu den anderen beiden herumrutschen soll.
Amy: „Erzähl doch mal, Nele, was du hast."
Nele: „Also bei 'ner Prinzessin."
Leni: „Nele, hast du alles?"
Nele: „Ja."
Leni: „Also, ich hätte die Idee, dass ein Haus fliegen kann und dann auf einem Baum landet."
Amy: „Ja. Und was ist dann?"
Leni: „Was?"
Amy: „Und was macht die dann auf dem Baum?"
Leni: „Das Haus?"

Amy: „Ja. Ja? Ja."
Leni: „Schlafen?"
Amy: „Naja, und was macht es dann morgen früh?"
Leni: „Woanders hinfliegen?"
Nele: „Und was ist mit der Person?"
Amy: „Und wo fliegt der dann hin? Ja, und die Person?"
Nele: „Und die Person?"
Leni: „Also die Person. Da ist. Also in dem Haus, da wohnt nämlich einer. Da wohnt nämlich. Das denk' ich mir nachher."
Die Lehrerin läutet mit dem Glöckchen. Nele zuckt etwas zusammen.
57. Minute

Amy bleibt in der Rolle der Impulsgebenden und Fragenden und fordert Nele auf zu erzählen. Sie forciert damit produktionsbegleitend die Strukturierung von Neles Geschichte. Nele bleibt allerdings bei der Protagonistin. Ob sie selbst nicht weiter weiß oder von Leni unterbrochen wird, bleibt unklar. Nun ist es an Leni, ein neues Element zu dem fliegenden Haus hinzuzufügen: den Baum, auf dem es landet. Irritierend wirkt hier mitunter, dass die aus morphologisch und semantisch scheinbar naheliegende Option der Kompositumbildung ‚Baumhaus' nicht genutzt wird. Stattdessen bleiben die Mädchen in der personalisierten Verwendung des Hauses, indem es auf dem Baum schläft und am nächsten Tag woanders hinfliegt. Amy verfolgt einen Erzählplan, der einen klaren Handlungsstrang fokussiert und wenig Raum für Nebenhandlungen, Beschreibungen, Begründungen u.Ä. lässt. Nele, die zuvor die Prinzessin als Person nannte, interveniert inhaltlich und fragt, was mit der Person sei. Somit muss Leni zwei Fragen beantworten, die ihr nun von Amy gestellt werden: „Und wo fliegt der dann hin? Ja, und die Person?". Nele wiederholt den zweiten Teil. Hier bringt Leni das Haus seiner eigentlichen Bedeutung als Ort des Wohnens näher. Wer dort wohnt, scheint noch nicht festzustehen, Neles Idee von der Prinzessin wird nicht aufgegriffen.

*Der Aushandlungsprozess darüber, wie mit den Ideen der Gruppenmitglieder umgegangen wird, zeigt sich in beiden Gruppen unterschiedlich. Stehen die Ideen bei Samira und Anja nebeneinander und werden alte Ideen beim Hereinbringen neuer verworfen, baut die Gruppe um Amy bereits eine Geschichte auf. Verbunden ist damit das unterschiedliche Ausfüllen der Rollen, indem insbesondere Amy eine Moderationstätigkeit übernimmt und mithilfe von Fragen den Entstehungsprozess der Ge-*

*schichte strukturiert. Eine Herausforderung liegt allerdings darin, diese unterschiedlichen Erzählstränge miteinander zu verknüpfen, wie sich anhand des etwas überrascht scheinenden Frage „Und was ist mit der Person?" zeigt.*

Die Anforderung, eine Geschichte unter der Nutzung verschiedener Wörter im Sinne einer Schreibvorbereitung zu entwickeln, führt in beiden Schüler*innengruppen zu Interaktionen, die Gemeinsamkeiten und Unterschiede aufweisen.

In beiden Szenen müssen zunächst organisatorische Elemente verhandelt werden, sei es die Verwendung der Wörter („Was hast du?") oder die Legitimation, in der Gruppe zusammenzuarbeiten. In beiden Gruppen etabliert sich die Rolle eines ‚Geschichtenerfinders'. Leni wird diese Rolle von Amy zugeteilt, Samira wählt sie sich scheinbar selbst, wobei diese Rollenübernahmen und -zuteilungen nicht immer konfliktfrei ablaufen Die Textideen werden unterschiedlich gekennzeichnet („Wir können", „oder"). Die Nichtannahme eines Vorschlags wird entweder mit einem Gegenvorschlag oder durch eine andere Positionierung im Text realisiert. Dabei wechseln die Kinder zwischen den Ebenen der Markierung und Vertextung, beides sind nur phasenweise getrennte Prozesse. Damit einher geht der überwiegend konzeptionell mündliche Duktus der Geschichte, der sich u.a. durch den unmittelbaren Einstieg und die Verwendung des Präsens zeigt. Die Strukturierungselemente werden meist in einem Satz im Sinne einer „lokale[n] Hilfe" (Stude 2006, S. 37; Einfügung S.Z.) verwendet, um anschließend die eigene Geschichte weiter auszubauen.[134]

[134]In diesem Kontext ist auch folgender Befund von Torsten Eckermann, Friederike Heinzel und Frank Lipowsky im Rahmen einer vergleichenden Analyse der Schüler*inneninteraktionen beim Umgang mit den Überarbeitungswerkzeugen „Textlupe" und „Schreibkonferenz" zu beachten: Sie kommen zu dem Ergebnis, dass Schüler*innen mit der Textlupe nicht „aufgabenbezogener interagieren" als Kinder mit der Schreibkonferenz. Ein möglicher Grund könnte in der starken Strukturierung des Werkzeugs der Textlupe liegen, die dazu geführt haben könnte, dass die Schüler*innen aufgrund der schriftlichen Fixierung ihrer Rückmeldungen zu den Texten die Anforderungen als erledigt erachteten (vgl. Eckermann, Heinzel & Lipowsky 2013, S. 167). Ein ähnliches Bild zeigt sich in dieser Studie in dem Bestreben, alle vorgegebenen Wörter möglichst minimalistisch in dem eigenen Text zu verwenden.

### 8.2.2 Intervention der Lehrerin

Nachdem Frau Schulz die Kinder der gesamten Lerngruppe aufforderte, leiser zu sprechen, wendet sie sich der Gruppe um Amy zu. Die folgende Szene thematisiert die Intervention der Lehrerin.

3. Erhebung, Gruppe 2/4. Szene, 58. Minute
Die Lehrerin kommt zu den Mädchen und fragt: „Also, was habt ihr denn für eine Idee?".
Amy: „Also, dass das Haus fliegen kann. Und das landet dann auf 'nem Baum und früh fliegt es dann wieder weg und mehr [kann ich erstmal nicht erzählen]."
Lehrerin: „Okay, von welchem Märchen ist das jetzt? Ihr sollt ja die Märchen miteinander vermischen. Von welchem Märchen ist das? Von wo kommst du? Von Rotkäppchen." Sie zeigt auf die Karte, die vor Leni liegt. Ich vermute, dass es sich um das Haus handelt. Genau ist es aber nicht zu erkennen. Amy zeigt auf Sandras Tischgruppe.
Nele meldet sich: „Ich weiß es. Ich weiß es. Das kommt in Hexe Babajaga vor."
Lehrerin: „Das ist ganz woanders. Da kommt es auch drin vor. Aber ihr habt doch eure drei Märchen." Sie schaut Leni an und zeigt auf die Karte, die vor Leni liegt. „Du kommst von Rotkäppchen. Du kommst von?"
Amy: „Also."
Dann zeigt die Lehrerin auf Amys Karte. „Und du kommst von?" Amy zeigt auf die Tischgruppe hinter sich.
Lehrerin: „Das singende, klingende Bäumchen." Dann sieht sie Nele an. „Und du kommst von?"
Nele: „Frau Holle."
59. Minute

Mit der Frage nach den Ideen der Kinder steht die Anlage des Textes im Mittelpunkt. Amy kennzeichnet die von ihr vorgetragenen Ideen nicht als Lenis, die Urheberschaft ist in die Gruppe übergegangen. Gemäß der Frage der Lehrerin beginnt sie das Erzählenswerte der zuvor entwickelten Geschichte zu referieren („dass das Haus fliegen kann").

Die Reaktion der Lehrerin „Okay" deutet zunächst darauf hin, dass sie der Anlage des Textes zustimmt. Gemäß der Aufgabe des „Märchensalats" scheint ihr der Bezug zu den ursprünglichen Märchen zu fehlen. Die Kinder haben nicht den Kontext der verwendeten Märchenwörter in die neue Geschichte transferiert (z.B. das Haus als Wohnort) und arbeiten daher nicht mit Märchenmotiven, sondern haben die Wörter stärker dekontextualisiert. Der Kontext wird von der Lehrerin mit der Frage nach den ursprünglichen Märchen hergestellt. Diese Kontextentbundenheit scheint sich auch in Neles Antwort wiederzufinden, die für das Vorkommen des Hauses ein anderes als das zuvor genannte Märchen nennt. Frau Schulz lenkt die Aufmerksamkeit der Kinder auf die zuvor in den Gruppen thematisierten Märchen.

3. Erhebung, Gruppe 2/5. Szene, 59. Minute
Lehrerin: „Frau Holle. So, und jetzt müsst ihr das irgendwie miteinander vermixen. Wie fängt denn euer Märchen an? Es war einmal. Um wen soll es denn gehen? Soll die Frau Holle bleiben in dem Märchen?"
Nele: „Um eine Prinzessin. Sie hat 'nen Brunnen gefunden. Fällt da rein und ist auf 'ner Wolke gelandet und spielt und die Wolke ist die Zuckerwatte."
Lehrerin: „Gut, das ist doch schon einmal ein Anfang. Also, ich wiederhole. Es war einmal eine Prinzessin, die fand eines Tages einen geheimnisvollen Brunnen. Sie stieg hinein, fiel hinab und landete auf einer Wolke."
Nele: „Zuckerwattenwolke."
Lehrerin: „Zuckerwattenwolke, okay."
Nele: „Die ist dann die Wolke."
Lehrerin: „Okay. Weiter geht's." Dabei macht sie mit der Hand eine kreisende Bewegung, die die Kinder vermutlich auffordern soll, sich weiter zu besprechen, und geht zu einer anderen Tischgruppe.
60. Minute

Nachdem transparent gemacht wurde, welche Märchen die Grundlagen für die Ideen der Kinder darstellen, stellt die Lehrerin nun die Schülerinnen erneut vor die Aufgabe, die Märchen miteinander zu vermischen. Diesen zunächst global erscheinenden Auftrag konkretisiert sie daraufhin, indem sie von dieser allgemeinen Textanlage auf die Ebene der Markierung und hier auf eine sehr konkrete Formulierung, nämlich die des Anfangs, wechselt. Dabei handelt es sich allerdings um eine rhetorische Frage, die Frau Schulz selbst beantwortet: „Es war einmal". Nun wechselt sie mit der Frage nach der Hauptfigur erneut auf die Ebene der Vertextung, um dann mit der Entscheidung, ob die titelgebende Figur des Ursprungsmärchens auch in diesem Märchen vorkommt, die Motivik des Ursprungsmärchens zu fokussieren. Weinhold beschreibt das Potenzial der Verwendung der Formel „Es war einmal" mit Bezug auf Antos dahingehend, dass sie als „Sprungbrett, die Bewältigung des Einstiegs erleichtert" (Antos 1992, S. 203; zit. n. Weinhold 2005, S. 72). Indem aber die Lehrerin nun auf die Ebene der Vertextung wechselt, nutzen die Akteur*innen einen analytischen Zugang, der den Fokus auf den Aufbau und die Bestandteile einer Geschichte lenkt, obgleich das narrative Muster das Potenzial enthält, das Wissen um den

Textaufbau nicht zu explizieren (vgl. ebd., S. 73).[135] Trotz dieser Engführung, die die Einführung der Protagonisten fokussiert, scheint diese Frage für Nele genug Raum zu geben, ihre ursprüngliche, von Leni und Amy nicht weiterverfolgte, Fassung erneut ins Spiel zu bringen. Dabei bleibt sie zunächst auf der Ebene der Vertextung „um eine Prinzessin", wechselt dann allerdings stärker in einen Geschichtenduktus, der zwar noch nicht stringent die Vergangenheitsform enthält, aber schon Merkmale von Kohäsion (z.B. Proform: „Sie", „da", usw.) enthält. Neles Fassung orientiert sich darüber hinaus tatsächlich stärker an dem Ursprungsmärchen als die vorige von Leni. Nele bringt hier also zügig ihre eigene Geschichte voran, indem sie das Finden des Brunnens, das Hineinfallen, das Spielen und das erste sprachspielerische Element „Zuckerwattenwolke" benennt. Die Orientierung an dem Ursprungsmärchen, dessen stringenter chronologischer Aufbau, der laut Weinhold ein „Prinzip der natürlichen Ordnung" darstelle, sei insbesondere für Schreibanfänger*innen entlastend (Weinhold 2005, S. 78).

Auch hier zeigt die Lehrerin sich zufrieden mit dieser Version, nicht ohne deutlich zu machen, dass es sich hier um einen „Anfang" handele. Dass nun zwei konkurrierende Versionen nebeneinanderstehen, wird nicht thematisiert, stattdessen wechselt die Lehrerin auf die Ebene der Markierung, indem sie den Anfang formuliert. Damit scheint sie diese Version als die angemessenere zu kennzeichnen. Frau Schulz entwickelt nun ‚ihre' Version eines Anfangs, indem sie märchen- bzw. erzähltypische Elemente für die Geschichte entwickelt: einen typischen Anfang „Es war einmal", die Kennzeichnung des Erzählenswerten „Eines Tages", eine Handlungsfolge ‚finden – hineinsteigen – hinunterfallen', die Attribuierung des Brunnens usw. Nele ergänzt im Folgenden, dass es sich um eine „Zuckerwattenwolke" handele.

*Frau Schulz fokussiert in dieser Interaktion mit den Schülerinnen stark den Bezug zur gestellten Aufgabe, indem die Verbindung zu den thematisierten Märchen hergestellt werden muss. Damit reicht eine Verwendung der Wörter im Sinne der „lokale[n]*

[135] Dabei wird der Umgang mit dem narrativen Muster in dieser Arbeit als Bestandteil von „Textprozeduren" (Bachmann & Feilke 2014) betrachtet, die semiotisch „ein Handlungsschema, eine Textsorte, einen Kontext des Gebrauchs in der Spracherfahrung" (Feilke 2014b, S. 23) indizierten. Beispielhaft nennt Feilke ebenfalls „Es war einmal". Erfahrene Sprecher*innen seien fähig, diesem Ausdruck „einen Kontext und eine Funktion zuzuweisen" (ebd.). Merklinger stellt am Beispiel diktierter Texte dar, „dass Textprozeduren bereits bei der Rezeption von Schrifttexten (hier besonders: Erzähltexten) von zentraler Bedeutung sind, dass Kinder die Prozeduren adaptieren und sich aneignen können, lange bevor diese beim selbstständigen Schreiben eine Rolle spielen" (Merklinger 2014, S. 67). Damit betont sie das Potenzial des impliziten Sprachwissens, wie es auch Weinhold für den Umgang mit narrativen Mustern beim eigenen Schreiben darlegt (vgl. Weinhold 2005, S. 73).

*Hilfe" nicht aus, sondern sie müssen im Sinne einer „globale[n] Hilfe" in der Art geschichtengenerierend wirken (Stude 2006, S. 37; Einfügungen S.Z.), indem ihr Ursprungskontext mit in die Geschichte eingebracht wird (vgl. Rodari 2008). Diesem Anspruch wird aus Sicht der Lehrerin und vor dem Hintergrund ihres linguistisch begründbaren normativen Referenzrahmens eher Neles Version gerecht als Lenis und bildet vermutlich daher auch die Grundlage für die entwickelte Version der Lehrerin. Die Kinder stehen damit vor drei Versionen des zu entwickelnden Märchens: Lenis, Neles und der elaborierten Version der Lehrerin.*

Kontrastierend dazu wird nun die Intervention der Lehrerin bei der Gruppe um Samira analysiert. Die vergleichende Analyse beginnt mit der folgenden Intervention der Lehrerin:

3. Erhebung, Gruppe 1/4. Szene, 64. Minute
Anja: „Wir müssen immer noch überlegen."
Samira: „Dann nehmen wir noch was Neues dazu."
Frau Schulz: „Es kann doch aber auch sein, dass jeder so'n bisschen seins hat. Wer kommt denn bei euch im Märchen vor?"
Samira: „Also Rotkäppchen ist eine Prinzessin. Wir wissen aber nicht, wie wir das mit dem Bett machen sollen. Ich hätte aber noch 'ne Idee, wie wir das Fest dazunehmen."
Dabei schiebt sie die Karten vor sich hin und her.
Lehrerin: „Wer ist denn überhaupt mit der grünen Karte hierhergekommen? […] Markus, du hattest doch 'ne ganz andere?"
Anja: „Das hat aber nicht dazu gepasst."
Lehrerin: „Doch, das passt immer dazu. […] Wo ist denn deine Karte."
Vor den Kindern liegen jetzt <Feier>, <Schloss>, und <Rotkäppchen>
Markus: „[…] zurückgelegt."
Lehrerin: „Hol die mal wieder."
Lehrerin: „Wer hat denn die zurückgelegt, wer hat denn bestimmt, dass die zurückkommt?"
[?]: „Anja."
Lehrerin zu Markus: „Hast du die freiwillig zurückgelegt?"
Markus: „Nein."
Anja bringt die Karte <Baum>, die jetzt an die Stelle von <Feier> gelegt wird.
Lehrerin: „Und welche Karte hast du, Samira?"
Samira: „Ich hatte Rotkäppchen."
Lehrerin: „Und was hast du?"
Anja: „Eigentlich hatt' ich Spinnrad."

Lehrerin: „Und dabei bleiben wir auch. Ihr solltet euch für eine Karte entscheiden. […] und mit ein bisschen Absprechen geht das auch."
Samira: „Aber wir brauchen noch so eine" und zeigt auf die Karte, auf der <Palast> steht.
Lehrerin: „Das kann doch trotzdem vorkommen in eurem Märchen." […]
66. Minute

Anja ist unzufrieden mit dem Ergebnis der Gruppe. Die Textidee wurde noch nicht weiterentwickelt. Samira schlägt vor, noch etwas hinzuzunehmen, gleichzeitig steht dieses Vorgehen im Gegensatz zu der zuvor stattgefundenen Interaktion, in der die Ideen der Kinder nicht nebeneinander stehenbleiben konnten. Frau Schulz schlägt nun eine dritte Variante vor, indem sie auf die Möglichkeit einer individuellen Textproduktion verweist. Gleichzeitig rekurriert sie auf ein gemeinsames Märchen „Wer kommt denn bei euch im Märchen vor?". Die Möglichkeit, ein individuelles Märchen zu schreiben, scheint sich damit nicht auf das gesamte Märchen, sondern auf Elemente, Abschnitte o.Ä. zu beziehen. Es gibt einen gemeinsamen Ausgangspunkt von dem ausgehend ein gemeinsames/individuelles Märchen entwickelt wird.

Auf die Frage, wer in dem Märchen vorkomme, nutzt Samira geschickt die Gelegenheit, um ihre Idee, dass Rotkäppchen eine Prinzessin ist, als eine gemeinsame Idee zu präsentieren. Die Frage, ob das ‚Bett' als Wort (Samira) oder in der Tätigkeit des Schlafens (Anja) vorkommt, trägt Samira als Problem „Wir wissen aber nicht wie" an die Lehrerin heran und bringt sogleich noch einen individuellen Vorschlag „Ich hätte aber noch 'ne Idee, wie wir das Fest dazunehmen". Hierbei wird erneut der Anspruch deutlich, ein gemeinsames Märchen zu schreiben, das sich jedoch aus den Ideen der einzelnen Schüler*innen („Ich hätte aber noch 'ne Idee") speist.

Von Samira werden hier zwei Problemfelder angeführt, die beide in der Gruppenauseinandersetzung nicht gelöst werden konnten und die möglicherweise durch die Lehrerin entschieden werden könnten. Frau Schulz übernimmt diese Entscheidung allerdings nicht für die Gruppe, sondern thematisiert die richtige Verwendung der Karten. Im Gegensatz zu der anderen Gruppe, in der der Bezug zum Ursprungsmärchen hergestellt wurde, wird hier ausschließlich die Korrektheit der gezogenen Karte thematisiert.

3. Erhebung, Gruppe 1/5. Szene, 66. Minute
Lehrerin: „Also Baum, Spinnrad, Rotkäppchen. Was könnte passieren?"
Anja: „Rotkäppchen spinnt ein Rad."

Lehrerin: „Du musst doch nicht alles in einem Satz einbauen. Das soll ein ganzes Märchen werden. Es war einmal Rotkäppchen. Markus, was macht Rotkäppchen?"
Markus: „Pflanzte einen Baum?"
Lehrerin: „Sie liebte Bäume. Ja?"
Samira: „Ich hab aber auch 'ne Idee. Es war einmal ein Mädchen namens Rotkäppchen. Es liebte es zu spinnen [...]."
Lehrerin: „Ist das schon mal 'ne Idee? Ja?"
[Samira]: „Mmmh."
Lehrerin: „Also, es war einmal [ein] Rotkäppchen. Oder es war einmal ein Mädchen, das hieß Rotkäppchen, und am liebsten spinnte sie [an ihrem] Spinnrad [unter ihrem] Lieblingsbaum. Wie sah der Baum aus [...]"
Markus: „Grün, oder grün, dunkelgrün, oder hellgrün."
Lehrerin: „Okay. Also, sie saß den ganzen Tag unter ihrem großen, dunkelgrün leuchtenden Baum. Eines Tages. So, jetzt muss irgendwas passieren. Was ist dann passiert?"
67. Minute

Hier fragt Frau Schulz nach dem Kern der Geschichte im Konjunktiv, der Erzählraum hat somit die Funktion eines Möglichkeitsraumes. Auf diese auf den Kern der Geschichte zielende Frage beschreibt Anja die Tätigkeit Rotkäppchens, wobei sie zwei Märchenelemente miteinander verbindet. Dabei verwendet sie nicht das von ihr gewählte Wort „Spinnrad", sondern verwendet es in einem Funktionszusammenhang als Verbform (‚spinnen'). Frau Schulz zeigt sich jedoch mit dieser Antwort nicht zufrieden und fokussiert stattdessen die Ebene der Markierung, indem sie auch hier einen Märchenanfang vorgibt: „Es war einmal Rotkäppchen". An dieser Stelle könnte Anjas Satz mit der Beschreibung der Tätigkeit folgen. Warum Markus die Frage der Tätigkeit beantworten soll, bleibt unklar. Er greift die Version Samiras aus der vorigen Interaktion auf und setzt die Geschichte auch unter Verwendung der genretypischen Zeitform fort. Frau Schulz fokussiert allerdings ein im Märchen typisches Element der weiteren Charakterisierung der Hauptfigur[136] und wandelt damit Markus' Version ab.

Samira bringt sich nun scheinbar selbst mit ein und rahmt ihre Intervention: „Ich hab aber auch 'ne Idee". Damit markiert sie, dass es sich zum einen um einen Vorschlag von ihr handelt, und zum anderen, dass dieser Vorschlag keine Fortführung des bisherigen Gedankens ist. Samira agiert nun gleichfalls auf der Ebene der Markierung. Sie beginnt mit einem typischen Märchenanfang und charakterisiert „ein Mädchen"

[136] Vgl. z.B. Froschkönig, Rotkäppchen,

nun genauer mit der Apposition „namens Rotkäppchen“. Nun bringt sie erneut Anjas Idee der Tätigkeit mit ein, rahmt sie allerdings als Lieblingsbeschäftigung.

*Im Gegensatz zur anderen Gruppe scheint hier nicht so sehr die Verwendung der Märchenmotive im Zentrum der Aufmerksamkeit zu stehen. Stattdessen wird das Märchen gemeinsam ähnlich einer Fortsetzungsgeschichte entwickelt, bei der jede*r einen Bestandteil einbringt. Die Lehrerin fasst diese Bestandteile zusammen. Allerdings bringt auch Samira ihre Idee mit ein, die zwar von der Lehrerin aufgegriffen, aber erneut abgewandelt wird. Somit stehen auch hier unterschiedliche Märchenversionen nebeneinander.*

3. Erhebung, Gruppe 1/6. Szene, 67. Minute
Markus: „Da kam ein Wolf.“
[...]
Lehrerin: „Lass erstmal ausreden. Kam ein Wolf. Was passierte dann?“
Markus: „Schneewittchen.“
[Samira?]: „Rotkäppchen.“
Markus: „Ich meine Rotkäppchen, rannte ins Schloss, zum Beispiel.“
Lehrerin: „Wo kommt denn auf einmal das Schloss her? Das steht da in der Nähe. Okay. Also. Es war einmal Rotkäppchen. Sie saß jeden Tag unter ihrem Lieblingsbaum.“
[?]: „Und spinnte.“
Lehrerin: „Und spinnte mit ihrem Spinnrad. Plötzlich kam eines, eines Tages der Wolf. Und Rotkäppchen rannte in das große Schloss. Weiter?“
Markus: „Und.“
Lehrerin: „Warte, jetzt ist Anja mal dran.“
68. Minute

Ohne Umschweife bringt Markus den Antagonisten, den Wolf, in die Geschichte ein, der zu einer Verhaltensänderung des Protagonisten führt (‚rennen‘). Sprachlich minimalistisch greift Markus nun Elemente der vorigen Interaktion auf: das Schloss, zu dessen Topos Könige, Prinzen und Prinzessinnen gehören, und die von Samira eingebrachte Idee, Rotkäppchen als Prinzessin zu verwenden. Ohne eine Erläuterung des Kontexts scheint die Verwendung des Schlosses allerdings irritierend. So scheint auch Frau Schulz zunächst verwundert „Wo kommt denn auf einmal das Schloss her?“. Dadurch wird die Spannung, die die Vermischung verschiedenerer Märchenelemente erzeugt, in besonderer Weise zum Ausdruck gebracht. Die Frage beantwortet sie sich selbst in tautologischer Form, eine Begründung ist für das Märchen auch nicht notwendig. In der anschließenden Formulierung rahmt Frau Schulz den Wolf zweifach, als erzählenswert („Eines Tages“) und als Planbruch („Plötzlich“).

3. Erhebung, Gruppe 1/7. Szene, 68. Minute
Anja: „Und auf dem Baum waren Äpfel.“
Lehrerin: „Warte mal. Jetzt sind wir grad beim Schloss. Wenn, dann muss das vorher drauf.
Samira: […]
Lehrerin: „Das kannst du ja, pass auf, Anja, das kannst du ja bei deinem Märchen aufschreiben, dass der Baum große rote Äpfel hat. Ja? Kannst du ja machen. Jetzt sind wir aber beim Schloss.“
Samira: „Das ist ein Früchtebaum.“
Lehrerin: „Und was passiert jetzt im Schloss?“
Samira: „Rotkäppchen rannte ins Schloss. Plötzlich kam der Prinz und sagte: Was machst du denn hier?“
Lehrerin: „Okay, und dann? Erstmal soweit einverstanden? Ja? Im Schloss trifft sie dann also den Prinzen und dann, Markus?“
Anja: […]
Lehrerin: „Warte mal, man muss erstmal eins zu Ende denken. Und dann?“
Markus: „Dann hat ähm, Schneewittchen.“
Lehrerin: „Rotkäppchen.“
Markus: „Rotkäppchen hat zu dem Prinzen gesagt, es kam ein Wolf. Und ich möchte dich auffressen, zum Beispiel.“
Lehrerin: „Mmh. Rotkäppchen hat also von dem Wolf erzählt. Und was hat da der Prinz gemacht?“
Markus: „Er ist rausgegangen und hat nachgeguckt. Und ist wieder reingegangen und dann hat er gesagt, da draußen ist kein Wolf. […] zum Beispiel.“
Anja: […]
Lehrerin: […] „Aber denkt dran, ihr müsst das alles aufschreiben. Ja? Das muss alles noch aufgeschrieben werden.“ […]
70. Minute

In dieser Szene zeigt sich der mit der Entwicklung einer Fortsetzungsgeschichte verbundene Zwiespalt: Anja möchte den Baum weiter charakterisieren, die Lehrerin weist dieser Beschreibung allerdings einen anderen, grob mit „vorher“ beschriebenen Platz in der Geschichte zu. Sie nimmt die Idee der Schülerin auf und formuliert sie um, indem sie noch Eigenschaften ergänzt („große rote“), geht dabei allerdings erneut auf eine konzeptionelle Ebene („das kannst du ja bei deinem Märchen aufschreiben“). Die Schüler*innen erhalten in den medial schriftlichen Texten den Freiraum, eigene Textversionen zu entwickeln. Der diese Texte vorbereitende mündliche Text scheint allerdings bei allen Kindern dieser Gruppe identisch sein zu müssen.

Samira bringt sich erneut ins Gespräch ein, zunächst mit der Bezeichnung des Baumes („Früchtebaum“) und dann mit der Fortsetzung der Geschichte, die sie im typischen Geschichtenduktus (Präteritum, unvorhergesehene Wendung, („plötzlich“), Verwendung der wörtlichen Rede) entwickelt. Sie greift dabei auf zuvor Besprochenes zurück (Rotkäppchen als Prinzessin). Ausgehend von der Charakterisierung als Prinzessin, scheinen nun andere Märchenelemente mit in die Geschichte Eingang zu finden („Schloss“, „Prinz“), somit kann in der Entwicklung der Geschichte tatsächlich ein zunehmender Umgang mit Märchenmotiven (z.B. Reichtum, Not, Retter) beobachtet werden.

Die Bedeutung der gewählten Wörter der Kinder (insbesondere „Baum“ und „Spinnrad“) verringert sich daher im Laufe der Geschichte. Sie bleiben zwar im Sinne einer Erfüllung der Aufgabe enthalten, die mit ihnen in den ‚Ursprungsmärchen‘ verbundenen Märchenelemente („Prinz“, „Schloss“) und deren Motive erhalten allerdings eine größere Bedeutung.

Weiterhin ist die Einführung des Prinzen als Protagonisten mithilfe einer unerwarteten Wendung („plötzlich“) bemerkenswert. In der Geschichte wurde bereits das Schloss eingeführt, was den Prinzen als möglichen Bewohner nahelegt. Diese indirekte Einführung zeigt sich auch sprachlich in der Verwendung des bestimmten Artikels: „der Prinz“. Vor dem Hintergrund des Bezugs zu dem Märchen ‚Rotkäppchen‘ ist die Verwendung von „plötzlich“ dennoch funktional, denn vor diesem Topos handelt es sich tatsächlich um einen unerwarteten Akteur. Diese unerwartete Figurenbegegnung drückt Samira nicht nur sprachlich aus, sondern überträgt sie nun auf die inhaltliche Ebene, lässt den Prinz scheinbar irritiert fragen: „Was machst du denn hier?“. Damit führt Samira den Rahmen für die Fortführung der Geschichte sehr eng, im Folgenden wird eine Antwort auf diese Frage erwartet. Nun ist es an dieser Stelle jedoch Markus‘ Aufgabe, die Geschichte fortzuführen. Die Lehrerin paraphrasiert die Antwort Samiras, indem sie nicht das Gespräch, sondern das Treffen im Schloss fokussiert und damit für Markus den Handlungsspielraum der möglichen Antwort erweitert.

Nun ist es erneut Anja, die scheinbar einen anderen Aspekt in die Geschichte einbringen möchte, der von der Lehrerin als zeitlich unpassend („erstmal eins zu Ende denken“) abgewiesen wird.

Trotz Paraphrasierung und Unterbrechung greift Markus den Ansatz von Samira unmittelbar auf und gibt in Ansätzen eine wörtliche Rede, die er auch durch einen Tempuswechsel („kam ein Wolf. Und ich möchte dich auffressen") und Figurenanrede („dich") markiert. Mit dem Posttext „zum Beispiel" kennzeichnet Markus allerdings auch den vorschlaghaften Charakter seiner Äußerung.

Nun paraphrasiert die Lehrerin erneut und gibt einen Impuls, der die Tätigkeit des Prinzen fokussiert. Es ist erneut Markus, der die Geschichte fortsetzt und einen Planbruch in die Geschichte einführt: Der Wolf, die Gefahr und somit der Grund für das Hineinrennen Rotkäppchens in das Schloss, ist verschwunden. Diese unerwartete Wendung schafft einen großen Handlungsspielraum, aber auch Handlungsdruck für den Fortgang der Geschichte. Zum einen muss das Verschwinden erklärt werden, zum anderen ist die Art einer möglichen Erklärung vollkommen offen. Allerdings wird der Handlungsdruck womöglich abgemildert, da Markus erneut mit „zum Beispiel" endet.

An dieser Stelle wechselt die Lehrerin jedoch den Fokus auf die Anforderung des Unterrichts, da die Kinder „das alles" noch aufschreiben müssten.

*Das gemeinsame Erzählen drängt dazu, dass die Kinder sich auf eine Geschichte vorläufig einigen; etwaige Änderungen haben ihren Platz in der schriftlichen Geschichte. Die Lehrerin paraphrasiert die Formulierungen der Kinder und erteilt das Rederecht. Dabei entwickelt sich vor allem zwischen Markus und Samira eine kongruente Erzählung, unter zunehmender Nutzung von Märchenmotiven und geringer werdender Fokussierung auf die vorgegebenen Worte.*

3. Erhebung, Gruppe 1/8. Szene, 70. Minute
Samira: „Ich hab noch 'ne Idee."
Lehrerin: „So. Was macht denn der Prinz?"
Samira: „Als das Mädchen ins Schloss kam, sagt der Prinz: Was machst du denn hier, schönes Mädchen? Dann sagt […] Äh. Dann sagt Rotkäppchen, ich bin vor einem Wolf weggerannt. […] Dann geht der Prinz raus und sah sah den Wolf nicht, ließ die Tür offen und der Wolf kam rein."
Frau Schulz spricht mit anderen Kindern.
Samira: „Und der Wolf kam ins Schloss. Aber ähm, das Mädchen war immer dicht am Prinzen, an dem Prinzen dran und dann hat der Prinz den Wolf in seinem Schloss und hat den [Wolf] getötet. Und dann haben sie geheiratet."
Lehrerin: „Aha, und wenn sie nicht gestorben sind, dann leben sie noch heute."
71. Minute

Die Unterbrechung, womöglich auch die vielen Optionen, die Geschichte fortzuführen, haben zur Folge, dass die Weiterentwicklung derart gerahmt werden kann: „Ich hab noch 'ne Idee". Dennoch ist unklar, ob mit dieser neuen „Idee" Bisheriges in Frage gestellt wird. Die Lehrerin führt daraufhin allerdings den Handlungsspielraum enger, indem sie das Handeln des Prinzen fokussiert. Samira leitet ihre Geschichte ein, legt dafür einen Beginn („Als das Mädchen ins Schloss kommt") fest. Sie baut daraufhin ihre vorige Erzählung aus, da sie die Formulierung „schönes Mädchen" verwendet, und verdeutlicht nun noch mehr die Unvorhersehbarkeit des Aufeinandertreffens beider Figuren aus unterschiedlichen Märchen mithilfe der gegenseitigen Unbekanntheit. Sogleich liefert Samira darüber hinaus eine Erklärung für den verschwundenen Wolf („ließ die Tür offen") und endet mit einem prototypischen Ende (Tod des Antagonisten, Heirat der Hauptfiguren), das im Folgenden von der Lehrerin durch eine typische Märchenschlussformel ergänzt wird.

3. Erhebung, Gruppe 1/9. Szene, 71. Minute
Lehrerin: „Wollt ihr das so nehmen? Also, ich fasse noch mal zusammen. Ihr müsst mir mal jetzt helfen. Also, Markus. Es war einmal, wie fängt's an?"
Markus: „Es war einmal Rot__." Dann wird er allerdings von Samira unterbrochen.
Samira: „Ein hübsches, ein Mädchen namens Rotkäppchen."
Lehrerin: „Und die."
Markus: „Saß unter ihrem Lieblingsbaum und hat."
Vermutlich setzt Samira zum Reden an.
Lehrerin: „Lass ihn aber auch mal ausreden!"
Markus: „Und hat gespinnt."
Lehrerin: „Richtig."
Markus: „Und hat den ganzen Tag gespinnt, gespinnt und dann kam irgendwann mal der Wolf."
Lehrerin: „Mmh. Danke, und dann, Anja?"
Anja: „Und dann ist ähm Rotkäppchen ins Schloss gerannt?"
Lehrerin: „Richtig."
Anja: „Und dann kam der Prinz und hat gefragt, hallo schönes Mädchen, was machst, was machst du denn noch?"
Lehrerin: „Mmh. Und dann?"
Samira: „Dann hat der, dann hat äh Rotkäppchen gesagt, ein Wolf ist hinter mir her, und ist schnell ins Schloss gerannt und dann hat der, dann ist der Prinz rausgegangen und hat nachgeguckt, aber da war kein Wolf und dann hat er aber die Tür offen gelassen, als er wieder reingekommen ist, und dann ist der Wolf gekommen, das Mädchen war immer dicht am Prinz und plötzlich sah der Prinz den Wolf in seinem Schloss und hat ihn und hat den Wolf getötet."
Lehrerin: „Und wie endet das Märchen? Markus?"

Markus: „Und dann und dann haben sie geheiratet und wenn sie nicht gestorben sind, dann leben sie noch heute."
Lehrerin: „So, und jetzt schreibt jeder das Märchen auf und wenn du andere Wörter benutzt und da ein bisschen was umbaust, ist das nicht schlimm. Jeder schreibt sein eigenes Märchen. Los geht's!"
73. Minute

Die Lehrerin gibt nun noch einmal die Möglichkeit der Intervention, die von den Kindern aber nicht genutzt wird. Die folgende Ankündigung, dass sie die Geschichte zusammenfasst, wird allerdings erneut in Form der ‚Reihum-Erzählung' gelöst. Den Anfang gibt Frau Schulz selbst „Es war einmal", nun ist es an Markus, zu ergänzen; das wird allerdings von Samira übernommen. Hier verliert das geschichtengenerierende Potenzial einerseits seine Funktion, da die Kinder gemeinsam mit der Lehrerin die Geschichte in ihrer Anlage bereits entwickelt haben. Andererseits deutet Samiras Selbstkorrektur „ein hübsches, ein Mädchen namens Rotkäppchen" darauf hin, dass sie die Wendung als eine (idiomatische) Einheit versteht. Der typische Geschichtenanfang trägt hier, auch wenn Samira diese Formulierung schon im Vorfeld gebrauchte, zur Etablierung eines am Märchen angelehnten Sprachduktus bei. Markus entwickelt die Geschichte weiter, ohne die von Anja eingebrachte Beschreibung des Baumes zu verwenden. Er führt die Geschichte weiter aus und wird von der Lehrerin bestätigt („Richtig"). Worauf sich die Bewertung bezieht, bleibt aber unklar. Ist sie eine Inschutznahme Markus' gegenüber den Mitschülerinnen, dass er die Geschichte richtig wiedergibt? Ist damit allerdings auch verbunden, dass es eine richtige Version (auf die sich gemeinsam geeinigt wurde) der Geschichte gibt? Was bedeutet das für individuelle Versionen, bspw. im Medium des Schriftlichen?

Markus entwickelt die Geschichte weiter, nachdem er den Antagonisten eingeführt hat, erteilt Frau Schulz Anja das Wort. Sie fügt sich auch in die Geschichte von Markus und Samira ein, wird gleichfalls von Frau Schulz bestätigt („Richtig") und nutzt Samiras Wendung: „hallo schönes Mädchen".

Samira gibt dann erneut das Gros der Geschichte wieder, in sehr kongruenter Form zur vorigen Version, die sie an manchen Stellen ausbaut (z.B. „das Mädchen war immer dicht am Prinz"). Markus nennt das Ende des Märchens unter Verwendung der von Samira und Frau Schulz zuvor genannten Elemente (Heirat und Schlussformel).

Nun gibt Frau Schulz die Aufgabe, dass jeder „das Märchen" aufschreiben solle. Das schriftliche Märchen muss sich also auf den mündlichen Text beziehen und ihm weitestgehend entsprechen. Eine Veränderung auf Ebene der Wörter und ein Stück weit auf struktureller Ebene sei allerdings möglich.

Die vor allem von Markus und Samira entwickelte Geschichte wird nun erneut von den Kindern wiedergegeben. Hier erhalten die Kinder Verantwortung für die gesamte Geschichte unabhängig von dem eigenen zuvor entwickelten Geschichtenabschnitt. Im Medium der Schriftlichkeit können die Kinder Änderungen insbesondere auf Wortebene vornehmen.

*Frau Schulz stellt bei den Schüler*innengruppen den Bezug zur gestellten Aufgabe her, indem sie auf die gewählten Wortkarten und die dazugehörigen Märchen verweist. Bei der Formulierung der Geschichte übernehmen sowohl die Lehrerin als auch die Schüler*innen Aufgaben der Markierung. Dabei weist Frau Schulz den Schüler*innen gegebenenfalls einzelne Sequenzen zu und formuliert die Schüleraussagen teilweise um. Mussten sich die Schüler*innen im Vorfeld noch auf bestimmte Inhalte (Vertextung) und Formulierungen (Markierungen) einigen, übernimmt nun streckenweise Frau Schulz diese Entscheidung, welche Formulierungen Eingang in den Text finden. Im Laufe dieser Interaktion tritt die Bedeutung der einzelnen Märchenwörter zugunsten der Märchenmotive und anderer Inhalte zurück.*

### 8.2.3 Interaktion nach der Intervention der Lehrerin

Nachdem nun die vermutete Intention der Lehrerin herausgearbeitet wurde, stärker die Kontexte der Märchenvorlagen zu verwenden, die sich in der Gruppe um Amy stark an Frau Holle orientieren, wird nun beschrieben, wie sie das Märchen von dem Punkt an, als die Prinzessin auf der „Zuckerwattenwolke" landet, fortsetzen.

3. Erhebung, Gruppe 2/6. Szene, 60. Minute
Leni: „Ja, mach' ich dann ja noch. Also die Wolke, die kann vielleicht [...]."
Amy: „Die Wolke. Passt die dann vielleicht nicht in das Haus. Und dann hat's geregnet. Hat sie sich ein bisschen abgeschwemmt und dann kann sie hinein."
[...] 5 sek
Amy: „Weiter."
Nele lacht
Leni: „Und das Haus hat auch 'nen Namen. Hauti!"

(Lachen)
Leni: „Und das Hauti, das fliegt zur vielleicht zur Wolke und dann und dann."
Amy: „Und dann war da 'ne Schlucht. Hat Henriette nämlich geschrieben. Sieht zwar aus wie 'nen ‚a'. Und da war dann 'ne Schlucht und da sind die reingefallen. Und dann kam 'nen Wasserfall und dann sind die dann da reingestürzt würd' ich machen."
Nele: „Wer ist da reingefallen?"
Amy: „Was?"
Nele: „Wer ist da reingefallen?"
Amy: „Na das Haus und die Wolke. Und dann kam sie zum Wasserfall und dann sind sie da reingestürzt. Und dann und dann und dann sind sie wieder also auf 'ner Wiese gelandet. Und hat und dann ist die Wolke einkaufen gegangen."
Nele lacht.
Amy: „Und hat was zu essen geholt, nämlich Zuckerwatte."
Nele lacht wieder.
Amy: „Wollen wir hinschreiben?" Sie nimmt die ‚Schlossbücher', die die Lehrerin ausgeteilt hat und die bis jetzt am Rand lagen und legt jedem eins hin.
Nun stehen sie auf, gehen an ihre eigentlichen Plätze und holen sich Stifte.
Amy: „Erstmal müssen wir uns Linien machen."
62. Minute

Im Gegensatz zu der von der Lehrerin entwickelten Märchenvariante nutzen die Mädchen nun nicht die Prinzessin als Hauptfigur, sondern personifizieren die Wolke, indem ihr eine Fähigkeit zugesprochen wird, die für sich genommen allerdings kein phantastisches Element darstellt („abgeschwemmt", „geregnet"). Amy bleibt hier auf einer konzeptuellen Ebene, die Vorläufigkeit kennzeichnet sie mit „vielleicht", auf gleicher Ebene steht nun Lenis Vorschlag: „das Hauti, das fliegt zur vielleicht zur Wolke". Diese beiden hier noch nebeneinanderstehenden Versionen müssen an dieser Stelle noch nicht vereinheitlicht werden. Hier unterscheidet sich das Vorgehen der Schülerinnen von der Lehrerin. Stattdessen haben Leni und Amy eine gemeinsame Ausgangsbasis für die Weiterführung der Geschichte: Beide Protagonisten stürzen in die Schlucht. Amy wechselt ins Perfekt und entwickelt eine Handlungsfolge – in die Schlucht stürzen und vom Wasserfall weggespült („reingestürzt") werden. Diese Wendung der Handlung scheint Nele zu irritieren, sie fragt nach, wer hineingestürzt sei. Daraufhin wiederholt Nele die Handlungsfolge und erweitert sie um einen Ort der Landung „Wiese" und eine Tätigkeit, die sie in einer Wiederholung weiter ausbaut, indem das „Haus" und die „Wolke" auf einer „Wiese" landen und die Wolke „einkaufen geht". Hier ist wiederum der Ort, an dem Neles Idee der „Zuckerwatte" Eingang in den mündlichen Text findet, wenn auch nicht in der ursprünglichen Version der „Zuckerwattenwolke".

Im Gegensatz zur Gruppe um Samira kann bei dieser Schülerinnengruppe keine Bedeutungsabnahme der gewählten Wörter festgestellt werden. Der selbstgewählte Protagonist („Prinzessin") wird nicht weiterverwendet, auch die Forcierung einer aus dem Märchen „Frau Holle" stammenden Szene verfolgen die Schülerinnen nicht weiter. Stattdessen greifen sie die ursprüngliche Idee des fliegenden Hauses erneut auf und nutzen Möglichkeiten der Personifizierung und des Sprachwitzes („Zuckerwattenwolke", „Hauti"). Dieser Bruch findet sich ebenfalls in den schriftlichen Texten der Schülerinnen, beispielhaft dargestellt am Text von Leni (siehe Abb. 12). Die Kinder verwenden den von Frau Schulz gegebenen Anfang. Nach dem Wort „Zuckerwatte" (und in der Interaktion nach dem Weggang der Lehrerin) folgt die Forcierung der Personifikation von „Wolke" und „Haus". Die Kinder übernehmen inhaltliche Elemente der mündlichen Version, auch wenn die Geschichte an Dramatik verliert (sie „stürzten" nicht mehr in die Schlucht, sondern <flogen>. Weitere Unterschiede betreffen die Positionierung des <einkaufen> in der Geschichte sowie den Namen der Wolke <wolki>.

**Transkription (buchstabengetreu)**
Es war einmal eine Prinzessin
und sie hate einen Prunnen
gefunden und felt hinein
und lannden aufeiner wolke
auf der zuckerwate und
das haus konnte fliegen und
di wolke paste nicht rein.
und di wolki undan kauft sie
einkaufen sie kamen an eine
Schlucht und sie flogenineine
schlucht hinein und da
kam ein waserfall sie haben
eine wisse gfunden und haben siech
einen gmütlichenabet gmart Ende.

Abbildung 12 Leni, 1. Schulbesuchsjahr, 3. Erhebung

*Die Analyse der Interaktionen zeigt somit unterschiedliche Handlungsspielräume der Schreibanregung auf. Entwickelte die Gruppe um Samira eine stärker an Märchenmotiven orientierte Geschichte, gaben die gewählten Wörter Amy, Nele und Leni die Möglichkeit, eine weniger an Märchen orientierte, dennoch aus sich heraus verständliche und mitunter komische Geschichte zu entwickeln.*

*Vergleich: Vorlesen Samiras im Plenum*

3. Erhebung, 98. Minute
Samira liest vor: „Es war einmal ein Mädchen namens Rotkäppchen. Sie sie liebte es zu spinnen unter ihrem Lieblingsbaum. Plötzlich kam ein Wolf. Rotkäppchen rannte ins Schloss. Der Prinz fragt, was machst du hier? Ein Wolf ist hinter mir her. Der Prinz guckt raus. Es ist kein Wolf mehr, kein Wolf da. Er ließ die Tür offen. Plötzlich sah der Prinz den Wolf und tötete ihn und sie heiraten. Sie lebten glücklich bis an ihr Ende."
Die Kinder klatschen.

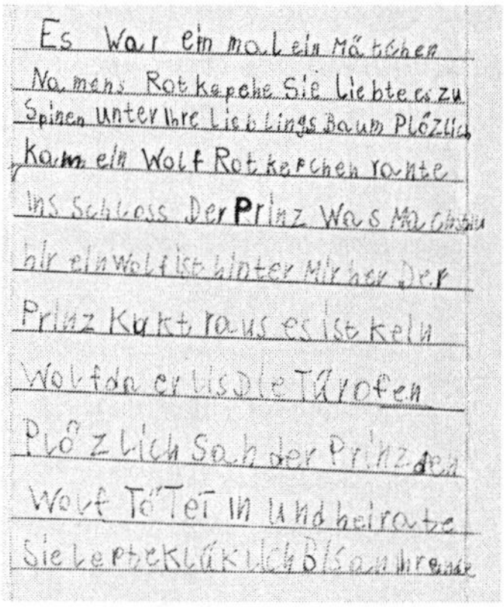

**Transkription (buchstabengetreu)**
Es war ein mal ein Mätchen
Na mens Rotkepche Sie liebte es zu
Spinen unter Ihre Lieblings Baum Plözlich
Kam ein Wolf Rotkepchen rante
Ins Schloss Der Prinz Was Machstdu
Hir ein Wolf ist hinter Mir her Der
Prinz Kukt raus es ist kein
Wolf da er lis Die Tür ofen
Plözlich Sah der Prinz den
Wolf TöTeT in und heirate
Sie lepteKlüKlIch BIS an Ihr ende

Abbildung 13 Samira, 1. Schulbesuchsjahr, 3. Erhebung

In dem von Samira vorgelesenen Text lassen sich vielfältige Spuren der zuvor stattgefundenen Interaktionen wiederfinden. Die Wendung „ein Mädchen namens Rotkäppchen", auf die sie in der mündlichen Interaktion gedrungen hat, verwendet sie ebenso wie die Formulierung „liebte es zu spinnen" (Gruppe 1/5. Szene). Beide Formulierungen finden sich nicht in dem Text von Anja (s.u.). Gemeinsam entwickelt wurde hingegen das Hineinrennen in das Schloss infolge des Auftretens des Wolfes. In Samiras mündlicher Version (Gruppe 1/7. Szene) erfolgte nun ein plötzliches Auftreten des Prinzen. Diese plötzliche Wendung kam allerdings bereits in Anjas Version nicht mehr vor (Gruppe 1/9. Szene) und tritt nun hier auch nicht mehr auf. Ebenfalls hat die Formulierung „schönes Mädchen", die Anja noch von Samira (Gruppe 1/8. u. 9. Szene) übernahm, nicht in den vorgelesenen Text Eingang gefunden (in Anjas Text steht <schöne Prnssin>, vgl. Abb. 14). Die zuvor stärker von Samira ausgearbeitete Irritation der zusammengeführten Märchenfiguren realisiert durch die Markierung einer plötzlichen Wendung: „Plötzlich kam der Prinz" (Gruppe 1/7. Szene), und die zu vermutende gegenseitige Unbekanntheit: „Was machst du denn hier, schönes Mädchen“ (Gruppe 1/8. Szene), wird in Samiras Text aufgegeben zugunsten einer dichteren Erzählung: „Rotkäppchen rannte ins Schloss. Der Prinz fragt, was machst du hier?“ Durch den Wechsel ins Präsens an dieser Stelle erhält der Text einen nahezu szenischen Charakter. Auch die von der Lehrerin erwähnte Abschlussformel „und wenn sie nicht gestorben sind, dann leben sie noch heute“ (Gruppe 1/9. Szene) kürzt Samira: „Sie lebten glücklich bis an ihr Ende.“

*Der vorgelesene Text ist auf konzeptioneller Ebene mit dem zuvor gemeinsam entwickelten Text kongruent, auf Ebene der Formulierungen nahm Samira individuelle Änderungen vor. Dieser Text besitzt vor dem Hintergrund des Wegfalls einiger Formulierungen eine größere Dichte.*

*Vergleichend dazu Anjas Text*

**Transkription (buchstabengetreu)**
Es war ein mal Rotkepchen.
Sie war unter iren Lieblins Baum und
sie spienen den gansen tag und da kam
ein Wolf und Rotkepchen ist in Schloss ger-
gerand dan kam der Prinz und dan frate
was mast duhir du schöne Prnssin da
war ein Wolf der Prinz gin raus und
hat dic Tür auf gelascn und dcr Wolf war
trin und der Prinz hat den Wolf getotet und
haben geheiratet und sie lebten kücklich.

Abbildung 14 Anja, 3. Schulbesuchsjahr, 3. Erhebung

Die kontrastierende Darstellung der Interaktion der Lehrerin mit zwei Schüler*innengruppen zeigt Gemeinsamkeiten des Vorgehens der Lehrerin in beiden Gruppen auf, die jedoch zu unterschiedlichen Prozessen und Ergebnissen führen.

In beiden Gruppen steht zunächst die Fokussierung der Aufgabe im Mittelpunkt, die sich nicht nur auf die Verwendung der gewählten Wörter, sondern auch auf den Bezug der Märchen, aus denen sie generiert wurden, bezieht. Neben diesem inhaltlichen Bezug zu den Volksmärchen bringt die Lehrerin auch auf der Ebene der Markierung typische Formulierungen wie „Es war einmal“, „Eines Tages“ usw. ein. Auf der

Ebene der Vertextung übernimmt Frau Schulz weitestgehend die Ideen der Schüler*innen, weist ihnen jedoch mitunter einen anderen Platz in der Geschichte zu bzw. fügt auch eigene Ideen hinzu. Durch die Erteilung des Rederechts und der Übernahme der Ideen der Schüler*innen im Rahmen der Reformulierung entscheidet Frau Schulz jedoch auch indirekt mit, welche Ideen der Kinder Eingang in die mündliche Geschichte finden.

Dieses Vorgehen hat in der Gruppe um Samira vermutlich zur Folge, dass der vorgelesene Text am Ende weitestgehend dem gemeinsam mit der Lehrerin entwickelten mündlichen Text entspricht. Nur auf Ebene der Formulierungen nahm z.B. Samira individuelle Änderungen vor.

Die Gruppe um Amy besaß unmittelbar nach der Intervention der Lehrerin einen stark an dem Märchen „Frau Holle" orientierten Ausgangspunkt, der sich auch in den schriftlichen Texten wiederfindet. Diese Gruppe gestaltet das weitere Vorgehen, in dessen Verlauf es zu keiner weiteren Intervention kommt, so, dass sie ihre eigenen zuvor entwickelten Vorschläge erneut aufgreifen und in die Geschichte einfügen.

In beiden Gruppen können damit ähnliche Befunde festgestellt werden, wie sie auch bei Stude und Ohlhus bzgl. der textbezogenen Interaktionen in dritten Klassen zu finden sind. Die Autor*innen analysierten Interaktionen der Schüler*innen mit ihrer Lehrerin während des Schreibens. In den untersuchten Fällen habe sich die Mündlichkeit als Ressource für den Schreibprozess erwiesen (Stude & Ohlhus 2005, S. 83). Dies kann für die vorliegenden Beispiele bestätigt werden, da sich in den Texten beider Gruppen zuvor mündlich eingebrachte Elemente auf Ebene der Ideen und Formulierungen finden. Übereinstimmungen zwischen der gemeinsam mündlich produzierten Erzählung und den Formulierungen in dem schriftlichen Produkt zeigen auch Stude und Ohlhus auf (vgl. ebd., S. 81f.). Gleichfalls findet sich in dem vorliegenden Material der ko-konstruktive Charakter der Entwicklung der mündlichen Erzählung mit der Lehrerin (ebd., S. 84). Für die vorliegende Erhebung kann das Verhalten der Lehrerin in der Mündlichkeit als „scaffolding" (ebd.) bezeichnet werden. Zu bedenken ist allerdings auch, dass bei einer auf einer einheitlichen Lösung fokussierten Anwendung eben jenes scaffolding gleichfalls als Korsett betrachtet werden könnte. Insbesondere in der Gruppe um Samira zeigt sich das zum einen darin, dass auf Ebene der Peers unterschiedliche mündliche Formulierungen nicht nebeneinander existieren können, zum anderen durch die Intervention der Lehrerin, die einen womöglich als unbestimmt empfundenen Spannungsraum zwischen dem individuellen und gemeinsamen Märchen der Kinder zulässt.

Die in der Interaktion verwendete Mündlichkeit zeigt sich dabei in dieser Erhebung sowohl als Raum der Ressourcen und Möglichkeiten als auch analog zum kollaborativen Schreiben als Bedingungsraum.

## 8.3 Interaktionen während des Schreibprozesses

Während in dem vorangegangenen Kapitel in der Analyse die Interaktionen vor dem Beginn des Schreibens fokussiert wurden, stehen nun die Interaktionen während des Schreibprozesses im Zentrum. Diese Trennung ergibt sich aus dem vorliegenden Material. In den dargestellten Szenen entwickelte Frau Schulz eine mündliche Erzählung. Während des Schreibens fand daraufhin keine Intervention mehr statt. In den folgenden Szenen ist es in umgekehrter Weise der Fall: Die Intervention erfolgt während des Schreibens. Im Zentrum steht dabei die Analyse, inwiefern im Vollzug die Anforderungen des Textschreibens modifiziert werden, um ein erfolgreiches Schreiben für alle Kinder zu ermöglichen. Dabei wurden aus dem Material folgende Analyseschwerpunkte und -fragen zur Rekonstruktion genutzt:

- Welches Ziel verfolgt die Interaktion bzw. Intervention?
- Welche Anforderung des Textschreibens wird modifiziert?
- Wie lassen sich die Modifikationen der Anforderungen fachlich beschreiben?

Den Beginn dieses Kapitels stellt allerdings eine Interaktionsanalyse zwischen Samira und Markus dar. Sie ereignete sich im Anschluss an der zuvor im Rahmen der sequenziellen Analyse dargestellten Interaktion der Gruppe Samira, Markus und Anja. Diese Szene bildet den Ausgangspunkt für weiter folgende kontrastierende Analysen.

### 8.3.1 Markus wird geholfen

Unter Hilfe wird in diesem Kontext ein sozial erwünschtes Verhalten verstanden, das in Reaktion auf die Bedürfnislage eines/einer anderen auf die Beseitigung eines Mangels abzielt (vgl. Wagener 2014, S. 51). Dabei zeichnet sich die Hilfesituation durch eine Asymmetrie zwischen Helfendem und Geholfenem aus (vgl. ebd., S. 68). In diesem Kontext existieren unterschiedliche Strategien des Hilfegebens und Hilfeempfangens, wie sie Krappmann und Oswald bei Viertklässler*innen im Umgang mit Hilfe auf Basis teilnehmender Beobachtungen herausgearbeitet haben (vgl. Krappmann & Oswald 1995, S. 163ff.). Dabei wird Helfen im schulischen Kontext als eine Handlung unter Peers verstanden; Hilfen von Lehrer*innen werden nicht erfasst (vgl. auch

Breidenstein 2006, Naujok 2000; dazu auch Zielinski & Ritter 2016b, S. 418). Jedoch wird an dieser Stelle bezugnehmend auf die Intention der Hilfe als Beseitigung eines Mangels auch auf Lehrer*innenhilfe eingegangen. Auch wenn die Spezifik der Hilfesituation – die Asymmetrie zwischen den Beteiligten, der Lehrer*innen-Schüler*innen-Beziehung – für solche Situationen konstitutiv zu sein scheint und daher auch von einer Intervention gesprochen werden könnte, so lassen sich dennoch über dieses Konstrukt das Vorgehen der Lehrerinnen und die Reaktionen der Schüler*innen beschreiben. Dennoch wird in dieser Studie nicht jede Intervention einer Lehrerin als Hilfe beschrieben. Stattdessen ergibt sich diese Zuordnung aus der Logik des Materials. Die Intervention der Lehrerinnen wird kontrastiert mit der Hilfe unter den Schüler*innen. Um sich hier in einer identischen analytischen Kategorie zu verorten, wird daher in beiden Kontexten von Hilfe gesprochen. Weiterhin betrachten die genannten Studien Hilfe vor allem als sozial-interaktives Geschehen, ein Bezug auf fachliche Inhalte bleibt weitgehend aus (vgl. Zielinski & Ritter 2016b, S. 418). Die in den hier dargestellten Protokollauszügen inhärenten fachlichen Bedeutungsstrukturen sollen im Folgenden analytisch herausgearbeitet werden.

*Samira hilft Markus*

**Transkription (buchstabengetreu)**
Es warRot KePch~~W~~en
Sie Liebte es unter
Ihre LiebLiS BAUM
PLÖZLich Kam ein woäs
WOLF ROTK

Abbildung 15 Markus, 1. Schulbesuchsjahr, 3. Erhebung

3. Erhebung, 79. Minute
Samira: „Sie, sie. Ein /s/, ein /i/ und ein /e/, sie und ein /e/, sie, dann ne Lücke lassen /l/, /i/, /e/, danach ein /e/, ein /b/, ein kleines /b/, oder ein großes, wenn du das kleine nicht kannst lieb-t-e, ein /t/ und ein /e/, sie liebte. Soll ich dir schon mal vorlesen, was du geschrieben hast, wenn du fertig bist? Es war Rotkäppchen. Sie liebte es, ein /e/ und ein /s/, /s/, ein /e/ und ein /s/, noch ein /e/."
Samira: „Warte mal kurz. Gut, zeig mal, warte mal, radier' mal weg." Samira verbessert etwas in Markus' Text.
Markus: „Du hast gesagt /e/."
Samira: „Ja, aber Lücke."
Markus: „Sag!"

Samira: „Und dann hier ein /e/, und dann ein /s/, ein /s/ (sie bildet das stimmhafte /s/), Sonne […] ein /s/, Sie liebte es /u/."
Samira: „Warte mal kurz, ein /n/, /t/, /e/ und /r/. Jetzt hier /i/, /h/."
Markus: „/h/, ein kleines /h/."
Samira: „Ja, ein großes /i/, warte mal, gib mal her." (Sie nimmt Markus' Stift und schreibt ein großes <I>) „Ein kleines /h/, ein /r/ ein kleines, und ein kleines /e/, dann Lücke lassen, dann Lücke, ein /l/, ein kleines /i/ oder ein großes, egal /i/, klein, /e/, /b/, bist du schon bei /b/ dann /l/, aber keine Lücke, zusammen, /i/."
Leon zeigt sein Blatt in die Runde und sagt: „Gucke mal, schon so weit"
Markus: „Zusammen?"
Samira: „Zusammen."
Die Lehrerin läutet mit dem Glöckchen und sagt, dass noch fünf Minuten Zeit ist.
83. Minute
Nachdem ca. drei weitere Minuten vergangen sind, beendet Markus das Schreiben, und auch Samira widmet sich nun wieder vollständig ihrem Text. Zwischenzeitlich hat sie eine Zeile geschrieben.

Es zeigt sich zum Ende dieser Schreibphase (es sind noch zehn Minuten Zeit), dass Samira sehr ergebnisorientiert vorgeht, indem sie lautiert. Damit hat Markus keine Möglichkeit, anders als es Samira in ihrem eigenen Text hatte (s.o.), Änderungen bspw. auf der Ebene der Formulierungen vorzunehmen. Unklar bleibt allerdings, ob er die Synthese, die geschriebenen Buchstaben erneut zu Silben und Wörtern zusammenzufassen, auch vollzieht. Samira scheint davon auszugehen, dass er dies nicht tut, bietet ihm stattdessen an vorzulesen, was er geschrieben hat. Als Samira feststellt, dass Markus falsch geschrieben hat, und er daher wieder wegradieren soll, moniert er zunächst, dass er nur getan habe, was sie sagte, lässt dann aber ihr Radieren zu. Damit erweist sich die Hilfe zum einen als ein zielgerichtetes Vorgehen hinsichtlich des an Markus gestellten Anspruchs, einen schriftlichen Text zu verfassen. Bzgl. seiner Kompetenzen stellt sie jedoch zum anderen vermutlich eine Überforderung dar, da die Dekodierung des von ihm Geschriebenen womöglich nicht geleistet werden kann.

*Hilfe zeigt sich in einem Spannungsfeld zwischen Kompetenzen des Geholfenen und der Ergebnisorientierung des Unterrichts. Durch Letzteres zu erreichen scheint die Abgabe von Teilprozessen des Schreibvorgangs (z.B. der Formulierung) mit begründet zu sein.*

Kontrastierend wird hier nun eine Szene aus der vorigen Erhebung zwischen Sandra und Markus dargestellt, in deren Rahmen die Kinder die Aufgabe hatten, in Anlehnung an ein Fünf-Sätze-Märchen (Kohl & Ritter 2010, S. 64ff.) ein Märchen zu schreiben, das fünf prototypische Elemente eines Märchens enthält (Einleitung, Vorstellung des Helden, Konflikt, Lösung des Konflikts, Ende).

*Sandra hilft Markus*[137]

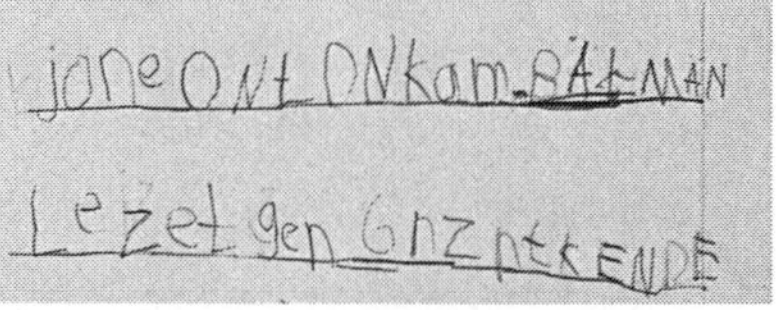

**Transkription (buchstabengetreu)**
jone ONt ONkam. BÄtMÄN
Lezet gen GnzntkENDE

Abbildung 16 Markus, 1. Schulbesuchsjahr, 2. Erhebung (Auszug)

2. Erhebung, 50. Minute
Markus: „Ich bin fertig." Er hat jetzt genau zwei volle Zeilen auf dem Papier. Sandra schaut zu Markus. Fühlt sie sich angesprochen von Markus' Feststellung, dass er fertig ist? Ist sie die Kontrollinstanz? Hilfe? Sandra fragt: „Was ist dann passiert? Ist etwas Lustiges passiert?" Erik meint: „Seid mal ein bisschen leiser!"
Sandra versucht Markus zur Weiterführung der Geschichte zu überreden. Sie ist offensichtlich nicht der Meinung, dass die Geschichte bereits zu Ende ist, und stellt damit auch sein „Ich bin fertig" in Frage. Sie versucht ihn anzuregen, sich weitere Möglichkeiten für den Planbruch, der bei ihm aussteht, auszudenken bzw. diskutiert mit ihm, wie die Geschichte weitergehen könnte. Markus denkt nach, in sehr stoischer Haltung.
Sandra überlässt ihn daraufhin sich selbst und arbeitet weiter an ihrem Text.

Eine ausführliche Analyse dieser Interaktion findet sich bei Naugk et al. (2016, S. 194ff.). In der vorliegenden Arbeit werden nicht alle dort dargestellten Szenen analysiert. An dieser Stelle soll stattdessen der Aspekt der Verantwortung für den eigenen Text ins Zentrum gerückt werden. Auch in dieser Szene hat Markus noch wenig geschrieben, hat aber in seinem Text deutlich <ENDE> markiert und äußert sich auch entsprechend. Anders als Samira übernimmt Sandra hier keine Teilprozesse des Schreibvorgangs (z.B. Formulierungstätigkeiten) für Markus,[138] sondern unterbreitet konzeptionelle Vorschläge zur Weiterführung der Geschichte und stellt

137Vgl. zu diesem Beispiel auch Naugk et al. 2016, S. 190ff.; Zielinski & Ritter 2016b, S. 417ff: hier finden sich ausführliche Analysen dazu.
138Auch das kam vor, vgl. ebd.

damit Markus' „ich bin fertig" in Frage. Damit agiert Sandra auf der Ebene der Vertextung, Samira stärker auf Ebene der Markierung.

*Frau Meyer hilft Markus* [139]

Im weiteren Verlauf tritt mit Frau Meyer, die erste Pädagogin mit Markus in Kontakt.

2. Erhebung, 60. Minute
Nachdem Frau Meyer bisher nur kurz auf Markus' Text geschaut hat, wendet sie sich ihm wieder zu und versucht ihm zu weiteren Ideen zu verhelfen. Markus hat offensichtlich keine Lust mehr. Die Ideenvorschläge von Frau Meyer werden daraufhin immer konkreter. Sie macht sogar konkrete Formulierungsvorschläge („Plötzlich kam ein ..."), die Markus allerdings nicht aufgreifen mag.

Im Unterschied zu Frau Schulz in der Interaktion mit der Schüler*innengruppe[140] schafft Frau Meyer eine Verbindung von mündlichem Textgespräch und schriftlichem Text. Das Textplanungsgespräch und das Schreiben sind keine klar getrennten Prozesse, sondern der Text entsteht im Schreibprozess. Dabei befinden sich die Vorschläge von Frau Meyer auf der Ebene der Vertextung und konkreter Formulierungsvorschläge (Markierung), sodass Markus noch die Aufgabe hat, den Text zu verschriftlichen. Darin liegt ebenfalls eine große Anforderung, denn das Ziel liegt in einer vollständigen Verschriftung des mündlichen Textes. Somit stellt hier das Ergebnis der Aufgabe das schriftliche Artefakt dar, der mündliche Text geht in ihm auf.

2. Erhebung, 62. Minute
Wieder wendet sich Frau Meyer Markus zu, animiert ihn, weiter zu schreiben, und geht von den Formulierungsvorschlägen noch eine Ebene tiefer auf die Lautebene. Sie schlägt vor, mit einem /p/ anzufangen. /P/ wie plötzlich. „Plötzlich kam ein Bösewicht." Markus setzt sich nun tatsächlich in Bewegung. Er zieht handschriftlich eine Linie ohne Lineal, die deutlich orientierungslos auf dem Blatt zu sehen ist. Er beginnt sehr unmotiviert <Bösewecht> aufzuschreiben. Nicht etwa plötzlich, sondern nur Bösewicht. Hinter Bösewicht schreibt er noch einmal: <ENDE>.[141]

[139] Eine ausführliche Analyse findet sich ebenfalls bei Naugk et al. 2016, S. 190ff.; Zielinski & Ritter 2016b, S. 417ff.
[140] Vgl. Teil IV, Kap. 8.2: Die Interaktionsanalyse
[141] Dieses Wort wird Markus im weiteren Verlauf noch einmal wegradieren.

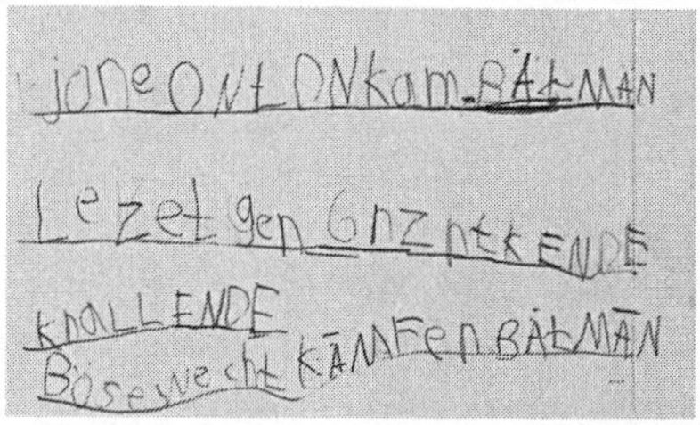

**Transkription (buchstabengetreu)**
Jone ONt ONkam. BÄtMÄN
Lezet gen GnzntkENDE
KnaLL ENDE
Bösewecht KÄMFen BÄTMÄN

Abbildung 17 Markus, 1. Schulbesuchsjahr, 2. Erhebung (Auszug)

Die Anforderung wird nun dahingehend vereinfacht, dass Frau Meyer auch die Aufgabe der Analyse der Laute bei der Schreibung eines Wortes für Markus übernimmt, stattdessen ist es nun seine Aufgabe, dem Laut /p/ den richtigen Buchstaben zuzuordnen und ihn aufzuschreiben. Dass dieser Hilfeansatz allerdings nicht Markus' ‚Hilfebedarf' entspricht, wird anhand seiner Reaktion deutlich, indem er nicht „Plötzlich" schreibt, sondern <Bösewecht>. Statt also der Intention der Lehrerin einer vollständigen Überführung des medial mündlichen in den medial schriftlichen Text zu entsprechen, wählt Markus ein Wort zur Verschriftung aus. Damit nutzt er zwar einen konzeptionellen Vorschlag Frau Meyers, nicht jedoch einen markierenden. Die Hilfe der Lehrkraft (Lautanalyse) nimmt er somit nicht in Anspruch. Er übernimmt die Aufgabe der Analyse und Synthese selbst, an der lautgetreuen Schreibung ist das erkennbar, und schreibt ein eigenes, aus den Vorschlägen der Lehrerin selbst gewähltes Wort. Damit ist diese minimalistische Lösung der Aufgabe nicht die einfachste. Vielmehr handelt es sich tatsächlich um den Kern der Äußerung im Sinne eines Schlüsselwortes (vgl. Naugk et al. 2016, S. 203). Dennoch entspricht Markus' Vorgehen nicht der durch Frau Meyer repräsentierten unterrichtlichen Norm der vollständigen Verschriftung des Textes. Hier zeigt sich der von Kruse et al. thematisierte Konflikt zwischen schulischen Standards und individueller Textproduktion: „Richtiges und angemessenes Schreiben ‚von oben' steht individueller und divergenter Textproduktion ‚von unten' gegenüber" (Kruse et al. 2014, S. 8).

*Während Frau Meyer auf eine Verschriftung des mündlichen Textes drängt, forciert Markus eine Verschriftung von Textelementen in Form von Schlüsselwörtern und erzeugt somit einen verdichteten schriftlichen Text.*

*Frau Schulz hilft Markus*[142]

Im weiteren Verlauf des Unterrichts tritt Frau Schulz zu Markus:

2. Erhebung, 65. Minute:
Nun kommt Frau Schulz zu Markus. Der Schüler erzählt ihr seine Geschichte in erstaunlich kohärenter Form, die er auch mündlich artikuliert.
Markus: „Es war einmal eine Uhr [...] Und dann hat's an der Tür geklingelt und davor stande Batman."
Frau Schulz: „Was steht da?"
Markus: „Davor stande Batman. Dann haben sie geles_."
Frau Schulz ermahnt andere Kinder.
Markus: „Und dann haben sie geliest. Dann kam ein ganz großer Knall und das war der Bösewicht. Und dann haben sie dann gegeneinander gekämpft. Das habe ich aus Versehen nicht hingeschrieben."
Frau Schulz (leise): „Das schreibst du dann noch auf."
Markus: „Und dann."
Frau Schulz: [...]
Markus: „Und dann hat er. Batman hat dann der den Bösewicht besiegt. Das war's."

Im Vergleich zu den vorigen Szenen ereignet sich diese Szene schon im fortgeschrittenen Unterrichtsverlauf. Die Kinder schreiben bereits ihre Texte, die Arbeitszeit neigt sich dem Ende entgegen. Dennoch agieren Markus und Frau Schulz auch hier in dem Medium der Mündlichkeit. Markus trägt hier allerdings einen dekontextualisierten Text vor, bei dem er deutlich den Anfang und das Ende markiert und sich somit von einem gemeinsamen Textplanungsgespräch mit der Lehrerin abgrenzt. Die Geschichte wird damit als eine in sich geschlossene gerahmt. Frau Schulz lässt Markus agieren, interveniert nicht, formuliert nicht um. Damit wird diese Geschichte als eine mögliche Lösung der Aufgabe gewertet. Auf den Ebenen der Kontextualisierung, Vertextung und Markierung scheint es im Medium der Mündlichkeit keine Intervention der Lehrerin zu geben. Bezieht man die Aufgabenstellung mit in die Analyse ein, fällt auf, dass Markus die geforderten Elemente, wenn auch zum Teil implizit, nutzt:

- Einleitung: Es war einmal eine Uhr[143]
- Lieblingsbeschäftigung: lesen
- Konflikt: Bösewicht tritt auf
- Lösung: Batman gewinnt
- Ende: Das war's

[142] Vgl. die Analysen in Naugk et al. 2016, S. 190ff.; Zielinski & Ritter 2016b, S. 417ff.

[143] Am Ende der Stunde, als Markus seinen Text präsentiert, liest er „Es war einmal ein Kind" (vgl. Teil IV, Kap. 6.3.2: Markus' Text).

Die Möglichkeit der Nichterfüllung der Aufgabe thematisiert Markus, indem er auf die Anforderung des Aufschreibens eingeht: „Das habe ich aus Versehen nicht hingeschrieben“. Das Demonstrativpronomen „Das“ bezieht sich vermutlich auf den Kampf zwischen „Bösewicht“ und „Batman“. Bezieht sich Markus damit auf eine vollständige Verschriftung der mündlich vorgetragenen Kampfszene, wird anhand seines bisherigen Textes deutlich, dass er sich mit diesem eigenen Anspruch überfordert. Allerdings wird dieser Anspruch an ihn auch von der Lehrerin formuliert, wie auch in der zuvor geschilderten Szene der Gruppeninteraktion.

2. Erhebung, 66. Minute
Frau Schulz meint nun: „Schreib noch ‚kämpfen'“.
Markus will zuerst nicht. Frau Schulz: „Sonst weiß ich es in drei Wochen nicht mehr, was du mir eben erzählt hast.“ Das scheint Markus einzuleuchten. Er nickt und beginnt nun wieder zu schreiben.

Die eben geschilderte Überforderung wird allerdings sogleich relativiert, indem Frau Schulz den globalen Schreibauftrag „das“ durch ein einzelnes Wort „kämpfen“ ersetzt und damit konkretisiert. Das dekontextualisierte Wort muss in dieser Form nicht flektiert werden, sondern bekommt die Funktion eines Schlüsselwortes zugeteilt. Es schafft eine Verbindung zwischen schriftlichem und mündlichem Text, indem es der Lehrerin als Gedächtnisstütze des mündlich vorgetragenen Textes dient. Damit gilt als Ergebnis, als aufzubewahrender Text, der mündliche Text. Bezogen auf die Ebene der Kontextualisierung wird daher die Angemessenheit der Textform verändert, indem der situationsadäquate Text der mündliche ist und das schriftliche Artefakt einen Schritt im Rahmen der Aufgabenerfüllung und nicht deren Ergebnis darstellt.

Die Bedeutung des Wortes „kämpfen“ hat neben der konservierenden Funktion auch eine Schlüsselstellung bzgl. der inhaltlichen Angemessenheit. Ging es in dem vorigen Beispiel Frau Schulz bei dem Umgang mit den zu verwendenden Märchenwörtern um die Arbeit mit Märchenmotiven, so kann hier auch der Kampf zwischen ‚Gut' und ‚Böse' als ein derartiges Motiv betrachtet werden. „Kämpfen“ könnte daher ebenso als strukturgebende Hilfe verwendet werden, die den Kindern hilft, ein Märchen zu verfassen. Für Markus hingegen ist es nicht der Beginn des Schreibprozesses, sondern dessen Ergebnis, das nicht gleichzusetzen ist mit der Aufgabenerfüllung, denn die bezieht sich auf den mündlichen Text. Damit entspricht das Vorgehen allerdings auch Markus' eigenem Handeln, denn es setzt genau daran an, was Markus in der Interaktion mit Frau Meyer selbst forciert hatte.

*Markus entwickelt mündlich einen Text, der formal den Anforderungen der Schreibaufgabe genügt, die medial schriftsprachliche Umsetzung bildet für ihn allerdings eine Hürde, die Frau Schulz mit der Zuweisung des mündlichen Textes als Arbeitsergebnis und des schriftlichen Artefaktes als Teil der Aufgabenerfüllung für Markus senkt.*

Im Unterschied zu Sandra, die kritische Fragen an die Anlage des Textes stellte und damit auf der Ebene der Vertextung agierte, indem sie bspw. auf die Erzählwürdigkeit (Quasthoff 1980) rekurrierte („Ist etwas Lustiges passiert?"), tritt Markus in den anderen Hilfeinteraktionen als Verantwortungsträger für den eigenen Text zunehmend in den Hintergrund. Zwar stellt auch Sandra Markus' Expertenstatus für den eigenen Text in Frage, lässt ihn aber auf Ebene der Markierung selbst agieren, anders als die anderen Helfenden, die konkrete Formulierungsvorschläge unterbreiten. Deren Hilfe zeichnet sich durch eine starke Ergebnisorientierung aus, die sich in dem Anspruch, einen ganzen Text zu erzeugen, artikuliert. Von Frau Meyer und Samira wird versucht, dies im Medium des Schriftlichen einzulösen. Um diesen medial schriftlichen Akt zu vollziehen, agieren sie auf der Ebene der Markierung, teilweise auf Ebene von Lauten und Buchstaben. Das führt bei Markus zur Verweigerung, vermutlich resultierend aus einer Überforderung, die zu Frustration führt. Frau Schulz löst den Anspruch des vollständigen Textes im Medium des Mündlichen ein. Auch hier scheint zunächst ein Scheitern im Medium des Schriftlichen zugrunde zu liegen. Um ein mögliches Scheitern zu vermeiden, ändert sie die Rahmenbedingungen der unterrichtlichen Situation (Ebene der Kontextualisierung) und erteilt dem schriftlichen Text mit der Schlüsselwortfunktion eine dem Vorgehen von Markus angemessene Textfunktion, wie sein eigenes Agieren zeigt und darüber hinaus auch seinen schriftsprachlichen Kompetenzen zu entsprechen scheint.

### 8.3.2 Leon und Markus

Bezieht man, wie oben beschrieben, auch Lehrer*inneninterventionen ggf. als Formen der Hilfe mit in die Analyse ein, unterscheiden sich diese von Methoden der Binnendifferenzierung durch ein stärker spontanes, ungeplantes Vorgehen. Da mit den Lehrer*innen im Vorfeld nicht en détail über die Unterrichtsplanung gesprochen wurde und auch diesbezüglich keine Lehrer*inneninterviews vorliegen, kann über Ursachen und Motive der Hilfe nur begrenzt Auskunft gegeben werden. Daher wird kontrastierend noch eine Szene analysiert, um zu prüfen, inwiefern die Konzeption des schriftlichen Textes als verdichteter Text etabliert ist. Daher wird nun eine Szene mit Markus dargestellt, die die Interaktion von Markus und Frau Schulz zu Beginn des Schreibprozesses zeigt.[144]

In dieser Erhebungssituation war es die Aufgabe der Schüler*innen im Sinne der Schreibanregung „Rotkäppchen im Hubschrauber" (Rodari 2008, S. 59), einen genre-untypischen Begriff in einem Märchen zu verwenden. Markus hat hier mit Leon aus dem zweiten Schulbesuchsjahr zusammengearbeitet.[145]

4. Erhebung, 54. Minute
Lehrerin: „Leon. Was habt ihr jetzt?"
Markus: „Uns ist eingefallen, dass ähm der König seinen Kumpel abholt. Also seinen Freund, seinen anderen Kumpel-König-Freund. Und ähm dann schreiben die eine E-Mail-Nachricht. Die beiden schreiben eine Nachricht an die Sternschnuppen. Und ähm, dann und dann wollten die uns mal besuchen kommen und ähm die wollten uns dann noch zu 'nem Kaffee einladen. Und und ja das war's."
Lehrerin: „Und jetzt schreibst du das auf. Wie fängt dein Märchen an?"
Markus (leise): „Er k- ka- kam" (vermutlich schreibt Markus).
Lehrerin: „Was hast du jetzt, erzähl. Es ..."
Markus: „Er kam nach Hause."
Lehrerin: „Er kam nach Hause. Nach Hause. Nach."
Vermutlich schreibt Markus, dabei flüstert er „nach Hause"
Lehrerin: „Und dann? Was hat er dann gemacht zu Hause? Hast du mir gerade erzählt."
Die Lehrerin bleibt noch ca. eine halbe Minute sitzen und geht dann zu einer anderen Tischgruppe.

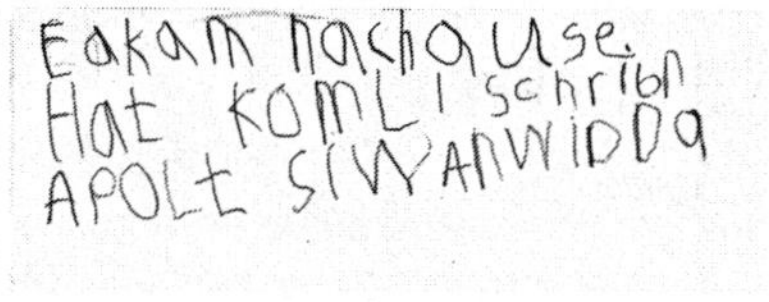

**Transkription (buchstabengetreu)**
Eakam nachause
Hat KomlI Schribn
APOLt SIWAnWIDDa

Abbildung 18 Markus, 1. Schulbesuchsjahr, 4. Erhebung

[144] Die Rückmeldung, die Leon zu seinem Text erhält, wird beschrieben in Teil IV, Kap. 7.4: Der Text und die Aufgabe.
[145] Eine ausführliche Analyse dieses Beispiels findet sich auch in Zielinski (2019, S. 392ff.).

Zu Beginn des Schreibens fokussiert Frau Schulz im Gegensatz zur vorigen Szene die vollständige Verschriftung des Gesagten. Im Gegensatz zur Interaktion mit der Gruppe verzichtet sie hier auf eine Trennung zwischen mündlicher und schriftlicher Textproduktion. Stattdessen verschriftet Markus direkt das Gesagte. Trotzdem zeigen sich auch hier von Markus genutzte Freiräume: Er verfolgt nicht Frau Schulz' stringentem Schreibplan, beginnend mit dem prototypischen Anfang „Es war einmal“, sondern beginnt unmittelbar: „Er kam“. Frau Schulz passt sich hier Markus' Vorgehen an, was auch im Text ersichtlich ist, da die erste Zeile des mündlichen Textes: „Er kam nach Hause“, der schriftlichen Form lautgetreu entspricht. Markus wechselt hier in der Textproduktion in das Präteritum, sodass es zu der vorher ausgeführten Textidee einen Bruch gibt, da sie Markus im Präsens wiedergibt. Im Unterschied zur Interaktion mit Frau Schulz in der Gruppe gibt es hier keine mündliche Produktion eines dekontextualisierten Textes, der als Geschichte gerahmt wird und die Grundlage für das Schreiben bildet. Stattdessen findet diese Phase nun simultan mit dem Schreiben statt, so wie Frau Meyer es auch getan hat. Dennoch sind auch hier die Parallelen zwischen mündlichem Text und schriftlichem Artefakt offensichtlich (<apolt>, <schribn>). Auf performativer Ebene können sie hier allerdings nicht als Stichworte für den dekontexualisierten mündlichen, konzeptionell schriftliche Züge tragenden Text betrachtet werden. Markus präsentiert den Text in dieser Erhebung nicht. Stattdessen fungiert das schriftliche Artefakt hier erneut als ‚Konservierungsmittel' des mündlichen Textes und wird daher ohne den Autor seiner kommunikativen Funktion nicht gerecht (vgl. Naugk et al. 2016, S. 204).

Somit können die normativen Orientierungen der Akteur*innen nicht losgelöst von der unterrichtlichen Situation betrachtet werden, die zu einer Hierarchisierung der Ziele führen. So scheint ein Ziel in dem Vorhandensein eines präsentierbaren Ergebnisses zu liegen. Diesem Ziel wird unter Umständen, bspw. aufgrund von Zeitnot, die Erwartung einer vollständigen Verschriftung hintangestellt. Somit gehen hier die Ergebnisorientierung und die Förderung der medial schriftlichen Kompetenzen mitunter ein Spannungsverhältnis ein, auch wenn gezeigt wurde, dass Markus infolge der Betrachtung des Textes als ‚Schüsselwortlieferant' auch in seinen medial schriftlichen Kompetenzen gefördert wurde (vgl. ebd., S. 203).

Infolge der Hierarchisierung der Ziele werden auch unterschiedliche Normen als verbindlich betrachtet. Das trifft bspw. auf individueller Ebene zu verschiedenen Zeitpunkten des Unterrichts zu: Gilt für Markus zu einem früheren Zeitpunkt im Unterricht auch die vollständige Verschriftung als Norm, genügt an anderer Stelle das Verschriften von Schlüsselwörtern. Auf interindividueller Ebene, wie an den Beispielen von Samira und weiter unten auch an Leon deutlich wird, gilt ebenfalls die vollständige Verschriftung als zu erreichende Norm. Diese an unterschiedlichen Entwicklungsständen orientierten Normen können in Anlehnung an Helmuth Feilke als „transitorische Normen“ (Feilke 2015, S. 128) beschrieben werden. Feilke beschreibt die mit den transitorischen Normen verbundenen Erwartungen wie folgt: „Sie werden vermittelt in dem Bewusstsein, dass sie wieder aufzugeben und zu überwinden sind“ (ebd., S. 129). Der Unterschied zu anderen normativen Orientierungen liege darin, „dass die mit ihnen verbundenen Erwartungen auf Aneignungs- und Lernprozesse bezogen sind“ (ebd., S. 123). Diese Prozesse finden allerdings in einem unterrichtlichen Kontext statt, in dem wiederum bestimmte Zielstellungen verfolgt werden. Diese unterschiedlichen Fokussierungen stehen mitunter in einem Spannungsverhältnis: Die lernprozessbasierte unvollständige Verschriftung steht im Konflikt zum Anspruch des Unterrichts, ein präsentierbares Ergebnis vorzuweisen. Dieses Spannungsfeld wird einerseits aufgelöst, indem Frau Schulz das Arbeitsergebnis in das Medium des Mündlichen transferiert, zum anderen wird aber auch der Anspruch des Unterrichts forciert, indem sie bei Markus zu einem früheren Zeitpunkt des Unterrichts eine vollständige Verschriftung (zumindest für den Beginn des Textes) einfordert.

Für Markus scheint die Möglichkeit, dass er nicht alle in dem medial mündlichen Text verwendeten Wörter verschriftet, vor dem Hintergrund seiner schriftsprachlichen Fähigkeiten und einer Ergebnisorientierung des Unterrichts angemessen zu sein. Gleichzeitig wird in dem Vorgehen von Frau Meyer und der kontrastierenden Szene von Frau Schulz und Markus allerdings auch offensichtlich, dass der Anspruch des Unterrichts in der vollständigen Verschriftung liegt, dem sich Markus, zumindest zeitweise, auch stellen muss.

### *Der mündliche Text als Textbestandteil*

Scheint für Markus die Hürde in der Verschriftung des mündlichen Textes zu liegen, da er im Medium des Mündlichen souverän handelt, fiel in der vorigen Szene, in der Frau Schulz, Markus und Leon agierten, die starke Zurückhaltung Leons bei der mündlichen Textproduktion auf. Das stellt den Anlass dar, zu untersuchen, inwiefern auch für Leon der mündliche Text eine derartige Ressource wie für Markus darstellt. Daher soll diese Szene nun noch mit einer anderen kontrastiert werden, in der die Schüler nicht zusammengearbeitet haben und die Lehrerin bei Leon interveniert. Die Szene stammt ebenfalls aus der zweiten Erhebung, in der die Aufgabe der Kinder in dem Umgang mit der fünfteiligen Märchenstruktur bestand. Bis zu dem hier analysierten Zeitpunkt schrieb Leon (transkribierte Fassung):

**Transkription (buchstabengetreu) (bis zum Einsetzen des Protokolls)**
Es war einmal Könech
Bei in Hat gedonert Streit
ein Hase streitet mit ~~H~~ Esel
Di Streit en über den gechenk

Abbildung 19 Leon, 2. Schulbesuchsjahr, 2. Erhebung

2. Erhebung, 57. min.
Die Lehrerin sieht sich Leons Blatt an und kommentiert: „Die streiten über ein Geschenk? Und dann? Kommt da jemand?" Leon nickt. Lehrerin: „Und wer könnte da kommen? Der König?" Leon nickt. Die Lehrerin: „Der König. Und der hatte Streit mit dem Hasen oder wer streitet da gerade?" Leon: „Mit dem Esel. Der Hase und der Esel, die streiten sich." Lehrerin: „Ach so, dann schreib auf, dann kam der König." Die Lehrerin geht zu einer anderen Schülerin. Leon schreibt erst <Könech> dann davor <da> <kam>.

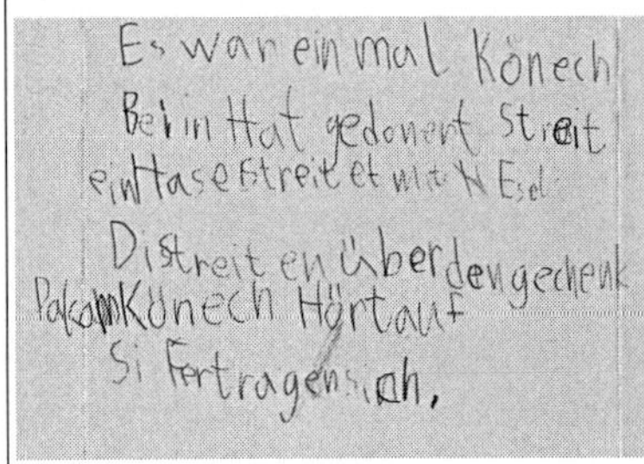

**Transkription (buchstabengetreu) (gesamter Text)**
Es war einmal Könech
Bei in Hat gedonert Streit
ein Hase streitet mit ~~H~~ Esel
Di Streit en über den gechenk
DakamKönech Hört auf
Si Fertragen sich.

Abbildung 20 Leon, 2. Schulbesuchsjahr, 2. Erhebung

Betrachtet man Leons Text vor dem Hintergrund der Aufgabenstellung, kann festgehalten werden, dass Leon nicht alle Elemente der Aufgabenstellung nutzt:

- Einleitung: Es war einmal ein König
- Lieblingsbeschäftigung: hat Leon nicht geschrieben, stattdessen: Bei ihm hat es gedonnert
- Konflikt: Streit zwischen Hase und Esel
- Lösung und Ende: stehen zu diesem Zeitpunkt noch nicht auf dem Papier.

Die Lehrerin kritisiert nicht das Weglassen des zweiten Inhalts, sondern fokussiert den Fortgang der Geschichte. Sie fragt allerdings nicht, wie der Streit ausgehen oder wie er beendet werden könnte, sondern impliziert eine Konfliktlösung durch einen dritten Protagonisten, indem sie fragt: „Kommt da jemand?" Damit nennt sie einen Teil der Lösung des Konflikts, nämlich eine hinzukommende Figur. Wie die den Konflikt jedoch löst, ihr Handeln, thematisiert Frau Schulz nicht. Leon antwortet allerdings gemäß der Frage mit einem Kopfnicken, die Lehrerin konkretisiert daraufhin mit der Frage nach dem „Wer" und gibt auch die Antwort „der König". Damit erzeugt sie eine Form von Kohärenz, indem eine bereits eingeführte Person erneut thematisiert wird. Leon schreibt zunächst den Protagonisten auf und dann davor „da kam". Zunächst wird nur das von der Lehrerin unmittelbar Genannte in minimalistischer Form, ohne Artikel verschriftet. Damit ist der schriftliche Text zunächst untrennbar mit dem Kontext des mündlichen Gesprächs verbunden: als Verschriftlichung der Antwort auf die Frage „Wer könnte da kommen?" Erst in einem zweiten Schritt schafft Leon die Grundlage für einen dekontextualiserten Text, indem er den Zusammenhang zu dem zuvor verschrifteten Text aufbaut <Da kam Könech>.

Im Unterschied zu Markus stellt der medial mündliche Text bei Leon keinen vollständigen Text dar, stattdessen handelt es sich um Textteile, die im Medium des Schriftlichen verändert werden. Dennoch zeigt sich die Komplexität der Schriftlichkeit als eine Hürde, die zu einer ‚unchronologischen' Verschriftung führt.

*Für Leon stellt ebenso wie für Markus die Komplexität im Spannungsfeld von Mündlichkeit und Schriftlichkeit eine Hürde dar. Im Unterschied zu Markus ist der mündliche Text für Leon allerdings keine Ressource für einen eigenständigen Text, sondern mündliche Formulierungen dienen als Prätextfragemente zum Verfassen des schriftlichen Textes. Dabei werden Fragmente des Textes mündlich entworfen und aufgeschrieben, sodass sukzessive ein schriftlicher Gesamttext entwickelt wird.*

2. Erhebung, 59. Min.
Als Leon nicht weiterschreibt, frage ich ihn: „Und was hat der gemacht?" Leon überlegt und schreibt „Hört auf."

Die Frage des teilnehmenden Beobachters, die im schulischen Kontext auch als Intervention gedeutet werden könnte, fokussiert den Fortgang der Geschichte. Der von Frau Schulz eingeführte Protagonist wird in Form eines Demonstrativpronomens („Der") erneut thematisiert. Nun steht allerdings dessen Handeln im Mittelpunkt:

„Was hat der gemacht?“ Auch hier spricht Leon nicht über das zu Schreibende, sondern beginnt direkt mit der Formulierung, mit der er die Erzählperspektive wechselt, sie aber ohne Leser*innenorientierung unmittelbar einsetzt. Da der teilnehmende Beobachter den König bereits in seiner Frage pronominal erwähnt, ist es adäquat, dass Leon ihn in der Antwort nicht noch einmal nennt. Allerdings fehlt in dem dekontextualisierten Text diese Information. Hier zeigt sich die Bedeutung der Ebene der Markierung, auf der Frau Schulz mit Samira, Anja und Markus agierte, und sie das Aufzubeschreibende benannten.

2. Erhebung, 60. Minute
Es klopft, Frau Schulz geht zur Tür. Leon stöhnt. Er scheint müde zu sein.
Leon sagt leise für sich: „Ich bin fertig. Jetzt ist Schluss“ und ruft zur Lehrerin: „Frau Schulz, ich bin fertig“. Sie lächelt, geht zunächst zu Moritz, erst dann zu Leon.
Frau Schulz: „Und dann, haben die auf den König gehört? Der König sagt: ‚Hört auf‘ und dann? Hören die zwei denn auf den König?“ Leon nickt. Lehrerin: „Und was machen die dann?“ Leon: „Die vertragen sich.“ Lehrerin: „Dann schreib das auf.“

Leon erklärt die Tätigkeit für beendet, zuerst für sich, so wie es Markus auch getan hat, dann öffentlich mit dem Informieren der Lehrerin. Das wiederum ließ Markus sein. Im Hinblick auf die Aufgabenstellung scheint Leons Selbsteinschätzung trügerisch, das Ende der Geschichte wurde noch nicht formuliert. Dieser Meinung ist auch Frau Schulz, die wieder eine Verbindung zu dem bereits Geschriebenen schafft, indem sie die Reaktion auf die Intervention des Protagonisten erfragt. Damit stellt sie konzeptionell auf der Ebene der Vertextung eine Verbindung zu dem bereits Geschriebenen her, indem sie nach der Entscheidung fragt, ob einer Aufforderung Folge geleistet wird oder nicht. Nach der Bestätigung durch Leon fragt sie weiter „und was machen die dann?“ Damit evoziert sie bei Leon eine mündliche Antwort, die er dann auch aufschreiben kann: <Si Fertragen sich>. Zwar agiert Frau Schulz hier ebenfalls auf der Vertextungs- und nicht auf der Markierungsebene, der Bruch im schriftlichen Text findet allerdings nicht statt.

Die gezeigten Formen der Intervention bei Leon und Markus werden im Folgenden vor dem Hintergrund der von Ohlhus dargestellten Ebenen systematisiert.

Frau Schulz agiert mit der Aufforderung „Schreib noch kämpfen“ auf der sprachpraktischen Ebene der Kontextualisierung, indem sie die situativen Anforderungen an Markus‘ schriftsprachliche Fähigkeiten anpasst und das schriftliche Artefakt als ‚Konservierungsmittel‘ für den aufzubewahrenden mündlichen Text markiert (vgl. Naugk et al. 2016, S. 204). Unter Einbezug einer anderen Unterrichtsszene, in der sich Markus sehr wohl der Anforderung stellen muss, das komplett Gesagte zu verschriften, wird jedoch ebenfalls deutlich, dass es sich hierbei nicht in Form einer Binnendifferenzierung um ein für Markus' spezifiziertes Lernangebot handelt, sondern um eine Hilfe,[146] durch die Teilhabe in der konkreten Situation ermöglicht wird. Für Markus gelten also prinzipiell die Anforderungen, wie sie auch für andere Kinder existieren, sie werden aber, wenn die Gefahr des Scheiterns besteht, hinsichtlich einer Passung zwischen situativen Bedingungen und seinen Fähigkeiten angepasst. Teilhabe wird hier im Hinblick auf die Orientierung auf ein präsentierbares Ergebnis adaptiv hergestellt.[147] Das Betrachten der schriftlichen Artefakte und das mündliche Vortragen am Ende der Stunde ermöglicht es, die Produkte sowohl in ihrer medial mündlichen als auch in ihrer schriftlichen Form zu würdigen. Damit wird hier auf der Ebene der allgemeinen unterrichtlichen Anforderung bezüglich des pragmatischen Sprachgebrauchs Teilhabe erreicht. Dem Ziel, ein Ergebnis zu präsentieren, wird die Aufgabe, einen (medial) schriftlichen Text zu verfassen, bei der Gefahr des Scheiterns an der Anforderung untergeordnet.

Auf der Ebene der Markierung agieren Samira und Frau Meyer, um Markus zu helfen. Da beide, Schülerin und Lehrerin, schlussendlich auf der Ebene der Phoneme und Grapheme handeln, kann so auf einer formalen Ebene Teilhabe erzeugt werden. Markus schreibt einen dekontextualisierten schriftlichen Text. Allerdings kommt es hier zu einer vollständigen Trennung von inhaltlichen und formalen Aspekten, da im Zuge der möglichen Überforderungssituation infolge der Komplexität des Schriftlichen der Fokus allein auf der Zuordnung von Graphem und Phonem liegt, wie an dem Beispiel von Markus und Samira versucht wurde, deutlich zu machen. Dass dies mit großer Anstrengung verbunden ist, zeigte das Beispiel der Interaktion von Frau Meyer und Markus.

Auf der Ebene der Vertextung agierten schließlich Frau Schulz und der teilnehmende Beobachter in der Interaktion mit Leon. Hier kommt es zu einer Reduktion von Komplexität, da Leon keinen in sich geschlossenen Text, weder im Medium des Mündlichen noch des Schriftlichen, entwickelt, sondern der Text wird durch Fragen evoziert, gemeinsam entwickelt. Dabei wird allerdings stetig zwischen den Ebenen der Vertextung im Rahmen der Konzeptionalisierung durch die Fragen und der Markierung

[146]Damit bezeichnet das spezifische Lernangebot ein geplantes und auf die individuellen Bedürfnisse angepasstes Vorgehen, und Hilfe zeichnet sich durch situatives und ein Stück weit spontanes Handeln aus.

[147]Das kann für die im Rahmen dieser Studie beobachteten Schreibphasen festgestellt werden. Inwiefern es sich dabei um eine stabile Praxis handelt und auch Erfahrungen aus den vorigen Erhebungungen dieser Studie handlungsbeeinflussend wirken, muss spekulativ bleiben.

während der Verschriftung gewechselt. Dabei obliegt es Leon, die Vorschläge und Ideen zu formulieren und in die Schriftlichkeit zu übertragen. Durch diese mit dem Ebenenwechsel verbundene zusätzlich zu erbringende Transformationsleistung, besteht auch hier die Gefahr, keine kohärente Geschichte zu entwickeln.

Teilhabe zeigt sich in dem analysierten Unterricht insbesondere durch das Verfassen einer Geschichte. Dieser Gegenstandsbereich scheint vordergründiger zu sein als das Medium, in dem der Text bzw. das Artefakt verfasst wird. Damit werden unterschiedliche Funktionen des schriftlichen und mündlichen Textes relevant, wie am Beispiel von Leon und Markus aufgezeigt werden konnte. Diente das schriftliche Artefakt Markus in der Funktion eines ‚Schlüsselwortgebers' bzw. als ‚Konservierungsmittel' (vgl. Naugk et al. 2016, S. 203f.) für den mündlichen Text, unterstützt es Leon beim Umgang mit der Komplexität des mündlichen Textes. Der mündliche Text ist damit kein Vorläufer des schriftlichen Textes, so würde er zum Segregationskriterium werden, vielmehr geht er mit ihm ein symbiotisches Verhältnis ein: sei es begründet durch die schulische Anforderungsstruktur (Markus) oder durch die Komplexität der Aufgabe (Leon).

Das Zusammentreffen unterschiedlicher Ansprüche des Unterrichts und heterogener Kompetenzen der Schüler*innen führt daher zu dem unterschiedlichen, hier beschriebenen Umgang mit jenen Anforderungen. Daraus resultiert eine Modifikation von Normen im Unterricht im Spannungsfeld unterrichtlicher Anforderungen und individueller Kompetenzen. Unterrichtliche Anforderungen werden gemäß den Kompetenzen der Kinder angepasst und erhalten so einen flexibleren Charakter. Dabei wird entwicklungsorientiert die Veränderung unter Einbezug vorhandener und zu erwerbender Kompetenzen vorgenommen. Damit kann in Anlehnung an die „transitorische[n] Normen" Feilkes (2015, S. 128, Einfügung S.Z.) von einem ‚transitorischen' Charakter der Anforderungen gesprochen werden. Zu einer „transitorische[n] Norm" werden sie allerdings insbesondere unter dem Aspekt der Teilhabe. Teilhabe wird in den beobachteten Szenen erzeugt, indem die Kinder am Ende ein gemeinsames Produkt besitzen, ein Artefakt, das Geschriebene auf dem Papier. Dieses Produkt allein muss noch nicht dem tradierten Text im engeren Sinne entsprechen. Vielmehr enthält es aufgrund der Situation eine potenzielle Texthaftigkeit, die in der Regel durch einen Medienwechsel in das Mündliche erzeugt wird. Dabei erhält das schriftliche Produkt eine Funktion im Rahmen der Textproduktion: Es enthält ‚nur' einzelne Wörter und muss daher (noch) nicht seiner kommunikativen Funktion gerecht werden, sondern besitzt eher eine aufbewahrende materialisierende Funktion. Im Rahmen der Präsentation wird das Produkt auf performativer Ebene seiner Funktion als Informationsträger gerecht, es muss sie aus sich selbst heraus allerdings noch nicht erfüllen. Teilhabe wird daher nicht nur aus einem gemeinsamen Setting, sondern aus einem gleichen Produkt erzeugt, das unterschiedlichen Normen gerecht zu werden vermag.

Damit steht der von Feilke beschriebene transitorische Charakter der Normen nicht nur in Verbindung zu dem Lernprozess, sondern auch zur unterrichtlichen Anforderungsstruktur und zur Teilhabe in der schulischen Situation.

## 8.4 Zusammenfassung des Kapitels

In den unterschiedlichen Phasen des Unterrichts verändern sich die Handlungsspielräume kreativer Schreibanregungen: Zeigt sich die Mündlichkeit in beiden Gruppen als Möglichkeitsraum, wird sie bei der gemeinsamen Textentwicklung insbesondere in der Gruppe um Samira zu einem Bedingungsraum, in dem verschiedene Textideen nicht nebeneinander existieren können. Anders in der Gruppe um Amy, in der der Konflikt unterschiedlicher Ideen durch eine geänderte Positionierung in der Geschichte gelöst wurde. Eine weitere Einflussgröße auf die Textentstehung nehmen die Aufgabenstellung und obligatorischen Textelemente ein. Sie werden von den Kindern zum einen im Sinne einer „lokale[n] Hilfe" (Stude 2006, S. 37; Einfügung S.Z.) verwendet und entfalten so nur begrenzt ein geschichtengenerierendes Potenzial. Zum anderen zeigt sich allerdings in beiden Gruppen auch eine Orientierung an den Ursprungsmärchen in verschiedenen Phasen der Textproduktion.[148] Mit der Intervention der Lehrerin tritt ein stärker strukturierender und ergebnissichernder Impuls hinzu. Das führt im Ergebnis zu einer stärkeren Verengung der Handlungsspielräume: Eine individuelle Textproduktion findet vor allem auf Ebene der Wörter statt. Diese gemeinsame Ausgangbasis ermöglicht es Samira, Markus produktionsorientiert zu helfen, da er Teile des Schreibprozesses an sie abgibt. Markus gelangt so zu einem schriftlichen Produkt, das seiner kommunikativen Funktion eher gerecht zu werden verspricht als von ihm allein verfasste Texte, wie die hier angeführten Beispiele zeigen. An anderer Stelle, in der Markus nicht in dem Maße bei der schriftlichen Produktion geholfen wird, zeigt sich, dass er im Medium der Mündlichkeit einen kohärenten Text entwickelt, diesen auch vorstellt und sich Verbindungen zwischen

[148] In der Gruppe um Amy insbesondere zu Beginn der Interaktion am Märchen „Frau Holle", in der Gruppe um Samira stärker am Ende der Textproduktion, und hier kommen auch allgemeine Motive (Angst, Rettung, Heirat) verstärkt zum Tragen.

schriftlichem und mündlichem Text ziehen lassen (vgl. auch Zielinski & Ritter 2016b). Kontrastierend dazu zeigt jedoch das Beispiel Leons, dass auch die mündliche Textproduktion eine Hürde darstellt und die Schriftlichkeit das Potenzial einer strukturierenden Funktion besitzen kann. Damit lassen sich im Rahmen der interaktiven Betrachtung des Unterrichts folgende Spannungsfelder ableiten.

1. Die Mündlichkeit im Spannungsfeld zwischen Möglichkeits- und Bedingungsraum

Die Mündlichkeit bietet die Chance, die Herausforderung Schriftlichkeit zunächst auszuklammern, um sich ausschließlich mit den Anforderungen des Geschichtenerfindens auseinanderzusetzen. Hier können Textfragmente erprobt, zueinander in Beziehung gesetzt und wieder verworfen werden. Dabei konnte anhand der sequenziellen und kontrastierenden Analyse zweier Schüler*innengruppen gezeigt werden, wie sich der mündliche Text im Laufe der Interaktion verändert und welche Textteile schlussendlich Eingang in den eigenen Text fanden.

Nicht immer gab es jedoch ein konsequentes Nacheinander mündlicher und schriftlicher Textproduktion. Die Darstellungen, die Interaktionen während des Schreibprozesses thematisieren, zeigen, wie komplex das Zusammenspiel zwischen Schreiben und mündlichem Erzählen ist. Das Artefakt dient einerseits dazu, Schlüsselwörter zu konservieren und sie in die mündliche Geschichte zu transformieren, sodass der entstehende Text ein Zusammenwirken aus Artefakt und mündlich produziertem Text darstellt. Andererseits hilft das Artefakt auch, den mündlichen Textproduktionsprozess zu strukturieren.

2. Die Strukturvorgaben zwischen Aufgabenerfüllung und Geschichtengenerierung

Anhand der vorliegenden Daten zweier Schüler*innengruppen konnte gezeigt werden, wie geschichtengenerierende Märchenelemente als „globale" oder „lokale Hilfe" (Stude 2006, S. 37) verwendet werden. Ist es im Sinne der ‚richtigen' Lösung der Aufgabe notwendig, alle Wörter möglichst prägnant zu verwenden, zeigt sich das geschichtengenerierende Potenzial stärker durch Assoziationen, die durch die Märchentopoi evoziert und im Sinne des Wechselspiels von Adaption und Transformation verwendet werden. Insbesondere zeigte die Gruppe um Amy, wie die Mädchen die vorgegebenen Wörter und Märchenformeln übernahmen und in ihren mündlichen Geschichten verwendeten und sich an einem bestimmten Märchen, in diesem Falle Frau Holle, orientierten und es veränderten.

# 9 Individualität und Gemeinsamkeit beim Schreiben

Die folgenden Szenen thematisieren den gemeinsamen Prozess des Suchens nach Wortmaterial für die zu schreibenden Märchen im Sitzkreis vor der Tafel. Die Protokollauszüge stammen aus verschiedenen Erhebungssituationen. Im Mittelpunkt der Analyse stehen dabei die Aushandlungsprozesse der Schüler*innen und der Lehrerin hinsichtlich der Angemessenheit der vorgeschlagenen Wörter für die Märchen.

Die folgende Szene stammt aus der ersten Erhebung vor dem eigentlichen Schreiben.

## 9.1 Individualität und Normierung bei der Figurenauswahl

### 9.1.1 1. Erhebung

1. Erhebung, 10. Minute

Die Lehrerin schließt den Stift und sagt: „Achtung! Zeige mir mal mit deinem Körper oder mit deiner Stimme. Da darfst du aufstehen. Welche Figuren gibt es denn im Märchen? Zeig sie uns mal, schauspieler‘ mal." Ich kann erkennen, wie sich Johannes, Sandra und Nele melden. Johannes flüstert für alle hörbar: „Ich hab ‘ne Frage." Frau Schulz: „Johannes". Johannes (jetzt wieder in Sprechlautstärke): „Kann man auch Figuren nehmen, die nicht zu einem Märchen gehören? Also nicht typisch sind?" Frau Schulz: „Nein, wir bleiben bei Märchenfiguren. Erstmal ganz typische Märchenfiguren. Ja? Vielleicht finden wir nachher noch ganz besondere."

Die Lehrerin formuliert den Auftrag, Märchenfiguren pantomimisch oder mit der Stimme darzustellen. Mehrere Kinder, auch Johannes, melden sich. Er verstärkt aber das Melden durch die Aussage „Ich hab ‘ne Frage". Breidenstein führt als Beispiele für Strategien, das Rederecht zu erhalten, das ‚Reinrufen‘ oder ‚gezieltes Stören‘ (z.B. durch eine Unterhaltung mit dem Nachbarn) an (vgl. Breidenstein 2006, S. 101f.). Johannes ruft aber nicht hinein, vielmehr, so erweckt er den Eindruck bei dem teilnehmenden Beobachter, bringt er seine Äußerung zwar „für alle hörbar", jedoch flüsternd vor. Geflüstert wird gemeinhin, wenn eine Äußerung unentdeckt bleiben soll, weil sie geheim ist oder das gerade Stattfindende (z.B. einen Film, einen Vortrag) nicht stören soll. Daher irritiert Johannes‘ Vorgehen, indem er das Flüstern hörbar gestaltet und es so nicht mehr die Intention erfüllt, nicht zu stören bzw. den Ablauf nicht zu unterbrechen. Stattdessen ist es ein Inszenierungsmittel: Das private, keine Störung verursachende Gespräch wird wahrnehmbar ‚vorgetäuscht‘. Mit dieser Inszenierung geht Johannes geschickt einen Kompromiss ein, indem er zwar seine von der Anforderung der Lehrerin abweichende Meldeintention verdeutlicht, da er spricht, ohne aufgerufen worden zu sein. Die Konsequenz, das Stören des Unterrichts, wird aber durch die Sprechweise ‚Flüstern' als nicht beabsichtigt markiert. Zu einem ähnlichen Ergebnis kommt Thomas Wenzl bei der Betrachtung von Schüler*inneninteraktionen in einer vierten Klasse. Wenzl schlussfolgert, dass die Funktion der geflüsterten Antworten darin liege, „die klassenöffentliche Sprecherposition des Unterrichts akustisch nicht zu beschädigen, gleichwohl aber die eigene Antwort für den Lehrer gerade noch vernehmbar zu äußern" (Wenzl 2014, S. 62). Dabei würden die Formen der Rederechtvergabe gleichzeitig äußerlich anerkannt als auch versucht zu umgehen (vgl. ebd.).

Mit der Formulierung „Ich hab 'ne Frage" konkretisiert Johannes den Grund für die Meldung. Diese Begründung wird durch den Bruch der Melderegel und aufgrund der Tatsache, dass die gestellte Aufgabe der Lehrerin eine andere war, notwendig. Damit besteht, zumindest scheint dies Johannes' Annahme, die Intention des Meldens darin, eine Märchenfigur darzustellen, und das Stellen seiner Frage würde somit den Ablauf verzögern. Darin zeige sich laut Wenzl eine „stabile innere Orientierung am Allgemeinen des Unterrichts" (Wenzl 2010, S. 34),[149] die es erlaube, das individuelle Interesse (hier: zu fragen) in ein Verhältnis zu dem allgemeinen Unterrichtgegenstand zu setzen. Diese Diskrepanz zwischen allgemeinem und individuellem Interesse werde laut Wenzl durch den Sprechakt wie hier „Ich habe eine Frage" oder „Eine Frage" (ebd.) oder „Ich hab noch mal 'ne Frage" u.a.m. versucht auszugleichen (ebd., S. 34f.). Ihr wohne eine Entschuldigung für diese Verzögerung inne (vgl. ebd., S. 36).[150]

In dem nun folgenden Sprechakt der Lehrerin wird Johannes offiziell das Wort erteilt. Die semi-illegitime Ergreifung des Rederechts im Spannungsfeld zwischen Anerkennung der Praxis der Rederechtvergabe und deren gleichzeitigem Unterlaufen wird damit quasi legitimiert, nicht ohne gleichzeitig mit der hier stattfindenden Reparatur der Regelverletzung auf die Bedeutung der Einhaltung der Regel hinzuweisen (vgl. Wenzl 2014, S. 123).[151]

[149]Dieses Verhalten sei gemeinhin allerdings erst ab der fünften Klasse beobachtbar (Wenzl 2010, S. 33f.).

[150]Dabei wird die Rahmung dieses Sprechaktes durch das Melden in einem der sechs von Wenzl angeführten Beispiele explizit genannt (vgl. ebd., S. 34).

[151]Wenzl schildert ein von der Anlage her nahezu identisches Beispiel einer 13. Klasse, in der ein Schüler seine Äußerung einleitet mit „eine Frage", worauf die Aufforderung des Lehrers folgt „[Nennung des Namens], schieß los ..." [Einfügung S.Z.], (Wenzl 2014, S. 122). Wenzl schlussfolgert: „Anstatt ausnahmsweise ein Fragen nämlich problemlos zuzulassen, wird damit zum Ausdruck gebracht, dass ein solches eine Sonderbehandlung einforderndes Verhalten einer expliziten Genehmigung bedarf" (Wenzl 2014, S. 123).

In einem nächsten Schritt legitimiert Johannes nun ein zweites Mal, warum er sich das Rederecht auf diese Art erteilen ließ. Die Beantwortung seiner eigenen, individuellen Frage ist von allgemeinem Interesse, das durch die Formulierung „Kann man“, im Gegensatz zu „Kann ich“, deutlich wird. Damit unterscheidet sich Johannes‘ Vorgehen von den bei Wenzl beschriebenen Fällen: „Die Legitimierungsbedürftigkeit ihrer Fragen resultiert also daraus, dass sie, um ihre Fragen im Unterricht stellen zu können, in Kauf nehmen müssen, den Aufmerksamkeitsfokus all ihrer Mitschüler auf eine Frage zu lenken, die womöglich nur sie individuell interessiert“ (Wenzl 2010, S. 37).

Die Frage selbst stellt Johannes zweigeteilt. Zunächst thematisiert er die Zugehörigkeit der Figuren zum Märchen in globaler Hinsicht („nicht zu einem Märchen gehören“), um dann zu präzisieren („nicht typisch sind“). Die Lehrerin nimmt in ihrer Antwort diese Zweiteilung auf, indem sie den globalen Bezug zwischen Figuren und Märchen herstellt („Märchenfiguren“), um dann wiederum zu konkretisieren („ganz typische Märchenfiguren“). Ein Kompromiss könnte allerdings darin bestehen, dass sie einschränkt, dass es „erstmal“ um „ganz typische“ gehe.[152]

*Bereits in dieser ersten Erhebungssituation wird deutlich, dass es ein Kontinuum von möglichen Antworten bei dem Umgang mit Märchen zu geben scheint: von typischen zu weniger typischen Vertretern. Und, dass dieses Kontinuum den Akteur*innen bewusst ist und seine Grenzen ausgehandelt werden können. Gleichzeitig macht Johannes‘ Rahmung und Markierung des Sprechaktes deutlich, dass ihm und vermutlich auch anderen Kindern der Plan der Lehrerin transparent ist und eine Unterbrechung oder Störung legitimiert werden muss.*

Bevor im weiteren Verlauf auf den Text von Johannes eingegangen wird, um darzustellen, welche Figur er im Spannungsfeld zwischen ‚ganz typisch‘ und ‚nicht typisch‘ gewählt hat, steht zunächst der weitere Verlauf der Interaktion im Fokus. Nele zeigt eine Märchenfigur, nachdem sie erst die Figur von ihrem Platz aus zeigen wollte und dann aufgefordert wurde, in den Kreis zu kommen:

[152] Über die Formulierung „nachher ganz besondere“ kann nur gemutmaßt werden. In der Aufgabe zeigt sich aber im weiteren Verlauf, dass die Kinder ein Kompositum aus Märchenfigur und Klassenzimmerwort bilden, z.B. „Tafelprinzessin“. Es könnte sich allerdings auch um eine Strategie handeln, zunächst prototypische Vertreter zu evozieren, um anschließend das Feld literarischer Figuren zu weiten.

1. Erhebung, 11. Minute
Nele[153] beginnt sofort wieder die Hände in die Hüfte zu nehmen und mit den Knien einzubeugen. Dabei blickt sie lächelnd zur Lehrerin. Die guckt lächelnd auf Neles Bewegung, nimmt dann wieder eine Karte. Sandra meldet sich. Die Lehrerin fragt: „Was ist das?“ Nun melden sich auch Anja, Amy und Johannes. Frau Schulz: „Ihr seid dran“. Jetzt melden sich auch Sarah, Yannik und Phillip. Frau Schulz ruft Henriette auf. Ich kann nicht erkennen, ob sie sich gemeldet hat. Henriette antwortet nicht. Daraufhin ruft Frau Schulz Anja auf. In diesem Moment sagt Nele: „Henriette.“ Die Lehrerin formt den Mund, als wollte sie sagen „0hh!“ und öffnet weit die Augen. Henriette: „Eine Prinzessin.“ Nele nickt. Die Lehrerin sagt „Okay“ und schreibt Prinzessin auf den gelben Streifen. Nele setzt sich wieder hin.

Nele stellt pantomimisch, wie der Auftrag vermuten lässt, eine Märchenfigur dar. Hier endet der Auftrag allerdings, dennoch melden sich andere Kinder. Sie scheinen diese Form des Darstellens und Erkennens schon aus anderen (schulischen) Kontexten zu kennen, da ebenso auffällt, dass sie die Regel des Spiels – jemand stellt dar, andere benennen – mit schulischen Regeln, hier der Melderegel, verknüpfen. Trotzdem verstärkt die Lehrerin den spielinhärenten Impuls zu erraten, was dort dargestellt wird, mit der Frage „Was ist das?" und der Aufforderung „Ihr seid dran". Tatsächlich melden sich darauf noch weitere Kinder. Unklar bleibt indes die Funktion von „Ihr seid dran".[154] Ist es eine Abgrenzung zwischen Nele als Darstellerin und der Gruppe? Und bzw. oder nimmt sich die Lehrerin selbst zurück und überlässt diese Phase den Kindern (ich vs. ihr)? Für Nele scheint die zweite Deutungsmöglichkeit näher zu liegen, denn sie übernimmt nun eine Aufgabe der Lehrerin: das Aufrufen der Mitschüler*innen. Allerdings scheint diese Regel noch nicht ausverhandelt, da die Lehrerin kurz zuvor eine andere Schülerin aufruft. Dabei führt dieses doppelte Aufgerufenwerden zu keiner Irritation, vielmehr erscheint es so, dass Nele das irrtümliche Aufrufen Henriettes legitimiert. Denn nachdem Henriette durch Nele aufgerufen wurde, antwortet sie tatsächlich. Daher scheint für die Schüler*innen deutlich, dass sie diese kurze Phase ein Stück weit in Eigenregie durchführen. So auch die Evaluation des Ergebnisses: Nele bestätigt Henriettes Antwort nonverbal, ohne dass dies weiter kommentiert wird. Im Anschluss scheint es den Akteur*innen aber ebenso einleuchtend, dass die Lehrerin diejenige ist, die die nächste Schüler*in aufruft.

[153]In der Zeit zwischen Johannes' Frage und dieser Szene wurde Nele bereits aufgerufen und zeigt die Bewegung an ihrem Platz. Dann wurde sie aufgefordert, vor die Tafel zu gehen, wo sie nun ihre Bewegung fortsetzt.

[154]Das steht auch im Kontrast zu dem zuvor verwendeten „Zeig uns", wodurch sich jede*r einzelne Schüler*in angesprochen fühlen sollte.

*Das gemeinsame Suchen nach Märchenwörtern findet Anschluss an ritualisierte Abläufe des Unterrichts. Da die Vorgänge nicht verbalisiert werden, kommt es mitunter zu Missverständnissen, die aber ebenso schnell wieder ausgeräumt werden.*

Zur Kontrastierung wird eine weitere Szene aus dieser Erhebung angeführt:

1. Erhebung, 15. Minute
Johannes fängt an zu springen. In der Hocke bildet Johannes mit den Händen über dem Kopf ein Dreieck, nimmt sie dann vor das Gesicht und den Mund und ahmt ein knabberndes Geräusch nach. Dabei lächelt er unentwegt die Lehrerin an, die jetzt nachdenklich schaut und den Zeigefinger an den Mund legt, sodass für mich der Eindruck entsteht, als ob sie zeigen würde, wie knifflig diese Aufgabe ist. Dann sagt die Lehrerin flüsternd, für alle hörbar: „Wer hat eine Idee?“ Sie ruft Nele auf, die sich gemeldet hat. Nele: „Frosch“. Frau Schulz: „Den haben wir schon. Sandra?“ Nele sagt schnell hinterher: „Froschkönig.“ Sandra: „Hase?“ Johannes: „Jep!“ und die Lehrerin wiederholt: „Ein Hase“ und sagt: „Okay. Jetzt haben wir schon ein paar Tiere. Aber was ist denn mit unseren Figuren?“ und zeigt auf die gelben Streifen auf der linken Seite der Tafelmitte. „Märchenfiguren, Hauptfiguren. Die Prinzessin haben wir schon.“

In dieser Szene übernimmt die Lehrerin erneut die Moderationstätigkeit, ohne dass dies zu einem Konflikt mit Johannes führt: ein Indiz dafür, dass es hier zu einer flexiblen Verteilung von Funktionen kommt. In dem Protokoll wird auf die Interaktion zwischen Johannes und der Lehrerin verwiesen, Johannes schaut nicht die Mitschüler*innen an, die die Figur erraten sollen, sondern Frau Schulz. Sie zeigt durch ihre Mimik und Gestik, wie schwierig die von Johannes gestellte Aufgabe scheinbar ist und unterstreicht damit deren Anforderungscharakter. Auch hier wird die Sprechweise, dieses Mal die der Lehrerin, als „flüsternd, für alle hörbar“ beschrieben. Das deutet auf die Vermischung der Aufgabenzuordnung eigentlicher Lehrer*innentätigkeiten zwischen Schüler*innen und Lehrerin hin: Zwar liegt die Aufmerksamkeit auf Johannes‘ Tätigkeit, gleichzeitig moderiert die Lehrerin die Interaktion. Der nächste Sprechakt wird nicht derart markiert, vermutlich leitet die Lehrerin nun wieder die Situation.

Sie verneint Neles Antwort („Frosch“) mit der Begründung, dass sie diesen schon hätten. Unklar bleibt hier, ob Johannes‘ Darbietung derart eindeutig war, dass das nicht gemeint sein konnte, oder die Begründung darin liegt, dass der Frosch bereits genannt wurde und Johannes nicht etwas darstellen würde, das bereits aufgeschrieben wurde. Neles Korrektur bleibt unberücksichtigt. Als Sandra die Lösung „Hase“

äußert, ist es nun wieder Johannes, der die Antwort bestätigt. Hier findet zum einen erneut ein flexibler Rollenwechsel statt, zum anderen scheint auch hier deutlich, dass die Beteiligten wissen, was von ihnen erwartet wird (z.B. ein Tier nicht zweimal zu zeigen).

Dieses dem Gesprächsverlauf zugrunde liegende Muster, das Wenzl in Anlehnung an die ethnomethodologische Studie Hugh Mehans in „Initiierungsinterakt", „Antwortinterakt" und „Evaluativer Interakt durch den Lehrer" (Wenzl 2014, S. 16) aufgliedert, findet sich auch in den hier gezeigten Auszügen wieder, wobei es zu flexiblen Aufgabenübernahmen seitens der Schüler*innen kommt. Doch gerade der flexible Umgang mit den Aufgaben der Rederechtverteilung im Rahmen dieses Musters deutet auf dessen Beständigkeit hin. Im Unterschied zu dem von Mehan als unterrichtsspezifisch angeführten evaluativen Interakt (vgl. Wenzl 2014, S. 18), liegt die Besonderheit hier darin, dass der Evaluationsakt des Formats ‚Ratespiel' in das Format ‚Unterricht' übernommen und scheinbar nur durch die Äußerung der Lehrerin („Ihr seid dran") markiert wird.[155] Damit kommt es zu einer Vermischung von dem Spiel inhärenten Sprechakten – Erraten und Evaluieren – mit schulischen Sprechpraktiken – wie dem Aufrufen und Melden.[156]

Gleichzeitig bestätigt sich hier Wenzls Analyse, die er in Bezug auf die gesprächsanalytische Untersuchung McHouls (1978) trifft, dass bezüglich der Rederechtvergabe eine asymmetrische Beziehung zwischen Lehrer*innen und Schüler*innen besteht; sich bspw. Lehrer*innen das Rederecht selbst erteilen können (vgl. Wenzl 2014, S. 20). Die hier geschilderten Abweichungen scheinen diese Regel zu bestätigen, da sie besonders gerahmt werden: „Ihr seid dran". Zwar wird einerseits der Bruch der Regel von der Lehrerin selbst sanktioniert („formt den Mund, als wollte sie sagen ‚Ohh!'"), allerdings bleibt das tatsächliche Wiederergreifen des Rederechts, z.B. bei der Einleitung eines Sprecherwechsels, unkommentiert.

*Die Kinder übernehmen flexibel unterschiedliche (Lehrer*innen-)Tätigkeiten. Missverständnisse, wer bspw. das Rederecht erteilt, kommen dabei vor, werden aber nicht*

[155]Damit wird die Aussage Mehans in keiner Weise bestritten, viel eher handelt es sich bei dem Erraten der Figuren um ein Gesprächsmuster, das die Evaluierung der Antworten auch in anderen als unterrichtlichen Kontexten benötigt.

[156]Dabei ist zu trennen zwischen der schulischen Logik des Aufgabenstellens, die durch die Bekräftigung der Lehrerin noch einmal einen größeren Aufforderungscharakter erhält, und für in schulische Kontexte typische, aber nicht spezifische Praktiken wie das Melden (vgl. Wenzl 2014, S. 30f.).

*weiter verbalisiert. Es scheint eine weitestgehende Übereinkunft zwischen den Schüler*innen und der Lehrerin über die Zielstellungen und den Interaktionsverlauf zu geben.*

Anhand von Johannes' Text soll nun gezeigt werden, welche Figur er schlussendlich für seinen Text gewählt hat: <Spielerise Willi>. Ob es sich dabei um eine in seinem Sinne ‚nicht typische' Figur handelt, muss offenbleiben. Mit dem ‚Riesen' nutzt er eine im Märchen zumindest mögliche Figur. Sie unterscheidet sich allerdings von dem tradierten Märchenstil sowohl durch die in der Aufgabe begründete Komposition ‚Spieleriese', als auch durch den Namen ‚Willi', der sich von der symbolischen Namensgebung im Märchen (z.B. Rotkäppchen) abgrenzt.

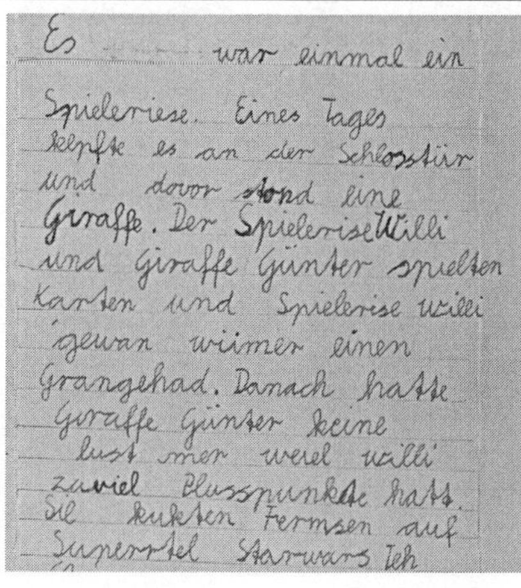

**Transkription des gesamten Textes (buchstabengetreu)**

Es war einmal ein
Spieleriese. Eines Tages
klpfte es an der Schlosstür
und davor stond eine
Giraffe. Der Spielerise Willi
und Giraffe Günter spielten
Karten und Spielerise Willi
gewan wiimmer einen
Grangehad. Danach hatte
Giraffe Günter keine
lust mer weiel Willi
zuviel Plusspunkte hatt.
Sie kukten Fermsen auf
Superrtel Starwars Teh
Clonewars und assen
Cips mit Paprikageschmak
danach wurden sie müde und
gingen Schlaffen ein schöner Tag ging
zuende. Und wan sie nicht aufgewat-
sind dann schlaffen sie noch heute.
Ende

Abbildung 21 Johannes, 2. Schulbesuchsjahr, 1. Erhebung (Auszug)

Wie die Figur des Riesen verhandelt wurde, zeigt die folgende Szene:

1. Erhebung, 18. Minute
Lehrerin: „Wir haben schon viele, aber noch nicht alle.“ Phillip meldet sich. Die Lehrerin sagt: „Los, steh auf, geh vorne hin, da kann dich jeder angucken.“ Sie zeigt auf den Bereich hinter den Kreis, der für Phillip schneller zu erreichen ist. Lehrerin: „Zeig uns mal, wer spielt in deinem Märchen mit.“ Phillip geht in Richtung Fenster. Er nimmt beide Hände weit über dem Kopf zusammen und geht ein paar Schritte durch den Raum. Henriette meldet sich. Phillip: „Henriette.“ Henriette: „Ein Riese?“ Phillip: „Nein“ und schüttelt den Kopf. Er lächelt Henriette dabei an. Lehrerin: „Oh, aber den können wir aufschreiben. Trotzdem, Riese fetzt.“ Johannes meldet sich derweil. Phillip: „Johannes.“ Johannes: „Ein Magier mit ‘nem großen Kopf?“ Phillip: „Nein.“ Er und ein paar andere Kinder beginnen zu lachen. Henriette hat sich zwischenzeitlich auf Phillips Platz gesetzt und meldet sich. Phillip: „Henriette.“ Henriette: „Ein Bär?“ Phillip: „Nein“ und schüttelt den Kopf. Er hat immer noch die Hände über dem Kopf. Er sagt: „Samira.“ Sie hat sich anscheinend gemeldet. Samira: „Ich wollt das Gleiche sagen wie Henriette.“ Lehrerin: „Johannes.“ Phillip: „Johannes.“ Johannes: „‘nen Hirsch?“ Phillip: „Nein.“ Lehrerin: „So, verrat‘s uns, los.“ Jetzt nimmt Phillip die Arme herunter. Johannes flüstert: [„Ein Taucher.“] Phillip: „Nein.“ Lehrerin: „Psch!“ und legt den Zeigefinger auf den Mund. Phillip: „Der spielt bei dem Hirsch mit dem goldenen Geweih mit. Ähm, das ist ein Haus, was auf Hühnerbeinen.“ Henriette: „Aah.“ Nele: „Hexe Babajaga.“ Ein anderes Kind: „Das Haus von Hexe Babajaga.“ Henriette steht von Phillips Platz auf und setzt sich daneben. Phillip: „Das ist ein Haus auf Hühnerbeinen.“ Währenddessen setzt er sich wieder auf seinen Platz. In der Zwischenzeit hat die Lehrerin <Haus> auf eine rote Karte[157] geschrieben und Amy hat es angeheftet.

Phillips Darbietung stellt seine Mitschüler*innen vor eine Herausforderung: Niemand errät seine intendierte Figur. Die Antwort „Riese" wird dennoch von der Lehrerin aufgeschrieben. Hier zeigt sich die doppelte Intention, die dem Vorgehen von Frau Schulz inhärent ist – das spielerische Erraten von Figuren und das Bereitstellen von für eine Geschichte geeigneten Handlungsträgern. Phillip verneint die Antworten der Mitschüler*innen. Die Antwort von Johannes „ein Magier mit ‘nem großen Kopf" erzeugt Gelächter. Diese Figur kommt in keinem der geschriebenen Märchen vor. Daher könnte das Lachen diese Antwort bereits in dieser Phase des Wissenaktivierens auch als ‚unmöglich‘ kennzeichnen.

Im Unterschied zu anderen Szenen übernimmt Phillip hier vollständig das Aufrufen der Mitschüler*innen und die Evaluation von deren Antworten. Dennoch kommt es

[157] Die anderen Märchenfiguren schrieb sie auf gelbe Karten.

auch hier zu dem bereits thematisierten doppelten Aufrufen durch die Lehrerin und die Schüler*innen.

Die von Phillip gewählte Figur stellt einen Zwitter zwischen Ort (Haus) und Figur (infolge der Fähigkeit zu laufen) dar. Diese Übergangsphänomene zeigen sich im Märchen allgemein und auch bei den Texten der Kinder durch die Belebung von Gegenständen bzw. Vermenschlichung von Tieren. Das scheint schwer zu der Struktur an der Tafel zu passen, die zwischen Figuren und Tieren unterscheidet. Folglich wird das Wort auch auf einen anderen Papierstreifen geschrieben. Ausgehend von Phillips Antwort nennen die Kinder allerdings noch eine konkrete, titelgebende Figur „Hexe Babajaga". Diese wird von der Lehrerin nicht notiert, vielleicht weil die Hexe als Figur bereits aufgeschrieben wurde.

*Das zweckfreie Spiel des Erratens von Figuren wird in dem Unterricht funktionalisiert, um geeignetes Wortmaterial für das Schreiben eines Märchens zu evozieren. Die Antworten werden nach semantischen Eigenschaften kategorisiert, nicht immer scheinen diese eindeutig. Dies wird jedoch von den Kindern nicht thematisiert.*

### 9.1.2 2. Erhebung

Strukturell ist das Vorgehen in der zweiten Erhebungssituation mit der vorigen identisch, die Kinder zeigen Märchenfiguren (hier: „Hauptfiguren") mithilfe pantomimischer Darstellungen und der Verwendung von Lauten.

Auch hier zeigt sich das Spannungsfeld zwischen Spiel und dem Evozieren des Wortmaterials zum Schreiben eines Märchens:

2. Erhebung, 9. Minute
Einige Kinder melden sich. Die Lehrerin macht die Kinder darauf aufmerksam, dass sie wieder viele Tiere sammeln, und fragt, wer noch im Märchen vorkomme. Bis zu diesem Zeitpunkt stehen an der Tafel: <Hexe>, <Hase>, <Esel>). Lehrerin: „Ich merke schon wieder, dass ihr so kleine Tierliebhaber seid. Wer kommt denn aber auch noch im Märchen vor?" Jetzt melden sich noch weitere Kinder, unter anderem Yannik. Yannik kommt dran, er setzt einen strengen Blick auf und zeigt auf verschiedene Kinder. Hier scheint er die Bewegung aus der letzten Erhebung zu übernehmen. Vielleicht ist das der Grund, warum sich nun so viele Kinder melden. Yannik wartet lange ab, bis er jemanden aufruft. Vielleicht kann er sich nicht entscheiden? Vielleicht ist ihm die Rollenverteilung unklar. Er blickt zur Lehrerin, sie sagt: „Los." Er nimmt Sarah dran. Sie sagt: „Ein König". Yannik bestätigt: „Ja." Die Lehrerin schlägt vor, eine Königin

aufzuschreiben, wobei König natürlich auch ginge. Yannik sagt etwas Unverständliches und dann: „Alle beide."

In dem Spannungsfeld zwischen dem Bereitstellen des ,Materials' für das Schreiben einer Geschichte und dem Spiel werden die bisher gegebenen Antworten zwar nicht als falsch markiert, allerdings als nicht ausreichend, weshalb eine neue semantische Kategorie eröffnet werden soll. Welche das sein könnte, lässt die Lehrerin offen („Wer kommt denn aber auch noch im Märchen vor?"). Eine Konkretisierung scheint für die Kinder auch nicht erforderlich: sie melden sich weiterhin. Tatsächlich zeigt Yannik auch kein Tier, sondern einen König. So erkennt es Sarah und Yannik bestätigt ihre Antwort. Die Lehrerin wandelt nun erneut die Antwort ab, um hieraus eine Protagonistin zu erzeugen. Das rahmt sie, indem sie erneut betont, dass auch Sarahs Antwort richtig war, und auch Yannik scheint dies zu bestätigen („Alle beide"). Einerseits könnte sich dahinter die Intention der Lehrerin verbergen, eine möglichst große Bandbreite an vielfältigen Figuren als Repertoire zur Verfügung zu stellen, hier z.B. auch eine weibliche Figur. Hier zeigt sich die Gemeinsamkeit, indem das hier zusammengetragene Wortmaterial die gemeinsam erstellte Ausgangsbasis für das individuelle Schreiben bildet. Andererseits stellt das eigene Erfinden und Verrätseln durch die pantomimische Darstellung selbst einen individuellen Vorgang dar, in dessen Rahmen die Kinder die Gelegenheit erhalten, das eigene Figurenrepertoire ein Stück weit zu bestimmen.

*Neben der Intention der vorigen Erhebungssituation, „typische" Figuren zu finden, scheinen weitere Anforderungen an das Figurenrepertoire gestellt zu werden, bspw. eine bestimmte Bandbreite abzubilden, menschliche und tierische Vertreter, oder unterschiedlichen Geschlechts zu sein.*

Wurden in den dargestellten Szenen der ersten Erhebung Unstimmigkeiten in der Interaktion (Erteilung des Rederechts) und inhaltliche Unklarheiten (z.B. von Phillip dargestellte Figur) nicht weiter verbalisiert, wird in der folgenden Szene der Unterschied zwischen der Intention des Schülers und der von der Lehrerin angenommen ,richtigen' Lösung deutlicher hervorgehoben:

2. Erhebung, 10. Minute
Die Lehrerin ruft Erik auf. Erik stellt sich vor die Tafel, geht auf allen Vieren und sagt „Miau", einige Kinder lachen. Erik kniet sich hin. Gleichzeitig rufen er und die Lehrerin Yannik bzw. Markus auf. Die Lehrerin sagt „Oh, ich halt mich zurück." Yannik antwortet: „Ein Hund." Erik schüttelt den Kopf und sieht dabei Yannik an. Die Lehrerin fragt irritiert: „Was?" Einige Kinder einschließlich Yannik lachen. Er sagt: „Eine Katze." Wieder schüttelt Erik den Kopf und blickt die Lehrerin an, diesmal scheint er aber unsicher, die Falschheit der Antwort ist nicht so eindeutig. Ich kann aus meiner Position nicht erkennen, ob er ihr etwas zuflüstert. Die Lehrerin sagt: „Eine Katze nicht, ich glaube, der Erik meint jemand ganz Besonderen, der macht auch miau." Jetzt melden sich wieder mehr Kinder. Nun scheint klar zu sein, dass die Lehrerin die Moderation übernimmt. Erik schaut an sich herunter. Die Lehrerin nimmt Amy dran. Sie sagt: „Kater." Die Lehrerin schaut Erik an und fragt: „Richtig?" Wieder schüttelt Erik den Kopf. Die Lehrerin schaut irritiert. Erik sagt: „Es soll ein Märchen sein." Phillip, der sich gerade meldet, sagt: „Der gestiefelte Kater." Die Lehrerin sagt zu Erik: „Ach, du hast uns gleich ein Märchen gezeigt?" Erik nickt. Die Lehrerin fragt die Kinder, wer es gewesen sei. Phillip meldet sich, wird aufgerufen und wiederholt die Antwort.

Auch hier kommt es zu dem bereits thematisierten Missverständnis, wer das Rederecht erteilt, das ebenso ohne Aufsehen ausgeräumt wird. In dieser Szene kommt dazu allerdings eine inhaltliche Unklarheit, die größeren Raum einnimmt.

Zunächst gibt Yannik eine Antwort, die durch Eriks Kopfschütteln nonverbal als falsch markiert wird. Die Lehrerin fragt nach: „Was?", der teilnehmende Beobachter interpretiert dies als „irritiert", einige Kinder lachen. Daher scheint bei den Teilnehmer*innen im Feld die Ursache der Frage „Was?" nicht nur in einer Verständnisschwierigkeit zu liegen, sondern, und vielleicht vielmehr, in der Markierung der Unmöglichkeit dieser Antwort, die Yannik nicht so gemeint haben kann. Damit erhält die Nachfrage eine pädagogische Funktion: Sie gibt Yannik die Möglichkeit, erneut zu antworten („eine Katze") und entschärft die ‚Falschheit', indem sie sie als nicht intendiert markiert. Allerdings kennzeichnet Erik auch diese Antwort als unpassend, vergewissert sich aber bei der Lehrerin durch die Aufnahme von Blickkontakt. Damit ergibt sich ein Kontinuum der Passgenauigkeit der Antworten, das von überhaupt nicht passend (in dem konkreten Beispiel: Hund) zu möglicherweise nicht passend (Katze) über nicht typisch hin zu ganz typisch bzw. prototypisch reicht.[158]

Diese inhaltliche Unklarheit scheint den Anlass für die Lehrerin darzustellen, aus der Situation des Erkennens und Erratens herauszutreten und eine erläuternde Bemerkung vorzunehmen: „Ich glaube, der Erik meint ...". Einerseits exponiert sie sich, da

[158]Vgl. Beispiel von Johannes

sie einen Hinweis auf die möglicherweise richtige Antwort gibt, andererseits überlässt sie Erik die Rolle des Experten für seine Figur, da sie mit der Formulierung „ich glaube“ das eigene Nichtwissen bekundet. Im Gegensatz zur pädagogischen Motivierung „Was?“ besitzt der Hinweis eine didaktische Funktion, da er die Kinder zu der womöglich richtigen Antwort führen sollte. Dennoch ist auf Ebene der Interaktion nun deutlich, dass die Lehrerin an dieser Stelle erneut die Moderation übernimmt und das Rederecht erteilt. Doch auch die Antwort von Amy ordnet Erik als falsch ein, muss aber im Gegensatz zur vorigen Bewertung mithilfe der Frage „Richtig?“ dazu aufgefordert werden. Vielleicht handelt es sich bei der Markierung der Antworten als falsch um ein heikles Unterfangen. Nun scheint die Irritation der Lehrerin, anders als zur vorigen Antwort „Hund“, kein pädagogisch motiviertes Mittel zu sein, sondern tatsächlich das Nichtwissen der Antwort zu bedeuten. Das nimmt Erik auf, indem er seinerseits aus der Situation heraustritt und nun auch einen Hinweis gibt: „Es soll ein Märchen sein.“ Nun gibt vermutlich Phillip die richtige Antwort: Eriks Reaktion ist nicht im Protokoll vermerkt. Vielleicht nickt er, als die Lehrerin fragt, ob es sich um ein Märchen handele. Im Folgenden wird die Antwort von Phillip noch einmal derart gerahmt, dass sie einen legitimen Platz erhält: Der Urheber wird genannt, aufgerufen und er wiederholt die Antwort. Hier findet nun tatsächlich das zu Beginn erwähnte ‚Reinrufen‘ statt, das von der Lehrerin allerdings nicht nachträglich als legitimer Beitrag aufgenommen wird, sondern durch eine Wiederholung des Vorgangs (Frage – Antwort – Evaluation) diesen offiziellen Charakter erhält (vgl. Breidenstein 2006, S. 101f.).

Im Rahmen des gemeinsamen Zusammentragens von Wörtern entscheiden die Kinder über die Passgenauigkeit der Antworten. Diese Passgenauigkeit bildet ein Kontinuum, in dessen Grenzfällen sich bei der Lehrerin rückversichert werden kann.

## 9.2 Gemeinsames Schreiben

In den vorigen Szenen suchten die Kinder gemeinsam mit der Lehrerin nach passenden Märchenwörtern. Diese wurden von Frau Schulz notiert und gegebenenfalls verändert. In der folgenden Szene aus der vierten Erhebung bestand die Aufgabe der Kinder darin, selbst Märchenwörter aufzuschreiben. Analysiert wird der Prozess einer Schüler*innengruppe, deren Aufgabe es war, in einem Märchen vorkommende Tätigkeiten aufzuschreiben. Die Schüler*innen sitzen gemeinsam an einem Gruppentisch, an dem auch der teilnehmende Beobachter sitzt. In der Mitte des Tisches liegt das Diktiergerät.

4. Erhebung, 21. Minute
Henriette: „Ich schreibe auf Schlafen."
Erik: „Ich schreibe Zauberstab" und zeigt mit seinem Bleistift auf das Bild, das einen Zauberstab abbildet und die Tätigkeiten symbolisieren soll. „Doch."
Henriette: „Ich schreibe Schlafen."
Erik: „Darf ich Zauberstab aufschreiben?"
Henriette: „Zaubern."
Erik: „Zaubern. Darf ich?"
Henriette: „Ja."
Sandra: „Gut, Sarah, was willst du aufschreiben?"
Amy: „Klettern."
Henriette schreibt gerade, sieht nach oben zu Amy und sagt: „Ja, kannst du."
Sandra: „Sarah, was schreibst du auf?"
Sarah: „Ich schreibe Spielen."
Sandra: „Was?"
Sarah (lauter): „Spielen."
Sandra: „Gut, dann schreib jetzt Spielen." Sarah schreibt nun das Wort auf.
Henriette: „Herr Zielinski, sollen wir mehrere Dinge auf ein Blatt schreiben?" Ich schüttele den Kopf.
Erik, Henriette und Amy legen die fertig beschriebenen Streifen auf einen Stapel. Erik sagt: „Hier auf den."
Es scheint einen kurzen Austausch zwischen Amy und Henriette über Schreib- und Druckschrift zu geben, den ich aber nicht genau verstehen kann.
Henriette: „Was wollen wir?" und dann weiter zu Sarah: „Ja genau, Spielen. Spielen wird mit i-e geschrieben."
Amy: „Und außerdem fehlt da 'nen Punkt." Sie setzt den Punkt auf Sarahs Wort.
Erik: „Warte mal, was könnten wir noch?" und ruft dann: „Fernsehgucken, Fernsehgucken."
Sandra zu mir gewandt: „Wird essen mit s-s geschrieben?". Ich nicke.
Henriette: „Fernseh- sehen."
Erik: „Nintendo spielen."
Henriette: „Gibt's das wirklich in einem Märchen?"
Erik lacht.
Henriette: „Und Fernsehen gibt's eigentlich auch nicht, oder? In einem Märchen?"
Erik: „Ist doch jetzt [egal]. Doch, gibt's, bei Schneewit_".
Sandra sagt, dass sie noch ein paar Blätter haben möchte. Amy gibt ihr welche.
Erik: „Warte mal, bei Rotkäppchen, oder ähm warte mal."
Henriette: „Es gibt keinen Fernseher im Märchen."
[…]
Erik: „Es gibt."
Henriette: „Wandern."

In dieser Interaktion übernehmen Henriette und Sandra bezüglich der aufzuschreibenden Wörter eine koordinierende Aufgabe: Vermutlich fragt Erik Henriette, ob er die Wörter aufschreiben könne. Sarah wird von Sandra gefragt, was sie aufschreiben möchte. Und auch Henriette gibt Amy eine (ungefragte?) Bestätigung des zu schreibenden Wortes („Ja, kannst du"). Darüber hinaus korrigiert bspw. Henriette Erik, da sie ihn auf das richtige aufzuschreibende Wort hinweist: Neben Fragen der Semantik (Tätigkeit oder Gegenstand) spielen aber auch Fragen der Orthographie („Spielen mit i-e") bzw. der Angemessenheit („Gibt's das wirklich in einem Märchen") eine Rolle. Hier scheint sich die Frage von Johannes' („typisch") in variierter Form wiederzufinden. Das Aufschreiben findet ohne weitere Aushandlungen oder Bezugnahmen zu Märchen statt, in denen diese Tätigkeiten vorkommen. Nur Eriks Einwurf „Fernsehgucken" oder „Nintendo spielen" mit einzubringen und die Ablehnung durch Henriette führt dazu, dass auf mögliche Märchen („Schneewittchen") verwiesen wird.

Als Ergebnis des Aushandlungsprozesses stellen die Kinder im weiteren Verlauf folgende Wörter als Ergebnis der Gruppenarbeit vor:

4. Erhebung, 29. Minute
Die Kinder gehen zur nächsten Tischgruppe.
Lehrerin: „Sandra, wiederhole nochmal, welche Aufgabe ihr hattet."
Sandra: „Wir hatten die Aufgabe, Tätigkeiten."
Lehrerin: „Zu finden."
Sandra: „Zu finden."
Lehrerin: „Ja, was in einem Märchen alles so passieren kann. Was die Personen, die Figuren tun, ja. Amy, fang mal an."
Amy: „Wandern, Fliegen."
Lehrerin: „Fliegen, ja."
Amy: „Schwimmen, Trinken, Essen, Reiten."
Lehrerin: „Okay, was noch?" Einige Kinder der Tischgruppe melden sich. Lehrerin: „Sarah."
Sarah: „Noch Spielen."
Lehrerin: „Richtig, ja."
Sarah: „Dann noch Lachen"
Lehrerin: „Lachen. Henriette, was noch?"
Henriette: „Lesen, Laufen, Klettern, Schreiben, Spielen.". Lehrerin: „Warte, okay, und Erik?"
Erik: „Lachen."
Lehrerin: „Lachen, mmh, Sandra?"
Sandra: „Schlafen, Weinen und Zaubern."

Lehrerin: „Zaubern, ja. Also, da ist 'ne ganze Menge dabei." Henriette: „Wir haben alles aufgebraucht, die ganzen Zettel." Lehrerin: „Ja. In dem Märchen passiert ja auch 'ne Menge und die Wörter können wir mittlerweile alle aufschreiben. Okay. Aufgepasst, jetzt haben wir quasi unser Expertenwissen noch mal allen Kindern gezeigt. Jetzt wissen wir wieder, was beim Märchen wichtig ist [...]."

Als Ergebnis tragen die Kinder Wörter zusammen, die potenziell Tätigkeiten in einem Märchen sein könnten. Das Kriterium scheint dabei weniger zu sein, ob diese Tätigkeit tatsächlich in einem Märchen vorkommt, sondern eher, ob sie, bspw. aufgrund des Alters der Märchen, gar nicht vorkommen können (z.B. „Nintendo spielen"). So kann das Zaubern als eine für ein Märchen typische Tätigkeit gelten, da sie als Motiv des Verzauberns in vielen Märchen (z.B. Froschkönig, Dornröschen, Schneeweißchen und Rosenrot, ...) vorkommt. Ebenso ließen sich für das Motiv des Schlafens (Dornröschen) Beispiele finden. Auf die Bezugsmärchen wird in dieser Szene allerdings nicht verwiesen.

*Das gemeinsame Suchen nach Märchenwörtern findet in dieser Gruppe weitestgehend losgelöst von den Märchen, aus denen sie stammen, statt. Nur im Falle von Mehrdeutigkeiten bzw. Unklarheiten wird auf sie eingegangen.*

## 9.3 Kontrastierung mit einer anderen Schüler*innengruppe

Dieses Vorgehen soll nun mit einer anderen Schüler*innengruppe kontrastiert werden. In der folgenden Szene wird erneut das gemeinsame Zusammentragen der Wörter mit der Lehrerin thematisiert (‚Präsentieren'), das im zeitlichen Ablauf der Stunde vor der Vorstellung der Tätigkeiten-Wörter stattfand.

4. Erhebung, 25. Min.
Lehrerin: „Tischgruppe grün präsentiert uns, was für Orte sie gefunden hat."
Kawah: „Also wir haben einmal Schlucht, Stadt, Dorf und Brunnen gefunden. [Kann sein, dass das nicht richtig geschrieben ist. Sabrina, erzähl' mal weiter.]"
Sabrina: „Ein Turm, Häuser, Schloss und Wald."
Lehrerin: „Ja, genau, ja. Also da können Märchen überall stattfinden. Ja, zum Beispiel im Wald ist ganz typisch. Viele Märchen finden im Wald statt. Ja? Zum Beispiel haben wir uns an Rotkäppchen erinnert, das ist hauptsächlich im Wald. Hänsel und Gretel ist auch im Wald. Die leben in alten Häusern, das ist also auch ein Ort, wo Märchen stattfinden. Schluchten können dabei sein. Ein Turm. Ja? Wo spielt denn der Turm eine große Rolle, in welchem Märchen?"

Viele Kinder melden sich.
Johannes: „Dornröschen."
Lehrerin: „Dornröschen, zum Beispiel."
Ich vermute, dass Erik noch Rapunzel sagt.
Lehrerin: „Rapunzel. Ja, gut."

Im Unterschied zur vorigen Szene fragt hier die Lehrerin nach den Bezugsmärchen, die zum Teil von ihr, zum Teil von den Schüler*innen genannt werden. Welche Funktion die gesuchten Wörter in den Märchen haben (z.B. was sich in dem Turm im Märchen von Dornröschen befindet), wird allerdings auch hier nicht thematisiert.

Bevor nun anhand zweier Schülertexte aufgezeigt wird, inwiefern die besprochenen Wörter Eingang in die Texte der Kinder gefunden haben, geben die folgenden Tabellen einen Überblick über die zusammengetragenen (d.h. auf Wortkarten geschriebenen) Personen, Gegenstände, Orte, Tätigkeiten.

Die Schreibanregung besteht in dem bereits thematisierten Impuls „Rotkäppchen im Hubschrauber" (Rodari 2008, S. 59). Henriette und Erik nutzen als ‚Störenfriede' in ihrer Geschichte die Miniaturen eines Fahrrads, eines Hasen und einer Maus.

| Personen | Gegenstände | Orte | Tätigkeiten |
|---|---|---|---|
| König | Käppchen | alte Häuser | schreiben |
| Wolf | Flasche | Schloss | laufen |
| Jäger | goldene Kugel | Schlucht | fliegen |
| Magd | Bett | Stadt | wandern |
| Fee | Mantel | Dorf | reiten |
| Königin | Kuchen | Wald | spielen |
| Prinzessin | Schloss | Brunnen | schlafen |
| Prinz | Rose | Turm | klettern |
| | Korb | Berg | weinen |
| | Spinnrad | Haus | lachen |
| | | | lesen |
| | | | trinken |
| | | | essen |
| | | | schwimmen |
| | | | zaubern |

Tabelle 4: Auf Karten festgehaltene Wörter (4. Erhebung)

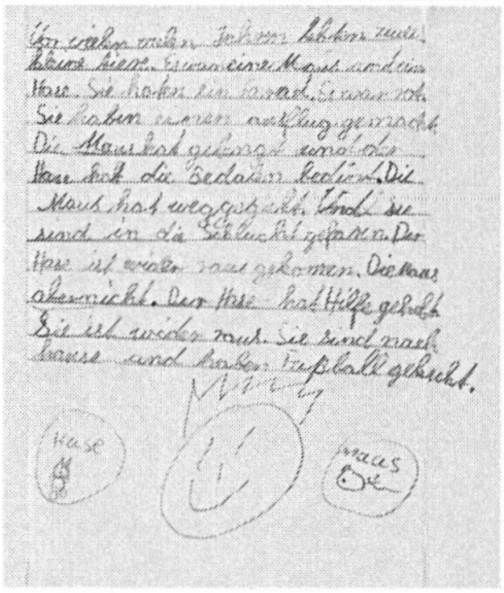

**Transkription (buchstabengetreu)**
Vor vielen vielen Jahren lebten zwei
kleine tiere. Es war eine Maus und ein
Hase. Sie haten ein Farad. Es war rot.
Sie haben einen ausflug gemacht.
Die Maus hat gelengt und der
Hase hat die Bedalen bedint. Die
Maus hat weggegukt. Und sie
Sind in die Schlucht gefaren. Der
Hase ist wider raus gekomen. Die Maus
abernicht. Der Hase hat Hilfe geholt.
Sie ist wider raus. Sie sind nach
hause und haben Fußball gekukt.

Abbildung 22 Henriette, 2. Schulbesuchsjahr, 4. Erhebung

Henriette gibt ihrem Text einen für ein Märchen möglichen Einstieg <Vor vielen vielen Jahren>.[159] Die Protagonisten führt sie zunächst kategorial ein (<zwei kleine tiere>), um sie in einem nächsten Schritt näher zu bestimmen (<eine Maus und ein Hase>). Anschließend wird analog dazu mit dem von Henriette und Erik gezogenen Gegenstand („Fahrrad") verfahren: Zunächst wird das Fahrrad eingeführt und anschließend näher bestimmt (hier die Farbe). Nun wird eine besondere Begebenheit mit diesem Gegenstand geschildet.

Mit der Trennung von ‚Lenken' und ‚Pedale bedienen' kündigt sich bereits die Tragik des Märchens an (‚Sturz'), die durch die Einführung des Ortes <Schlucht> noch verstärkt wird. Aus der Schlucht kann sich allerdings nur der Hase von selbst befreien, wodurch die Einführung eines Retters möglich (<Hase hat Hilfe geholt>) wird. Dieser wird allerdings nur in anonymisierter Form als ‚Hilfe' bezeichnet. Somit bleibt der Hase in dieser Situation der Retter der Maus, und Henriettes Märchen erhält noch eine im Volksmärchen obligatorische moralische Komponente: Nicht die am Unfall Schuldige, die Maus, kann sich aus der misslichen Lage selbst befreien, sondern es ist der Unschuldige, der zum Retter des Verursachers wird.

**Transkription (buchstabengetreu)**
Es war einmal
ein Del Fin Er
Worde An Land Gespült
Es kam ein Köig Er
Prach Den DelFin insein
pul Es kam Nocheine
Ende und ein Schiltkröte
Sie Worden Freunde der
König Hate Auch ein Schiff
und eine Lampe und
Wen Sie Nist Gestorbensien
dan Leben Sie Noch Heute

Abbildung 23 Sabrina, 1. Schulbesuchsjahr, 4. Erhebung

Strukturell und inhaltlich lassen sich in Henriettes Märchen Komponenten von Volksmärchen wiederfinden. Tiere haben menschliche Eigenschaften, es gibt einen klaren

[159] In der Stunde wurden mögliche Anfänge wie folgt thematisiert: Lehrerin: „Was ist denn so ein typischer Anfang? Johannes." Johannes „Also. Es war einmal." Die Lehrerin schreibt die Antworten unter das Blatt mit dem Märchenbeginn an die Tafel. Lehrerin: „Was noch, Amy?" Amy: „Vor langer Zeit." Lehrerin: „Kawah." Kawah: „Vor vielen Jahren." Lehrerin: „Und so weiter. Was haben wir noch, das brauchen wir jetzt nicht alles aufschreiben. Sandra." Sandra: „Also beim Ende, und wenn sie nicht gestorben sind, dann leben sie noch heute und vor langer langer Zeit." Frau Schulz schreibt <Und wenn sie nicht gestorben sind...> unter das Blatt <Das Märchen endet> und verweist darauf, dass „vor langer langer Zeit" gut an den Anfang kommen könnte.

Aufbau (Einführung und Vorstellung, Konflikt, Rettung, gutes Ende) und nicht zuletzt eine moralische Komponente. Henriette orientiert sich an der im Unterricht gegebenen Struktur und den möglichen Anfängen.

Sabrina nutzt viele der zur Verfügung gestellten Miniaturen, den Kern der Geschichte bildet allerdings die Beziehung zwischen Delfin und König: Der Delfin gerät in Not und wird von dem König, der einen Pool besitzt, gerettet. Die weiterhin angeführten Tiere und Gegenstände werden nicht weiter beschrieben, wirken ein wenig aneinandergereiht. Hier zeigt sich die Krux des Aufforderungspotenzials der Gegenstände und ihrer Funktion im Rahmen der Schreibaufgabe. Zwar können die Kinder die Gegenstände auswählen, Sabrina scheint allerdings alle von ihr gewählten Miniaturen in ihrem Text verwenden zu wollen. Es stellt ebenfalls eine zu erwerbende Kompetenz dar, aus den zur Verfügung gestellten Worten und Gegenständen eine Auswahl zu treffen. Für das Ende ihres Textes wählt Sabrina die im Unterricht genannte Formel.

## 9.4 Zusammenfassung des Kapitels

Die Handlungsspielräume und -zwänge zeigen sich in diesen das Schreiben vorbereitenden Phasen insbesondere bezogen auf ein Spannungsfeld zwischen Aufgabenbezogenheit und dem eigenen Handeln der Kinder. Dabei bildet die Angemessenheit bezüglich des Genres Märchen die Grundlage der Aushandlung, wobei deren Operationalisierung unterschiedlich vorgenommen wird. Geht es bei der Interaktion zwischen Johannes und Frau Schulz um die Frage des ‚Typisch'-Seins, wird im Rahmen der Aushandlung zwischen den Schüler*innen stärker thematisiert, ob der Begriff tatsächlich in einem Märchen vorkommen kann.

Diese Unbestimmtheit tritt ebenfalls bei der Übernahme von Lehrer*innentätigkeiten durch die Schüler*innen auf. Kommt es hinsichtlich der Ordnung der Interaktionen (z.B. Aufrufen) im Feld zu Missverständnissen, die folgenlos bleiben, tritt bei inhaltlichen Mehrdeutigkeiten eine größere Verunsicherung auf. Hier wird die Interaktionsordnung flexibel angepasst und die Unbestimmtheit durch eine gemeinsame Klärung überwunden, die wiederum entsprechend gerahmt wird.[160]

Dabei zeichnet sich dieses gemeinsame Vorgehen durch ein Spannungsfeld zwischen Logik des Spiels, dessen Funktionalisierung für die Generierung von Wortmaterial und schulischer Anforderungsstruktur aus.

[160] Siehe Bsp. Phillip

Hinsichtlich der gesammelten Wörter und verwendeten Gegenstände scheinen die Miniaturen ein größeres Aufforderungspotenzial zu besitzen als die (wenn auch selbst gewählten) Wörter. Dabei variiert die Anzahl der verwendeten Wörter bzw. Gegenstände in den Texten der Kinder stark wie auch die Kontextualisierung mit existierenden Märchen und deren Motiven.

# V RESÜMEE UND AUSBLICK

## 10 Anliegen der Studie

Das Anliegen der vorliegenden Studie besteht in einer detaillierten Beschreibung von Praktiken des Textschreibens, deren individualisierender Ausgestaltung in einer heterogegen Lerngruppe und deren Kontextualisierung in der Diskussion um einen inklusiven Deutschunterricht.

Ausgehend von der Situation, dass zum einen eine mittlerweile jahrzehntelange Forschungstradition einer integrativen bzw. inklusiven Pädagogik existiert und gleichzeitig in der Grundschuldidaktik Konzepte etabliert sind, die die Heterogenität der Schüler*innen explizit operationaliseren, wurde angenommen, dass diese grundschulbezogenen Konzepte auch Potentiale für einen inklusiven Unterricht aufweisen (vgl. z.B. Christensen & Dehn 2012b, Warnecke 2014, Naugk et al. 2016).

Im Rahmen der vorliegenden Untersuchung wurde sich dabei auf den Ansatz des kreativen Schreibens bezogen, der zum einen Raum für individuelle Textproduktionen lässt, aber in seiner Konzeption, insbesondere bezogen auf die „Schreibspielräume" (Kohl 2005) oder die „Schreibszenarien" (Kohl & Ritter 2010) Schreiben zum anderen immer auch als eine gemeinschaftliche Tätigkeit versteht (vgl. auch Mattenklott 1979).

Damit operiert die Studie mit zwei Konstrukten, die in sich höchst heterogen und teilweise sogar unbestimmt sind: kreatives Schreiben und Inklusion. Ziel sollte und konnte es nicht sein, hier eindeutige Definitionen o.Ä. vorzulegen oder gar den Ansatz des kreativen Schreibens hinsichtlich seiner ‚Inklusionstauglichkeit' zu evaluieren. Vielmehr fungiert das didaktische Konzept als Rahmen für die Beobachtung von Schreibphasen in einem potenziell inklusiven Unterricht, ohne, dass die Kinder, deren Schreibprozesse und -produkte hier im Fokus standen, sonderpädagogisch diagnostiziert oder ihre Lernvoraussetzungen anderweitig systematisch erhoben wurden. Dieser Studie liegt damit der Ansatz zugrunde, dass sich aus der Tätigkeit verschiedener Kinder im Rahmen eines schreibdidaktischen Konzepts, das eine Anschlussfähigkeit an einen inklusiven Unterricht andeutet (vgl. Warnecke 2014, S. 138, Dreschinski & Terfloth 2019, S. 371) Implikationen für jenen inklusiven Unterricht ergeben, auch wenn das Konstrukt ‚inklusiver Unterricht' selbst unscharf bleibt. Da sich diese Implikationen vermutlich nicht ausschließlich aus dem schreibdidaktischen Ansatz speisen, sondern auch aus anderen unterrichtlichen und interaktiven Faktoren und damit erst im Laufe des Forschungsprozesses erschlossen werden können, wurde für die Erhebung des Datenmaterials ein möglichst offener Forschungsansatz gewählt.

Diesem Ansatz entsprechend wurde sich eines qualitativen Forschungsparadigmas bedient. Da nicht nur die Inhalte des Datenmaterials zu Beginn des Forschungsprozesses unbestimmt waren, sondern auch dessen Materialität (Gesprächsdaten, Beobachtungen, Artefakte), musste eine Forschungsstrategie gewählt werden, die auch eine größtmögliche Offenheit versprach. Daher wurde hier ein ethnographisch orientiertes Vorgehen gewählt, dessen Ansatz sich u.a. durch die „Offenheit des Forschungsprozesses“ (Breidenstein et al. 2013, S. 37), den Aufenthalt im Untersuchungsfeld und der Versprachlichung des Beobachteten auszeichnet (vgl. ebd., S. 33ff.). Insbesondere mithilfe der Verschriftung des Beobachteten ließen sich aus heterogenen Quellen Daten erzeugen und in ein gemeinsames, nämlich textliches, Format bringen. Darüber hinaus, und von Vertreter*innen der Ethnographie als bedeutsam markiert, lag das große Potenzial dieser Verschriftungen darin, dass „zugleich eine sprachliche Erschließung von Phänomenen stattfindet, die noch gar nicht in sprachlicher Form vorliegen“ (ebd., S. 35). Schreibend wurden die Handlungen und Prozesse erschlossen und somit offengelegt. Damit wurden Tätigkeiten sichtbar, die bei einem kategoriegenleiteten, deduktiven Vorgehen vermutlich der Erhebung verschlossen geblieben wären. Die Beschreibungskategorien für den Umgang mit den Schreibanregungen generierten sich vielmehr induktiv aus dem Datenmaterial und damit auch aus dem Schreibprozess des Forschers.

Konsequenterweise beziehen sich die Beschreibungen bei einem derart offenen Vorgehen nicht nur auf Tätigkeiten, die mit den Schreibanregungen verbunden sind, sondern auch auf solche, die sich in der Situation zeigen, die von einem „impliziten Wissen der Teilnehmer“ (ebd., S. 33) geprägt sind und daher mit dem Begriff „soziale Praktiken“ (ebd.) beschrieben werden können.

In der vorliegenden Studie fand die Verschriftung allerdings nicht nur während der Feldphasen durch das Anfertigen von Notizen statt, sondern auch im Nachhinein durch die Ergänzung von subsidiären Video- und Tonaufzeichnungen, um möglichst detaillierte Daten auswerten zu können.

Im Rahmen der empirischen Untersuchung in einer Lerngruppe wurde während der Durchführung kreativer Schreibphasen teilnehmend beobachtet. Der Fokus der Untersuchung lag dabei auf den Handlungsspielräumen und -zwängen, die im Kontext der kreativen Schreibanregungen erzeugt werden. Dabei wurden Schreibanregungen verwendet, die in der Literatur dem kreativen Schreiben zugeordnet werden, insbesondere dem Konzept der „Schreibszenarien" (Kohl & Ritter 2010). Diese wurden vom Forscher ins Feld gebracht und von der Lehrerin an die Lerngruppe angepasst und durchgeführt. Damit bieten die Schreibanregungen einerseits einen Rahmen, in dem sich der Umgang mit ihnen auch vergleichend beschreiben lässt, andererseits lassen sie Raum für die feldspezifischen Praktiken und Routinen.

Ausgehend von diesen forschungsmethodologischen Überlegungen wurden in den theoretischen Ausführungen das für die Studie relevante Konstrukt Text und aktuelle schreibdidaktische Forschungsansätze unter der Fragestellung einer inklusiven Deutschdidaktik thematisiert.

# 11 Diskussion der Ergebnisse

## 11.1 Der Text als Konstrukt

Der Lernbereich des Textschreibens scheint für einen inklusiven Deutschunterricht zunächst kaum geeignet, da hier insbesondere an Schreibanfänger*innen hohe Anforderungen gestellt werden (vgl. Krelle 2013, S. 53). Besonders in der Schriftlichkeit sehen sowohl fachdidaktische als auch sonderpädagogische Ansätze eine Hürde, der oftmals durch einen Medienwechsel begegnet wird (vgl. z.B. Christensen & Dehn 2012b; Merklinger 2014). Fachdidaktische Ansätze zeigen allerdings auch jenseits des Diskurses um Teilhabe auf, wie auch im Medium der Mündlichkeit konzeptionelle Schriftlichkeit gefördert werden kann (z.B. Merklinger 2011, Naugk 2018) und nehmen dabei Bezug auf die sprachwissenschaftliche Unterscheidung konzeptioneller und medialer Mündlichkeit und Schriftlichkeit (Koch & Oesterreicher 1985) und zwischen Literarität und Literalität (Dehn, Merklinger & Schüler 2011; vgl. zusammenfassend Huneke 2013). Die hier angeführten sonderpädagogischen Ansätze begründen dagegen semiotisch (Thamm 1995) und kommunikations-pragmatisch (Günthner 2013), warum bspw. auch Zeichnungen Merkmale von Textualität tragen bzw. als Produkte eines (erweiterten) Schreibprozesses betrachtet werden können.

In dem in dieser Studie dargestellten Untersuchungsfeld wird ebenfalls ein Medienwechsel in die Mündlichkeit vorgenommen und die kommunikative Funktion des (potenziellen) Textes fokussiert. Das steht im Zusammenhang mit der Erfüllung der Aufgabe für alle: ‚Schreibe einen Text', und damit einhergehend einer Orientierung auf ein Produkt, dessen Güte erst im Anschluss beurteilt wird. Aus inklusionsorientierter Perspektive ist der Ansatz grundlegend, dass alle zunächst ein gleichwertiges Produkt, das Geschriebene auf dem Papier, besitzen. Damit wird dem berechtigten Einwand von Janina Dreschinski und Karin Terfloth Rechnung getragen, dass der Medienwechsel im Rahmen des erweiterten Textbegriffs dazu führen könne, (schrift-)sprachliche Kompetenzen unberücksichtigt zu lassen und damit Bildungs- und Teilhabechancen zu verwehren (vgl. Dreschinski & Terfloth 2019, S. 374). Aus diesem Ansatz heraus, alle Schüler*innen ein (schriftliches) Artefakt herstellen zu lassen, ergab sich im Rahmen der Untersuchung die Frage, inwiefern dieses Produkt Eigenschaften eines Textes besitzt bzw. wie sie ihm zugeschrieben werden können. Hier zeigen sich im Rahmen der Präsentation unterschiedliche Funktionen der Schreibprodukte, bspw. zur Aufbewahrung des Gedankens oder als eine Struktur, auf deren

Grundlage der mündliche Text entwickelt wird.[161] Das Produkt, das am Ende der Schreibtätigkeit steht, ist mitunter noch nicht dessen Ergebnis. Das wird erst im Medium des Mündlichen performativ in Interaktion mit jenem Produkt hervorgebracht. Jenes schriftliche Artefakt ist hier ein strukturgebender Bestandteil, auf dessen Grundlage der mündliche Text generiert wird. Eine ausschließliche Betrachtung des mündlichen Textes würde dessen Entstehungskontext und der Bedeutung des Artefaktes jedoch nicht entsprechen, da es als ‚Gedächtnisstütze und Strukturierungshilfe' dient.[162] Das schriftliche Artefakt hat für die Feldteilnehmer*innen somit verschiedene Funktionen, auch wenn es aus sich heraus der in den fachwissenschaftlichen Ausführungen betonten kommunikativen Funktion nicht gerecht wird. Eine ausschließliche Fokussierung auf die Mündlichkeit würde darüber hinaus neue Hürden schaffen, da ein fehlendes schriftliches Artefakt keine Möglichkeiten der Auslagerung von Inhalten und Strukturierung bietet. Für einen inklusiven Unterricht scheint diese hier beobachtete Erweiterung des Funktionsspektrums der Textualität interessante Perspektiven zu eröffnen, da der Medienwechsel somit beides beinhaltet: Chance und Hürde.

Eine Erweiterung des Phänomens Text muss deshalb einhergehen mit einer Analyse der Funktion, die das Artefakt für die Schüler*innen besitzt, um so vielfältige Bedeutungsdimensionen des Textschreibens zu erkennen. Sie führen dazu, dass eine Überforderung eines Schülers/einer Schülerin als ein fachlich begründetes Lernmoment erkannt und beschrieben werden kann, um Informationen über das individuelle Lernen abzuleiten. Da der Text somit nicht unabhängig von seiner Produzentin/seinem Produzenten betrachtet werden kann, wurde in der vorliegenden Arbeit von einem „kontextualisierten Text" gesprochen.

## 11.2 Rückmeldung und Präsentation

Diese Verbundenheit von Textproduzent*in und Schreibprodukt wurde insbesondere im Rahmen der Präsentation sichtbar. Sie stellte zunächst einen ritualisierten Abschluss der Textproduktion dar, der die Möglichkeit bot, das Ergebnis des Schreibens allen zugänglich zu machen. Als feldspezifische Praxis erwies sich das Auffordern der Mitschüler*innen, ihre Texte zu präsentieren. Daher wurde analysiert, nach welchen Kriterien Ergebnisse zur Präsentation ausgewählt werden. Inwiefern finden

[161]Vgl. Teil IV, Kap. 8: Interaktionen im Rahmen des Textproduktionsprozesses
[162]Vgl. Teil IV, Kap. 6: Die Konstruktion des Textes im Spannungsfeld von Mündlichkeit und Schriftlichkeit

hier bspw. exkludierende Handlungen statt, indem bspw. systematisch Kinder ausgegrenzt werden oder nur die Kinder präsentieren, deren Artefakte nicht lesbar waren und somit erneut eine Zwei-Gruppen-Praxis hervorgebracht wird. Im Rahmen der Analyse zeigte sich, dass das Nichtlesenkönnen tatsächlich einen mehrmals genannten Grund darstellte, der aber nicht nur mit den Eigenschaften des Artefaktes, sondern auch dem Mangel an zeitlichen Ressourcen begründet wurde. Darüber hinaus wurden auch genretypische Textmerkmale, wie bspw. ‚lustig', als Begründung für den Präsentationswunsch angeführt.[163] Das Format Präsentation ist also keines, in dem die mangelnde Lesbarkeit und damit die fehlende kommunikative Funktion eines Artefaktes ein exkludierendes Kriterium darstellt, sondern im Rahmen des Präsentationswunsches der Kinder scheinen ebenfalls andere, bspw. inhaltliche Faktoren bedeutsam zu sein. Andererseits findet sich in dem Datenmaterial die fehlende Zeit als einzige und damit kollektive Begründung, warum nicht präsentiert werden kann, eine individuumsbezogene Entscheidung wurde nicht vorgenommen (z.B. schon beim vorigen Mal präsentiert).

Neben der defizitären Einschätzung, das Artefakt als nicht lesbar zu klassifizieren, stellt allerdings der daraus resultierende Wunsch, den Text präsentiert zu bekommen, gleichzeitig eine Würdigung des Produkts dar. Das Nichtentsprechen der Norm des Textes wird damit zwar thematisiert, es stellt allerdings den Anlass für eine vertiefende Auseinandersetzung dar und bietet so den Raum für die Präsentierenden, als Vorleser*innen zu agieren, obwohl die Schreibprodukte z.T. bereits als nicht lesbar klassifiziert wurden. Auf einer körpersprachlichen Ebene wurde das in den Protokollauszügen beschrieben.[164] Aber auch wenn das Lesen sehr allgemein, als ein Transformationsprozess schriftlicher Zeichen in Informationen beschrieben wird (vgl. Bußmann 2008, S. 397),[165] scheint die Verwendung des Begriffs Lesens zunächst nicht gerechtfertigt zu sein, da dieser Transformationsprozess in den dargestellten Fällen intersubjektiv nicht nachvollziehbar ist. Das schriftliche Artefakt scheint womöglich, und auch das ist ungewiss, nur für dessen Erzeuger*in lesbar zu sein. In dem Format der Präsentation verliert damit die Aussage ‚Der Text ist nicht lesbar' seine Relevanz, denn das Schreibprodukt wird als lesbares Schriftstück ‚inszeniert' und womöglich individuell tatsächlich auch gebraucht. Dieser Widerspruch wird im Feld allerdings nicht thematisiert: Die Diskrepanz zwischen der Begründung eines Präsen-

[163]Vgl. Teil IV, Kap. 7: Rückmeldungen im Rahmen der Präsentation

[164]Vgl. Teil IV, Kap. 6: Die Konstruktion des Textes im Spannungsfeld von Mündlichkeit und Schriftlichkeit (Bsp. Markus, Erik)

[165]Die Definition Bußmanns bleibt allerdings nicht auf dieser allgemeinen Ebene.

tationswunsches, der Tatsache, das Artefakt nicht lesen zu können, und der ‚Inszenierung' als Leser*in bleibt bestehen.[166] Die individuelle Funktion des Schreibprodukts liegt damit nicht nur in der Strukturierung oder der Speicherung des Geschriebenen, sondern besitzt darüber hinaus die Funktion des Inszenierungsmittels für die Präsentierenden als Leser*innen. Das Format der Präsentation besitzt somit einen potenziell Teilhabe herstellenden Charakter: Da der zu präsentierende Text medial mündlich wird, stellt die mediale Schriftlichkeit keine Hürde mehr dar, auch wenn die Präsentation auf Basis des schriftlichen Artefaktes stattfindet. Unabhängig, ob dieser Text aus sich heraus hierfür die Grundlage bilden kann, finden alle Textpräsentationen als performative Lesungen statt, sodass die Erfüllung der kommunikativen Funktion des medial schriftlichen Textes nicht zu einem Distinktionskriterium führt.

Neben einem ‚Inszenierungsraum' handelt es sich bei der Präsentation allerdings auch um einen Raum der Rückmeldung. Dabei stand in den beobachteten Szenen nicht die Bewertung im Vordergrund, viel eher spielte im Vorgehen der Lehrerin das Explizieren des Aufgabenbezugs eine tragende Rolle. Das scheint insbesondere für den Umgang mit kreativen Schreibanregungen von Bedeutung, in denen gerade das Durchbrechen tradierter Textnormen (Prinzip der Irritation (Spinner 1996), phantastisches Binom (Rodari 2008)) konstitutiv zu sein scheint. Damit sind im Rahmen eines Schreibsettings unterschiedliche Normsetzungen verbunden. Geht es zum einen beim Finden möglicher Märchenfiguren um „ganz typische" (1. Erhebung) Vertreter,[167] können andere Protagonisten in demselben Genre aus einer ganz anderen Gattung und Zeit stammen (z.B. „Batman" 2. Erhebung).[168] Die damit verbundene Unbestimmtheit der Normen wird im Rahmen der Präsentation expliziert und vorrangig auf die konkret gestellte Aufgabe bezogen (z.B. Einhalten der Schrittfolge, 1. Erhebung).[169]

Dabei zeigt sich allerdings auch, dass der Textraum derart erweitert wird, dass eine Trennung zwischen dem im Rahmen der Präsentation erzeugten Text und dem im sich anschließenden Gespräch gemeinsam entwickelten Text verschwimmt und das

[166]Wenn ein Text ‚unsauber' geschrieben wurde, z.B. indem Linien nicht eingehalten wurden, wurde das durchaus thematisiert. Nichtlesenkönnen scheint hier allerdings vor allem in der mangelnden Graphem-Phonem-Korrespondenz des Schriftstücks bzw. der verwendeten Schriftform (Schreibschrift vs. Druckschrift) begründet zu sein.

[167]Vgl. Teil IV, Kap. 9: Individualität und Gemeinsamkeit beim Schreiben

[168]Vgl. Teil IV, Kap. 6: Die Konstruktion des Textes im Spannungsfeld von Mündlichkeit und Schriftlichkeit

[169]Vgl. Teil IV, Kap. 7: Rückmeldungen im Rahmen der Präsentation

schriftliche Artefakt seine konservierende Funktion aufgrund der mangelnden Lesbarkeit nicht einlösen kann, was zu der bereits angeführten Vergrößerung der Komplexität beiträgt.

## 11.3 Interaktionen im Rahmen des Textproduktionsprozesses

In den unterschiedlichen Phasen des Unterrichts verändern sich die Handlungsspielräume beim Bearbeiten kreativer Schreibanregungen: Zeigt sich die Kooperation innerhalb der hier dargestellten Gruppen im Medium der Mündlichkeit als *Möglichkeitsraum*, in dem verschiedene Konzeptionen und Bestandteile entworfen werden (siehe dazu die „Vertextung" als Aufgabe des Erzählers/der Erzählerin (Ohlhus 2013, S. 186ff.)), wird sie bei der gemeinsamen Entwicklung des schriftlichen Textes insbesondere in der Gruppe um Samira zu einem *Bedingungsraum*, in dem unterschiedliche Textideen nicht nebeneinander stehen können; anders in der Gruppe um Amy, in der der Konflikt unterschiedlicher Ideen durch eine geänderte Positionierung in der Geschichte gelöst wird.

Neben der Kooperation stellen die Aufgabenstellung und die mit ihr verbundenen obligatorischen Textelemente eine weitere Einflussgröße auf die Textentstehung dar. Sie werden von den Kindern zum einen im Sinne einer „lokale[n] Hilfe" (Stude 2006, S. 37; Einfügung S.Z.) verwendet und entfalten so nur begrenzt ein geschichtengenerierendes Potenzial (vgl. ebd.). Zum anderen zeigt sich allerdings in beiden Gruppen auch eine Orientierung an den Ursprungsmärchen in verschiedenen Phasen der Textproduktion.[170] Mit der Intervention der Lehrerin tritt in den hier beobachteten Fällen ein stärker strukturierender und ergebnissichernder Impuls hinzu. Das führt im Ergebnis zu einer stärkeren Verengung der Handlungsspielräume, eine individuelle Textproduktion findet nur auf Ebene der Markierung (Ohlhus 2013, S. 189ff.) statt. Damit einher geht allerdings auch eine Reduktion der Komplexität des Textproduktionsprozesses, dessen Hauptaufgabe nun in der Verschriftung der zuvor entwickelnden Geschichte liegt.[171] In dieser Situation liegt die dominierende Funktion des Textes in der vollständigen Transformation der mündlichen Geschichte in das Medium der Schrift und damit in einer produzentenunabhängigen Konservierung. Ne-

[170]In der Gruppe um Amy insbesondere zu Beginn der Interaktion am Märchen ‚Frau Holle', in der Gruppe um Samira stärker am Ende der Textproduktion insbesondere an allgemeinen Motiven (Angst, Rettung, Heirat): vgl. Teil IV, Kap. 8: Interaktionen im Rahmen des Textproduktionsprozesses.

[171]Vgl. auch die unterschiedlichen Orientierungen im Rahmen der Interaktionen der Schüler*innen und der Lehrerinnen (Teil IV, Kap. 8: Interaktionen im Rahmen des Textproduktionsprozesses)

ben diesem Vorgehen wurde in dieser Studie aber auch eine Form produzentenabhängiger Konservierung dargestellt, indem ein einzelnes Wort verschriftet wurde und ihm eine Brückenfunktion zwischen schriftlichem Artefakt und mündlich realisierter Textproduktion zugesprochen wurde.[172]

Kontrastierend dazu zeigte sich jedoch an einem anderen Fallbeispiel, dass auch die mündliche Textproduktion eine größere Hürde als die Verschriftung darstellt und die Schriftlichkeit das Potenzial einer strukturierenden Funktion besitzen kann.[173]

Nachdem nun die (deskriptiven) Ergebnisse der vorliegenden Studie zusammengefasst wurden, werden sie auf die (normativen) Anforderungen einer inklusiven Deutschdidaktik bezogen. Dabei speisen sich die hier dargestellten Anforderungen aus dem theoretischen Diskurs um Inklusion und bilden eine Folie, vor der die hier geschilderten Ergebnisse reflektiert werden.

## 11.4 Individualität und Gemeinsamkeit beim Schreiben

Die Herstellung von Gemeinsamkeit steht im Zentrum eines inklusiven Unterrichts (Scheidt 2017) und wird in verschiedenen didaktischen Konzeptionen modelliert (gemeinsamer Lerngegenstand (Feuser 1989), gemeinsame Lernsituationen (Wocken 1998), Kern der Sache (Seitz 2006a), gemeinsame Sache (Naugk et al. 2016)).[174] Gemeinsamkeit wird dabei sowohl fachlich als auch interaktionistisch hergestellt. In der vorliegenden Studie bildet das Konzept des kreativen Schreibens zunächst einen interaktionistischen Rahmen, der strukturell Phasen des Gemeinsamen (Inszenierung des Anfangs, Präsentation), aber auch der Individualisierung (z.B. während des Schreibens) vorsieht. Gemeinsamkeit wurde durch ein gemeinsames Schreibsetting, eine gemeinsame Schreibaufgabe, gemeinsame schreibvorbereitende Tätigkeiten und eine gemeinsame Präsentation erzeugt. Innerhalb dieser Phasen der Gemeinsamkeit zeigten sich gleichwohl Phasen der Individualisierung, die nicht losgelöst von der Gemeinsamkeit betrachtet werden können: Stellt z.B. das Märchen den gemeinsamen fachlichen Gegenstand dar, werden individuelle Bearbeitungsweisen (z.B. Verwendung bestimmter Märchenfiguren) in der gemeinsamen Situation präsentiert und auf ihre Angemessenheit geprüft. Das erfolgte in Phasen schreibvorbereitender

[172] Vgl. ebd.

[173] Vgl. Teil IV, Kap. 7: Rückmeldungen im Rahmen der Präsentation

[174] Vgl. Teil II, Kap. 1.3: Inklusive Didaktik. Christoph Schiefele nutzt den Ansatz der ‚gemeinsamen Sache' für die Diskussion um den Einsatz digitaler Medien beim Umgang mit Bilderbüchern im inklusiven Deutschunterricht (vgl. Schiefele 2018, S. 7).

Tätigkeiten u.a. durch die Lehrerin, indem sie mögliche Figuren notierte.[175] Des Weiteren durch die Peergroup, indem sich in Phasen des Erzählens, die vor dem eigentlichen Schreibprozess stattfinden, über Elemente der zu entwickelnden Geschichte verständigt wurde.[176]

## 11.5 Differenzierung

Differenzierung wird in verschiedenen Publikationen (z.B. von Brand & Pompe 2015, S. 31ff.; Naugk et al. 2016, S. 44ff.) zu den Kernelementen inklusiver Didaktik gezählt. Trotz des Ausbleibens expliziter Binnendifferenzierungsangebote konnten in dem hier beobachteten Unterricht strukturelle Muster von Differenzierungsdynamiken im impliziten Bereich rekonstruiert werden. Sie zeigten sich infolge der Verwendung offener Aufgabenstrukturen, die Räume eröffneten für unterschiedliche Bearbeitungsweisen, wie sich nicht nur an unterschiedlichen Textlängen, verwendeten Protagonisten u.a.m. zeigt (vgl. Naugk et al. 2016, S. 45f.). Neben diesen offenen Strukturen scheint es aber auch von den Feldteilnehmer*innen als obligatorisch empfundene Elemente gegeben zu haben, wie das Einhalten von Schrittfolgen oder die Verwendung der gewählten Figuren. Öffnung führte damit keineswegs zur Beliebigkeit, sondern zu einer Offenlegung obligatorischer Strukturen im Rahmen der Textvorbereitung und Präsentation. Insbesondere im Rahmen der Textvorbereitung im Kontext des Erzählens existierten allerdings auch Momente der Unbestimmtheit, z.B. bzgl. der Angemessenheit bei der Wahl einer Märchenfigur oder Verwendung gegebener Hilfen (‚lokal' vs. ‚global', vgl. Stude 2006, S. 37).[177]

Eine Unterscheidung bzgl. der Medialität war im Unterrichtsverlauf durch das Format der Präsentation angelegt, die sich auf den schriftlichen Text stützend im Medium des Mündlichen erfolgte. Hier existierte keine Form expliziter Differenzierung durch die Lehrerin. Schüler*innenseitig wurde sie dennoch vorgenommen, indem das schriftliche Artefakt im Medium des Mündlichen erweitert wurde bzw. hier erst seine Textualität erfuhr. Gleichzeitig fand durch die Inszenierung als Leser*in, vergleichbar dem „pretend reading" (Last, Merklinger & Wittmer 2017), auf performativer Eben wiederum keine (sichtbare) Unterscheidung statt, wodurch hier das Ergebnis der Schüler*innentätigkeit – der vorgelesene Text – formal identisch mit dem schriftlichen Artefakt zu sein schien.

[175]Teil IV, Kap. 9: Individualität und Gemeinsamkeit beim Schreiben
[176]Teil IV, Kap. 8: Interaktionen im Rahmen des Textproduktionsprozesses
[177]Teil IV, Kap. 8: Interaktionen im Rahmen des Textproduktionsprozesses

## 11.6 Kompensation und Diversifizierung

Kruse und Ritter unterteilen bisherige konzeptionelle Überlegungen zum Umgang mit heterogenen Gruppen nach kompensatorischen und diversifizierenden Ansätzen (vgl. Kruse & Ritter 2015, S. 6). Kompensatorische Ansätze begreifen den Anspruch der Teilhabeentwicklung als bestmögliche Förderung im Sinne gesellschaftlicher Bildungsmindeststandards. Sie können an die Integration von Schüler*innen mit Förderbedarfen anknüpfen, indem sie zum Ziel haben, Schüler*innen, die in bestimmten Bereichen einen erhöhten Unterstützungsbedarf haben, zusätzliche Förderung zuteil werden zu lassen (vgl. ebd., S. 4). Daher sind sie in den konzeptionellen Ansätzen einer inklusiven Deutschdidaktik entsprechend häufig anzutreffen (vgl. Ritter 2019, S. 68). In der vorliegenden Studie zeigen sich Diversifizierung und Kompensation insbesondere im Umgang mit der Schriftlichkeit. Kompensierend, indem sich die Schüler*innen in einer bestimmten Erwerbslogik des Schriftspracherwerbs, aber auch des Textschreibens allgemein befinden und die Lehrerinnen, aber auch Peers daran anknüpfend reagieren. Dabei lassen sich die unterschiedlichen Vorgehensweisen modellhaft beschreiben.[178]

Jedoch treten hier nicht ausschließlich kompensatorische Maßnahmen auf: Indem bspw. einem aufzuschreibenden Wort eine Aufbewahrungsfunktion attestiert wird, erhält der Text und damit die Lösung der Aufgabe ein anderes Format und somit besteht ein anderer Zugriff auf Textualität.

Teilhabe wird damit durch zwei Maßnahmen erzeugt: Durch das Format der Präsentation gilt der mündliche Text als inhaltlich relevantes Ergebnis und das rudimentäre schriftliche Artefakt bildet den ‚ersten Schritt zur Erfüllung der Aufgabe'.

Allerdings konnte in der vorliegenden Studie der Zusammenhang zwischen einem konzeptionell schriftlichen Setting und der Förderung im Medium des Mündlichen nicht hinreichend hergestellt werden. Zwar können verschiedene Texte einzelner Kinder miteinander verglichen werden, die alle in einem vergleichbaren unterrichtlichen Rahmen zu einem übergeordneten Thema ‚Märchen' entstanden sind. Allerdings liegen den Texten unterschiedliche Schreibanregungen zugrunde, sodass die vergleichbaren Parameter zu gering für die Darstellung einer Entwicklung erscheinen.

[178] Teil IV, Kap. 8: Interaktionen im Rahmen des Textproduktionsprozesses

## 11.7 Förderung und Kategorisierung

Beide Ansätze der Diversifizierung und Kompensation werden hier bezugnehmend auf die Ermöglichung von Teilhabe (Diversifizierung) und die Förderung schriftsprachlicher Kompetenzen (Kompensation) verwendet. Gleichzeitig könnten durch Formen der Binnendifferenzierung und Förderung größere Erträge ermöglicht werden. Hierbei muss das Vorgehen aber geplant stattfinden, um Teilhabe unter Inanspruchnahme individueller, ggf. personeller Unterstützung zu ermöglichen.

Damit stehen Teilhabe- und Förderungsansprüche in einem dilemmatischen Verhältnis, das sich von dem „Ressourcen-Etikettierungs-Dilemma" (Wocken 2014, S. 55) auf die fachdidaktische Ebene überträgt. „Etikettierungen" (z.B. ‚Schreiben können vs. nicht können') führen zu „Ressourcen" (ebd.), in diesem Fall: einem alternativen Zugang zur Schriftlichkeit. Würde eine Differenzierung ausschließlich für bestimmte Schüler*innen gewählt, die noch nicht eigene Texte schreiben können, würde zu fragen sein, ob es sich dabei um eine Kategorisierung handele, einer Einteilung in Schreibende und Nichtschreibende. Problematisiert werden derartige Kategorien insbesondere deshalb, weil mit ihnen eine normative Erwartungshaltung verbunden ist und Gruppen als vermeintlich homogen dargestellt werden (vgl. Boban et al. 2014, S. 20). Dabei konnte in den Daten gezeigt werden, wie eine derartige Trennung aufgehoben werden kann; allerdings unter der Voraussetzung, dass es einen gemeinsamen Zugang zur medialen Schriftlichkeit gibt, da das schriftliche Artefakt als Teil des „Pretend Reading" (Last, Merklinger & Wittmer 2017) fungierte. Die Kategorie Schriftlichkeit wurde hier zu keinem Distinktionsmerkmal, da sie von allen funktionell genutzt werden konnte.

Allerdings können auch Schüler*innen, die (noch) keinen Zugang zur medialen Schriftlichkeit haben, textproduktive Handlungen ausführen (Becker-Mrotzek 1997, S. 35), wie anhand der Darstellung verschiedener Konzeptionen in dieser Arbeit, bspw. im Rahmen sonderpädagogischer Ansätze (insbesondere Thamm 1995, Günthner 2013) und fachdidaktischer Konzeptionen (Dehn, Merklinger & Schüler 2011, Merklinger 2011, Christensen & Dehn 2012a/b, Hennies & Ritter 2014a/c), gezeigt wurde. In einem Setting, in dem anders als in dem vorliegenden nicht alle Schüler*innen die mediale Schriftlichkeit funktionell nutzen können, werden daher andere Zugänge zur Schriftlichkeit benötigt, sodass das Schreiben nur einen möglichen Weg darstellt. Dabei existiert in den genannten Ansätzen allerdings eine Differenz hinsichtlich der Sprachgebundenheit textproduktiver Handlungen. Wird sie in

Thamms zeichentheoretischem Ansatz nicht als zwingende Voraussetzung für Textualität erachtet (Thamm 1995, S. 166), ist sie in den fachdidaktischen Ansätzen eine obligatorische Voraussetzung. Daher kann in der Sprachgebundenheit wiederum eine Hürde gesehen werden. Hier zeigen insbesondere Verfahren der „graphische[n] Textproduktion" (Thamm 1995, S. 166; Einfügung S.Z.) weitere mögliche Wege auf. Allerdings ließen sich auch hier wiederum dichotome Gruppen ableiten.

Somit scheint eine Dekategorisierung in einem produktionsorientierten Setting schwer operationalisierbar, nicht zwingend für Phasen der gemeinsamen Teilhabe an Literatur (z.B. während des Vorlesens), allerdings eher in Phasen der Produktion. Um dennoch eine Zwei-Gruppen-Unterscheidung zu vermeiden, erweist sich die gleichzeitige bzw. gleichberechtigte Differenzierung als notwendig: ein Unterricht, der für möglichst viele Kinder differenzierende Angebote bereithält und nicht für Einzelne immer gleiche Formen. Es bleibt die Frage, wie Gemeinsamkeit erzeugt werden kann, von der ausgehend verschiedene Zugänge, Bearbeitungsweisen und Lernwege möglich sind: So ließe eine „gemeinsame Sache" (Naugk 2016, S. 52) wie der produktive Umgang mit Märchen unterschiedliche Bearbeitungsweisen zu, die unterschiedliche Kinder in unterschiedlichen Kompetenzbereichen auf Grundlage der Lernvoraussetzungen fördern. Bedeutsam scheint dabei, dass die Gemeinsamkeit dabei nicht zu einer Leerformel für die Akteur*innen wird, die zwar theoriebasierend begründet werden kann, aber von den Schüler*innen nicht wahrgenommen wird. Zum einen scheint hier der Ansatz des kreativen Schreibens einen geeigneten Rahmen zu geben, da er gemeinsame Phasen im Rahmen der Konzeptionalisierung des Schreibszenariums bspw. im Format der Präsentation beinhaltet. Zum anderen ermöglichen es Formen der impliziten Differenzierung auch, Teilhabe zu erzeugen und nur für einzelne Schüler*innen explizit zu differenzieren. Bedeutsam scheint dabei jedoch, dass diese Formen der Differenzierung potenziell für alle Kinder zugänglich sind und diversifizierende und kompensatorische Maßnahmen nicht spezifische Angebote für bestimmte Kinder darstellen, sondern der Anspruch aller anwesenden Kinder auf Teilhabe UND Förderung eingelöst werden kann.

# 12 Ausblick

Die Ansprüche eines inklusiven Unterrichts können nicht allein durch eine inklusive Fachdidaktik eingelöst werden, allerdings auch nicht ohne sie. Stattdessen benötigt inklusiver Unterricht, verstanden als idealisierte Lernform, Veränderungen, die weiter greifen, als sie anhand eines didaktischen Settings, theoretischer Modelle oder im Rahmen einer teilnehmenden Beobachtung abgebildet werden könnten. Dennoch können diese drei Elemente einen Beitrag leisten, um den ‚Weg zur Inklusion' zu beschreiben. Dabei wurden im Rahmen dieser Arbeit insbesondere drei Wegmarken hervorgehoben.

1. Inklusiver Unterricht wurde nicht als ‚tabula rasa' rekonstruiert, sondern ausgehend von bereits vorhandenen fachdidaktischen Konzeptionen wurden strukturelle Annahmen und Folgerungen für einen inklusiven Unterricht diskutiert. Dabei standen sowohl Ansätze aus dem Feld der Pädagogik bei sog. geistiger Behinderung, insbesondere zum erweiterten Textbegriff, als auch der deutschdidaktische Ansatz des kreativen Schreibens im Zentrum der Arbeit. Zukünftige Arbeiten könnten weitere Verbindungslinien zwischen fach- und sonderpädagogischen Ansätzen aufzeigen (vgl. auch Knopp & Becker-Mrotzek 2018, S. 95).

2. In dieser Studie erzeugte die Perspektive der Teilnehmer*innen und deren Handeln eine spezifische Bedeutungsdimension. Allerdings nahmen hier ausschließlich Schüler*innen teil, die einen Zugang zur Schriftsprache haben, anknüpfende Forschungsvorhaben könnten thematisieren, wie hier Ausschlussprozesse vermieden werden können. Ist das im Rahmen der hier beschriebenen Strukturen denkbar? Sind die herausgearbeiteten Strukturen anschlussfähig?

3. Die dritte Wegmarke bezieht sich auf die fachlichen Gegenstände. Hier bietet der Diskurs um die Inklusion das Potenzial, interdisziplinär aus fachwissenschaftlicher, fachdidaktischer, sonderpädagogischer oder akteursbezogener Perspektive über die fachlichen Gegenstände in den Austausch zu treten, damit vielfältige Zugänge zu einem Gegenstand auch fachlich begründet werden; damit ein Unterricht nicht nur Vielfalt willkommen heißt, sondern ihr auch gegenstandsbezogen gerecht zu werden vermag.

# VI LITERATUR

Abraham, Ulf (2010): Bewertung produktiv-kreativer schriftlicher Texte. In: Kämper-van den Boogaart, Michael/Spinner, Kaspar H. (Hrsg.): Lese- und Literaturunterricht. Teil 3 Erfolgskontrollen und Leistungsmessung. Exemplarische Unterrichtsmodelle. Baltmannsweiler: Schneider Verlag Hohengehren, S. 89–115.

Abraham, Ulf (2012): Kreative Schülerarbeiten bewerten. Anregungen zum Umgang mit dem Spannungsverhältnis von Kreativität und Bewertung. In: Pädagogik (2), S. 16–19.

Abraham, Ulf/Baurmann, Jürgen/Feilke, Helmuth/Kammler, Clemens/Müller, Astrid (2007): Kompetenzorientiert unterrichten. Überlegungen zum Schreiben und Lesen. In: Praxis Deutsch (203), S. 6–14.

Adamzik, Kirsten (2004): Textlinguistik. Eine einführende Darstellung. Tübingen: Max Niemeyer Verlag.

Amrhein, Bettina/Reich, Kersten (2014): Inklusive Fachdidaktik. In: Amrhein, Bettina/Dziak-Mahler, Myrle (Hrsg.): Fachdidaktik inklusiv. Auf der Suche nach didaktischen Leitlinien für den Umgang mit Vielfalt in der Schule. Münster: Waxmann, S. 31–44.

Andresen, Helga (2002): Spiel, Interaktion und Dekontextualisierung von Sprache vor Schulbeginn. In: Der Deutschunterricht (3), S. 39–46.

Anskeit, Nadine (2011): Schreibkonferenzen mit Profil. Textformen entdecken mit der Wiki-Schülerzeitung. In: Grundschulunterricht Deutsch (3), S. 30–34.

Augst, Gerhard/Disselhoff, Katrin/Henrich, Alexandra/Pohl, Thorsten/Völzing, Paul-Ludwig (2007): Text-Sorten-Kompetenz. Eine echte Longitudinalstudie zur Entwicklung der Textkompetenz im Grundschulalter. Frankfurt am Main: Lang.

Bachmann, Thomas/Feilke, Helmuth (Hrsg.) (2014): Werkzeuge des Schreibens. Beiträge zu einer Didaktik der Textprozeduren. Stuttgart: Fillibach bei Klett.

Bär, Christina (2015): „Sonst weiß man ja nicht, wie der Traum heißt!" Kollaboratives Formulieren als Raum für Schreib- und Textgepräche. In: Grundschule Deutsch (47), S. 22–24.

Bartnitzky, Horst (2014a): Inklusive Didaktik in der Grundschule – was schon vorliegt und was neu bedacht werden muss. In: Hennies, Johannes/Ritter, Michael (Hrsg.): Deutschunterricht in der Inklusion. Auf dem Weg zu einer inklusiven Deutschdidaktik. Stuttgart: Fillibach bei Klett, S. 35–46.

Bartnitzky, Horst (2014b): Sprachunterricht heute. Berlin: Cornelsen Scriptor.

Bartnitzky, Horst (2020): Inklusive Didaktik – haben wir längst! Aber damit haben wir noch keine inklusive Schule. In: Grundschule aktuell. Spezial zur Verleihung des Erwin-Schwartz-Grundschulpreises 2019 (149), S. 11–17.

Bartnitzky, Horst/Brügelmann, Hans/Hecker, Ulrich/Heinzel, Friederike/Schönknecht, Gudrun/Speck-Hamdan, Angelika (2009): Kursbuch Grundschule. Frankfurt am Main: Grundschulverband.

Barton, David (2007): Literacy. An introduction to the ecology of written language. Malden, MA: Blackwell Pub.

Barton, David/Hamilton, Mary (2000): Literacy Practices. In: Barton, David/Hamilton, Mary/Ivanic, Roz (Hrsg.): Situated Literacies. Reading and writing in context. London und New York: Routledge, S. 7–15.

Baurmann, Jürgen/Pohl, Thorsten (2009): Schreiben - Texte verfassen. In: Bremerich-Vos, Albert (Hrsg.): Bildungsstandards für die Grundschule: Deutsch konkret. Berlin: Cornelsen Scriptor, S. 75–103.

Becker, Tabea (2013): Kinder lernen erzählen. Zur Entwicklung der narrativen Fähigkeiten von Kindern unter Berücksichtigung der Erzählform. Baltmannsweiler: Schneider Verlag Hohengehren.

Becker-Mrotzek, Michael (1997): Schreibentwicklung und Textproduktion. Der Erwerb der Schreibfertigkeit am Beispiel der Bedienungsanleitung. Opladen: Westdeutscher Verlag.

Becker-Mrotzek, Michael (2006): Mündlichkeit – Schriftlichkeit – Neue Medien. In: Bredel, Ursula/Günther, Hartmut/Klotz, Peter (Hrsg.): Didaktik der deutschen Sprache – Band 1 und 2. Ein Handbuch. Stuttgart: UTB GmbH, S. 69–89.

Becker-Mrotzek, Michael (2010): „Darf ich vorstellen?“ In: Grundschulzeitschrift (235/236), S. 90–93.

Becker-Mrotzek, Michael (2014a): Bildungsstandards und Schreibaufgaben. In: Feilke, Helmuth/Pohl, Thorsten/Ulrich, Winfried (Hrsg.): Schriftlicher Sprachgebrauch – Texte verfassen. Baltmannsweiler: Schneider Verlag Hohengehren, S. 481–500.

Becker-Mrotzek, Michael (2014b): Schreibkompetenz. In: Grabowski, Joachim (Hrsg.): Sinn und Unsinn von Kompetenzen. Fähigkeitskonzepte im Bereich von Sprache, Medien und Kultur. Opladen, Berlin, Toronto: Barbara Budrich, S. 51–71.

Becker-Mrotzek, Michael (2014c): Schreibleistungen bewerten und beurteilen. In: Feilke, Helmuth/Pohl, Thorsten/Ulrich, Winfried (Hrsg.): Schriftlicher Sprachgebrauch – Texte verfassen. Baltmannsweiler: Schneider Verlag Hohengehren, S. 501–513.

Becker-Mrotzek, Michael (2016): Inklusive sprachliche Bildung. In: Gebele, Diana/Zepter, Alexandra L. (Hrsg.): Inklusion: Sprachdidaktische Perspektiven. Theorie. Empirie, Praxis. Duisburg: Gilles & Francke, S. 47–56.

Becker-Mrotzek, Michael/Böttcher, Ingrid (2012): Schreibkompetenz entwickeln und beurteilen. Berlin: Cornelsen Scriptor.

Becker-Mrotzek, Michael/Schindler, Kirsten (2007): Schreibkompetenz modellieren. In: Becker-Mrotzek, Michael (Hrsg.): Texte schreiben. Duisburg: Gilles & Francke, S. 7–26.

Beckert, Christine (2011): Schreibend und lesend Textkompetenz entwickeln. Eine sozialisationstheoretisch orientierte Untersuchung des Erwerbs von Schriftlichkeit bei Jugendlichen. Tübingen und Basel: A. Francke.

Bereiter, Carl/Scardamalia/Marlene (1985): Wissen-Wiedergeben als ein Modell für das Schreiben von Instruktionen durch ungeübte Schreiber. In: Unterrichtswissenschaft (4), S. 319–333.

Berkemeier, Anne/Drinhaus, Mareike (2014): Inklusion als deutsch-didaktische Herausforderung. In: Franz, Eva-Kristina/Trumpa, Silke/Esslinger-Hinz, Ilona (Hrsg.): Inklusion. Eine Herausforderung für die Grundschulpädagogik. Baltmannsweiler: Schneider Verlag Hohengehren, S. 108–118.

Berkemeier, Anne/Pfennig, Lothar (2012): Schüler/innen präsentieren. In: Becker-Mrotzek, Michael (Hrsg.): Mündliche Kommunikation und Gesprächsdidaktik. Baltmannsweiler: Schneider Verlag Hohengehren, S. 544–552.

Bleidick, Ulrich (1999): Behinderung als pädagogische Aufgabe Behinderungsbegriff und behindertenpädagogische Theorie. Stuttgart: Kohlhammer.

Bless, Gérard/Mohr, Kathrin (2007): Die Effekte von Sonderunterricht und gemeinsamem Unterricht auf die Entwicklung von Kindern mit Lernbehinderungen. In: Walter, Jürgen (Hrsg.): Handbuch Sonderpädagogik. Göttingen: Hogrefe, S. 375–383.

Boban, Ines/Hinz, Andreas (2017): Das Inklusionsverständnis und seine Bedeutung für die Entwicklung von Bildungsprozessen. In: Boban, Ines/Hinz, Andreas (Hrsg.): Inklusive Bildungsprozesse gestalten. Nachdenken über Horizonte, Spannungsfelder und Schritte. Seelze: Klett Kallmeyer, S. 32–50.

Boban, Ines/Hinz, Andreas/Plate, Elisabeth/Tiedeken, Peter (2014): Inklusion in Worte fassen – eine Sprache ohne Kategorisierungen? In: Schuppener, Saskia/Bernhardt, Nora/Hauser, Mandy/Poppe, Frederik (Hrsg.): Inklusion und Chancengleichheit. Diversity im Spiegel von Bildung und Didaktik. Bad Heilbrunn: Julius Klinkhardt, S. 19–24.

Boban, Ines/Kruschel, Robert/Tiedeken, Peter (2014): Mathetik – die für Inklusion bedeutsame Schwester der Didaktik. In: Schuppener, Saskia/Bernhardt, Nora/Hauser, Mandy/Poppe, Frederik (Hrsg.): Inklusion und Chancengleichheit. Diversity im Spiegel von Bildung und Didaktik. Bad Heilbrunn: Julius Klinkhardt, S. 187–192.

Boelmann, Jan M./Oedingen, Kathrin (2016): Zur Konzeption des Tagungsbandes. In: Boelmann, Jan M. (Hrsg.): Empirische Erhebungs- und Auswertungsverfahren in der deutschdidaktischen Forschung. Schneider Verlag Hohengehren, S. 5–10.

Bönsch (2013): Binnendifferenzierung. Erfolgreich Lernen in der Grundschule (Teil 4. In: Grundschulmagazin 81 (4), S. 41–42.

Brand, Tilman von (2019): Für eine Deutschdidaktik der Vielfalt von Vielfalt. In: Mitteilungen des Deutschen Germanistenverbandes 1, S. 74–78.

Brand, Tilman von/Pompe, Anja (2015): Inklusion im Deutschunterricht. In: Pompe, Anja (2015): Deutsch inklusiv. Gemeinsam lernen in der Grundschule. Baltmannsweiler: Schneider Verlag Hohengehren, S. 29–44.

Breidenstein, Georg (2006): Teilnahme am Unterricht. Wiesbaden: VS Verlag für Sozialwissenschaften.

Breidenstein, Georg/Kelle, Helga (1998): Geschlechteralltag in der Schulklasse. Ethnographische Studien zur Gleichaltrigenkultur. Weinheim: Juventa.

Breidenstein, Georg/Hirschauer, Stefan/Kalthoff, Herbert, Nieswand, Boris (Hrsg.) (2013): Ethnografie. Die Praxis der Feldforschung. Konstanz und München: UVK Verlagsgesellschaft.

Brinker, Klaus/Cölfen, Hermann/Pappert, Steffen (2014): Linguistische Textanalyse. Eine Einführung in Grundbegriffe und Methoden. Berlin: Schmidt.

Brügelmann, Hans (2000): Kinder auf dem Weg zur Schrift. Eine Fibel für Lehrer und Laien. Lengwil: Libelle.

Bruner, Jerome (1993): Wie das Kind sprechen lernt. Bern: Huber.

Budde, Jürgen (2014): Differenz beobachten? In: Tervooren, Anja (Hrsg.): Ethnographie und Differenz in pädagogischen Feldern. Internationale Entwicklungen erziehungswissenschaftlicher Forschung. Bielefeld: transcript, S. 133–148.

Bußmann, Hadumod (Hrsg.) (2008): Lexikon der Sprachwissenschaft. Stuttgart: Alfred Kröner.

Christensen, Timm/Dehn, Mechthild (2012a): Heterogene Lernentwicklungen in der Grundschule: Zur Konzeption des Schreibunterrichts. In: Fürstenau, Sara (Hrsg.): Interkulturelle Pädagogik und Sprachliche Bildung. Herausforderungen für die Lehrerbildung. Wiesbaden: VS Verlag für Sozialwissenschaften, S. 101–122.

Christensen, Timm/Dehn, Mechthild (2012b): Formulieren kann jeder. Schreiben im inklusiven Deutschunterricht. In: Deutsch differenziert (1), S. 25–29.

Christiani, Reinhold (Hrsg.) (2005): Schuleingangsphase: neu gestalten. Diagnostisches Vorgehen, differenziertes Fördern und Förderpläne, jahrgangsübergreifendes Unterrichten. Berlin: Cornelsen Scriptor.

Cloerkes, Günther (Hrsg.) (2007): Soziologie der Behinderten. Eine Einführung. Heidelberg: Winter.

Dehn, Mechthild (1996): Einleitung: Elementare Schriftkultur In: Dehn, Mechthild/Hüttis-Graff, Petra/Kruse, Norbert (Hrsg.): Elementare Schriftkultur. Schwierige Lernentwicklung und Unterrichtskonzept. Weinheim und Basel: Beltz, S. 9–14.

Dehn, Mechthild (2005): Schreiben als Tranformationsprozess. Zur Funktion von Mustern: literarisch – orthografisch – medial. In: Dehn, Mechthild/Hüttis-Graff, Petra (Hrsg.): Kompetenz und Leistung im Deutschunterricht. Spielraum für Muster des Lernens und Lehrens. Freiburg im Breisgau: Fillibach, S. 9–32.

Dehn, Mechthild (2007): Kinder & Lesen und Schreiben. Was Erwachsene wissen sollten. Seelze: Klett & Kallmeyer.

Dehn, Mechthild/Merklinger, Daniela/Schüler, Lis (2011): Texte und Kontexte. Schreiben als kulturelle Tätigkeit in der Grundschule. Stuttgart, Seelze: Klett Kallmeyer.

Deutsches Institut für Medizinische Dokumentation und Information (DIMDI) (2005): Internationale Klassifikation der Funktionsfähigkeit, Behinderung und Gesundheit. Genf: World Health Organization.

DIMDI (Deutsches Institut für Medizinische Dokumentation und Information) (2005): ICF, https://dimdi.de/dynamic/de/klassifikationen/icf/ (12.11.2020).

Dönges, Christoph (2007): Lesen- und Schreibenlernen an der Schule mit dem Förderschwerpunkt Geistige Entwicklung – Modifikationen zum erweiterten Lesebegriff. In: Zeitschrift für Heilpädagogik 58 (9), S. 338–344.

Dönges, Christoph (2015): Texte schreiben. In: Pompe, Anja (Hrsg.): Deutsch inklusiv. Gemeinsam lernen in der Grundschule. Baltmannsweiler: Schneider Verlag Hohengehren, S. 88–103.

Dreschinski, Janina/Terfloth, Karin (2019): Schreibunterricht. In: Hochstadt, Christiane/Olsen, Ralph (Hrsg.): Handbuch Deutschunterricht und Inklusion. Weinheim: Beltz, S. 370–386.

Duden (Hrsg.) (2007): Der Duden. Das Fremdwörterbuch. Mannheim: Dudenverlag.

Duncker, Ludwig (1997): Ästhetische Alphabetisierung als Aufgabe der Elementarbildung. In: Grünewald, Dietrich/Lengler, Wolfgang/Pazzini, Karl-Josef (Hrsg.): Ästhetische Erfahrung. Perspektiven ästhetischer Rationalität. Velber, S. 165–170.

Dyson, Alan (2010): Die Entwicklung inklusiver Schulen: drei Perspektiven aus England. In: Die Deutsche Schule 102 (2), S. 115–129.

Eckermann, Torsten/Heinzel, Friederike/Lipowsky, Frank (2013): Zur Qualität der Schüler-Schüler-Interaktionen beim kooperativen Lernen mit Textlupe und Schreibkonferenz – Welche Strukturierungshilfen sind förderlich? In: Zeitschrift für Grundschulforschung 6 (2), S. 156–170.

Eckhart, Michael (2009): Homogenität und Heterogenität in Schulklassen – systemtheoretische Überlegungen und notwendige Entmythologisierung. In: Grunder, Hans-Ulrich/Gut, Adolf (Hrsg.): Zum Umgang mit Heterogenität in der Schule. Baltmannsweiler: Schneider Verlag Hohengehren, S. 24–47.

Eckkrammer, Eva Martha (2002): Brauchen wir einen neuen Textbegriff? In: Fix, Ulla/Adamzik, Kirsten/Antos, Gerd/Klemm, Michael (Hrsg.): Brauchen wir einen neuen Textbegriff? Antworten auf eine Preisfrage. Frankfurt am Main: Lang, S. 31–57.

Eckkrammer, Eva Martha/Held, Gudrun (2006): Textsemiotik – Plädoyer für ein erweiterte Konzeption der Textlinguistik zur Erfassung der multimodalen Textrealität. In: Eckkrammer, Eva Martha/Held, Gudrun (Hrsg.): Textsemiotik. Studien zu multimodalen Texten. Frankfurt am Main: Lang, S. 1–10.

Eco, Umberto (2002): Einführung in die Semiotik. München: Fink.

Ehlich, Konrad (1998): Text und sprachliches Handeln. Die Entstehung von Texten aus dem Bedürfnis nach Überlieferung. In: Assmann, Aleida/Assmann, Jan/Hardmeier, Christof

(Hrsg.): Schrift und Gedächtnis: Beiträge zur Archäologie der literarischen Kommunikation. München: Fink, S. 24–44.

Ehlich, Konrad (2007): Sprache und sprachliches Handeln. Berlin: de Gruyter.

Ehlich, Konrad (2014): Literale Qualifizierung zwischen sprachlicher Anpassung und sprachlicher Entfaltung. In: Kruse, Norbert/Ehlich, Konrad/Maubach, Bernd/Reichardt, Anke (Hrsg.): Unkonventionalität in Lernertexten. Zur Funktion von Divergenz und Mehrdeutigkeit beim Textschreiben. Berlin: Erich Schmidt Verlag, S. 17–32.

Eichler, Wolfgang (2011): Fähigkeitsniveaus in den sprachlichen Kompetenzbereichen. In: Grundschulunterricht Deutsch 58 (4), S. 6–10.

Eigler, Gunther (1998): Zum Stand der Textproduktionsforschung. In: Unterrichtswissenschaft 26 (1).

Einsiedler, Wolfgang/Martschinke, Sabine/Kammermeyer, Gisela (2008): Die Grundschule zwischen Heterogenität und gemeinsamer Bildung. In: Cortina, Kai S./Baumert, Jürgen/Leschinsky, Achim/Mayer, Karl Ulrich/Trommer Luitgard (Hrsg.): Das Bildungswesen in der Bundesrepublik Deutschland. Strukturen und Entwicklungen im Überblick. Reinbek bei Hamburg: Rowohlt-Taschenbuch-Verlag, S. 325–374.

Euker, Nils/Koch, Arno (2010): Der erweiterte Lesebegriff im Unterricht für Schülerinnen und Schüler mit geistiger Behinderung – Bestandsaufnahme und Neuorientierung. In: Zeitschrift für Heilpädagogik (7), S. 261–268.

Faulstich-Wieland, Hannelore (2012): Mädchen und Jungen im Unterricht. In: Buholzer, Alois/Kummer-Wyss, Annemarie (Hrsg.): Alle gleich – alle unterschiedlich! Zum Umgang mit Heterogenität in Schule und Unterricht. Seelze-Velber, Zug: Klett Kallmeyer, S. 16–27.

Feilke, Helmuth (2006): Entwicklung schriftlich-kontextueller Fähigkeiten. In: Bredel, Ursula/Günther, Hartmut/Klotz, Peter (Hrsg.): Didaktik der deutschen Sprache. Band 1 und 2. Ein Handbuch. Stuttgart: UTB, S. 178–193.

Feilke, Helmuth (2014a): Begriff und Bedingungen literaler Kompetenz. In: Feilke, Helmuth/Pohl, Thorsten/Ulrich, Winfried (Hrsg.): Schriftlicher Sprachgebrauch – Texte verfassen. Baltmannsweiler: Schneider Verlag Hohengehren, S. 33–53.

Feilke, Helmuth (2014b): Argumente für eine Didaktik der Textprozeduren. In: Bachmann, Thomas/Feilke, Helmuth (Hrsg.): Werkzeuge des Schreibens. Beiträge zu einer Didaktik der Textprozeduren. Stuttgart: Fillibach bei Klett, S. 11–34.

Feilke, Helmuth (2015): Transitorische Normen. Argumente zu einem didaktischen Normbegriff. In: Didaktik Deutsch 20 (38), S. 115–135.

Feilke, Helmuth/Bachmann, Thomas (2014): Werkzeuge des Schreibens – Zur Einleitung. In: Bachmann, Thomas/Feilke, Helmuth (Hrsg.): Werkzeuge des Schreibens. Beiträge zu einer Didaktik der Textprozeduren. Stuttgart: Fillibach bei Klett, S. 7–10.

Feuser, Georg (1989): Allgemeine integrative Pädagogik und entwicklungslogische Didaktik. „http://bidok.uibk.ac.at/library/feuser-didaktik.html“ (09.02.2015).

Feuser, Georg (2015): Inklusive Bildung – ein pädagogisches Paradoxon. In: Meinefeld, Ole/Jugel, David/Schönfelder, Stefan/Stiller, Peter (Hrsg.): Inklusion. Wege in die Teilhabegesellschaft. Frankfurt am Main und New York: Campus Verlag, S. 298–312.

Fix, Martin (2008): Texte schreiben. Schreibprozesse im Deutschunterricht. Paderborn: Schöningh.

Fix, Ulla (2009): Aktuelle linguistische Textbegriffe und der literarische Text. Bezüge und Abgrenzungen. In: Jannidis, Fotis/Lauer, Gerhard/Winko, Simone (Hrsg.): Grenzen der Literatur. Zu Begriff und Phänomen des Literarischen. Berlin: de Gruyter, S. 103–135.

Fix, Ulla/Wellmann, Hans (Hrsg.) (2000): Bild im Text – Text und Bild. Heidelberg: Winter.

Flower, Linda/Hayes, John R. (1981): A Cognitive process Theory of Writing. In: College Composition and Communication 32 (4), S. 365–387.

Forstman, Isabel (2014): „Weißt du, wie sehr ich dich mag, Leo?" – Briefe an das Klassentier als Praxisbeispiel für inklusiven Unterricht an der Grundschule. In: Hennies, Johannes/Ritter, Michael (Hrsg.): Deutschunterricht in der Inklusion. Auf dem Weg zu einer inklusiven Deutschdidaktik. Stuttgart: Fillibach bei Klett, S. 141–153.

Gansel, Christina/Jürgens, Frank (2007): Textlinguistik und Textgrammatik. Eine Einführung; mit Tabellen. Göttingen: Vandenhoeck & Ruprecht.

Gebele, Diana/Zepter, Alexandra L. (2016): Inklusive Brücken zwischen Literatur- und Sprachdidaktik. In: Frickel, Daniela A./Kagelmann, André (Hrsg.): Der Inklusive Blick. Die Literaturdidaktik und ein neues Paradigma. Frankfurt am Main: Peter Lang, S. 133–150.

Geertz, Clifford (1987): Dichte Beschreibung. Beiträge zum Verstehen kultureller Systeme. Frankfurt am Main: Suhrkamp.

Geldmacher, Miriam (2014): Schreiben in stark leistungsheterogenen Klassen. In: Hennies, Johannes/Ritter, Michael (Hrsg.): Deutschunterricht in der Inklusion. Auf dem Weg zu einer inklusiven Deutschdidaktik. Stuttgart: Fillibach bei Klett, S. 155–168.

Gien, Gabriele (2002): Kreatives Schreiben im Kontext ästhetischer Bildung. In: Spinner, Kaspar H. (Hrsg.): Synästhetische Bildung in der Grundschule. Eine Handreichung für den Unterricht. Donauwörth: Auer, S. 131–144.

Grafinger, Magda (2013): Das Entwicklungs- und Kompetenzportfolio. Für Kindergarten, Grundstufe und den Sonderschulbereich. Berlin: Pro Business.

Gresch, Cornelia/Piezunka, Anne (2015): Schülerinnen und Schüler mit sonderpädagogischer Förderung (im Bereich Lernen) an Regelschulen. In: Stanat, Petra/Kuhl, Poldi (Hrsg.): Inklusion von Schülerinnen und Schülern mit sonderpädagogischem Förderbedarf in Schulleistungserhebungen. Wiesbaden: Springer Fachmedien, S. 181–219.

Grosche, Michael (2015): Was ist Inklusion? In: Stanat, Petra/Kuhl, Poldi (Hrsg.): Inklusion von Schülerinnen und Schülern mit sonderpädagogischem Förderbedarf in Schulleistungserhebungen. Wiesbaden: Springer Fachmedien, S. 17–39.

Große, Franziska (2011): Bild-Linguistik. Grundbegriffe und Methoden der linguistischen Bildanalyse in Text- und Diskursumgebungen. Frankfurt am Main: Peter Lang.

Grünecker, Nora (2013): Inklusiver Schriftspracherwerb. In: Metzger, Klaus/Weigl, Erich (Hrsg.): Inklusion - praxisorientiert. Didaktische und methodische Anregungen, erprobte Modelle und Materialien für alle Jahrgangsstufen. Berlin: Cornelsen, S. 76–100.

Grunder, Hans-Ulrich (2009): Einführung in das Thema. In: Grunder, Hans-Ulrich/Gut, Adolf (Hrsg.): Zum Umgang mit Heterogenität in der Schule. Baltmannsweiler: Schneider Verlag Hohengehren, S. 14–23.

Gummich, Judy/Hinz, Andreas (2017): Inklusion – Strategie zur Realisierung von Menschenrechten. In: Boban, Ines/Hinz, Andreas (Hrsg.): Inklusive Bildungsprozesse gestalten. Nachdenken über Horizonte, Spannungsfelder und Schritte. Seelze: Klett Kallmeyer, S. 16–30.

Günthner, Werner (2013): Lesen und Schreiben lernen bei geistiger Behinderung. Grundlagen und Übungsvorschläge zum erweiterten Lese- und Schreibbegriff. Dortmund: modernes lernen.

Gutzmann, Marion/Jungschlaeger, Kirsten/Pols, Regina/Schulte, Brigitte (2013): Vom Zuhören zum Erzählen. Didaktisches Material zum Projekt Erzählzeit. https://bildungsserver.berlin-brandenburg.de/fileadmin/bbb/schule/grundschulportal/publikationen_grundschule/Vom_Zuhoeren_zum_Erzaehlen_2013.pdf (10.02.2020).

Hayes, John R. (2012): Modeling and Remodeling Writing. In: Written Communication 29 (3), S. 369–388. https://journals.sagepub.com/doi/pdf/10.1177/0741088312451260 (05.10.2017)

Heinzel, Friederike (2008): Umgang mit Heterogenität in der Grundschule. In: Ramseger, Jörg/Wagener, Matthea (Hrsg.): Chancenungleichheit in der Grundschule. Ursachen und Wege aus der Krise. Wiesbaden: VS Verlag für Sozialwissenschaften, S. 133–138.

Heinzel, Friederike/Prengel, Annedore (2012): Heterogenität als Grundbegriff inklusiver Pädagogik. In: Zeitschrift für Inklusion (3). https://www.inklusion-online.net/index.php/inklusion-online/article/view/39/39 (13.05.2020).

Heinzel, Friederike/Kruse, Norbert/Lipowsky, Frank/Eckermann, Torsten/Ludwig, Miriam/Reichardt, Anke (2013): Kooperative Schülerrückmeldungen bei der Textüberarbeitung im Deutschunterricht der Grundschule (KoText). In: Schulpädagogik heute 4 (7). https://www.uni-kassel.de/fb01/fileadmin/datas/fb01/Institut_fuer_Erziehungswissenschaft/Dateien/Grundschulpaedagogik/SH7_3a_2_Kooperative_Sch%C3%BClerr%C3%BCckmeldungen.pdf (28.02.2020)

Hennies, Johannes/Ritter, Michael (2014a): Schreibanregungen im inklusiven Deutschunterricht. In: Bernhardt, Nora/Hauser, Mandy/Poppe, Frederik/Schuppener, Saskia (Hrsg.): Inklusion und Chancengleichheit. Diversity im Spiegel von Bildung und Didaktik. Bad Heilbrunn: Julius Klinkhardt, S. 224–230.

Hennies, Johannes/Ritter, Michael (2014b): Zur Einführung: Deutschunterricht in der Inklusion. Einführungsartikel. In: Hennies, Johannes/Ritter, Michael (Hrsg.): Deutschunterricht in der Inklusion. Auf dem Weg zu einer inklusiven Deutschdidaktik. Stuttgart: Fillibach bei Klett, S. 7–17.

Hennies, Johannes/Ritter, Michael (2014c): Texte (schreiben) im inklusiven Deutschunterricht. In: Trumpa, Silke/Seifried, Stefanie/Franz, Eva-Kristina/Klauß, Theo (Hrsg.): Inklusive Bildung. Erkenntnisse und Konzepte aus Fachdidaktik und Sonderpädagogik. Weinheim und Basel: Beltz Juventa, S. 170–185.

Hinrichs, Nicole (2014): Interaktive Gestaltung von Textherstellungsprozessen. Bochum: Bochumer Universitätsverlag.

Hinz, Andreas (2004): Vom sonderpädagogischen Verständnis der Integration zum integrationspädagogischen Verständnis der Inklusion!? In: Schnell, Irmtraud (Hrsg.): Inklusive Pädagogik. Bad Heilbrunn: Julius Klinkhardt, S. 41–74.

Hinz, Andreas (2013): Inklusion – von der Unkenntnis zur Unkenntlichkeit!? – Kritische Anmerkungen zu einem Jahrzehnt Diskurs über schulische Inklusion in Deutschland. In: Zeitschrift für Inklusion (1) https://www.inklusion-online.net/index.php/inklusion-online/article/view/26/26 (16.08.2013).

Hinz, Andreas (2014): Inklusion als ‚Nordstern' und Perspektiven für den Alltag. Überlegungen zu Anliegen, Umformungen und Notwendigkeiten schulischer Inklusion. In: Peters, Susanne/Widmer-Rockstroh, Ulla (Hrsg.): Gemeinsam unterwegs zur inklusiven Schule. Frankfurt am Main: Grundschulverband, S. 18–31.

Hinz, Andreas/Boban, Ines/Gille, Nicola/Kirzeder, Andrea/Laufer, Katrin/Trescher, Edith (2013): Entwicklung der Ganztagsschule auf der Basis des Index für Inklusion. Bericht zur Umsetzung des Investitionsprogramms „Zukunft Bildung und Betreuung" im Land Sachsen-Anhalt. Bad Heilbrunn: Julius Klinkhardt.

Hoffmann, Jeanette (2011): Literarische Gespräche im interkulturellen Kontext. Eine qualitativ-empirische Studie zur Rezeption eines zeitgeschichtlichen Jugendromans von Schülerinnen und Schülern in Deutschland und in Polen. Münster: Waxmann.

Hublow, Christoph/Wohlgehagen, Ernst (1978): Lesenlernen mit Geistigbehinderten. In: Zeitschrift für Heilpädagogik 29 (1), S. 23–28.

Huneke, Hans-Werner (2013): Schriftlichkeit. In: Frederking, Volker/Huneke, Hans-Werner/Krommer, Axel/Meier, Christel (Hrsg.): Taschenbuch des Deutschunterrichts. Band 1: Sprach- und Mediendidaktik. Baltmannsweiler. Schneider Verlag Hohengehren, S. 19–32.

IQB (2015): Kompetenzstufenmodell zu den Bildungsstandards im Fach Deutsch im Kompetenzbereich Sprache und Sprachgebrauch untersuchen für den Primarbereich. Überarbeiteter Entwurf in der Version von 24. März 2015. https://www.iqb.hu-berlin.de/bista/ksm (11.02.2020)

Janich, Nina (2002): Des Kaisers neue Kleider oder: die Suche nach einem neuen Textbegriff. In: Fix, Ulla/Adamzik, Kirsten/Antos, Gerd/Klemm, Michael (Hrsg.): Brauchen wir einen neuen Textbegriff? Antworten auf eine Preisfrage. Frankfurt am Main: Lang, S. 77–92.

Jost, Jörg/Becker-Mrotzek, Michael (2014): Empirische Forschung in der Sprachdidaktik am Beispiel der Schreibdidaktik. In: Frederking, Volker/Krommer, Axel/Huneke, Hans-Werner, Meier, Christel (Hrsg.): Aktuelle Fragen der Deutschdidaktik. Baltmannsweiler: Schneider Verlag Hohengehren, S. 441–462.

Kalthoff, Herbert (1996): Das Zensurenpanoptikum. Eine ethnographische Studie zur schulischen Bewertungspraxis. In: Zeitschrift für Soziologie (25), S. 106–124.

Kalthoff, Herbert (2014): Ethnographische Bildungsforschung Revisited. In: Tervooren, Anja/Engel, Nicolas/Göhlich, Michael/Miethe, Ingrid/Reh, Sabine (Hrsg.): Ethnographie und Differenz in pädagogischen Feldern. Internationale Entwicklungen erziehungswissenschaftlicher Forschung. Bielefeld: transcript, S. 97–118.

Katzenbach, Dieter (2015a): Zu den Theoriefundamenten der Inklusion – Eine Einladung zum Diskurs aus der Perspektive der kritischen Theorie. In: Schnell, Irmtraud (Hrsg.): Herausforderung Inklusion. Theoriebildung und Praxis. Bad Heilbrunn: Julius Klinkhardt, S. 19–32.

Katzenbach, Dieter (2015b): De-Kategorisierung inklusive? Über Risiken und Nebenwirkungen des Verzichts auf Etikettierungen. In: Huf, Christina/Schnell, Irmtraud (Hrsg.): Inklusive Bildung in Kita und Grundschule. Stuttgart: Kohlhammer Verlag, S. 33–55.

Kirchner, Sabine/Neubauer, Skadi (2015): Von der individuellen Rechtschreibförderung zum präventionsorientierten Rechtschreibunterricht. In: Liebers, Katrin/Landwehr, Brunhild/Marquardt, Anne/Schlotter, Kezia (Hrsg.): Lernprozessbegleitung und adaptives Lernen in der Grundschule. Forschungsbezogene Beiträge. Wiesbaden: VS Verlag für Sozialwissenschaften, S. 193–198.

Klemm, Klaus (2013): Inklusion in Deutschland – eine bildungsstatistische Analyse. https://www.bertelsmann-stiftung.de/de/publikationen/publikation/did/inklusion-in-deutschland/ (03.05.2017).

Klemm, Michael (2002a): Ausgangspunkte: Jedem sein Textbegriff? Textdefinitionen im Vergleich. In: Fix, Ulla/Adamzik, Kirsten/Antos, Gerd/Klemm Michael (Hrsg.): Brauchen wir einen neuen Textbegriff? Antworten auf eine Preisfrage. Frankfurt am Main: Lang, S. 17–29.

Klemm, Michael (2002b): Wie hältst Du's mit dem Textbegriff? Pragmatische Antworten auf eine Gretchenfrage der (Text-)Linguistik. In: Fix, Ulla/Adamzik, Kirsten/Antos, Gerd/Klemm, Michael (Hrsg.): Brauchen wir einen neuen Textbegriff? Antworten auf eine Preisfrage. Frankfurt am Main: Lang, S. 143–161.

KMK – Sekretariat der Ständigen Konferenz der Kultusminister der Länder in der Bundesrepublik Deutschland (Hrsg.) (2005): Bildungsstandards im Fach Deutsch für den Primarbereich (Jahrgangsstufe 4). Beschluss der Kultusministerkonferenz vom 15.10.2004. München: Luchterhand.

Knopp, Matthias/Becker-Mrotzek, Michael (2018): Theoretische und empirische Perspektive auf Inklusion. Ein Systematisierungsversuch aus Sicht der Sprachdidaktik. In: Didaktik Deutsch (44), S. 84–100.

Kocaj, Aleksander/Kuhl, Poldi/Kroth, Anna, J./Pant, Hans A./Stanat, Petra (2014): Wo lernen Kinder mit sonderpädagogischem Förderbedarf besser? Ein Vergleich schulischer Kompetenzen zwischen Regel- und Förderschulen in der Primarstufe. In: Kölner Zeitschrift für Soziologie und Sozialpsychologie 66 (2), S. 165–191.

Koch, Peter/Oesterreicher, Wulf (1985): Sprache der Nähe – Sprache der Distanz. Mündlichkeit und Schriftlichkeit im Spannungsfeld der Sprachgeschichte. In: Romanistisches Jahrbuch (36), S. 15–43.

Kohl, Eva Maria (1996): Vom Bild zur Schrift und umgekehrt. In: Grundschulunterricht 43 (11), S. 19–22.

Kohl, Eva Maria (2005): Schreibspielräume. Freies und kreatives Schreiben mit Kindern. Seelze-Velber: Kallmeyer.

Kohl, Eva Maria (2007a): Geschichtengrammatik. Oder: Wenn Geschichten über sich selbst sprechen. In: Die Grundschulzeitschrift. (204), S. 22–25.

Kohl, Eva Maria (2007b): Rund um Kreatives Schreiben. Berlin: Cornelsen.

Kohl, Eva Maria/Ritter, Michael (2010): Schreibszenarien. Wege zum kreativen Schreiben in der Grundschule. Seelze: Kallmeyer.

Korff, Natascha (2012): Inklusiver Unterricht – Didaktische Modelle und Forschung. In: Benkmann, Rainer/Chilla, Solveig/Stapf, Evelyn (Hrsg.): Inklusive Schule. Einblicke und Ausblicke. Immenhausen bei Kassel: Prolog-Verlag, S. 138–157.

Krappmann, Lothar/Oswald, Hans (1995): Alltag der Schulkinder. Beobachtungen und Analysen von Interaktionen und Sozialbeziehungen. Weinheim und München: Juventa-Verlag.

Krelle, Michael (2013): Texte schreiben, überarbeiten und bewerten: Ein Überblick. In: Abraham, Ulf/Knopf, Julia (Hrsg.): Deutsch. Didaktik für die Grundschule. Berlin: Cornelsen-Scriptor, S. 53–61.

Kroon, Sjaak/Sturm, Jan (2002): „Key Incident Analyse" und „internationale Triangulierung" als Verfahren in der empirischen Unterrichtsforschung. In: Kammler, Clemens (Hrsg.): Empirische Unterrichtsforschung und Deutschdidaktik. Baltmannsweiler: Schneider Verlag Hohengehren, S. 96–114.

Kruse, Jan (2015): Qualitative Interviewforschung. Ein integrativer Ansatz. Weinheim und Basel: Beltz Juventa.

Kruse, Norbert/Ehlich, Konrad/Maubach, Bernd/Reichardt, Anke (2014): Unkonventionalität in Lernertexten – Zur Funktion von Divergenz und Mehrdeutigkeit beim Texteschreiben am Schulanfang und in der Grundschule. In: Kruse, Norbert/Ehlich, Konrad/Maubach, Bernd/Reichardt, Anke (Hrsg.): Unkonventionalität in Lernertexten. Zur Funktion von Divergenz und Mehrdeutigkeit beim Textschreiben. Berlin: Erich Schmidt Verlag, S. 7–15.

Kruse, Norbert/Ritter, Michael (2015): Deutschunterricht in der inklusiven Schule. Gemeinsam verschieden – Lernen in heterogenen Lerngruppen. In: Grundschulunterricht Deutsch 62 (1), S. 4–8.

Kürzinger, Anja/Pohlmann-Rother, Sanna (2015): Möglichkeiten einer objektiven und reliablen Bestimmung von Textqualität im Anfangsunterricht. Methodisches Vorgehen und deskriptive Befunde aus dem Projekt NaSch1. In: Didaktik Deutsch 20 (38), S. 60–79.

Kullmann, Harry/Lütje-Klose, Birgit/Textor, Annette (2014): Eine allgemeine Didaktik für inklusive Lerngruppen – fünf Leitprinzipien als Grundlage eines Bielefelder Ansatzes der inklusiven Didaktik. In: Amrhein, Bettina/Dziak-Mahler, Myrle (Hrsg.): Fachdidaktik inklusiv. Auf der Suche nach didaktischen Leitlinien für den Umgang mit Vielfalt in der Schule. Münster: Waxmann, S. 89–107.

Last, Sandra/Merklinger, Daniela/Wittmer, Sascha (2017): „Das ist fast so, als ob ich lesen kann." Pretend-Reading als didaktische Möglichkeit. In: Grundschule Deutsch (54), S. 18–19.

Lehen, Katrin (2000): Kooperative Textproduktion. Zur gemeinsamen Herstellung wissenschaftlicher Texte im Vergleich von ungeübten, fortgeschrittenen und sehr geübten SchreiberInnen. Dissertation. Bielefeld.

Leßmann, Beate (2012): Autorenrunden. In: Grundschulzeitschrift 26 (258/259), S. 52–55.

Liebers, Katrin/Seifert, Christin (2014): Quantitative empirische Befunde zur Inklusion in der Grundschule – Zu einem heterogenen Forschungsstand. In: Franz, Eva-Kristina/Trumpa, Silke/Esslinger-Hinz, Ilona (Hrsg.): Inklusion. Eine Herausforderung für die Grundschulpädagogik. Baltmannsweiler: Schneider Verlag Hohengehren, S. 33–46.

Lipkowski, Eva/Schüller, Liane (2019): Deutschunterricht inklusiv: Literatur und sprachdidaktische Praxisbeispiele zum Thema Sprache, Sprechen und Einschränkungen des Sprechens. Münster: Waxmann

Löser, Jessica M./Werning, Rolf (2013): Inklusion aus internationaler Perspektive – ein Forschungsüberblick. In: Zeitschrift für Grundschulforschung 6 (1), S. 21–33.

Lüders, Christian (2008): Beobachten im Feld und Ethnographie. In: Flick, Uwe/Kardorff, Ernst von/Steinke, Ines (Hrsg.): Qualitative Forschung. Ein Handbuch. Reinbek bei Hamburg: Rowohlt-Taschenbuch-Verlag, S. 384–401.

Martschinke, Sabine/Kopp, Bärbel/Ratz, Christoph (2012): Gemeinsamer Unterricht von Grundschulkindern und Kindern mit dem Förderschwerpunkt geistige Entwicklung in der ersten Klasse. Erste Ergebnisse einer empirischen Studie zu Effekten auf sozialen Status und soziales Selbstkonzept. In: Empirische Sonderpädagogik 4 (2), S. 183–201.

Mattenklott, Gundel (1979): Literarische Geselligkeit – Schreiben in der Schule. Mit Texten von Jugendlichen und Vorschlägen für den Unterricht. Stuttgart: Metzler.

Merklinger, Daniela (2010): Schreiben ohne Stift: Zur Bedeutung von Medium und Skriptor für die Anfänge des Schreibens. In: leseforum.ch. Online-Plattform für Literalität (2). https://www.leseforum.ch/archiv.cfm?issue=2&year=2010 (10.10.2018)

Merklinger, Daniela (2011): Frühe Zugänge zu Schriftlichkeit. Freiburg im Breisgau: Fillibach bei Klett.

Merklinger, Daniela (2014): Textprozeduren im Spannungsfeld von Mündlichkeit und Schriftlichkeit. In: Bachmann, Thomas/Feilke, Helmuth (Hrsg.): Werkzeuge des Schreibens. Beiträge zu einer Didaktik der Textprozeduren. Freiburg: Fillibach bei Klett, S. 63–83.

Merklinger, Daniela/Osburg, Claudia (2014): Diktierendes Schreiben als inklusiver Lernkontext. In: Dietz, Florian (Hrsg.): Lesen und Schreiben lernen im inklusiven Unterricht. Bedingungen und Möglichkeiten. Herzogenrath: Dt. Ges. für Lesen und Schreiben, S. 78–104.

Merklinger, Daniela/Preußler, Ulrike (2016): Schreibdidaktische Konzeptionen für eine Literaturdidaktik im Kontext von Inklusion. In: Frickel, Daniela A./Kagelmann, André (Hrsg.): Der Inklusive Blick. Die Literaturdidaktik und ein neues Paradigma. Frankfurt am Main: Peter Lang, S. 323–338.

Merl, Thorsten/Winter, Julia (2014): Qualitative Befunde zur Inklusion in der Schule. In: Franz, Eva-Kristina/Trumpa, Silke/Esslinger-Hinz, Ilona (Hrsg.): Inklusion. Eine Herausforderung für die Grundschulpädagogik. Baltmannsweiler: Schneider Verlag Hohengehren, S. 47–60.

Merl, Thorsten/Idel, Till-Sebastian (2020): Zur Teilnahme an unterrichtlichen Praktiken. Praxeologische Perspektiven auf eine Kasuistik „inklusiven" Unterrichts am Beispiel von Praktiken der Leistungsüberprüfung, Bad Heilbrunn: Julius Klinkhardt S. 104-119.

Merz-Grötsch, Jasmin (2014): Texte schreiben lernen. Grundlagen, Methoden, Unterrichtsvorschläge. Seelze: Klett Kallmeyer.

Merz-Grötsch, Jasmin (2015): Schreiben lernen. In: Pompe, Anja (Hrsg.): Deutsch inklusiv. Gemeinsam lernen in der Grundschule. Baltmannsweiler: Schneider Verlag Hohengehren, S. 70–87.

Mesch, Birgit (2003): Das Verfassen unterschiedlicher Textsorten im Anfangsunterricht. Eine Untersuchung kindlicher Texte nach der Semiotik von Umberto Eco. Aachen: Shaker.

Mohn, Bina Elisabeth/Breidenstein, Georg (2013): Arbeitswelten in der Grundschule. Praktiken der Individualisierung von Unterricht. Göttingen: Institut für Visuelle Ethnographie.

Monitoring-Stelle (2015): Parallelbericht an den UN-Fachausschuss für die Rechte von Menschen mit Behinderungen. anlässlich der Prüfung des ersten Staatenberichts Deutschlands gemäß Artikel 35 der UN-Behindertenrechtskonvention. https://www.institut-fuer-menschenrechte.de/fileadmin/user_upload/PDF-Dateien/Parallelberichte/Parallelbericht_an_den_UN-Fachausschuss_fuer_die_Rechte_von_Menschen_mit_Behinderungen_150311.pdf# (24.01.2020)

Naugk, Nadine (2018): Mündliches Erzählen und konzeptionelle Schriftlichkeit. Zum Gebrauch bildungssprachlicher Elemente in Phantasiegeschichten von Grundschulkindern. Diss. Halle: Universität. http://digital.bibliothek.uni-halle.de/urn/ urn:nbn:de:gbv:3:4-23464 (18.02.2020)

Naugk, Nadine/Ritter, Alexandra/Ritter, Michael/Zielinski, Sascha (2016): Deutschunterricht in der inklusiven Grundschule. Perspektiven und Beispiele. Weinheim und Basel: Beltz.

Naujok, Natascha (2000): Schülerkooperation im Rahmen von Wochenplanunterricht. Analyse von Unterrichtsausschnitten aus der Grundschule. Weinheim: Deutscher Studien-Verlag

Nöth, Winfried (2000): Handbuch der Semiotik. Stuttgart: Metzler.

Nussbaumer, Markus (1991): Was Texte sind und wie sie sein sollen. Ansätze zu einer sprachwissenschaftlichen Begründung eines Kriterienrasters zur Beurteilung von schriftlichen Schülertexten. Berlin: de Gruyter.

Ohlhus, Sören (2013): Erzählen im Unterricht der Grundschule. In: Abraham, Ulf/Knopf, Julia (Hrsg.): Deutsch. Didaktik für die Grundschule. Berlin: Cornelsen-Scriptor, S. 180–190.

Oswald, Hans/Krappmann, Lothar (1988): Soziale Beziehungen und Interaktionen unter Grundschulkindern: Methoden und ausgewählte Ergebnisse eines qualitativen Forschungsprojektes. Berlin: Max Planck Institut für Bildungsforschung.

Payne, George/Cuff, Ted: Introduction: some theoretical considerations or practical research. In: Payne, George/Cuff, Ted (Hrsg.): Doing Teaching. The practical management of classrooms, S. 1–9.

Philipp, Maik (2015): Schreibkompetenz. Komponenten, Sozialisation und Förderung. Tübingen: Narr Francke.

Platte, Andrea (2007): „Alle Kinder lernen lesen ...?!“ Inklusive Didaktik und Schriftspracherwerb. In: Zeitschrift für Inklusion (1). http://www.inklusion-online.net/index.php/inklusion/article/viewArticle/3/3 (12.08.2013).

Pohl, Thorsten (2014): Entwicklung von Schreibkompetenzen. In: Feilke, Helmuth/Pohl, Thorsten/Ulrich, Winfried (Hrsg.): Schriftlicher Sprachgebrauch – Texte verfassen. Baltmannsweiler: Schneider Verlag Hohengehren, S. 101–140.

Pohl, Thorsten/Steinhoff, Torsten (2010): Textformen als Lernformen. In: Pohl, Thorsten/Steinhoff, Torsten (Hrsg.): Textformen als Lernformen. Duisburg: Gilles & Francke, S. 5–26.

Posner, Roland (1991): Kultur als Zeichensystem. Zur semiotischen Explikation kulturwissenschaftlicher Grundbegriffe. In: Assmann, Aleida/Harth, Dietrich (Hrsg.): Kultur als Lebenswelt und Monument. Frankfurt am Main: Fischer-Taschenbuch-Verlag, S. 37–74.

Prengel, Annedore (2006): Pädagogik der Vielfalt. Verschiedenheit und Gleichberechtigung in interkultureller, feministischer und integrativer Pädagogik. Wiesbaden: VS Verlag für Sozialwissenschaften.

Prengel, Annedore (2013): Inklusive Bildung in der Primarstufe. Eine wissenschaftliche Expertise des Grundschulverbandes. Frankfurt am Main: Grundschulverband.

Quasthoff, Uta M. (1980): Erzählen in Gesprächen. Tübingen: Narr.

Quel, Thomas/Trapp, Ulrike (2013): Sprachbildung im Sachunterricht der Grundschule. Mit dem Scaffolding-Konzept unterwegs zur Bildungssprache. Münster: Waxmann.

Reich, Kersten (2014): Inklusive Didaktik. Bausteine für eine inklusive Schule. Beltz: Weinheim und Basel.

Ritter, Alexandra (2014): Bilderbuchlesarten von Kindern. Neue Erzählformen im Spannungsfeld von kindlicher Rezeption und Produktion. Baltmannsweiler: Schneider Verlag Hohengehren.

Ritter, Michael (2008): Wege ins Schreiben. Baltmannsweiler: Schneider Verlag Hohengehren.

Ritter, Michael (2010): Kreatives Schreiben – eine Herausforderung für alle Kinder?! In: Bartnitzky, Horst (Hrsg.): Allen Kindern gerecht werden. Aufgabe und Wege. Frankfurt am Main: Grundschulverband, S. 266–275.

Ritter, Michael (2012): „Den Wal im Wald entdecken". Schreibenlernen im Zeitalter der Kompetenzorientierung. Einige Überlegungen zur Inszenierung und Beschreibung von kindlichen Schreibprozessen. In: Ritter, Alexandra/Ritter, Michael (Hrsg.): Schreibkompetenz und Schriftkultur. Ein Lese- und Arbeitsbuch. Frankfurt am Main: Grundschulverband, S. 18–36.

Ritter, Michael (2014): Literarische Baumuster – schreibdidaktisches Handwerkszeug. Hilfen zum Fomulieren und Strukturieren eigener Texte am Anfang der Schreibbiografie. In: Grundschulunterricht Deutsch (1), S. 22–27.

Ritter, Michael (2015): Schreibkultur und Schreibdidaktik. Zu einer Neufassung des Schreibkompetenzbegriffs. In: Grundschule aktuell (132), S. 6–11.

Ritter, Michael (2016): Sprache von Format – Gerüste für vielfältiges Lernen. Literarische Baumuster als Strukturierungshilfe für den inklusiven Deutschunterricht. In: Literatur im Unterricht (1), S. 5-20.

Ritter, Michael (2019): Vielfaltperspektiven in der Deutschdidaktik. In: Mitteilungen des Deutschen Germanistenverbandes 1, S. 66–70.

Ritter, Michael/Rönicke, Nadine (2014): Flexible Transformation. Sprachgebrauch am Übergang von Mündlichkeit und Schriftlichkeit. In: Dietz, Florian (Hrsg.): Lesen und Schreiben lernen im inklusiven Unterricht. Bedingungen und Möglichkeiten. Herzogenrath: Dt. Ges. für Lesen und Schreiben, S. 51–76.

Rodari, Gianni (2008): Grammatik der Phantasie. Die Kunst, Geschichten zu erfinden. Stuttgart: Reclam.

Rönicke, Nadine (2014): Bildungssprachliche Lernprozesse in schrifthaltigen Erzählsituationen. In: Hennies, Johannes/Ritter, Michael (Hrsg.): Deutschunterricht in der Inklusion. Auf dem Weg zu einer inklusiven Deutschdidaktik. Stuttgart: Fillibach bei Klett, S. 61–74.

Ruijs, Nienke M./Peetsma, Thea T. D. (2009): Effects of inclusion on students with and without special educational need reviewed. In: Educational Research Review (4), S. 67–79.

Sadigh, Parvin/Otto, Jeanette (2015): Was halten Sie von Inklusion? In: Zeit online. 3.2.2015. https://www.zeit.de/gesellschaft/zeitgeschehen/2015-02/leseraufruf-inklu-sion (08.10.2018).

Saldern, Matthias von (2011): Individualisierung ist möglich. Zu Rahmenbedingungen guten Unterrichts in heterogenen Klassen. In: Grundschulunterricht Deutsch (2), S. 4–7.

Salend, Spencer J./Duhaney, Laurel M. Garrick (1999): The Impact of Inclusion on Students With and Without Disablities and Their Educators. In: Remedial and Special Education 20 (2), S. 114–126.

Sander, Alfred (1999): Sonderschulsystem. In: Bundschuh, Konrad/Heimlich, Ulrich/Krawitz, Rudi (Hrsg.): Wörterbuch Heilpädagogik. Ein Nachschlagewerk für Studium und pädagogische Praxis. Bad Heilbrunn: Julius Klinkhardt.

Scheidt, Katja (2017): Inklusion im Spannungsfeld von Individualisierung und Gemeinsamkeit. Baltmannsweiler: SchneiderVerlag Hohengehren.

Schiefele, Christoph (2018): Formen und Möglichkeiten des Einsatzes digitaler Medien rund um Bilderbücher im inklusiven Deutschunterricht. https://www.pedocs.de/volltexte/2018/15433/pdf/Schiefele_2018_Formen_und_Moeglichkeiten_des_Einsatzes_digitaler_Medien.pdf (25.02.2020).

Schuck, Karl Dieter/Rauer, Wulf (2014): Abschlussbericht über die Analysen zum Anstieg der Zahl der Schülerinnen und Schüler mit einem sonderpädagogischen Förderbedarf in den Bereichen Lernen, Sprache und emotional-soziale Entwicklung (LSE) in den Schuljahren 2011/12 bis 2013/14 in Hamburg. https://www.ew.uni-hamburg.de/forschung/eibisch/files/else-2014-04-29.pdf (07.08.2018).

Schulte, Kerstin (2000): Kohärenz. Eine Untersuchung an Texten aus Klasse 1. Frankfurt am Main: Lang.

Schumacher, Werner (2004): Tabellen zur Schreibentwicklung. In: Schurad, Heinz (Hrsg.): Curriculum Lesen und Schreiben für den Unterricht an Schulen für Geistig- und Körperbehinderte. Oberhausen: ATHENA-Verlag.

Schumann, Brigitte (2007): „Ich schäme mich ja so!“ Die Sonderschule für Lernbehinderte als Schonraumfalle. Bad Heilbrunn: Julius Klinkhardt.

Schwarz-Friesel, Monika/Consten, Manfred (2014): Einführung in die Textlinguistik. Darmstadt: Wissenschaftliche Buchgesellschaft.

Seitz, Simone (2004): Zu einer inklusiven Didaktik des Sachunterrichts. In: Kaiser, Astrid/Pesch, Detlef (Hrsg.): Integrative Zugangsweisen für den Sachunterricht. Baltmannsweiler: Schneider Verlag Hohengehren, S. 169–180.

Seitz, Simone (2006a): Inklusive Didaktik: Die Frage nach dem ‚Kern der Sache‘. In: Zeitschrift für Inklusion (1). http://www.inklusion-online.net/index.php?menuid=3&reporeid=16 (16.08.2013).

Seitz, Simone (2006b): Inklusive Didaktik nach PISA. In: Vierteljahreszeitschrift für Pädagogik und ihre Nachbargebiete 75 (3), S. 192–199.

Seitz, Simone (2006c): Zur Bedeutung von Bildungsstandards für die inklusive Grundschule. In: Stechow, Elisabeth (Hrsg.): Sonderpädagogik und Pisa. Bad Heilbrunn: Julius Klinkhardt, S. 113–120.

Seitz, Simone (2012): Inklusive Didaktik. Der Reichtum geht von den Kindern aus. In: Pädagogik (10), S. 44–47.

Seitz, Simone (2014): Inklusion in der Grundschule. In: Franz, Eva-Kristina/Trumpa, Silke/Esslinger-Hinz, Ilona (Hrsg.): Inklusion. Eine Herausforderung für die Grundschulpädagogik. Baltmannsweiler: Schneider Verlag Hohengehren, S. 24–32.

Seitz, Simone/Scheidt, Katja (2012): Die Gruppe ist der größte Schatz. Kooperative Lernformen im inklusiven Unterricht. In: Grundschule (3), S. 14–15.

Siekmann, Katja (2015): Evidenzbasierte Förderung des Orthographieerwerbs auf der Grundlage individueller Fehleranalysen. In: Liebers, Katrin/Landwehr, Brunhild/Marquardt, Anne/Schlotter, Kezia (Hrsg.): Lernprozessbegleitung und adaptives Lernen in der Grundschule. Forschungsbezogene Beiträge. Wiesbaden: VS Verlag für Sozialwissenschaften, S. 199–204.

Sjölin, Amelie (1996): Schrift als Geste. Wort und Bild in Kinderarbeiten. Neuried, Hamburg: Ars Una.

Speck-Hamdan, Angelika (2010): Präsentieren in der Grundschule? In: Grundschulzeitschrift (235/236), S. 44–47.

Spinner, Kaspar H. (1993): Kreatives Schreiben. In: Praxis Deutsch 20 (119), S. 17–23.

Spinner, Kaspar H. (1996): Kreatives Schreiben. In: Baurmann, Jürgen/Ludwig, Otto (Hrsg.): Schreiben: Konzepte und schulische Praxis, Seelze: Friedrich-Verlag. S. 82–83.

Spinner, Kaspar H. (2001): Kreativer Deutschunterricht. Identität – Imagination – Kognition. Seelze-Velber: Kallmeyer.

Spitta, Gudrun (1999): Schreibkonferenzen in Klasse 3 und 4. Ein Weg vom spontanen Schreiben zum bewußten Verfassen von Texten. Berlin: Cornelsen-Scriptor.

Spörer, Nadine/Maaz, Kai/Vock, Miriam/Schründer-Lenzen, Agi (2015a): Kapitel 3. Anlage und Zielsetzungen der Begleituntersuchung. In: Landesinstitut für Schule und Medien Berlin-Brandenburg (LISUM) (Hrsg.): Inklusives Lernen und Lehren im Land Brandenburg. Abschlussbericht zur Begleitforschung des Pilotprojekts „Inklusive Grundschule", S. 31–40. http://www.inklusion-brandenburg.de/fileadmin/daten/inklusion_im_land_brandenburg/pilotprojekt_inklusive_grundschule/wissenschaftliche__begleitung/Abschlussbericht_PING.pdf (10.02.2020).

Spörer, Nadine/Schründer-Lenzen, Agi/Vock, Miriam//Maaz, Kai (2015b): Das Pilotprojekt „Inklusive Grundschule" – Zusammenfassung der Befunde und Fazit zur Begleituntersuchung. In: Landesinstitut für Schule und Medien Berlin-Brandenburg (LISUM) (Hrsg.): Inklusives Lernen und Lehren im Land Brandenburg. Abschlussbericht zur Begleitforschung des Pilotprojekts „Inklusive Grundschule", S. 262–269. http://www.inklusion-brandenburg.de/fileadmin/daten/inklusion_im_land_brandenburg/pilotprojekt_inklusive_grundschule/wissenschaftliche__begleitung/Abschlussbericht_PING.pdf (10.02.2020).

Stichweh, Rudolf (2009): Leitgesichtspunkte einer Soziologie der Inklusion und Exklusion. In: Stichweh, Rudolf/Windolf, Paul (Hrsg.): Inklusion und Exklusion: Analysen zur Sozialstruktur und sozialen Ungleichheit. Wiesbaden: VS Verlag für Sozialwissenschaften, S. 29–42.

Stichweh, Rudolf/Windolf, Paul (Hrsg.) (2009): Inklusion und Exklusion: Analysen zur Sozialstruktur und sozialen Ungleichheit. Wiesbaden: VS Verlag für Sozialwissenschaften.

Stöckl, Hartmut (2004): Die Sprache im Bild – Das Bild in der Sprache. Zur Verknüpfung von Sprache und Bild im massenmedialen Text Konzepte. Theorien. Analysemethoden. Berlin und New York: de Gruyter.

Stöckl, Hartmut (2006): Zeichen, Text und Sinn – Theorie und Praxis der multimodalen Textanalyse. In: Eckkrammer, Eva Martha/Held, Gudrun (Hrsg.): Textsemiotik. Studien zu multimodalen Texten. Frankfurt am Main Lang, S. 11–36.

Strauss, Anselm/Corbin, Juliet (1996): Grounded theory. Grundlagen qualitativer Sozialforschung. Weinheim: Beltz.

Strauss, Anselm (1998): Grundlagen qualitativer Sozialforschung. Datenanalyse und Theoriebildung in der empirischen soziologischen Forschung. München: Fink.

Stude, Juliane (2006): „Was gehört in eine Spielanleitung?". Unterrichtliche Strukturierungshilfen auf dem Prüfstand. In: Grundschule (12), S. 36–37.

Stude, Juliane/Ohlhus, Sören (2005): Schreibenlernen in interaktiven Kontexten. Dialogische Aneignungsmechanismen von Textkompetenz in schulischen Schreibprozessen. In: Stückrath, Jörn/Strobel, Ricarda (Hrsg.): Deutschunterricht empirisch. Beiträge zur Überprüfbarkeit von Lernfortschritten im Sprach-, Literatur- und Medienunterricht. Baltmannsweiler: Schneider Verlag Hohengehren, S. 68–87.

Sturm, Tanja (2013): Lehrbuch Heterogenität in der Schule. München: Reinhardt.

Textor, Annette (2012): Die Bedeutung allgemeindidaktischer Ansätze für Inklusion. In: Zeitschrift für Inklusion (1/2), https://www.inklusion-online.net/index.php/inklusion-online/article/view/59 (21.07.2017).

Thamm, Jürgen (1995): Texte verfassen mit geistig- und lernbehinderten Jugendlichen. Bad Heilbrunn: Julius Klinkhardt.

Thamm, Jürgen (2004): Fachdidaktische Grundlagen. In: Schurad, Heinz (Hrsg.): Curriculum Lesen und Schreiben für den Unterricht an Schulen für Geistig- und Körperbehinderte. Oberhausen: ATHENA-Verlag, S. 47–73.

Theunissen, Georg (2005): Pädagogik bei geistiger Behinderung und Verhaltensauffälligkeiten. Ein Kompendium für die Praxis. Bad Heilbrunn: Julius Klinkhardt.

Thümmel, Ingeborg (2008): Didaktik und Methodik des Schriftspracherwerbs. In: Nußbeck, Susanne/Borchert, Johann/Goetze, Herbert (Hrsg.): Sonderpädagogik der geistigen Entwicklung. Göttingen: Hogrefe, S. 527–546.

Trautmann, Matthias/Wischer, Beate (2011): Heterogenität in der Schule. Eine kritische Einführung. Wiesbaden: VS Verlag für Sozialwissenschaften.

Tyagunova, Tanya/Breidenstein, Georg (2016): „Was ist Unterricht?“ Die Perspektive der Ethnomethodologie. In: Geier, Thomas/Pollmanns, Marion (Hrsg.): Was ist Unterricht? Zur Konstitution einer pädagogischen Form. Wiesbaden: VS Verlag für Sozialwissenschaften, S. 77–701.

Uhl, Benjamin (2016): Zwischen Grammatik und Text – zwischen Mündlichkeit und Schriftlichkeit. Gemeinsames sprachliches Lernen mit Geschichtenplänen. In: Gebele, Diana/Zepter, Alexandra Lavinia (Hrsg.): Inklusion: Sprachdidaktische Perspektiven. Theorie, Empirie, Praxis, S. 276–307.

United Nations (2006): Convention on the Rights of Persons with Disabilities. http://www.un.org/disabilities/convention/conventionfull.shtml (12.07.2013).

United Nations Educational (2006): Education for All. Literacy for life. http://unesdoc.unesco.org/images/0014/001416/141639e.pdf (08.10.2018).

Valtin, Renate (1997): Stufen des Lesen- und Schreibenlernens. Schriftspracherwerb als Entwicklungsprozeß. In: Haarmann, Dieter (Hrsg.): Handbuch Grundschule. Band 2 Fachdidaktik: Inhalte und Bereiche grundlegender Bildung. Weinheim und Basel: Beltz, S. 76–88.

Valtin, Renate/Voss, Andreas/Bos Wilfried (2015): Zur Diagnose von isolierten und kombinierten Leseproblemen. Definitionen, Operationalisierungen und Vorkommenshäufigkeiten. In: Didaktik Deutsch 20 (38), S. 40–59.

Vater, Heinz (2001): Einführung in die Textlinguistik. Struktur und Verstehen von Texten. München: Fink.

Voß, Stefan/Mahlau, Kathrin/Sikora, Simon/Blumenthal, Yvonne/Diehl, Kirsten/Hartke, Bodo (2014): Evaluationsergebnisse des Projekts „Rügener Inklusionsmodell (RIM) – Präventive und Integrative Schule auf Rügen (PISaR)“ nach vier Schuljahren zum Messzeitpunkt Juli 2014. https://www.rim.uni-rostock.de/storages/uni-rostock/Alle _PHF/RIM/Downloads/RIM-Evaluationsbericht-MZP5_Internet.pdf (07.08.2018).

Wagener, Matthea (2014): Gegenseitiges Helfen. Soziales Lernen im jahrgangsgemischten Unterricht. Wiesbaden: Springer Fachmedien.

Warnecke, Franziska (2014): Kreatives Schreiben im inklusiven Deutschunterricht. In: Hennies, Johannes/Ritter, Michael (Hrsg.): Deutschunterricht in der Inklusion. Auf dem Weg zu einer inklusiven Deutschdidaktik. Stuttgart: Fillibach bei Klett, S. 129–139.

Weinhold, Swantje (2000): Text als Herausforderung. Zur Textkompetenz am Schulanfang. Freiburg: Fillibach bei Klett.

Weinhold, Swantje (2005): Narrative Strukturen als „Sprungbrett“ in die Schriftlichkeit? In: Wieler, Petra (Hrsg.): Narratives Lernen in medialen und anderen Kontexten. Freiburg: Fillibach bei Klett, S. 69–84.

Weinhold, Swantje (2014): Schreiben in der Grundschule. In: Feilke, Helmuth/Pohl, Thorsten/Ulrich, Winfried (Hrsg.): Schriftlicher Sprachgebrauch – Texte verfassen. Baltmannsweiler: Schneider Verlag Hohengehren, S. 143–158.

Wenzl, Thomas (2010): Sich-Melden – Zur inhärenten Spannung zwischen individuellem SchülerInteresse und klassenöffentlichem Unterrichtsgespräch. In: Sozialer Sinn 11 (1), S. 33–52. http://www.fallarchiv.uni-kassel.de/2012/methoden/objektive-hermeneutik/thomas-wenzl/sich-melden-situative-brechungen-der-melderegel-ab-der-5-klasse/ (21.12.2016).

Wenzl, Thomas (2014): Elementarstrukturen unterrichtlicher Interaktion. Zum Vermittlungszusammenhang von Sozialisation und Bildung im schulischen Unterricht. Wiesbaden: VS Verlag für Sozialwissenschaften.

Wild, Elke/Schwinger, Malte/Lütje-Klose, Birgit/Yotyodying, Sittipan/Gorges, Julia/Stranghöner, Daniela/Neumann, Phillip. Serke, Björn/Kurznitzki, Sarah (2015): Schülerinnen und Schüler mit dem Förderschwerpunkt Lernen in inklusiven und exklusiven Förderarrangements: Erste Befunde des BiLief-Projektes zu Leistung, sozialer Integration, Motivation und Wohlbefinden. In: Unterrichtswissenschaft 43 (1), S. 7–21.

Wildemann, Anja (2015): Heterogenität im sprachlichen Anfangsunterricht. Von der Diagnose bis zur Unterrichtsgestaltung. Seelze: Klett Kallmeyer.

Winter, Claudia (1998): Traditioneller Aufsatzunterricht und kreatives Schreiben. Eine empirische Vergleichsstudie. Augsburg: Wissner.

Wocken, Hans (1998): Gemeinsame Lernsituation. Eine Skizze des zur Theorie des gemeinsamen Unterrichts. In: Hildeschmidt, Anne (Hrsg.): Integrationspädagogik. Auf dem Weg zu einer Schule für alle. Weinheim: Juventa-Verl, S. 37–54.

Wocken, Hans (2007): Fördert Förderschule? Eine empirische Rundreise durch Schulen für "optimale Förderung". In: Demmer-Dieckmann, Irene/Textor, Annette (Hrsg.): Integrationsforschung und Bildungspolitik im Dialog. Bad Heilbrunn: Julius Klinkhardt, S. 35–59.

Wocken, Hans (2013): Zum Haus der inklusiven Schule. Ansichten – Zugänge – Wege. Hamburg: Feldhaus.

Wocken, Hans (2014): Das Haus der inklusiven Schule. Baustellen – Baupläne – Bausteine. Hamburg: Feldhaus.

Wrobel, Arne (2010): Mediale Bedingungen und Faktoren des Schreibens und Schreibenlernens. In: Pohl, Thorsten/Steinhoff, Torsten (Hrsg.): Textformen als Lernformen. Duisburg: Gilles & Francke, S. 27–45.

Wrobel, Arne (2014): Schreibkompetenz und Schreibprozess. In: Feilke, Helmuth/Pohl, Thorsten/Ulrich, Winfried (Hrsg.): Schriftlicher Sprachgebrauch – Texte verfassen. Baltmannsweiler: Schneider Verlag Hohengehren, S. 85–100.

Wygotski, Lew S. (1993): Denken und Sprechen. Frankfurt am Main: Fischer-Taschenbuch-Verlag.

Zaborowski, Katrin Ulrike/Meier, Michael/Breidenstein, Georg (2011): Leistungsbewertung und Unterricht. Wiesbaden: VS Verlag für Sozialwissenschaften.

Zeuner, Christine/Pabst, Antje (2011): „Lesen und Schreiben eröffnen eine neue Welt!" Literalität als soziale Praxis – Eine ethnographische Studie. Bielefeld: Bertelsmann.

Zielinski, Sascha (2014): Vielfalt und Gemeinsamkeit beim eigenen Schreiben. In: Hennies, Johannes/Ritter, Michael (Hrsg.): Deutschunterricht in der Inklusion. Auf dem Weg zu einer inklusiven Deutschdidaktik. Stuttgart: Fillibach bei Klett, S. 115–128.

Zielinski, Sascha (2018a): Textschreiben in inklusiven Kontexten aus rekonstruktiver Perspektive. In: Bär, Christina/Uhl, Benjamin (Hrsg.): Texte schreiben in der Grundschule – Zugänge zu kindlichen Perspektiven. Stuttgart: Fillibach bei Klett, S. 123–138.

Zielinski, Sascha (2018b): „Sonst weiß ich es in drei Wochen nicht mehr". Mündlichkeit als Ressource für das Geschichtenschreiben. In: Grundschule Deutsch (57), S. 18–19.

Zielinski, Sascha (2019): Texte schreiben. In: Hochstadt, Christiane/Olsen, Ralph (Hrsg.): Handbuch Deutschunterricht und Inklusion. Weinheim: Beltz, S. 387–401.

Zielinski, Sascha/Ritter, Michael (2016a): Der erweiterte Textbegriff im inklusiven Deutschunterricht. In: Gebele, Diana/Zepter, Alexandra Lavinia (Hrsg.): Inklusion: Sprachdidaktische Perspektiven. Theorie, Empirie, Praxis. Duisburg: Gilles & Francke, S. 256–275.

Zielinski, Sascha/Ritter, Michael (2016b): Helfen im inklusiven Unterricht. Eine empirisch-rekonstruktive Perspektive. In: Menthe, Jürgen/Höttecke, Dietmar/Zabka, Thomas/Hammann, Marcus/Rothgangel, Martin (Hrsg.): Befähigung zu gesellschaftlicher Teilhabe. Beiträge der fachdidaktischen Forschung. Münster und New York: Waxmann, S. 417–431.

Ziemen, Kerstin (2014): Inklusion und deren Herausforderungen an die (Fach-)Didaktik. In: Amrhein, Bettina/Dziak-Mahler, Myrle (Hrsg.): Fachdidaktik inklusiv. Auf der Suche nach didaktischen Leitlinien für den Umgang mit Vielfalt in der Schule. Münster: Waxmann, S. 45–55.

Ziesmer, Marion (2011): Die entfesselte Sprache. Fallstudien zum poetischen Erleben von Kindern aus Einwandererfamilien. Baltmannsweiler: Schneider Verlag Hohengehren.

# VII ANHANG

## 13 Abbildungs- und Tabellenverzeichnis

### 13.1 Abbildungsverzeichnis



### 13.2 Tabellenverzeichnis

# 14 Transkriptionslegende

**Teilnehmer*innen des Unterrichts**

- Sternschnuppen: anonymisierter Lerngruppenname
- Samira: anonymisierter Schüler*innenname
- Frau Schulz: anonymisierter Lehrerinnenname

**Hinweise zur Transkription**

| | |
|---|---|
| [oder] | vermuteter Gesprächsinhalt |
| [Samira?] | vermutete Sprecher*in |
| [?] | unklare Sprecher*in |
| [...] | Auslassung |
| /p/ | lautiert |
| <p> | Buchstaben |
| Rot_ | Wortabbruch |
| (...) | Kommentar |